Schulsport und Schulprogrammentwicklung

Edition Schulsport

Günter Stibbe

Schulsport und Schulprogrammentwicklung

Grundlagen und Möglichkeiten der Einbindung von Bewegung, Spiel und Sport in das Schulkonzept

Meyer & Meyer Verlag

Herausgeber der Edition Schulsport: Heinz Aschebrock & Rolf Peter Pack

Günter Stibbe

Schulsport und Schulprogrammentwicklung

Bibliografische Information der Deutschen Bibliothek
Die Deutsche Bibliothek verzeichnet diese Publikation in der Deutschen
Nationalbibliografie; detaillierte bibliografische Details sind im Internet über
<http://dnb.ddb.de> abrufbar.

Alle Rechte, insbesondere das Recht der Vervielfältigung und Verbreitung sowie das
Recht der Übersetzung, vorbehalten. Kein Teil des Werkes darf in irgendeiner Form –
durch Fotokopie, Mikrofilm oder ein anderes Verfahren – ohne schriftliche Genehmigung
des Verlages reproduziert oder unter Verwendung elektronischer Systeme verarbeitet,
gespeichert, vervielfältigt oder verbreitet werden.

© 2004 by Meyer & Meyer Verlag, Aachen
Adelaide, Auckland, Budapest, Graz, Johannesburg, New York,
Olten (CH), Oxford, Singapore, Toronto
Member of the World
Sportpublishers' Association (WSPA)
Druck und Bindung: Finidr s. r. o., Český Těšín
ISBN 3-89899-096-6
E-Mail: verlag@m-m-sports.com

Inhalt

Vorwort der Herausgeber der Edition Schulsport 8

1	Problemaufriss, Ansatz und Fragestellung	10
1.1	Isolationistische Tendenzen in der Sportpädagogik	11
1.2	Leitbild, Schulprofil und Schulprogramm – eine Begriffsbestimmung	19
1.3	Schulprogramm als Instrument der Schul- und Schulsportentwicklung	25
1.3.1	Bildungspolitische Leitgedanken und Initiativen	26
1.3.2	Schulprogramm in der schulpädagogischen Diskussion	32
1.3.2.1	Schulprogramm- und Schulprofilentwicklung in der Diskussion um die teilautonome Schule	33
1.3.2.2	Wirkungserwartungen an das Schulprogramm	38
1.3.2.3	Empirische Untersuchungen zur Wirksamkeit des Schulprogramms	42
1.3.3	Schulprogrammentwicklung in der sportpädagogischen Rezeption	47
1.3.3.1	Schulprogrammarbeit als Chance für den Schulsport	48
1.3.3.2	Schulprogramm in der Diskussion um die bewegte Schule	50
1.3.3.3	Schulprogramm und Schulleitbild	52
1.3.3.4	Schwierigkeiten bei der Schulprogrammarbeit	56
1.4	Ausgangspunkte der Untersuchung	59

2	Schulsport im Spiegel von Schulleitbildern – eine problemgeschichtliche Betrachtung	65
2.1	Bewegung, Spiel und Sport in historischen Schulleitbildern ...	66
2.1.1	„Mäßige" Motionen in der pietistischen Erziehungskonzeption	69
2.1.2	Bewegung und Spiel in philanthropischen Erziehungsmodellen	73
2.1.3	Leibesübungen im Erziehungsdenken der Herbartianer	80
2.1.3.1	Turnen in STOYs Erziehungsdenken	80
2.1.3.2	„Disziplinierte" Bewegung und Turnen in ZILLERs Erziehungskonzeption	86
2.1.3.3	Turnen, Spiel und Sport in REINs Erziehungsvorstellungen	91
2.1.4	Leibesübungen in den Lietz-Schulen zur Zeit der Reformpädagogik	98
2.1.5	Kinder- und Jugendsportschulen der DDR	107
2.1.5.1	Kinder- und Jugendsportschulen als allgemein bildende Schulen mit erweitertem Unterricht im Fach Körpererziehung bzw. Turnen	109
2.1.5.2	Kinder- und Jugendsportschulen als Spezialschulen für den Leistungssport	115

2.1.6	Zwischenbilanz	121
2.2	Schulsport in neueren Schulleitbildern	126
2.2.1	Leitbild „Unterrichtsschule"	126
2.2.2	Leitbild „Schulleben-Schule"	131
2.2.3	Leitbild „Erfahrungsschule"	135
2.2.4	Zwischenbilanz	140
2.3	Zusammenfassung	144

3	**Schulprogrammarbeit als Element der Schulentwicklung – schulpädagogische Grundlagen und bildungspolitische Widersprüche**	**149**
3.1	Exkurs: Begriffsgeschichte des Schulprogramms	149
3.2	Funktionen des Schulprogramms	156
3.3	Inhalte des Schulprogramms	160
3.4	Methoden der Schulprogrammentwicklung	163
3.5	Evaluation des Schulprogramms und Schulqualität	167
3.6	Probleme auf dem Weg zum Schulprogramm	171
3.7	Bilanz	176

4	**Gestaltungsformen der bewegungs- und sportbezogenen Profilbildung – fachdidaktische Überlegungen und pädagogische Konsequenzen**	**179**
4.1	Konzeptionelle Entwürfe der bewegungs- und sportbezogenen Profilbildung	179
4.1.1	Zur Idee der bewegten Schule	180
4.1.1.1	Die kompensatorische Position	183
4.1.1.2	Die schulreformerische Position	189
4.1.1.3	Die pragmatische Position	194
4.1.2	Zur Idee der sportbetonten Schule	199
4.1.2.1	Die breitensportorientierte Position	200
4.1.2.2	Die leistungssportorientierte Position	213
4.2	Inszenierungsformen der bewegungs- und sportbezogenen Profilbildung	219
4.2.1	Sportpädagogische Innensicht	221
4.2.1.1	Motorikschule	221
4.2.1.2	Bewegungsraumschule	224
4.2.1.3	Bewegungslebenschule	226
4.2.1.4	Sportfreundliche Schule	228
4.2.1.5	Leistungssportbetonte Schule	233
4.2.2	Schulpädagogische Außensicht	237
4.2.2.1	Beteiligungsmöglichkeiten an überfachlichen Aufgaben der Schule	239
4.2.2.2	Inszenierungsbeispiel: Geschlechtssensibler Schulsport als Bestandteil des Schulprogramms	244
4.3	Zusammenfassung	247

5	**Schlussbetrachtung**	251
5.1	Zusammenfassung	251
5.2	Fokussierung	255
5.3	Ausblick	258

Literatur 261

Vorwort der Herausgeber der Edition Schulsport

Das Thema Schulprogramm hat im Zusammenhang mit einer sich verstärkenden Selbstständigkeit und zunehmenden Gestaltungsautonomie der Einzelschule in verschiedenen Bundesländern einen hohen Stellenwert. Bewegung, Spiel und Sport bzw. der Sportunterricht und der außerunterrichtliche Schulsport spielen in diesem wichtigen Bereich gegenwärtiger Schulentwicklung bereits eine nicht unerhebliche Rolle. Leitperspektiven der Schulprogrammentwicklung z. B. (je nach Bundesland) in Richtung einer „bewegten", „bewegungsfreundlichen" oder „bewegungsfreudigen" Schule sind durchaus keine Seltenheit mehr. Gerade die Grund- und Sonderschulen treten hier quantitativ deutlich hervor. Daneben haben sich in den Bundesländern unterschiedliche Formen einer leistungssportorientierten Profilbildung entwickelt, die vornehmlich bei weiterführenden Schulen zu finden sind.

Es ist allerdings nicht zu verkennen, dass die nachhaltige Integration der Beiträge von Bewegung, Spiel und Sport in die konkrete Arbeit an dem jeweiligen pädagogischen Leitbild der einzelnen Schule noch bei weitem nicht immer nahtlos gelingt. Die bewegungsfreudige bzw. sportorientierte Profilbildung der Schulen markiert häufig zwar ein Mehr an Bewegung, Spiel und Sport im Schulleben, ist aber selten mit der allgemeinen Schul-, Unterrichts- und Lernentwicklung vernetzt.

Günter Stibbe versucht in seiner Habilitationsschrift, konzeptionelle Klarheit in dieses – auch von der Sportpädagogik bisher kaum systematisch bearbeitete – Feld im Schnittpunkt von Schulentwicklung und Schulsportentwicklung zu bringen. Vor dem Hintergrund einer präzisen problemgeschichtlichen Betrachtung von „Schulleitbildern" werden schulpädagogische Konzepte auf der einen Seite sowie Bewegungs-, Spiel- und Sportkonzepte auf der anderen Seite auf die Schulprogrammarbeit bezogen. Dabei werden Theorie-Praxis-Bezüge immer wieder zur Veranschaulichung herangezogen.

Darüber hinaus werden in dieser Arbeit auch konkrete Gestaltungsformen einer „bewegungs- und sportbetonten Profilbildung" herausgearbeitet, die für die zukünftige Schulprogrammarbeit und Schulsportentwicklung strukturierend und wegweisend sein können. Insbesondere können sie auch für die jeweilige schulische Arbeit vor Ort einen Orientierungsrahmen bieten und den Blick für den Zusammenhang von Bewegung,

Spiel und Sport mit den Leitperspektiven von Schulprogrammarbeit im schulischen Einzelfall schärfen.

Wir hoffen, dass dieses Buch hilft, den Beitrag von Bewegung, Spiel und Sport sowohl im Hinblick auf die Erarbeitung von Schulentwicklungskonzepten als auch in der konkreten Schulprogrammarbeit einzelner Schulen zu verdeutlichen und zu stärken.

Heinz Aschebrock   *Rolf-Peter Pack*

> nachhaltige Integration ist nicht immer nahtlos an das pädag. Leitbild (SP) oder einzelnen Schule angepasst.
> Ein Mehr an Bewegung ist nicht unbedingt mit der allgem. Schul-, Unterrichts- u. Lernentwicklung vernetzt.

1 Problemaufriss, Ansatz und Fragestellung

Die bildungspolitische Diskussion um die zukünftige Schulentwicklung richtet sich gegenwärtig auf Überlegungen zur Erweiterung von Eigenverantwortung und pädagogischen Gestaltungsmöglichkeiten der Schule.[1] So werden Schulen zunehmend Entscheidungsspielräume in den Bereichen der pädagogischen Schwerpunktsetzung, der Unterrichts- und Lernorganisation, der Personalentwicklung, der Fortbildungsplanung und der Finanzbewirtschaftung gewährt. Im Rahmen dieser Bestrebungen um die Stärkung der Schulautonomie erhält die Idee des Schulprogramms eine bedeutende Rolle.

Schulprogramme werden dabei gemeinhin als wesentliche Instrumente für eine zukunftsorientierte pädagogische Schulentwicklung angesehen. Mit ihnen ist die Hoffnung verbunden, durch eine bewusst gestaltete, individuelle Profilbildung die Qualität der einzelnen Schule zu verbessern. In Erlassen, Richtlinien, Verordnungen, Schulgesetzen, Empfehlungen und Erklärungen werden Schulen in Deutschland sowie in Österreich und der Schweiz aufgefordert, ein Schulprogramm zu erarbeiten und darin ihre pädagogischen Leitvorstellungen und Arbeitsschwerpunkte festzulegen.

Zugleich ist auch in der Schulpädagogik das Konzept des Schulprogramms auf reges Interesse gestoßen. Die Vielzahl der theoretischen und praxisorientierten Veröffentlichungen zu dieser Thematik in Fachzeitschriften, Textsammlungen, Monografien und Einzelbeiträgen ist inzwischen kaum mehr zu übersehen.[2] Bereits die kursorische Lektüre einschlägiger schulpädagogischer Publikationen zeigt allerdings, dass Bewegung, Spiel und Sport als integrale Bestandteile des Schulprogramms weit gehend unberücksichtigt bleiben oder nur marginal behandelt werden.

Der Ansatz des Schulprogramms eröffnet auch dem Schulsport Chancen, seine Teilhabe am überfachlichen Bildungs- und Erziehungsauftrag zu

---

[1] Die Rechtschreibung in dieser Studie orientiert sich an den neuen Regeln. Zitate bleiben hiervon unberührt; sie werden in ihrer Originalfassung wiedergegeben.

[2] Vgl. hierzu z. B. die Themenhefte „Schulprogramme" (*Journal für Schulentwicklung* 1997/2), „Auf dem Weg zum Schulprogramm" (*Pädagogik* 1998/2), „Praxishilfen Schulprogramm" (*Pädagogik* 1999/1), „Programmierte Schule? Schule mit Programm" (*Lernende Schule* 1999/6) oder „Schulprogramme in Beispielen" (*Pädagogik* 2000/10). Vgl. z. B. auch die Veröffentlichungen zum Schulprogramm von HAENISCH (1998a), KLIEBISCH/SCHMITZ/BASTEN (1999), PHILIPP/ROLFF (1999) oder RISSE (1998).

verdeutlichen und Bewegung, Spiel und Sport als profilbildende Elemente der Schule zu verankern. Anliegen der Arbeit ist es, einen Anstoß zu einer bewussten Neubestimmung des Schulsports im Kontext einer pädagogischen Schulentwicklung zu geben. Dazu werden bildungspolitische und schulpädagogische Hintergründe für die Schulprogrammarbeit dargestellt (Kap. 1.3 und 3), historische und gegenwärtige Entwürfe analysiert (Kap. 2) und bewegungs- und sportfreundliche Gestaltungsformen der Profilbildung in einer typologischen Annäherung entwickelt (Kap. 4). Hierbei geht es immer auch um die Möglichkeiten und Schwierigkeiten der Einbindung des Schulsports bzw. von Bewegung, Spiel und Sport in ein pädagogisches Gesamtkonzept von Schule.

Bevor dies geschieht, wird im einleitenden Kapitel 1 der Arbeitsansatz entfaltet, indem zunächst isolationistische Tendenzen in der jüngeren sportpädagogischen Diskussion zum Schulsport und die daraus erwachsende Notwendigkeit eines Perspektivenwechsels beschrieben werden (Kap. 1.1). Danach werden die Begriffe „Leitbild", „Schulprogramm" und „Schulprofil" voneinander abgegrenzt (Kap. 1.2). In einem weiteren Schritt erfolgt ein allgemeiner Überblick über die Diskussions- und Forschungslage zur Bedeutung des Schulprogramms im Rahmen der Schul- und Schulsportentwicklung, wobei der gegenwärtige Stand der einschlägigen bildungspolitischen Entwicklung, schulpädagogischen Forschung und sportpädagogischen Rezeption nachgezeichnet wird (Kap. 1.3). Auf dieser Grundlage wird dann die weitere Vorgehensweise und Anlage dieser Studie erläutert (Kap. 1.4).

1.1 Isolationistische Tendenzen in der Sportpädagogik

Angesichts aktueller bildungspolitischer Entwicklungen in einigen Bundesländern, wie der Einführung von flexibilisierten Stundentafeln, der Kürzung der Sportstunden, der Erteilung des Sportunterrichts durch Übungsleiter(-innen) oder der Abschaffung von Sport als viertem Abiturfach ist das Fach Sport in der Schule zunehmend unter Begründungszwänge geraten. So mehren sich die Stimmen, die in Erinnerung an die schwierige Situation der schulischen Leibeserziehung in den

60er Jahren sogar von einer erneuten „Schulsportmisere" sprechen (vgl. u. a. BALZ 1997a, 3; 1997b; 1999, 422; BRETTSCHNEIDER 1998, 220).[3]

Aus diesem Grunde schließen sich Sportverbände auf Bundes- und Landesebene mit Ärzteorganisationen, Elternverbänden, Kirchen und Lehrerverbänden zusammen, um „Aktionsbündnisse für den Schulsport" auszurufen und Resolutionen für den Erhalt der dritten Sportstunde zu verfassen.[4] Paradoxerweise werden in diesem Kontext auch die für den Schulsport (mit)verantwortlichen Länderministerien aktiv: Mit der Durchführung eines „Jahres des Schulsports"[5], an dem mitunter der jeweilige Landessportbund mitwirkt, oder der Herausgabe einer gemeinsamen Erklärung des Präsidenten der Kultusministerkonferenz, des Präsidenten des Deutschen Sportbundes und des Vorsitzenden der Sportministerkonferenz[6] beabsichtigen sie, öffentlichkeitswirksam auf die besondere Bedeutung des Schulsports für die Entwicklung von Kindern und Jugendlichen hinzuweisen, ohne freilich weitergehende bildungspolitische Zugeständnisse zu machen.

Solchen Resolutionen, Proklamationen oder Erläuterungen zum „Jahr des Schulsports" liegt meist ein traditionelles Argumentationsmuster zu Grunde, das in formelhafter Verkürzung lautet: Sport in der Schule sei mit seinen Beiträgen zur Gesundheitsförderung, Persönlichkeitsentfaltung, Sozialerziehung und Kulturteilhabe unaustauschbarer Bestandteil der schulischen Bildung und Erziehung. Selbst die 1992 im Auftrag der Kommis-

---

[3] KUHLMANN (2000) spricht in diesem Zusammenhang auch von „Schulsport im Abseits".
[4] Vgl. exemplarisch dazu die Resolution der Anhörung des Deutschen Sportbundes zum Schulsport (DSB 1997). Vgl. in diesem Zusammenhang auch den „Orientierungsrahmen des Deutschen Sportbundes zum Schulsport" (in: *sportunterricht* 2000/5, 162-164). Zur Rolle des DSB als Förderer des Schulsports vgl. BAUR (1997) und KUHLMANN (2000).
[5] Zum „Jahr des Schulsports" in Thüringen, Sachsen und Hessen vgl. *sportunterricht* (1998/12, 500; 2000/4, 128; 2000/11, 356), zum „Jahr des Schulsports" in Nordrhein-Westfalen vgl. MASSKS (1999, 9-22). Die Aktionen der Länderministerien können als „Ausweichmanöver" interpretiert werden. Nicht zuletzt sind sie auch damit zu erklären, dass es innerhalb der Kultusministerien bzw. der Landesregierungen unterschiedliche Zuständigkeiten für Angelegenheiten des (Schul-)Sports einerseits und der Schule bzw. des Schulrechts andererseits gibt.
[6] Gemeinsame Erklärung des Präsidenten der Kultusministerkonferenz, des Präsidenten des Deutschen Sportbundes und des Vorsitzenden der Sportministerkonferenz vom 8.12.2000: „Die Bedeutung des Schulsports für lebenslanges Sporttreiben" (in: *sportunterricht* 2001/1, 22). Diese Erklärung erfolgte auf Initiative des damaligen Präsidenten der KMK, Willi Lemke. Bei bildungspolitisch feinsinniger Betrachtung fällt auf, dass es sich hierbei um eine (persönliche) Erklärung des *Präsidenten* der Kultusministerkonferenz und nicht um eine Verkündung der Institution der Kultusministerkonferenz als Vertretung der Länder handelt.

sion „Sport" der Kultusministerkonferenz veröffentlichten Ergebnisse einer Expertenbefragung von Sportwissenschaftlern enthalten weit gehend nur derartige Begründungsfiguren, teilweise gepaart mit leerformelhaften Postulaten, die zur Sicherung der dritten Sportstunde beitragen sollen (vgl. KMK 1992). Abgesehen davon, dass es sich bei alledem keineswegs um Umfangs-, sondern grundsätzliche Fachlegitimationen handelt[7], spielen hier Überlegungen zur Weiterentwicklung und Innovation des Schulsports in einer gewandelten Schule kaum eine Rolle (vgl. ähnlich BALZ 1997a, 4; BRETTSCHNEIDER 1998, 220-221).

Bei genauerer Betrachtung der sportpädagogischen Diskussion zu Beginn der 90er Jahre hat es den Anschein, als seien Sportpädagoginnen und Sportpädagogen von derartigen schulpolitischen Entwicklungen und bildungsökonomischen Maßnahmen geradezu überrascht worden. Diese Interpretation legen jedenfalls mehrere Indizien nahe. An der oben angeführten Expertenbefragung der KMK beteiligte sich überhaupt nur ein Drittel der angeschriebenen Sportwissenschaftler (vgl. KMK 1992, 3). Offenbar hat man in dieser Phase die Dringlichkeit einer bildungspolitischen Intervention, die nicht zuletzt eine überzeugende Begründungsstrategie verlangt, nicht vollends erkannt. Gewiss spielen hier, wie SCHERLER (1995, 57) anmerkt, auch Gründe der Bequemlichkeit und Skepsis gegenüber der Schuladministration eine Rolle. Gleichwohl bezweifelt auch er, dass die Sportpädagogik Anfang der 90er Jahre ausreichend auf diese Legitimationsdiskussion eingestellt war, wenn er skeptisch fragt: „Wer ist schon darauf vorbereitet, eine wissenschaftlichen Ansprüchen genügende Argumentation gegen die Streichung der 3. Sportstunde zu führen?" (SCHERLER 1995, 57).

Auch die wenig später einsetzende Instrumentalisierungskontroverse innerhalb der Sportpädagogik schien noch von der Annahme der „Ungefährdetheit des Schulsports" auszugehen (SCHIERZ/THIELE 1998, 8). Nur so ist es zu erklären, dass einige Sportpädagogen die Aufgaben des Schulsports im Sinne einer „Erziehung zum Sport" auf die rein fachimmanenten, sportlichen Zielvorstellungen begrenzen und dadurch den „Erziehungsanspruch des Schulsports" gleichsam halbieren wollten (SCHERLER 1997, 8). Dass man sich mit den Mahnungen vor einer zweckentfremdenden Inanspruchnahme des Sports ins bildungspolitische und schulpädagogische Abseits manövrierte, wurde nicht ins Kalkül gezogen (vgl. dazu SCHIERZ 1997a, 164-165). Dies war den Warnern vor einer Instru-

---

[7] Vgl. zum Problem der Zeitbedarfsbegründungen SCHERLER (1995).

mentalisierung vielleicht auch deshalb nicht bewusst, weil sie ungebrochen einer fachlichen Dignität vertrauten, die – wie in den 70er und 80er Jahren – eine hohe gesellschaftliche Akzeptanz des außerschulischen Sports voraussetzte und innovative Legitimationsanstrengungen überflüssig erscheinen ließ.[8] Dabei muss aber bedacht werden, dass gerade SCHALLER (1992) als maßgeblicher Exponent der Instrumentalisierungsdiskussion auf der Suche nach einer tragfähigen Begründung des Schulsports war.

Nun kann aber der Sportpädagogik in den frühen 90er Jahren keineswegs vorgehalten werden, sie habe die „Orientierungskrise des Schulsports" (KURZ 1993, 9) angesichts des tief greifenden Wandels der Bewegungskultur und Lebenswelt, der Wertschätzungen und Einstellungen von Kindern und Jugendlichen nicht erkannt. Im Gegenteil: Nach der weit gehenden Stagnation fachdidaktischer Theoriebildung in den 80er Jahren war ein neu erwachtes Interesse an Problemen des Schulsports erwachsen, und es mangelte nicht an Kritikern, die aus unterschiedlichen Perspektiven zu einer „Neubesinnung" (KÜPPER 1993), „Neuorientierung" (STIBBE 1992; HILDEBRANDT 1993) oder „Trendwende" (GRÖSSING 1993, 11) des Sportunterrichts aufforderten. Hierbei ist aber nicht zu übersehen, dass sich die Krisendiagnostik überwiegend auf einheimische Aspekte der Zeitgemäßheit von Konzepten des Schulsports konzentrierte. So zielten die Versuche einerseits – ähnlich wie am Ende der bildungstheoretischen Phase der Fachdidaktik an der Wende zu den 70er Jahren – auf eine Revision der Schulsportinhalte: Die Aktualisierungsvorschläge reichten von einer verstärkten Vermittlung von sportartungebundenen „Einstiegsqualifikationen" (BRODTMANN 1992, 6-7) über eine „Elementarisierung" als Erschließen grundlegender Erfahrungen im Sinne sportartenübergreifender Ansätze (KÜPPER 1991) bis zu einer flexiblen Ausgestaltung der Schulsportpraxis mit neuen Sportarten (BALZ/BRINKHOFF/WEGNER 1994). Andererseits wurden „fachdidaktische Landkarten"[9] entworfen, auf denen Schulsportkonzepte verzeichnet sind, die schon mehr als zwei Dekaden bekannt sind (vgl. SCHIERZ 1997b, 37-38). Damit blieb die Frage ausgespart, welchen Beitrag der Schulsport bei der Neuorientierung von Schule leisten kann, indem im Grunde „alte Antworten"

---

[8] Vgl. zu den Isolationstendenzen der Sportpädagogik besonders KÜPPER (1998, 34-35).
[9] Dazu BALZ (1992), HUMMEL/BALZ (1995), HUMMEL (1995; 2000).

auf „neue Herausforderungen" gegeben wurden (BRETTSCHNEIDER 1998).[10]

Insofern kann es nicht erstaunen, dass bis Mitte der 90er Jahre nur vereinzelte Beiträge vorliegen, in denen auf eine notwendige Perspektivenerweiterung der Sportpädagogik hinsichtlich der Berücksichtigung aktueller Schulentwicklungstendenzen hingewiesen wird. Bereits 1993 fordert BAUMANN im Zusammenhang mit der Diskussion um die Flexibilisierung der Stundentafeln neue Sichtweisen im sportpädagogischen Denken. In diesem Sinne müssten die Bemühungen um die Sicherung des Sportunterrichts um solche inhaltlichen Aspekte erweitert werden, die das Fach Sport in den Kontext gegenwärtiger und künftiger schulischer Veränderungen stellen. Allerdings belässt er es bei recht vagen Andeutungen, wenn er die Einbettung des Schulsports im Rahmen gesellschaftlicher Schlüsselprobleme und überfachlicher Aufgaben wie Gesundheit, Ökologie, Frieden oder Gewaltprävention empfiehlt, um letztlich die Frage der Konkretisierung an die Sportpädagogik zurückzugeben (vgl. BAUMANN 1993, 7).

Im gleichen Jahr setzt sich SCHERLER (1995) in einem viel beachteten Vortrag auf dem sportwissenschaftlichen Hochschultag in Potsdam differenziert mit bildungspolitischen Legitimationsfragen des Schulsports auseinander. Dabei blickt er nicht wie üblich aus einer fachlichen Optik auf die Schule, sondern umgekehrt „von der Schule auf den Sport" (a. a. O., 44). Vor diesem Hintergrund gelangt er dann auch zu einer Einschätzung, die der bis dahin vorherrschenden fachlichen Auffassung[11] widerspricht:

---

[10] Bei der Durchsicht von Themenheften der Jahre 1990-1995 der Fachzeitschriften „sportunterricht" und „sportpädagogik" wird dieser Eindruck bestätigt. Mit Ausnahme von Schwerpunktheften zur „bewegten Schule" oder zur Öffnung von Unterricht und Schule widmen sie sich Themen wie z. B.: „Kraft prüfen und trainieren im Schulsport" (sportunterricht 1990), „Volleyball" oder „Schwimmen heute" (sportpädagogik 1990); „Wassersport und Umwelterziehung", „Sportartübergreifende Ansätze" (sportunterricht 1991), „Sport im Freien" oder „Hand-Ballspiele" (sportpädagogik 1991); „Bundesjugendspiele" (sportunterricht 1992), „Miteinander spielen", „Schulsportkonzepte" oder „Akrobatik" (sportpädagogik 1992); „Gerätturnen in der Schule" (sportunterricht 1993), „Klettern" oder „Bewegen und Wahrnehmen" (sportpädagogik 1993); „Spaß als Leitidee für den Sportunterricht", „Themenorientierung im Sportunterricht", „Schulsportinhalte aktualisieren" (sportunterricht 1994) oder „Neue Sportarten" (sportpädagogik 1994); „Skilauf heute" (sportunterricht 1995), „Bewegungstheater" oder „Leichtathletik neu entdecken" (sportpädagogik 1995).
[11] Vgl. dazu die Empfehlung der Deutschen Vereinigung für Sportwissenschaft, „den Sportunterricht von der beabsichtigten Flexibilisierung auszunehmen (oder die Untergrenze der Flexibilisierung bei drei Stunden Sport festzuschreiben) und ihn nicht der Entscheidung der jeweiligen Schulen zu überlassen" (dvs 1992, 14).

Er bewertet nämlich die Einführung flexibler Stundentafeln nicht einseitig als Gefahr für den Schulsport; vielmehr begreift er sie als konsequente Maßnahme im Zuge der Autonomisierungsbemühungen, als Chance für selbstverantwortete Entscheidungsmöglichkeiten der einzelnen Schule, die ebenso zu einem vermehrten Sportangebot führen kann (vgl. a. a. O., 53-54). In seinem Resümee rät er schließlich u. a. zu einer verstärkten sportwissenschaftlichen Einmischung in schulpolitische Entwicklungen (vgl. a. a. O., 56-57).

Die positive Einschätzung einer teilautonomen Schule wird prinzipiell auch von SCHIERZ (1995, 30) geteilt, weil er in der damit einhergehenden Ausbildung vielfältiger Schulprofile ein Reformpotenzial erkennt, das nicht allein auf ausgewiesene Alternativschulen begrenzt ist.[12] Sofern man den Bestrebungen der Dezentralisierung, Flexibilisierung und Stärkung der Selbstverantwortung der Einzelschule offen gegenüberstehe, sei auch darüber nachzudenken, wie solche Entwicklungen unterstützt werden könnten. In diesem Zusammenhang schlägt SCHIERZ vor, eine „intensive Schulentwicklungsberatung" als wichtige künftige Aufgabe in die sportpädagogische Diskussion mit einzubeziehen (a. a. O., 31).

Aus einer grundsätzlicheren schulpädagogischen Perspektive betrachtet der Erziehungswissenschaftler BROCKMEYER den Sportunterricht in seinem 1994 vorgetragenen Statement auf dem „Ersten Schulsport-Symposion" in Nordrhein-Westfalen.[13] Hier plädiert er dafür, die Begründungsdiskussion nicht „disziplinär verengt", sondern auf der Folie eines bestimmten Schulleitbildes zu führen: „Die Stellenwertbestimmung eines Faches – das gilt genauso gut für ein Fach wie Mathematik oder wie Kunst, wie für Sport – entscheidet sich auch daran, welches Bild von Schule man zugrunde legt" (BROCKMEYER 1995, 23). Ganz gleich, welche Vorstellung von Schule – ob „Unterrichtsschule" oder „Schule als Lebensraum" – favorisiert werde, immer gelte es, auch die sehr unterschiedlichen Implikationen für den Schulsport mit zu bedenken (vgl. BROCKMEYER 1995, 23).

---

[12] Im Blick auf Inhaltsentscheidungen gelangt auch SCHULZ (1994; 1995) zu einer ähnlich positiven Wertung der schulischen Teilautonomie, da sie zu eigenständigen inhaltlichen Profilsetzungen führt, die den besonderen Bedingungen der Einzelschule Rechnung trägt.
[13] BROCKMEYER war zu dieser Zeit gerade als geschäftsführender Leiter der Bildungskommission NRW mit der Erarbeitung der Denkschrift zur „Zukunft der Bildung – Schule der Zukunft" (1995) beschäftigt.

Diese ersten Mahnrufe, gewohnte Argumentationslinien zu Gunsten schulpädagogischer und bildungspolitischer Bezüge zu überdenken, verhallten vorerst mehr oder weniger ungehört. Sieht man einmal von frühen Entwürfen bzw. Projekten zur „bewegten Schule" ab[14], so ist noch bis 1996 eine auffällige Distanz der Sportpädagogik zu Fragen der Schulentwicklung zu konstatieren (vgl. BAUMANN 1996, 7). Seither häufen sich allerdings die Appelle von Sportpädagoginnen und Sportpädagogen, sich aktiv an dieser Diskussion zu beteiligen. Sie weisen einhellig darauf hin, dass die Stellung des Schulsports im Kanon der Schulfächer zukünftig nur erhalten werden kann, wenn die bislang eher defensiven fachdidaktischen Bemühungen um bloße „Bestandssicherung" überwunden, fachliche Isolationstendenzen aufgegeben und Impulse der Schulentwicklung offensiv für die reformerische Weiterentwicklung des Schulsports genutzt werden.[15] In diesem Sinne fragt denn auch BRETTSCHNEIDER (1998, 221) selbstkritisch:

„[...] Sind wir – als Sportlehrerinnen und Sportlehrer, Hochschullehrerinnen und -lehrer oder als Funktionsträger in Sportverbänden – eigentlich Impulsgeber und Motoren auf dem Wege zu überzeugenden Konzepten zur Lösung der Schulsportmisere oder aber sind wir Teil des Problems? Werden wegweisende Schritte und innovative Lösungsansätze gewagt oder setzt man eher auf Bestandserhaltung und Rechtfertigung des Bestehenden [...]?"

Ähnlich hat SCHERLER mit der Formel des „Mehr von anderem" (2000, 255) nachdrücklich einen Perspektivenwechsel in der Sportpädagogik eingefordert. Für eine zukunftsfähige Begründung des Schulsports reiche es nämlich nicht mehr aus, bloß die Lösungsanstrengungen um den Erhalt der dritten Sportstunde zu vermehren. Vielmehr sei eine Änderung der Lösungsart, ein Wechsel der Argumentationsstrategie notwendig, die

---

[14] Vgl. aus der Fülle der bereits in der ersten Hälfte der 90er Jahre veröffentlichten Beiträge zur bewegten Schule beispielsweise ASCHEBROCK (1995), DRENCKHAN/HINSCHING (1995), FUNKE-WIENEKE/HINSCHING (1995), HILDEBRANDT (1994), KLUPSCH-SAHLMANN (1995), KOTTMANN/KÜPPER/PACK (1992), LAGING (1993), PÜHSE (1995), SCHWANER-HEITMANN (1995), SOBCZYK (1995).

[15] Diese Position wird bereits angedeutet in bezeichnenden Titeln wie „Bewegung in der Schulentwicklung! Schulentwicklung ohne Bewegung?" (ASCHEBROCK 1997a), „Verschläft die Fachdidaktik die Zukunft der Grundschule?" (KLEINDIENST-CACHAY 1998), „Schulsport zwischen Selbstisolation und Integration in ein pädagogisches Konzept von Schule" (KÜPPER 1998) oder „Schule auf neuen Wegen – Herausforderungen für den Schulsport" (STIBBE 1999). Siehe ebenso ASCHEBROCK (1999a), BAUMANN (1996), BALZ u. a. (1997), BALZ (1999, 419; 2000, 169-174), HINSCHING/LAGING (1997) oder die Schwerpunkthefte von „sportunterricht" „Schule der Zukunft – Zukunft des Schulsports?!" (1998) oder „Sport in der Schule – Wege aus fachlicher Isolation" (1998).

die Realität gegenwärtiger bildungspolitischer Entwicklungen einbezieht. In diesem Sinne dürfe eine Begründung des Schulsports, so SCHERLER weiter, nicht mehr allein auf der Ebene schulexterner Erlasse und Verordnungen ansetzen, sondern müsse „auch schulintern, auf der Ebene von Schulprogrammen und -profilen, ausgetragen werden". Dies bedeutet jedoch, das fachliche Nischendenken aufzugeben und „die Schule als Ganzes, als Ensemble vieler Fächer" zu betrachten (a. a. O., 250).[16]

Mit der Verlagerung der Blickrichtung auf die einzelne Schule erweist sich das Legitimationsproblem nicht mehr allein als eines der schulexternen Ebene, z. B. als eines der mangelnden Kommunikation zwischen Erziehungs- und Fachwissenschaft (dazu KOFINK 1999), der seltsamen Distanz zwischen Schulpädagogik und Fachdidaktiken (vgl. OTTO 1998, 15-16), der sportpädagogischen Schwierigkeiten, einen prominenten Erziehungswissenschaftler von der Unverzichtbarkeit des Sportunterrichts zu überzeugen[17], oder der schulpolitischen Uneinsichtigkeit. Es berührt vielmehr auch das berufliche Selbstverständnis von Sportlehrkräften, sich auf schulinterner Ebene engagiert für die Belange des Schulsports einzusetzen.[18]

Diese Überlegungen mögen genügen, um das zu Grunde liegende Ausgangsproblem zu veranschaulichen. Zusammenfassend kann festgestellt werden: In der gegenwärtigen bildungspolitischen und schulpädagogischen Diskussion haben Konzepte zur Stärkung der Schulautonomie und Vorstellungen über eine zukunftsorientierte Gestaltung der Schule hohe Bedeutung (vgl. z. B. BILDUNGSKOMMISSION NRW 1995). Für die Sportpädagogik ist festzustellen, dass derlei Aspekte bislang kaum oder nur unzureichend aufgegriffen wurden. Viel zu sehr waren sportpädagogische Bemühungen in jüngerer Zeit darauf ausgerichtet, den erreichten „Besitzstand" des Schulsports, der vor allem mit der Sicherung der dritten Sport-

---

[16] Ebenso pointieren dies SCHIERZ (1997a, 167) in der Formel vom „Mut zum Umdenken", BALZ (1997a) in seinen Empfehlungen zur verlässlichen Einordnung von Bewegung, Spiel und Sport in den Kontext der Schulentwicklung oder KÜPPER (1998) in ihrem Plädoyer für die Integration des Schulsports in ein schulpädagogisches Gesamtkonzept. Vgl. auch die Einlassung von LAGING (1999b, 417), wenn er feststellt: „Die einseitige Diskussion um die Anzahl der Sportstunden muß einer komplexeren schulkonzeptionellen Diskussion weichen."

[17] Vgl. hierzu die Auseinandersetzung zwischen dem Erziehungswissenschaftler LENZEN und verschiedenen Sportpädagogen (in: *sportunterricht* 2000/3).

[18] Damit sind einmal mehr jene politischen Kompetenzen gefragt, die schon 1979 als wesentliche Qualifikation von Sportlehrerinnen und Sportlehrern in den Empfehlungen des DSB zur Sportlehrerausbildung dargelegt wurden (vgl. DSB 1979, 78-83).

stunde verbunden zu sein scheint, zu wahren. Dabei sind die Herausforderungen einer sich verändernden Schule gewissermaßen aus dem Blickfeld geraten. Doch mit dem weit gehenden Ignorieren solcher Tendenzen „verschläft" die Sportpädagogik nicht nur die Zukunft der Schule (vgl. KLEINDIENST-CACHAY 1998), sondern sie begibt sich auch in eine schulpädagogische Isolation, die zu weiteren Problemen der Legitimation des Fachs Sport in der Schule führt.

Vor diesem Hintergrund eröffnet das Konzept des Schulprogramms, das derzeit zu einem wichtigen, bildungspolitisch anerkannten Instrument der Schulentwicklung zählt, besondere Chancen für den in Begründungsnot geratenen Schulsport. Denn nicht zuletzt wird mit der Entwicklung des Schulprogramms auch über die Stellung und die Entfaltungsmöglichkeiten der verschiedenen Fächer in der einzelnen Schule reflektiert und entschieden. Deshalb ist es notwendig, Grundlagen und Möglichkeiten der Einbindung von Bewegung, Spiel und Sport in das pädagogische Gesamtkonzept von Schule mithilfe des Schulprogramms aufzuzeigen und kritisch zu beleuchten. Damit ergibt sich eine Problemstellung, die im sensiblen Schnitt- und Spannungsfeld von Bildungspolitik, Schulpädagogik und Sportpädagogik steht.

1.2 Leitbild, Schulprofil und Schulprogramm – eine Begriffsbestimmung

Die gegenwärtige Diskussion ist gekennzeichnet durch eine unübersichtliche Vielfalt und Unklarheit der Begriffsverwendung.[19] So ist die Rede von Leitbildern und schulischer „Corporate Identity", vom Schulprogramm, Schulkonzept und Schulprofil, von Visionen, Plänen und Arbeitsprogrammen. Einerseits werden Termini wie „Leitbild", „Schulprogramm", „Schulkonzept" oder „Schulprofil" als Synonyme gebraucht. Andererseits wird unterschieden zwischen „Programm" und „Schulprogramm" (MAMAT 1989, 9), zwischen „implizitem" und „vorhandenem" bzw. „verborgenem" und „geplantem" Schulprogramm (DALIN/ROLFF/BUCHEN 1995, 108-112; PHILIPP 1995, 56-58), zwischen „ex-post" und „progressivem" Schulprogramm (SCHIRP 1998, 7), zwischen „Schulprogramm" und „Arbeitsprogramm" (BROCKMEYER 1998, 99-100; BROCKMEYER/RISSE 1998, 308), zwischen „Schulkonzept" und „Schulprogramm" (HOLTAPPELS 1995a, 30;

---

[19] Vgl. HAMEYER (1998, 12), HERZ u. a. (1999, 11), MARITZEN (1998, 627), MEYER (1999a, 22), PHILIPP/ROLFF (1999, 12).

1995b, 345-347; 1998, 44-45; 1999, 6-7; VETTER 1998, 58), zwischen „Schulprogramm" und „Schulmythos" (HELSPER/BÖHME 1998, 69-73) oder zwischen „Schulprogramm" und „Schulprofil" (u. a. BÖHM 1994a, 303; 1995, 3-4; FLEISCHER-BICKMANN/MARITZEN 1996, 14; MARITZEN 1998, 628-630). Die Begriffsklärung wird aber auch dadurch erschwert, dass in der Schweiz vornehmlich von der „Leitbildentwicklung" gesprochen wird (vgl. CAPAUL/SEITZ 1998; STRITTMATTER 1997a), während man in Österreich meist vom „Schulprofil", in Deutschland vom „Schulprogramm" redet (vgl. SCHRATZ/STEINER-LÖFFLER 1998, 142; vgl. dazu HAMEYER/SCHRATZ 1997, 10).

Wenngleich solche Begriffe inzwischen häufig in Gesetzen, Verordnungen und Erlassen verwendet werden, hat sich eine einheitliche Terminologie noch nicht durchsetzen können (vgl. PHILIPP/ROLFF 1999, 12). Als Grundlage für die weitere Argumentation ist es daher sinnvoll, in heuristischer Absicht eine genauere Begriffsbestimmung vorzunehmen und dabei die Termini „Leitbild", „Schulprogramm" und „Schulprofil" zu differenzieren.

Bei den Bezeichnungen „Leitbild", „Schulprogramm" und – im Sinne der österreichischen Begriffsvariante – auch „Schulprofil" geht es im Kern um den (schriftlich) dokumentierten Ausdruck des pädagogischen Konsens' der einzelnen Schule im Blick auf die zukünftige Schulentwicklungsplanung. Dahinter steht das Bemühen, „Schulentwicklung auf lokaler Ebene zu stärken" und eine gemeinsame Gestaltung der Schule durch die Beteiligten zu ermöglichen (vgl. HAMEYER/SCHRATZ 1997, 10). Folgt man genaueren Begriffsanalysen, so zeigen sich jedoch einige Bedeutungsunterschiede.

Der aus Wirtschaft und Verwaltung entlehnte Begriff des „Leitbildes" impliziert eine Grundhaltung, an der sich die schulischen Arbeitsweisen nach innen und außen orientieren sollen (vgl. HAMEYER/SCHRATZ 1998, 91; ROLFF u. a. 1998, 111; PHILIPP/ROLFF 1999, 14-15). Leitbilder stellen damit Sinnzentren „für schulisches Planen, Gestalten und Bewerten" dar (HAMEYER 1998, 13) und sind als „inhaltlich bestimmte Gesamtentwürfe für die Inszenierung von Schule und Unterricht" normativ (MEYER 1997, 87). Während für PHILIPP/ROLFF (1999, 14-15) Leitbilder prägnante Formulierungen und nur kurze, einprägsame Leitsätze enthalten sollen, unterscheidet MEYER (1999a, 44-47) vier verschiedene Typen von Schulleitbildern nach ihrem Abstraktionsniveau und ihrem Konkretisierungsgrad:

Das eine Extrem bildet hierbei das Beispiel einer Schule des Durham-School-Districts in Kanada, deren Leitbild nur aus den Wörtern „Academics", „Teamwork" und „Self-Management" besteht[20]; das andere Extrem stellt ein detailliert ausformuliertes Leitbild der „T.E.A.M.-Schule" dar.[21] Darüber hinaus differenziert MEYER (1997, 81-97; 1999a, 47-49) zwischen Leitbildern auf der schulischen Ebene und so genannten „Autorenleitbildern", die auf der Ebene der Erziehungswissenschaft als theoretisch begründete Entwürfe der Schule konzipiert werden. Leitbilder – und daraus entwickelte Leitsätze – können als Grundlage für die Erarbeitung des Schulprogramms herangezogen werden (vgl. HAENISCH 1998a, 30-33; ROLFF u. a. 1998, 111; SCHRATZ/IBY/RADNITZKY 2000, 44).[22]

Nach PHILIPP/ROLFF (1999, 15-16) zeichnet sich das Schulprogramm im Vergleich zum „Leitbild" durch ein höheres Maß an Konkretheit und Detailliertheit aus (vgl. auch RISSE 1998a, 160).[23] Insofern kann es als Ausformulierung eines Leitbildes (vgl. HAMEYER/SCHRATZ 1998, 94) oder als „Programm zur Realisierung der Leitsätze" (PHILIPP/ROLFF 1999, 14) gelten. Blickt man auf verschiedene Definitionen des Schulprogramms, so lassen sich bei aller Unterschiedlichkeit der Umschreibungen im Detail folgende vier Bestimmungsmerkmale ausmachen:[24] Das Schulprogramm ist erstens normativ und spiegelt die gemeinsame pädagogische Grundorientierung einer Schule auf der Basis gesetzlicher und curricularer Rahmenvorgaben wider. In ihm werden alle schulischen Vorhaben – die bedeutsamen Zielvorstellungen, Themenschwerpunkte und Entwicklungsvorhaben – unter Berücksichtigung der je spezifischen Bedingungen fest-

---

[20] „Academics" steht hier für „Bildungsinhalte" und das Bemühen, „nicht nur kognitives und technisches Wissen" zu vermitteln; „Teamwork" umschreibt das Lehren und Lernen in Gruppen und bezieht sich auf Schüler/innen, Lehrkräfte und Schulleitung; „Self-Management" bezeichnet „Selbständigkeit" von Lehrpersonen und Schülerschaft (PHILIPP/ROLFF 1999, 15).

[21] Das von MEYER (1997, 97-113; 1999a, 67-78) entworfene Leitbild der „T.E.A.M.-Schule" steht für eine „teilautonome, entwicklungsorientierte, alternative Marktplatzschule". Das von der BILDUNGSKOMMISSION NRW (1995, 86) mit kurzen Leitsätzen beschriebene „Haus des Lernens" kann nach dieser Typologie als ein Leitbild auf einem mittleren Abstraktionsniveau gelten. Weitere Beispiele für Leitbilder finden sich u. a. bei CAPAUL/SEITZ (1998, 24), HAMEYER/SCHRATZ (1998, 92-94), SCHRATZ/STEINER-LÖFFLER (1998, 211-215).

[22] Vgl. zu fachspezifischen Leitbildern die Ausführungen in Kapitel 4.

[23] Legt man nur dieses Unterscheidungsmerkmal zu Grunde, so lassen sich die von MEYER angesprochenen Langformen des „Leitbildes" nicht mehr vom „Schulprogramm" trennen.

[24] Vgl. dazu EIKENBUSCH (1998a, 195), FLEISCHER-BICKMANN (1997, 18), FLEISCHER-BICKMANN/MARITZEN (1996, 13-16), HAMEYER (1998, 17-18), MARITZEN (1998, 630), MEYER (1999a, 19-22), MSWWF (1998a, 11), NIEDERSÄCHSISCHES KM (1998, 9-10), PHILIPP/ROLFF (1999, 15-16).

gelegt, koordiniert und auf die Schule als Ganze mit ihren übergreifenden pädagogischen Leitideen bezogen. Zweitens zielt es im Sinne eines Handlungs- und Verfahrenskonzepts auf die intentionale und längerfristige Ausbildung eines individuellen Schulprofils. Drittens setzt die Schulprogrammarbeit die Beteiligung von Lehrpersonen, Schulleitung, Eltern und Schülerinnen/Schülern voraus. Schließlich gilt es viertens, Kriterien für die Evaluation und einen Zeitplan für die dynamische Weiterentwicklung des Programms zu benennen.

Während sich das „Schulprogramm" auf die Gesamtheit des pädagogischen Selbstverständnisses der Schule bezieht, es – metaphorisch gesprochen – also „Ausdruck des ganzen Gesichts" ist, bezeichnet das „Schulprofil" immer nur „Teile des Gesichts", das durch bestimmte Spezifika, Traditionen oder das Image der Schule geprägt wird (PHILIPP/ROLFF 1999, 17). Jede Schule verfügt über ein gewachsenes, individuelles Schulprofil, welches sie von anderen Schulen abhebt.[25] Dabei ist es gleichgültig, ob sie sich dessen bewusst ist oder nicht, ob sie es intentional oder zufällig gestaltet, ob die einzelnen Aktivitäten, Verhaltensweisen und Gegebenheiten auf übergreifende pädagogische Leitideen bezogen werden oder ob sie eher additiv strukturiert sind. Das Profil einer Schule kann auf einer starken Personengebundenheit und einer spezifischen Personenkonstellation, auf „isolierten Verantwortlichkeiten, widersprüchlichen Zielsetzungen und unabgestimmten Handlungen" beruhen (LSW 1996a, 18). Das „Schulprofil" umschreibt den Ist-Zustand einer Schule mit den tatsächlich vorhandenen pädagogischen Aktivitäten und dient damit zunächst als Ausgangssituation zur Gestaltung der einzelnen Schule (vgl. BÖHM 1995, 4; MEYER 1997, 60; WARNKEN 1997, 27).

Erst durch eine gezielte Schulgestaltung, abgestimmte pädagogische Aktivitäten, koordinierte Handlungen der Beteiligten, Übernahme gemeinsamer Verantwortung und Konsens in wesentlichen Fragen der pädagogischen Arbeit kann aus dem Schulprofil ein Schulprogramm entwickelt werden (vgl. PHILIPP/ROLFF 1999, 18; LSW 1996, 18). Vor diesem Hintergrund kann mit der absichtsvollen Programmplanung ein verändertes, intendiertes Schulprofil, gewissermaßen ein „Schulprofil höherer Ordnung" (PHILIPP/ROLFF 1999, 17) geschaffen werden. Diese scheinbar paradoxe Bestimmung eines Schulprofils im Sinne einer gegebenen Ausgangssituation einer Schule einerseits und im Verständnis einer anzu-

---

[25] Die folgende Bestimmung des Schulprofils geschieht in Anlehnung an BÖHM (1994a, 303; 1995, 3-4), FLEISCHER-BICKMANN/MARITZEN (1996, 14), LSW (1996a, 13, 18), MARITZEN (1998, 628), PHILIPP/ROLFF (1999, 17-18).

strebenden, beabsichtigten Profilbildung andererseits wird auch von MEYER (1998) treffend charakterisiert: Für ihn stellt das Schulprogramm nämlich ein Dokument dar, in dem sowohl das bereits bestehende als auch das zukünftig geplante Schulprofil beschrieben werden (vgl. MEYER 1998, 16). Das Schulprogramm wird also auf der Grundlage eines vorhandenen, „impliziten" Schulprofils erarbeitet, mit dem Ziel, ein verändertes, „explizites" Schulprofil zu entwickeln. Damit wird zugleich der dynamische, niemals abgeschlossene Prozesscharakter eines Schulprogramms im Regelkreis von Bestandsaufnahme, Diagnose, Zielvereinbarung, Planung, Realisierung, Evaluation und erneuter Planung angedeutet (vgl. FLEISCHER-BICKMANN/MARITZEN 1996, 14).[26]

Obgleich die anfänglich beschriebene terminologische Unschärfe zur Verunsicherung von Lehrkräften, Fortbildungsmoderatorinnen/-moderatoren und Bildungsplanerinnen/-planern beitragen mag (vgl. MARITZEN 1998, 627), kann die Bezeichnung „Schulprogramm" jedoch kaum für das mancherorts diagnostizierte Unbehagen von Lehrerinnen und Lehrern an der Schulprogrammarbeit verantwortlich gemacht werden. In dieser Weise sieht beispielsweise HOF (1997) im Begriff „Schulprogramm" den Hauptgrund für den Widerwillen von Lehrkräften, ein Schulprogramm zu entwickeln. Dieser Terminus suggeriere, dass eine programmgesteuerte Realisierung pädagogischer Prozesse – ähnlich wie bei Computer- oder Waschmaschinenprogrammen – ohne Störungen möglich sei. Aus diesem Grund empfiehlt sie, diese Bezeichnung „durch einen der pädagogischen Arbeit angemessenen Begriff zu ersetzen" (HOF 1997, 37). Es darf wohl bezweifelt werden, dass die terminologische Kehrtwende allein die Motivation von Lehrerinnen und Lehrern in Angelegenheiten der Schulprogrammarbeit zu steigern vermag. Zutreffend ist allerdings, dass mit der Wahl des Programmbegriffs eine instrumentell-technologische Auslegung wahrscheinlich eher begünstigt wird (vgl. PRIEBE 1999a, 6).[27]

Auch EIKENBUSCH (1998a, 187; 1998b, 14) kritisiert den Begriff „Schulprogramm", weil er so abstrakt und „offen" sei, dass „ihn Vertreter unter-

---

[26] Vgl. zu Methoden der Schulprogrammentwicklung Kap. 3.4.
[27] Ein Beispiel für eine solch fragwürdige Verkürzung der Diskussion auf eine rein technologisch-rationalistische Sichtweise sind die Praxisempfehlungen zur Schulprogrammarbeit von KLIEBISCH/SCHMITZ/BASTEN (1999). Hier heißt es bereits zu Beginn: „*Vom Profil zum Programm* ist ein praktisches Handbuch für Schulen, die sich auf den Weg zur Schulprogramm-Entwicklung machen [...]." Es zeigt, „wie Sie den Startschuss für das gemeinsame Projekt geben, um so von Beginn an auf Erfolg programmiert zu sein [...]. Gehen Sie mit *Vom Profil zum Programm* auf Erfolgskurs [...]" (KLIEBISCH/SCHMITZ/BASTEN 1999, 14).

schiedlichster Positionen akzeptieren, adoptieren oder adorieren können". Damit deutet er folgendes Problem an: Hinter der Bezeichnung „Schulprogramm" verbirgt sich gleichsam ein wertneutrales Konzept, das durch seinen instrumentellen Charakter für schulische Entwicklungsprozesse prinzipiell sowohl pädagogisch wünschenswerte als auch pädagogisch fragwürdige Aspekte zulässt. Folglich können mit der Idee des Schulprogramms sehr unterschiedliche konzeptionelle Vorstellungen von Schule assoziiert und transportiert werden. In diesem Zusammenhang ist es bedauerlich, dass sich in den durchaus zahlreichen Empfehlungen zur Schulprogrammarbeit nur selten Aussagen zum zu Grunde gelegten Schulleitbild finden (vgl. MARITZEN 1998, 627). Deshalb wird die Auffassung MEYERS (1997, 88) plausibel, wenn er für die Diskussion um das Schulleitbild – und damit auch für die inhaltliche Konkretisierung im Rahmen der Schulprogrammarbeit – den Bezug zu pädagogischen Kriterien als normative Orientierungsgrundlage für das Handeln fordert: „Leitbilder sollten eine gewisse philosophische und pädagogische Tiefe erhalten." Daher sei es sinnvoll, das dahinter liegende „Menschen- und Gesellschaftsbild anzudeuten" (MEYER 1997, 88).

Abschließend wird für den Fortgang der weiteren Argumentation von folgendem Begriffsverständnis ausgegangen:

– Ein „Leitbild" ist ein inhaltlicher Gesamtentwurf einer (zukünftigen) Schule, der von der Formulierung der bedeutsamen Leitsätze auf einer mittleren Abstraktionsebene bis zu einer konkret ausformulierten, theoretisch begründeten Vorstellung von Schule reichen kann. Im Leitbild wird das zu Grunde liegende Menschen- und Gesellschaftsbild sichtbar.[28]

– Ein „Schulprofil" bezeichnet die realen Schwerpunkte der Unterrichts- und Erziehungsarbeit einer Schule, über die jede Schule auf Grund bestimmter Besonderheiten und Traditionen immer schon verfügt („Ausgangsprofil"). Mithilfe des Schulprogramms wird auf der Grundlage des vorhandenen Schulprofils einer Einzelschule ein in-

---

[28] Damit stellen Vorschläge, in denen das „Leitbild" auf eine fragwürdige bloße Aufzählung wesentlicher Schlüsselbegriffe auf hohem Abstraktionsniveau reduziert wird, keine „Leitbilder" im hier gemeinten Sinne dar. Schlüsselbegriffe wie z. B. „Academics", „Teamwork" und „Self-Management" (dazu Anmerkung 20) bleiben – ohne weitere Erläuterungen – so allgemein und offen, dass sich mit ihnen auch widersprüchliche Menschen- und Gesellschaftsbilder verbinden lassen.

tendiertes, verändertes Schulprofil („Zielprofil") angestrebt und entwickelt.

- Ein „Schulprogramm" ist das schriftlich dokumentierte Handlungs- und Verfahrenskonzept zur Initiierung, Reflexion und zukünftigen Gestaltung eines absichtsvollen schulischen Entwicklungsprozesses, das die wesentlichen Entwicklungsaufgaben, die besonderen Gegebenheiten und die gemeinsame pädagogische Grundorientierung einer Schule beschreibt. Es enthält die Ausgangslage, das Schulleitbild, das als Zielvorstellung dem Entwicklungsprozess zu Grunde gelegt wird, sowie prozessorientierte Faktoren wie Umsetzungsschritte, Evaluationsvorhaben oder Absprachen über Zuständigkeiten.

1.3 Schulprogramm als Instrument der Schul- und Schulsportentwicklung

Abgesehen von historischen Vorläufern des Schulprogramms[29] wird die Idee des Schulprogramms im deutschen Schulwesen erstmals 1985 von den nordrhein-westfälischen Grundschulrichtlinien aufgenommen (vgl. HAMEYER/SCHRATZ 1997, 7; PHILIPP/ROLFF 1999, 7). Hier werden dem Kollegium der einzelnen Schule im Vergleich zu anderen Bundesländern schon sehr früh pädagogische Freiheiten bei der Gestaltung des Schulprogramms eingeräumt (vgl. KM NRW 1985, 17). Im Vordergrund der mit diesen Richtlinien verbundenen Grundschulreform in Nordrhein-Westfalen stand weniger das Produkt, das schriftlich dokumentierte Schulprogramm, als vielmehr der an einem konkreten Inhalt festgemachte Prozess der Schulprogrammarbeit. In diesem Zusammenhang wurden nicht nur erste methodische Schritte zur Erstellung eines Schulprogramms beschrieben (vgl. LSW 1988; PHILIPP 1995), sondern vor allem die Erfahrungen mit der Einbindung des Schulprogramms in die Grundschulreform erforscht oder dokumentiert (vgl. HAENISCH/SCHULDT 1994; HERING 1986; MAMAT 1989; WITTENBRUCH 1989). In der Folgezeit wurde die Schulprogrammentwicklung auch in den Neubearbeitungen der Richtlinien für die Hauptschule, die Realschule und das Gymnasium in Nordrhein-Westfalen berücksichtigt (vgl. KM NRW 1989, 28-29; 1993a, 32; 1993b, 27). Inzwischen wird die Bedeutung des Schulprogramms auch in den neuen Schulsportlehrplänen in Nordrhein-Westfalen unterstrichen (vgl. MSWWF 1999a, XLIX-L; MSWWF 1999b, XLVI-XLVII, 35-36).

---

[29] Zur Tradition des Schulprogrammbegriffs vgl. Kap. 3.1.

Wie Schulentwicklung generell stehen auch die Erörterungen zur Schulprogrammarbeit im Schnittfeld von Bildungspolitik und Schulpädagogik (vgl. BASTIAN 1998, 7). Noch bevor Fragen der Schulprogrammentwicklung innerhalb der universitären Schulpädagogik vertieft aufgearbeitet werden konnten, sahen sich Kultusbehörden vor die Aufgabe gestellt, Praxishilfen für die Schulprogrammgestaltung zu entwickeln bzw. erarbeiten zu lassen (vgl. u. a. MSW 1995, 1996a; HESSISCHES KM/HELP 1996a, 1996b; SENATOR BREMEN 1996).[30] In diesem Zusammenhang haben sich vor allem Mitarbeiter verschiedener Landesinstitute bzw. Schulverwaltungsbeamte mit dem Konzept des Schulprogramms auseinander gesetzt und mit ihren Erkenntnissen die schulpädagogische Diskussion maßgeblich beeinflusst.[31] Diese Einschätzung gilt in gewisser Weise auch für die sportpädagogische Rezeption des Schulprogramms.[32]

Mittlerweile ist die Zahl der einschlägigen Veröffentlichungen in der jungen Karriere zum Schulprogramm rapide angewachsen. Nicht zuletzt daher ist es sinnvoll, zunächst den aktuellen Diskussions- und Forschungsstand zur Bedeutung der Schulprogrammentwicklung in bildungspolitischer, schulpädagogischer und sportpädagogischer Hinsicht überblicksartig darzustellen. Eine spezielle Darstellung erfolgt jeweils im Zusammenhang mit den weiteren schulpädagogischen und sportpädagogischen Analysen in Kapitel 3 und 4.

1.3.1 Bildungspolitische Leitgedanken und Initiativen

Bei der Durchsicht der Literatur zum theoretischen Konzept des Schulprogramms und zur Praxis der Schulprogrammarbeit fällt auf, dass die Zahl der Veröffentlichungen seit 1996 sprunghaft angestiegen ist. Es hat den Anschein, als seien sowohl die bildungspolitischen als auch die schulpädagogischen Diskussionen zum Schulprogramm durch die im Oktober 1995 vorgelegte Denkschrift der nordrhein-westfälischen Expertenkom-

---

[30] So heißt es auch in einem Einführungserlass zu einer Handreichung des Ministeriums für Schule und Weiterbildung in Nordrhein-Westfalen: „Da es sich um eine relativ neue Aufgabenstellung handelt, wurde dringender Bedarf an einer möglichst kurzfristig verfügbaren Handreichung angemeldet [...]" (MSW 1995, 4).

[31] Vgl. z. B. BURKARDT/EIKENBUSCH (1998), DIEGELMANN u. a. (1997), FLEISCHER-BICKMANN (1995; 1997), FLEISCHER-BICKMANN/MARITZEN (1996; 1998), HAENISCH (1996; 1997a/b; 1998a/b), SCHIRP (1998).

[32] Nicht zufällig sind es auch hier Mitarbeiter des nordrhein-westfälischen Landesinstituts für Schule und Weiterbildung bzw. des Sportministeriums, die den Aspekt der Schulprogrammarbeit in die sportpädagogische Diskussion eingebracht haben. Vgl. ASCHEBROCK (1995; 1996a/b; 1997a/b), STIBBE (1998a/c).

mission zur „Zukunft der Bildung – Schule der Zukunft" (BILDUNGS-KOMMISSION NRW 1995) deutlich belebt worden.

Ähnlich wie die Enquetekommissionen zur Schulreform in Hamburg und Bremen empfiehlt auch die Bildungskommission NRW in ihrem Gutachten, die Selbstständigkeit und Selbstverantwortung der einzelnen Schule zu stärken (vgl. BILDUNGSKOMMISSION NRW 1995, 61-68, 144-150, 159-170).[33] Eine Schule, die sich als offener Lern- und Erfahrungsraum für Kinder und Jugendliche versteht, kann nach Auffassung der Kommission die Aufgabe, „selbstverantwortlich und eigentätig gestaltete Bildungsprozesse" von jungen Menschen zu fördern, nur dann sinnvoll wahrnehmen, wenn sie sich als lernende Organisation begreift und unter Berücksichtigung ihrer jeweiligen Besonderheiten und Traditionen dynamisch weiterentwickelt. Dazu benötigen Schulen „einen nicht nur tatsächlich erweiterten, sondern auch rechtlich gesicherten Freiraum zur Eigengestaltung. Dies schließt das Recht und die Pflicht ein, sich in diesem Rahmen selbst Regeln zu geben und für die getroffenen Entscheidungen Verantwortung zu übernehmen" (BILDUNGSKOMMISSION NRW 1995, 61). Leitidee der Reformbestrebungen um die erweiterte relative Autonomie der Schule ist also die „lernende Schule", die ihre Entwicklungsaufgaben zur Ausbildung eines Schulprofils durch gemeinsame Zielklärungen selbst festlegt, auf interne und externe Unterstützung zurückgreift und ihren Entwicklungsprozess kontinuierlich bewertet.

In diesem Zusammenhang ist auch der Vorschlag des Expertengremiums konsequent, die teilautonome Schule der Zukunft zu verpflichten, einen Schulentwicklungsplan zu erarbeiten und zu evaluieren. Im Vordergrund steht dabei das Konzept des Schulprogramms (vgl. BILDUNGSKOMMISSION NRW 1995, 142-147; 163-164). Es wird als ein wesentliches Medium zur systematischen Gestaltung eines eigenständigen Schulprofils dargestellt, mit dem die Qualität der Schule erhöht werden kann. Denn im Sinne der Denkschrift sollten zukünftig weniger die Unterschiede der verschiedenen Schulformen als vielmehr „die einzelnen Schulen mit ihren pädagogi-

---

[33] In Bremen, Hamburg und Nordrhein-Westfalen wurden zu Beginn der 90er Jahre Expertenkommissionen gebildet, die der bildungspolitischen Diskussion neue Anstöße verleihen sollten. Dabei legt die nordrhein-westfälische Bildungskommission die weitestreichenden und detailliertesten Vorstellungen zur Veränderung der Schule vor. In ihrer kritischen Auseinandersetzung mit den verschiedenen Gutachten zur Bildungsreform hat ROEDER (1997) die Übereinstimmungen in den Grundpositionen herausgearbeitet. Dazu gehören vor allem die Vorschläge zur Erweiterung der Gestaltungsautonomie und Notwendigkeit der Profilbildung von Schulen (vgl. ROEDER 1997, 139-142).

schen Zielvorstellungen und Profilen das Bild der Schule im Bewußtsein der Schülerinnen und Schüler, der Lehrerinnen und Lehrer, der Eltern und der Öffentlichkeit" prägen (BILDUNGSKOMMISSION NRW 1995, 77).

Diese Fokussierung auf das jeweilige Schulprofil stellt eine deutliche Abkehr von den makropolitischen Schulstrukturdebatten dar, die insbesondere im Zusammenhang mit der Errichtung der Gesamtschule in den 70er und frühen 80er Jahren des 20. Jahrhunderts geführt wurden. Mit der Hinwendung zu mikropolitischen Fragen der einzelnen Schule als einer bedeutsamen Handlungseinheit ist die Hoffnung verbunden, der seither stagnierenden Bildungs- und Unterrichtsreform neuen Auftrieb zu geben. In diesem Kontext kann es auch nicht überraschen, dass Bildungspolitiker und Schulverwaltungsbeamte gerade die Bedeutung des Schulprogramms – und eng damit verknüpft der Evaluation – für die Schulentwicklung entdecken. Für sie stellt der Ansatz des Schulprogramms offenbar ein unkompliziertes, kostenneutrales Steuerungs- und Kontrollinstrument dar, mit dem Innovationen an der einzelnen Schule gleichsam „von oben" eingeleitet werden sollen.[34] Hierbei können sie sich auch auf Erkenntnisse der Schulforschung stützen (dazu u. a. FLEISCHER-BICKMANN/MARITZEN 1996).

Seit Erscheinen der Denkschrift „Zukunft der Bildung – Schule der Zukunft" (1995) sind vor allem in Nordrhein-Westfalen die bildungspolitischen und schuladministrativen Maßnahmen zur Förderung der Schulprogrammarbeit erheblich verstärkt worden. So wird das Schulprogramm in verschiedenen Berichten der Landesregierung als ein bildungspolitischer Schwerpunkt hervorgehoben, und es wurden spezielle Erlasse zur Schulprogrammarbeit veröffentlicht und zahlreiche Handreichungen oder Praxishilfen zum Schulprogramm entwickelt.[35] Das Schulprogramm wird hier explizit zum „Motor der Entwicklung von Schule und Schulkultur" und damit zum Schlüsselelement der inneren Schulreform erklärt (MSW 1997a, 3; vgl. ähnlich MSWWF 1998a, 10).

---

[34] Vgl. zur Kritik an der paradoxen Situation der administrativen Anordnung einzelschulischer Entwicklungen besonders WARNKEN (1997, 19). Die durch die Schuladministration ausgelösten Probleme im Zusammenhang mit der Schulprogrammentwicklung werden in Kap. 3 behandelt.
[35] Zu den Berichten der Landesregierung vgl. MSW (1996b, 31; 1997b; 1998); zu den Erlassen vgl. u. a. MSW (1997c) und MSWWF (2000); zu den Handreichungen, Praxishilfen und Fachtagungen vgl. MSW (1995; 1996a; 1997a), MSWWF (1998a), LSW (1996a; 1998a).

Allerdings bedeutet dies nicht den Rückzug der staatlichen Steuerung aus der Bildungspolitik. Allzu häufig wird nämlich nicht bedacht, dass der Wechsel des Steuerungsparadigmas in Richtung auf eine erweiterte Gestaltungsautonomie der einzelnen Schule immer auch Maßnahmen der Qualitätssicherung auf Systemebene nach sich zieht (vgl. TERHART 2000, 820). Denn angesichts der verfassungsmäßig verankerten staatlichen Gesamtverantwortung für das Schulwesen, wie es z. B. die damalige nordrhein-westfälische Schulministerin ausdrückt, muss „die interne Qualitätsentwicklung der Schule" mit der schulaufsichtlichen „Impulsgebung, Unterstützung, Überprüfung und Gewährleistung" zu einem neuen Steuerungsmodell verbunden werden (BEHLER 1998, 11). Es sei eine Balance herzustellen zwischen schulinternen Anstrengungen der „Selbstvergewisserung und Selbstüberprüfung und einem über die einzelne Schule hinausgehenden Vergleich mit den Leistungen anderer" (a .a. O.). Dabei stelle das Schulprogramm die Basis für die Rechenschaftslegung dar und mache den „innere(n) Zusammenhang zwischen Schulentwicklung und Qualitätssicherung deutlich" (a. a. O.).[36] Schulprogrammarbeit befindet sich also im Spannungsfeld von unterschiedlichen Funktionen, als Medium der innerschulischen Verständigung einerseits und als Mittel der schulaufsichtlichen Steuerung andererseits.

Die besondere Bedeutung, die gegenwärtig dem Schulprogramm in der Bildungspolitik zuerkannt wird, zeigt sich auch darin, dass es in fast allen Bundesländern Initiativen, Empfehlungen oder Maßnahmen zur Schulprogrammentwicklung gibt.[37] Solche Aktivitäten werden indes in den Ländern mit einem je unterschiedlichen Grad an Intensität und Verbindlichkeit verfolgt (vgl. BASTIAN 1998, 7). Hierbei lassen sich derzeit grob zwei Ländergruppierungen ausmachen.

1. Zur ersten Gruppe zählen Länder, in denen der Autonomisierungsprozess der Schule bereits recht weit vorangekommen ist. Das Schulprogramm wird hier, wie in Bremen (1994), Hamburg

---

[36] In diesem Zusammenhang sei auch auf das Schulprogramm und die Evaluation als wichtige Bausteine im Rahmen des nordrhein-westfälischen Rahmenkonzepts „Qualitätsentwicklung und Qualitätssicherung schulischer Arbeit" hingewiesen (MSWWF 1998b, 19).
[37] Vgl. zur folgenden Darstellung den Überblick über die Aktivitäten der Bundesländer zur Schulprogrammarbeit von DIEGELMANN/PORZELLE (1998; 1999), LAMBRICH/WENDT (1999), PRIEBE (1999a) und die Zusammenstellung des BIL (1999). Auch im internationalen Raum ist das Schulprogramm als ein wirksames Mittel zur Qualitätssicherung von Unterricht und Schule verbreitet (vgl. LIKET 1998, 121; EIKENBUSCH 1998a, 193).

(1997), Hessen (1997), Nordrhein-Westfalen (1998) und Schleswig-Holstein (1998), in den jeweiligen Schulgesetzen, Schulverwaltungsgesetzen oder Verordnungen verbindlich festgelegt.[38] In diesem Sinne werden zum Beispiel in § 9 des Bremischen Schulgesetzes vom 20.10.1994 die Schulen aufgefordert,

„unter Nutzung der Freiräume für die Ausgestaltung von Unterricht und weiterem Schulleben eine eigene Entwicklungsperspektive herauszuarbeiten [...]; das so zu entwickelnde Profil soll durch ein Schulprogramm gestaltet und fortgeschrieben werden" (SENATOR BREMEN 1995, 33).[39]

Ähnlich schreiben das Hamburgische Schulgesetz vom 16.4.1997 (§§ 51 und 85) und das Hessische Schulgesetz in der Fassung vom 15.5.1997 (§ 127b) den Schulen die Erstellung und Evaluation von Schulprogrammen vor (vgl. BIL 1999; DIEGELMANN/PORZELLE 1998, 37; 1999, 33-34). Im Schulprogramm soll die Schule „die besonderen Ziele, Schwerpunkte und Organisationsformen ihrer pädagogischen Arbeit sowie Kriterien für die Zielerreichung" darlegen.[40] Dem Schulprogramm wird demnach eine zweifache Funktion zugewiesen: Zum einen stellt es ein Planungsmittel für die Gestaltung und Qualitätsentwicklung der Schule dar, zum anderen dient es als Rahmen der schulischen Evaluation und Qualitätssicherung. Auch hier wird deutlich, dass das Schulprogramm aus bildungspolitischer Sicht eine vermittelnde Rolle zwischen schulischer Innensicht und den an sie herangetragenen gesellschaftlichen Ansprüchen wahrzunehmen hat (vgl. DIEGELMANN u. a. 1997, 23).

Die Schulverwaltungen in Bremen, Hamburg, Nordrhein-Westfalen und Schleswig-Holstein haben zudem den Entwicklungszeitraum begrenzt und die Schulen aufgefordert, ihre Schulprogramme der Schulaufsicht bis Ende des Schuljahrs 1999/2000 bzw. bis zum 31.12.2000 vorzulegen oder – wie in Schleswig-Holstein – bis spätestens 31.7.2001 zu beschließen (vgl. BASTIAN u. a. 2000, 105; BIL

---

[38] In Niedersachsen und Berlin ist die gesetzliche Verankerung der Schulprogrammentwicklung vorgesehen, in Brandenburg gilt sie nur für „Schulen mit besonderer Prägung" (vgl. BIL 1999).
[39] Mit der Novellierung des Schulgesetzes vom 1.1.1995 wird in Bremen sogar die externe Evaluation durch eine eigens dafür eingerichtete „Schulinspektion" verpflichtend eingeführt (vgl. ROLFF 1998a, 259-261).
[40] Vgl. Hamburger Schulgesetz (§ 51, Abs. 1) in BSJB (1998, 6). Vgl. dazu auch BASTIAN u. a. (2000, 105-108).

1999; MSWWF 2000; PRIEBE 1999a, 5).⁴¹ Die Verpflichtung zur Schulprogrammarbeit wird in den Ländern jedoch auf unterschiedliche Weise durchgesetzt: Während Schulprogramme in Hamburg, Hessen und Bremen von der Schulaufsicht genehmigt werden müssen, sind sie in Nordrhein-Westfalen und Schleswig-Holstein nur anzeigepflichtig (vgl. LAMBRICH/WENDT 1999, 10).

2. Im Unterschied dazu setzen z. B. die Schulverwaltungen in Baden-Württemberg, Bayern, Rheinland-Pfalz, Sachsen-Anhalt, Thüringen oder im Saarland bewusst auf freiwillige Aktivitäten und vereinzelte Maßnahmen zum Schulprogramm, um Zeit für Erprobungsversuche zu gewinnen und Lehrkräfte nicht durch behördliche Verpflichtungen zu demotivieren (vgl. PRIEBE 1999a, 6).⁴² Exemplarisch seien in diesem Kontext die bayerischen Überlegungen zur Schulprogrammarbeit angeführt: Die bayerische Kultusministerin plädierte auf dem Bildungskongress „Schulinnovation 2000 – Schulen auf dem Weg" für eine innere Schulentwicklung, durch die die Selbstverantwortung der Schulen gestärkt, zur individuellen Profilbildung der einzelnen Schule angeregt und dadurch die Unterrichtsqualität insgesamt verbessert werden soll. Auch das Schulprogramm wird dabei als ein wesentliches Mittel der inneren Schulreform hervorgehoben (vgl. HOHLMEIER 2000). Hierzu heißt es unter Punkt 6 der „12 Augsburger Thesen zur inneren Schulentwicklung":

> „Ein Schulprogramm [...] fixiert den pädagogischen Konsens einer Schule schriftlich, indem es Antworten auf zentrale Fragen formuliert: Was ist unser Ziel? Worum wollen wir uns alle

---

⁴¹ In diesem Kontext hat die nordrhein-westfälische Bildungsadministration bereits die regelmäßige Fortschreibung der Schulprogramme in einem dreijährigen Rhythmus angekündigt. Als nächster Termin für die Abgabe des Schulprogramms und des Berichts über die Schulprogrammentwicklung ist der 31.12.2003 geplant (vgl. MSWWF 2000).

⁴² In Baden-Württemberg und im Saarland sind Initiativen zur Schulprogrammentwicklung behördlich erwünscht (vgl. BIL 1999). Vgl. auch die Aktivitäten des Kultusministeriums Sachsen-Anhalt zu „Maßnahmen zur Unterstützung der Schulen mit besonderem Profil im Land Sachsen-Anhalt" (vgl. Bekanntmachungen vom 1.7.1995 und 14.2.1996). Darüber hinaus nehmen Schulen in diesem Land am BLK-Modellversuch „Qualitätsverbesserung durch Steigerung der Innovationsfähigkeit und der Selbstwirksamkeit in Schulen und Schulsystemen" (1999-2004) mit der Initiative „Kriterien zur Entwicklung, Evaluation und Fortschreibung von Schulprogrammen" teil (vgl. Schreiben des Kultusministeriums Sachsen-Anhalt vom 4.5.1999 an den Autor).

gemeinsam bemühen? Welchen Werten und Grundsätzen fühlen wir uns verpflichtet?" (BSUK 2000, 7).

Insgesamt bleibt festzuhalten: Die Schulbehörden in nahezu allen Bundesländern fördern derzeit Initiativen und Aktivitäten zur Schulprogrammarbeit, die sich im Wesentlichen durch ihren Verbindlichkeitsgrad unterscheiden. Während die Mehrzahl der Länder auf verpflichtende gesetzliche Vorgaben zur Entwicklung des Schulprogramms verzichtet, treffen zum Beispiel Bremen, Hamburg, Nordrhein-Westfalen und Schleswig-Holstein sogar Regelungen, nach denen das Schulprogramm bis zu einem bestimmten Zeitpunkt erstellt werden muss. Nicht zufällig handelt es sich bei den letztgenannten Ländern um jene, deren Bemühungen um die Erweiterung und Stärkung der Handlungs- und Entscheidungsfreiräume von Schulen vergleichsweise weit fortgeschritten sind. Die Verpflichtung teilautonomer Schulen, ihre jeweiligen Schulprogramme zu erarbeiten, erweist sich vornehmlich aus Gründen der Sicherung vergleichbarer Qualitätsstandards und der Einhaltung staatlicher Vorgaben als erforderlich. Insofern bemühen sich die Schulverwaltungen in diesen Ländern, in denen es keine zentralen Schulleistungsüberprüfungen gibt, im Sinne einer schulübergreifenden Qualitätssicherung auch intensiv um den Aufbau einer effektiven Wirkungskontrolle mittels Formen der internen und externen Evaluation des Schulprogramms (vgl. ähnlich BROCKMEYER 1999, 11). Gleichwohl wird in Expertenkreisen und Schulen sehr kontrovers über den Sinn der behördlichen Anordnung und Genehmigungspflicht von Schulprogrammen diskutiert.[43] Diese Diskussion ist auch ein Beleg dafür, dass sich die Schulverwaltungen in den Ländern gegenwärtig in einem Experimentierstadium befinden, in dem sie das Schulprogramm in unterschiedlicher Weise als Steuerungsinstrument der Schulentwicklung erproben.

1.3.2 Schulprogramm in der schulpädagogischen Diskussion

In der schulpädagogischen Diskussion wird dem Schulprogramm nahezu einmütig eine zentrale Stellung im Rahmen der inneren Schulreform eingeräumt. Bereits die Titel zahlreicher Veröffentlichungen verweisen auf seine Rolle als entscheidendes „Instrument" der Schulentwicklung oder

---

[43] Vgl. dazu die Ausführungen in Kap. 3.5.

als „Weg zur Erneuerung" der Schule.[44] Schulprogrammarbeit habe, so wird betont, eine „Schlüsselfunktion" im Schulentwicklungsprozess inne (VETTER 1998, 58); sie sei wohl der „Königsweg" (PHILIPP/ROLFF 1999, 124), der „Kern" (EIKENBUSCH 1998a, 187), das „Regie-" oder „Drehbuch" (FLEISCHER-BICKMANN 1995, 18; 1997, 16; MARITZEN 1998, 628), das wesentliche „Systemelement" (FLEISCHER-BICKMANN/MARITZEN 1996, 13) oder „Medium" (FISCHER/ROLFF 1997, 543) für die Initiierung schulischer Entwicklungsvorhaben. Die Arbeit am Schulprogramm gilt für manche Autoren sogar als Möglichkeit, um neue Lernformen in der Schule zu implementieren (vgl. HAENISCH 1997b, 139).

Versucht man nun, die Diskussion zum Stellenwert des Schulprogramms im Rahmen der Schulentwicklung auf wesentliche Aspekte zu konzentrieren, so lassen sich vereinfachend drei Themenschwerpunkte identifizieren: Die Rolle des Schulprogramms in der Diskussion um die teilautonome Schule, die Erwartungen an das Schulprogramm und empirische Befunde zur Wirksamkeit des Schulprogramms. Diese Themenkomplexe spiegeln zugleich zwei systematisch unterscheidbare Strömungen der Schulpolitik in den 90er Jahren des 20. Jahrhunderts wider (vgl. FLEISCHER-BICKMANN 1997, 13-14).[45]

1.3.2.1 Schulprogramm- und Schulprofilentwicklung in der Diskussion um die teilautonome Schule

Noch 1988 vergleicht RUMPF Schulen, die sich nicht um die Gestaltung eines individuellen Schulprofils bemühen, mit Finanzämtern; sie produzieren Zeugnisse wie Steuerbescheide. Angesichts enger gesetzlicher Regelungen und Verordnungen beurteilt er ein wenig resigniert den Sinn der

---

[44] Vgl. z. B. BÖHM (1994a; 1995), FLEISCHER-BICKMANN/MARITZEN (1996), HAENISCH (1997b), HANNEMANN (1998), HAMEYER/SCHRATZ (1998), HOLTAPPELS (1999), SCHIRP (1998), SCHRATZ (1998).

[45] Im ersten Entwicklungsstrang wird die Übertragung erweiterter Gestaltungsfreiräume an die einzelne Schule diskutiert, der zweite kreist um die Begründung und Wirkung des Schulprogramms als Instrument der Schulentwicklung. Allerdings verlaufen beide Entwicklungsstränge parallel und stellen Akzentuierungen einer kontinuierlichen Schulentwicklungsdiskussion dar. In einem dritten Entwicklungszusammenhang werden in letzter Zeit vornehmlich Aspekte der Evaluation und der veränderten Rolle der Schulaufsicht im Blick auf die Qualitätssorge von Schulen erörtert. Vgl. in diesem Zusammenhang auch die Anmerkungen von FISCHER/ROLFF (1997, 547): „Debatten über Autonomie führen zwangsläufig zu Debatten über Entbürokratisierung, Qualität von Schulen, Leitbildern, Schulcurriculum sowie Schulkonzepte, zu Rechenschaft und Schulaufsicht und somit auch zu neuen Lehr- und Leitungsrollen."

Ausbildung von Schulprofilen.[46] Er plädiert für die Vielfalt der Schulprofile, d. h. pädagogisch begründete Profilbildungen, die besonders auch den „harten Kern" der Schule, den Unterricht, einbeziehen. Dazu ist es allerdings notwendig, Schulen entsprechende Gestaltungsspielräume zu gewähren (vgl. RUMPF 1988, 10).

Zu diesem Zeitpunkt konnte RUMPF noch nicht auf die seit Anfang der 90er Jahre des vorigen Jahrhunderts intensiv und kontrovers geführte, von Bildungspolitik und Schuladministration initiierte Autonomiediskussion zurückgreifen, in der eine deutliche Erweiterung der Entscheidungs- und Handlungsfreiräume von Schulen gefordert wird (vgl. BASTIAN 1996, 6; BASTIAN/OTTO 1995, 7; zusammenfassend AVENARIUS u. a. 1998, 11-16). Schulen sollten nunmehr ermutigt werden, eigene Schulprofile im Blick auf eine „bessere" Schule auszubilden.[47] Somit rücken Gestaltungsmöglichkeiten und profilbildende Elemente von Schulen in den Vordergrund des Interesses.[48] Obgleich Kritik an einer solchen bildungspolitischen Reform „von oben" artikuliert wird, mahnt man zu einer pädagogischen Legitimation der Schulautonomie (vgl. JACH 1993, 186; DASCHNER 1995, 176) und bemüht sich um die Darstellung ihrer Chancen. So begründen z. B. BASTIAN/OTTO (1995, 10) die Notwendigkeit von „Schulkonzepten" damit, dass „der ‚normale' Schüler von heute nicht mehr mit der ‚normalen' Schule von gestern zurechtkommt" (vgl. auch BASTIAN 1995, 8). Schon bevor die Bildungspolitik die Schulautonomie entdeckt habe, habe es Praxisbeispiele gegeben, die illustrieren, wie sich Schulen aus dem Unbehagen am bisherigen Unterricht Handlungsfreiräume schaffen (vgl. BASTIAN/OTTO 1995, 10-11).

---

[46] Interessanterweise stellt er u. a. am Beispiel des Schulsports den Unterschied zwischen rein äußerlicher Imagepflege und wirklicher Profilbildung einer Schule dar und fragt: Ist der Sport in der Schule „mehr als eine Eintagsfliege? Mehr als eine Art, die Schule kurzzeitig ins Gespräch zu bringen? Ist das eine Schule, die Sport ernster nimmt – und das kann ja wohl nicht nur heißen, die mehr Sportgelegenheiten anbietet? Spielt das Phänomen Sport, der Profi-Sport mit seinen recht merkwürdigen Exzessen eine Rolle im Nachdenken auch der anderen Fächer? Dringt etwas anderes vom Sport durch als die Konkurrenz, der Rausch zu siegen?" (RUMPF 1988, 9).
[47] Vgl. dazu die Beiträge von Vertreterinnen und Vertretern aus Bildungspolitik und Schulverwaltung wie z. B. HOFFMANN (1993a/b; 1995), DASCHNER (1995), FROMMELT (1995), LANGE (1995).
[48] So werden in Fachzeitschriften und Textsammlungen Beispiele für Schulprofilbildungen aufgezeigt. Vgl. u. a. die Themenhefte „Die Schule gestalten – Konzepte und Beispiele für die Entwicklung von Schulen" (*Die Deutsche Schule*, 2. Beiheft 1992), „Autonomie konkret" (*Hamburg macht Schule* 1995/1), „Schule selbst gestalten" (*Pädagogik* 1995/2) oder RIEGEL (1995), VON ILSEMANN/SCHNACK (1995), SCHWARZ (1993).

Zugleich werden aber auch die Widersprüche und Gefahren der Autonomiebestrebungen erörtert. Dabei geht es im Wesentlichen um zwei Aspekte:

Erstens wird auf Probleme der Schulprogrammentwicklung aufmerksam gemacht, die sich aus der praktischen Umsetzung ergeben. Besonders BASTIAN (1996, 9) weist auf die Diskrepanz zwischen den hohen Erwartungen an das Schulprogramm und der herkömmlichen Alltagspraxis hin, die durch die mit der Schulprogrammarbeit verknüpften neuen Anforderungen an die Lehrkräfte entstehen: Statt des bislang üblichen Nebeneinanders der Lehrerinnen und Lehrer müssten nun gemeinsame Vereinbarungen getroffen werden; somit gelte es im Unterschied zum bisherigen isolierten Fächerdenken, auch fächerübergreifende pädagogische Schwerpunkte der Schule in den Blick zu nehmen; anstatt sich nur auf die Leistungsbeurteilung von Schülerinnen und Schülern zu konzentrieren, müssten Lehrkräfte mit der Arbeit am Schulprogramm ihre Aufmerksamkeit ebenso auf die Evaluation der dort festgelegten Entwicklungsschwerpunkte richten.

Auch ROLFF (1995a, 39-40) und TILLMANN (1995a, 55-56; 1995b, 38) stimmen darin überein, dass neue Gestaltungsfreiräume von Schulen veränderte Kompetenzen von Lehrkräften erfordern. Aus diesem Grund seien die Bedenken von Lehrerinnen und Lehrern gegenüber dieser Reform zu verstehen.[49] Daraus folgert BASTIAN (1996, 10), es sei nur möglich, die gesetzlichen Voraussetzungen für erweiterte Handlungs- und Entscheidungsspielräume zu schaffen; ob die Gestaltungsspielräume auch genutzt werden, hänge letztlich von den Betroffenen selbst ab (vgl. auch AHRENS 1996, 19; BASTIAN 1995, 8).[50]

---

[49] Diese neuen Anforderungen an Lehrkräfte verlangen nach ROLFF (1995a, 39) eine Umorientierung von der „individuellen" zur „korporativen Autonomie". Ganz ähnlich kennzeichnet TILLMANN (1995a, 55-56; 1995b, 38) das veränderte Berufsverständnis als Wandel von der pädagogischen Freiheit der Einzelarbeit zur Kooperation in der Teamarbeit.

[50] Ähnlich – wiewohl in anderem Kontext – formuliert auch VON HENTIG (1996, 129): „Autonomie muß einem zwar gewährt werden, aber noch wichtiger ist, daß man sie dann auch autonom zu nutzen versteht [...]." Interessant sind in diesem Kontext auch die Anmerkungen zur Gestaltungsautonomie in einer Broschüre des schleswig-holsteinischen Ministeriums für Bildung, Wissenschaft, Forschung und Kultur, in der es heißt: „Damit hat sich gezeigt, daß der schleswig-holsteinische Weg richtig war, die Eigenverantwortung nicht, wie andere Bundesländer es getan haben, zu verordnen, sondern in einem Diskussionsprozeß mit den Schulen gemeinsam zu klären und zu erarbeiten" (MBWFK 1998, 4).

Im Zuge der Autonomiediskussion wird *zweitens* die Frage aufgeworfen, wie man den Problemen der ungleichen Entwicklungschancen von Schulen und der sozialen Selektivität – hervorgerufen durch eine bewusst anspruchsvolle Schulprogrammgestaltung – begegnen kann. Hier ist der Staat gefordert, für Chancengleichheit zu sorgen und zu verhindern, dass die schulische Profilbildung zu „Schulen erster, zweiter und dritter Güte" führt (KLAFKI 1995, 42). Dieser Tendenz zur „sozialen Entmischung" (LANGE 1995, 32), so der allgemeine Tenor, könne vor allem durch gesetzliche Rahmenvorgaben und staatliche Ausgleichsmaßnahmen vorgebeugt werden.[51] In diesem Zusammenhang sieht AVENARIUS (1995, 270) das Schulprogramm als eine Art „Grundgesetz" der einzelnen Schule: „Will eine Schule [...] den ihr eröffneten Handlungsspielraum in Anspruch nehmen, dann kann und muß man von ihr mit Fug und Recht verlangen, daß sie ihr pädagogisches Profil sichtbar macht" (AVENARIUS 1995, 270; vgl. auch AVENARIUS u. a. 1998, 18-19; HOFFMANN 1993a, 138; 1993b, 16; JACH 1993, 204). Dies müsse schriftlich dokumentiert werden, wie AVENARIUS (1995, 270) weiter bemerkt, denn nur so sei es der Öffentlichkeit und besonders der Schulaufsicht möglich, „einem Mißbrauch der Selbstverwaltungsbefugnisse entgegenzuwirken" und einzuschreiten, „wenn es zur rechtmäßigen, sachgerechten oder geordneten Durchführung von Unterricht und Erziehung" notwendig erscheine. Die Gestaltungsfreiheit der Schule schließt folglich zugleich die Verantwortung zur Rechenschaftspflicht ein.

Ähnlich erkennen ROLFF (1995a), FISCHER/ROLFF (1997) und MARITZEN (1998) im Schulprogramm ein Steuerungsinstrument für die Qualitätssicherung und Rechenschaftslegung von Schulen.[52] Um zu verhindern, dass Schulautonomie im „Sozialdarwinismus" endet, fordern sie einen neuen Regelungsmechanismus für teilautonome Schulen (vgl. Abb. 1).

---

[51] Vgl. hierzu AHRENS (1996, 18-19), HOFFMANN (1993a, 140; 1993b, 18-19), JACH (1993, 186, 204), LANGE (1995, 32-34), TILLMANN (1995a, 60-62; 1995b, 42-45). Vgl. auch BILDUNGSKOMMISSION NRW (1995, 186-188). Vgl. in diesem Kontext auch die Hinweise der ehemaligen nordrhein-westfälischen Schulministerin, die anmerkt, dass „staatliches Handeln im Interesse von Chancengleichheit dafür sorgen muß, daß diejenigen (Schulen, G. S.), die mit besonderen Problemen und Belastungen zu kämpfen haben", besonders gefördert werden (BEHLER 1998, 9).

[52] Nachfolgende Überlegungen erfolgen in Anlehnung an ROLFF (1995a, 46-51), FISCHER/ROLFF (1997, 542-543) und MARITZEN (1998, 626-633). Der Aspekt der Evaluation wird später noch aus einer anderen Blickrichtung aufgegriffen (vgl. Kap. 3.5).

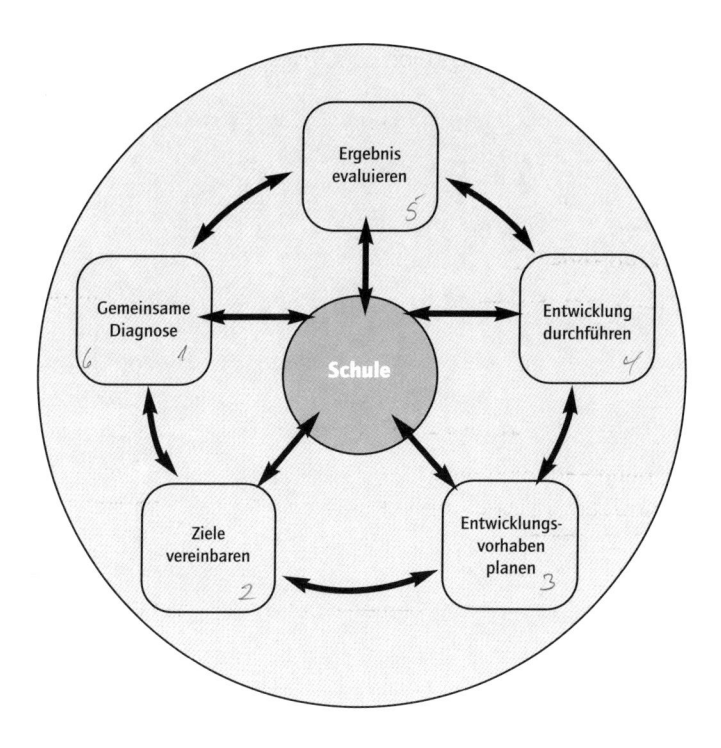

Abb. 1: *Kreislauf eines Schulentwicklungsprozesses (DALIN/ROLFF/BUCHEN 1995, 267)*

Die Regelung soll in einem Evaluationskreislauf erfolgen: Zunächst gilt es, im Schulprogramm die wesentlichen Entwicklungsziele der Schule festzulegen. Diese werden dann intern und extern evaluiert, um festzustellen, inwieweit die angestrebten Zielsetzungen erreicht wurden. Die Evaluation dient also der Rückmeldung über Erfolg und Misserfolg der schulischen Aktivitäten im Blick auf die Weiterentwicklung des Schulprogramms. Die Fremdevaluation ist zudem die Basis für eine schulübergreifende Qualitätssicherung. Somit ist die Verpflichtung zur Schulprogrammarbeit und Evaluation der „Preis", den die einzelne Schule für erweiterte Gestaltungsfreiräume zu zahlen hat. Sie schließt nach MARITZEN (1998, 632) „die Kontrollücke [...], die die Rücknahme klassischen zentralen Aufsichtshandelns hinterläßt" (vgl. ähnlich STRYCK 1998, 45).[53]

---

[53] Zur veränderten Rolle der Schulaufsicht im Rahmen der Qualitätssicherung vgl. besonders ROLFF (1995b, 193-204; 1998b), BILDUNGSKOMMISSION NRW (1995, 191-202), ARNOLD/THIELE (2000).

1.3.2.2 Wirkungserwartungen an das Schulprogramm

Das Konzept des Schulprogramms gründet im Wesentlichen auf zwei Ergebnissen der Schulqualitätsforschung, die etwa seit Mitte der 80er Jahre die schulpädagogische Diskussion beeinflusst haben.[54] Dies ist einerseits die Erkenntnis, dass Schulen als gestaltungsfähige Einheiten, als „Individualitäten" anzusehen sind, die aus eigenem Antrieb, also selbstorganisiert, verändert werden können. Andererseits ist es die Einsicht, nach der die Qualität einer Schule von einer Reihe synergetisch wirkender Einflussfaktoren bestimmt wird, die als „pädagogisches Ethos" bezeichnet werden.[55]

Besonders die Forschungsarbeiten von FEND (1986) haben belegen können, dass – gemessen an der durchschnittlichen „Leistungsfähigkeit" – die Qualitätsunterschiede von Schulen innerhalb eines Schultyps größer sind als die Differenzen zwischen Schulen verschiedener Schulsysteme (vgl. zusammenfassend FEND 1996, 86; KLAFKI 1991, 32-33). Mit diesem Befund lässt sich auch die Auffassung widerlegen, die pädagogische Wirkungskraft von Schulen könne allein auf das jeweilige Schulsystem zurückgeführt werden. Vielmehr gewinnen hier die Einflüsse der individuellen Gegebenheiten und Merkmale der einzelnen Schule an Bedeutung.

Der Stellenwert der einzelnen Schule wird auch in der empirischen Untersuchung von RUTTER u. a. (1980) deutlich.[56] Ihre an Londoner Schulen gewonnenen Forschungsergebnisse zeigen, dass die schulische Atmosphäre weit gehend davon abhängt, „inwieweit die Schule ein zusammenhängendes Ganzes" bildet, „inwieweit [...] im Hinblick auf bestimmte Ziele und Methoden ein Konsens besteht, der vom gesamten Kollegium getragen wird" (RUTTER u. a. 1980, 226). Die kooperative Verständigung der Lehrerinnen und Lehrer über grundlegende pädagogische Normen führt offenbar zu einem günstigen Arbeitsklima, das positive Auswirkungen auf

---

[54] Vgl. allgemein zur Begründung des Schulprogramms BASTIAN (1998, 7-8), BÖHM (1995, 5-10), DALIN/ROLFF/BUCHEN (1995, 143-147), FLEISCHER-BICKMANN (1995, 17-23; 1997, 15-17), FLEISCHER-BICKMANN/MARITZEN (1996, 13-16), HAENISCH (1996, 26-28; 1997b, 139; 1998a, 5-6), HOLTAPPELS (1999, 6-7), LIKET (1997, 136-137), PHILIPP/ROLFF (1999, 10-11), SCHRATZ (1998, 185-186).
[55] Vgl. zu dieser Begründung besonders BASTIAN (1998, 7-8), BÖHM (1995, 5-6), DALIN/ROLFF/BUCHEN (1995, 145-146), FLEISCHER-BICKMANN (1995, 17; 1997, 15-17), FLEISCHER-BICKMANN/MARITZEN (1996, 13), HAENISCH (1998a, 5).
[56] Im Zusammenhang mit der Untersuchung von RUTTER u. a. hat VON HENTIG (1980, 11) schon früh auf die Bedeutung der Einzelschule für die Schulforschung in der Bundesrepublik hingewiesen.

den Unterricht zeitigt (vgl. RUTTER u. a. 1980, 227). Offensichtlich besteht zwischen der Leistungsfähigkeit einer Schule und dem „pädagogischen Ethos" ein kausaler Zusammenhang. Über die Qualität der einzelnen Schule entscheidet demnach nicht allein der Unterricht oder das Engagement verschiedener Lehrkräfte. Die pädagogische Wirksamkeit von Schulen wird vielmehr von der Gesamtheit schulischer Aktivitäten und Interaktionsformen bestimmt, gleichgültig, ob sie nun als „Schulethos", „Erziehungsphilosophie", „pädagogisches Credo", „Schulklima", „Schulatmosphäre" oder als „Schulkultur" bezeichnet werden. „Gute" oder „erfolgreiche" Schulen lassen sich also vornehmlich dadurch charakterisieren, dass ihre pädagogische Arbeit durch einen gemeinsam getragenen Grundkonsens in Erziehungs- und Wertfragen geprägt wird.[57]

Vor diesem Hintergrund liegt die besondere Bedeutung des Schulprogramms vor allem darin, dass sich die an Schule Beteiligten in einem pädagogischen Diskurs auf die wesentlichen erzieherischen Zielsetzungen der jeweiligen Schule verständigen. Es stellt gleichsam den „Verdichtungsprozeß des pädagogischen Konsens' in Schriftform" dar (KLEIN 1997, 48; vgl. auch KLEIN 1998, 159). Entscheidend für die erhoffte Wirkung des Schulprogramms im Schulentwicklungsprozess sind vor allem drei Faktoren, die eng miteinander verbunden sind: Die Partizipation der Betroffenen, der Aufbau einer Kooperationskultur in der Schule und die kritische Reflexion der pädagogischen Arbeit.[58]

Die Beteiligung der Lehrkräfte an der Schulprogrammarbeit soll dazu beitragen, die Identifikation der Kollegiumsmitglieder mit ihrer eigenen Schule zu erhöhen. Zugleich liegt darin auch eine Möglichkeit, die Arbeitszufriedenheit und die Motivation der Lehrkräfte zu steigern. Denn Lehrerinnen und Lehrer werden

> „nur dann dauerhaft und mit Engagement an der eigenen Entwicklung [der Schule, G. S.] arbeiten, wenn sie sich als Mitproduzenten

---

[57] Trotz des vielfältigen Erscheinungsbildes von Schulen in den USA wird dies auch von AURIN (1989, 73) als wesentliches Merkmal „guter" Schulen bestätigt, wenn er ausführt: „Zentrierender Kern guter Schulen war eine von allen Betroffenen mitgetragene, für sie einsehbare Erziehungsphilosophie, die die geistige Orientierung der Schule bestimmte und das Verständnis der Schulziele und deren Erreichen förderte."

[58] In manchen schuladministrativen Empfehlungen wird mit dem Schulprogramm ein wahrer „Wunschkatalog der Schulentwicklung" verknüpft, die über die nachfolgend beschriebenen, schulpädagogisch motivierten Aspekte deutlich hinausgehen. Die hier bescheiden anmutenden Wirkungen der Schulprogrammarbeit stellen bereits erhebliche Innovationen dar.

der Schulrealität fühlen [...]. Dies stärkt das Selbstbewußtsein und mobilisiert die Eigenkräfte, weil die Schule als eine Art 'Eigentum' begriffen wird, das es zu schützen, zu pflegen und ständig zu verbessern gilt" (HAENISCH 1996, 27; vgl. ähnlich HAENISCH 1997b, 139).[59]

Mit der Schaffung eines „Wir-Gefühls" könne überdies dem Syndrom des „Ausgebranntseins" entgegengesteuert werden (vgl. PHILIPP/ROLFF 1999, 11).[60]

Von der Entwicklung des Schulprogramms wird weiterhin erwartet, dass sie sich auch positiv auf die Zusammenarbeit der Kollegiumsmitglieder auswirkt, indem sie die Kommunikation zwischen den Lehrkräften fördert und längerfristige Teambildungen anbahnt. Damit hilft sie, solche kooperativen Arbeitsstrukturen aufzubauen, die für einen gelingenden Schulentwicklungsprozess unabdingbar sind.[61]

Derlei Hoffnungen auf die Wirkungen des Schulprogramms erweisen sich offenbar als begründet. So konnten zum Beispiel HAENISCH/SCHULDT (1994, 51) in ihrer Fallstudienuntersuchung über Veränderungen in nordrhein-westfälischen Grundschulen feststellen, dass – nach Aussagen der

---

[59] In diesem Zusammenhang spricht RISSE (1993, 18) auch von der Schulprogrammarbeit als „Weg zur Selbstmotivierung von Schulen". FLEISCHER-BICKMANN (1995, 23) sieht den Sinn der Schulprogrammentwicklung u. a. auch darin, Betroffene zu Beteiligten zu machen, die ihre jeweiligen Interessen einbringen können (vgl. auch DALIN/ROLFF/BUCHEN 1995, 145; PHILIPP/ROLFF 1999, 12). Das Schulprogramm vermag hier einen sinnstiftenden Orientierungsrahmen für schulische Aktivitäten zu liefern (vgl. BASTIAN 1998, 8; FLEISCHER-BICKMANN 1995, 22). Die Arbeit am Schulprogramm fördert den „internen Selbstfindungsprozeß aller an der Schule Beteiligten" und kann dadurch zu einer höheren Motivation und Identifikation mit der eigenen Schule führen (FLEISCHER-BICKMANN/MARITZEN 1996, 13; FLEISCHER-BICKMANN 1997, 16; vgl. ähnlich SCHRATZ 1998, 185). Zur Rolle der „Partizipation" als Gelingensbedingung für erfolgreiche Innovationen besonders KLEIN (1997, 50-52; 1998, 160-161).

[60] Schulprogrammarbeit ist nach PHILIPP/ROLFF (1999, 10) eine Möglichkeit, „aus Lethargie, Resignation oder sonstiger Frustration aufzubrechen". Auch STRITTMATTER (1997a, 93) verweist auf wissenschaftliche Untersuchungen über „Burnout" bei Lehrkräften, die zu dem Ergebnis gelangten, dass es für die Gesunderhaltung in diesem Beruf wichtig ist, „die Arbeit in einer kollegialen Umgebung tun zu können, in welcher ein paar Sinnperspektiven, Werte und Normen gestellt werden. Einzelkämpfer brennen früher aus."

[61] BÖNSCH (1998, 29) und SCHRATZ (1998, 185) halten das Schulprogramm für ein bedeutsames Instrument der Verständigung, Kooperation und Kommunikation in der Schule. Vgl. ebenso BÖHM (1995, 4), HAENISCH (1997b, 139), PHILIPP/ROLFF (1999, 11). Empirische Untersuchungen zur Schulentwicklung belegen, dass intensive Kooperations- und Kommunikationsaktivitäten eines Lehrerkollegiums Kernelemente für die Weiterentwicklung der Schule darstellen (vgl. HAENISCH/SCHULDT 1994, 16, 35-37; STEFFENS 1995, 38, 43; vgl. zusammenfassend HOLTAPPELS 1995a, 23-25; STEFFENS 1987, 27-33).

Betroffenen – die gemeinsamen Gespräche über und die Verständigung auf pädagogische Schwerpunkte an den ausgewählten Schulen tatsächlich zu einer höheren Identifikation der Lehrerinnen und Lehrer mit der eigenen Schule und damit letztlich zu einer gestiegenen Berufszufriedenheit geführt haben. Überdies bestätigen weitere Befunde von HAENISCH (1998a 85-86) die Einflussmöglichkeiten der Schulprogrammentwicklung auf die Kooperationskultur des Kollegiums: Lehrkräfte berichten nämlich übereinstimmend, die Schulprogrammarbeit habe die Kommunikations- und Arbeitsweisen an der Schule nachhaltig verbessert (vgl. auch HAENISCH/SCHULDT 1994, 51).[62]

Ebenso zeigt ein Ergebnis der Fallstudien von BUHREN/LINDAU-BANK/MÜLLER (1997, 145) an ausgewählten Schulen in Nordrhein-Westfalen und Brandenburg, dass Lehrerinnen und Lehrer im Rahmen der Schulentwicklung besonders an der Schulprogrammarbeit interessiert sind. Auch im Rahmen des Modellversuchs „Verbund selbstwirksamer Schulen" zur Erprobung neuer Wege pädagogischer Innovation begrüßten die am Projekt beteiligten Schulen in verschiedenen Bundesländern die Entwicklung von Schulprogrammen (vgl. BROCKMEYER/EDELSTEIN 1997, 94). ROLFF u. a. (1998, 113) weisen ebenfalls darauf hin, dass der Schulentwicklungsprozess für viele Schulen vor allem mit der Schulprogrammarbeit verbunden sei. Im Unterschied zu anderen Reformvorhaben stellt für viele Lehrerinnen und Lehrer das Schulprogramm offensichtlich ein nachvollziehbares Konzept dar (vgl. HAENISCH 1997b, 142-143).

Darüber hinaus scheint die kollegiale Diskussion um die Entwicklung des Schulprogramms an der einzelnen Schule eine günstige Gelegenheit zu bieten, die bisherige Arbeit kritisch zu reflektieren. In diesem Sinne dient die Schulprogrammarbeit vor allem der inhaltlichen Selbstvergewisserung über die Stärken und Schwächen der Schule (vgl. u. a. BÖNSCH 1998, 29; HAMEYER 1998, 10; HOLTAPPELS 1999, 7). Dies ist, wie HAENISCH (1998a, 12-13) vermutet, insofern von besonderem Interesse, als mit dem Schulprogramm die Leistungen der pädagogischen Aktivitäten der Lehrkräfte auch nach außen, insbesondere gegenüber Eltern und der interessierten Öffentlichkeit, dargestellt werden können. Dies gibt Lehrerinnen und Lehrern „Stärke und Handlungssicherheit" (HAENISCH 1998a, 12) in einem

---

[62] Positive Wirkungen der Schulprogrammarbeit werden auch von Vertreterinnen und Vertretern der Schulen berichtet, die bereits über längere Erfahrungen mit der Entwicklung von Schulprogrammen verfügen (vgl. u. a. HAENISCH 1997b, 139; DÜCHTING 1998, 330; LUMER 1996, 68).

Beruf, der durch mangelnde direkte Rückmeldung gekennzeichnet ist.[63] In den pädagogischen Diskursen zur Schulprogrammarbeit lassen sich ferner grundsätzliche Fragen des pädagogischen Selbstverständnisses klären und verbindliche Wertevereinbarungen treffen (vgl. PHILIPP/ROLFF 1999, 10).

Ziehen wir an dieser Stelle ein Zwischenfazit, so bleibt festzustellen: In der schulpädagogischen Diskussion besteht Einvernehmen darüber, dass im Konzept des Schulprogramms wesentliche Erkenntnisse der Schulqualitätsforschung hinsichtlich der Merkmale und Bedingungen guter Schulen aufgenommen werden. Das Schulprogramm stellt eine sinnstiftende, verbindliche Orientierungsgrundlage für schulische Entwicklungsvorhaben dar, gibt ihnen Richtung und Ziel, schafft damit Klarheit und Transparenz der pädagogischen Arbeit der einzelnen Schule.[64] Ihm kommt aus Sicht der Einzelschule eine pragmatische Bedeutung für die Schulentwicklungsplanung zu (vgl. MARITZEN 1998, 627).

1.3.2.3 Empirische Untersuchungen zur Wirksamkeit des Schulprogramms

Allerdings gibt es bislang kaum Erkenntnisse darüber, ob sich solche Erwartungen an das Schulprogramm in der Schulpraxis tatsächlich realisieren lassen. Empirische Untersuchungen über den Entwicklungsprozess der Wirksamkeit des Schulprogramms sind derzeit noch Mangelware. Wesentliche Ergebnisse der wenigen vorliegenden Studien seien daher kurz dargestellt.[65]

In einer Erkundungsstudie von HAENISCH (1998a) wurden Lehrkräfte an 15 nordrhein-westfälischen Schulen verschiedener Schulformen über ihre Erfahrungen mit der Einleitung, der Steuerung, den Gelingensbedingungen und der Wirksamkeit der Schulprogrammarbeit befragt.[66] Demnach werden bei der Schulprogrammentwicklung häufig bereits vorhandene In-

---

[63] PHILIPP (1995, 21-22) und ROLFF (1995b, 190) machen darauf aufmerksam, dass Lehrkräfte nur wenig Rückmeldung über ihre pädagogische Arbeit erhalten. Andere Kolleginnen und Kollegen geben in der Regel keine direkten Beurteilungen ab, Eltern bewerten Lehrerinnen und Lehrer meist indirekt, selten und zudem oftmals nur negativ.
[64] Vgl. dazu auch die Befragung von Lehrerinnen und Lehrern über die Bedeutung des Schulprogramms bei HAENISCH (1998a, 11, 13). Vgl. auch LIKET (1997, 136-137).
[65] Einen kurzen Überblick über empirische Befunde zur Praxis der Schulprogrammentwicklung geben auch BASTIAN u. a. (2000, 103-105) und HOLTAPPELS (1999).
[66] Zu ausgewählten Befunden der Studie vgl. auch HAENISCH (1999).

itiativen und Schwerpunkte aufgegriffen, oder es werden Probleme und Missstände, die im Kollegium wahrgenommen werden, zum Thema der Schulprogrammarbeit gemacht. Weitere konkrete Anlässe für die Schulprogrammarbeit sind auch Schulfeste, Jubiläen, Schulleiterwechsel, neue Lehrpläne oder Impulse aus Fortbildungen, die zu einer verstärkten Reflexion der bisherigen pädagogischen Arbeit führen (vgl. HAENISCH 1998a, 17-26). Als Einstieg in die Schulprogrammarbeit kristallisieren sich drei Möglichkeiten heraus: der Ausgang von der Gesamtbilanz eines bestehenden Schulkonzepts, der Beginn mithilfe der Erarbeitung schulischer Leitsätze und der Einstieg durch ein gemeinsames pädagogisches Schwerpunktthema bzw. Pilotprojekt (vgl. HAENISCH 1998a, 27-40). Im Blick auf die Organisation und Koordinierung der Schulprogrammarbeit ermittelt HAENISCH (1998a, 41-52) drei Grundformen: Schulen, die über eine ausgeklügelte Organisationsstruktur mit unterschiedlichen Gremien und einer Steuerungsgruppe verfügen; daneben wird – insbesondere in kleineren Schulen – das Schulprogramm meist im Rahmen der Lehrerkonferenzen erarbeitet; schließlich gibt es Schulen, in denen die Schulprogrammaktivitäten durch informelle Gruppen vorangetrieben werden. Als Gelingensbedingungen der Schulprogrammarbeit können u. a. festgehalten werden: die Etablierung verlässlicher Arbeitsstrukturen, die Konzentration auf wenige Schwerpunkte, die Einrichtung eines engagierten Teams, das die Entwicklung fördert, die Aneignung eines methodischen Instrumentariums zur Steuerung des Entwicklungsprozesses, Anregungen und Unterstützung von außen, Sicherung der Weiterentwicklung des Schulprogramms durch Evaluation und die Wertschätzung von Lehrkräften, die sich für die Arbeit am Schulprogramm einsetzen (vgl. HAENISCH 1998a, 53-81). Wie bereits erwähnt, werden erste Wirkungen der Schulprogrammentwicklung bezüglich einer besseren Kommunikations- und Kooperationskultur im Kollegium, intensiveren Teamstrukturen und einer höheren Sensibilität für die Interessen und Bedürfnisse der Schülerinnen und Schüler vermutet (vgl. HAENISCH 1998a, 85-87).

In seinen beiden Untersuchungen an niedersächsischen und hamburgischen Grundschulen, die zu „vollen" bzw. „verlässlichen Halbtagsschulen" umstrukturiert wurden, hat HOLTAPPELS „Schulkonzepte"[67] inhaltsanaly-

---

[67] HOLTAPPELS sieht das Schulkonzept als Vorstufe zur Erarbeitung des Schulprogramms an. Ein „Schulkonzept" enthält für ihn „schulpädagogisch begründete Arbeitsformen und Organisationsstrukturen, die die Lern- und Erziehungsansätze sowie die innere Organisation einer Schule ausmachen und verschiedene curricular-didaktische, sozialisatorische und organisatorische Aspekte in einem abgestimmten Gesamtkonzept auf Schulebene integrieren". Im Vergleich dazu beinhaltet das

tisch ausgewertet und Schulleiter(innen) sowie Lehrkräfte zur Entwicklung von Schulkonzepten befragt (vgl. zusammenfassend HOLTAPPELS 1999). Dabei gelangt er zu der Erkenntnis, dass die Akzeptanz für ein innovatives Schulkonzept im Kollegium besonders durch intensive Informations- und Überzeugungsarbeit, Fortbildungsmaßnahmen, den Austausch mit anderen Schulen, die Beteiligung an Entscheidungen und die Zusicherung verbesserter Arbeitsbedingungen erreicht werden kann (vgl. HOLTAPPELS 1999, 10). Was einzelne Konzeptbausteine anbelangt, so werden vornehmlich organisatorische Aspekte wie z. B. Zeitstrukturierung, Schulraumgestaltung oder Vertretungsregelungen sehr detailliert im Schulkonzept verankert. Hingegen finden pädagogische Gestaltungsgrundsätze, wie z. B. Unterrichtsprinzipien, Aktivitäten im Schulleben oder Kooperationsformen mit außerschulischen Partnern, in den meisten Fällen kaum oder nur sehr vage Berücksichtigung (vgl. HOLTAPPELS 1999, 11-12).

SCHLÖMERKEMPER (1999) interviewte Lehrkräfte und Schulverwaltungsbeamte in Hessen zu ihren Vorstellungen im Blick auf die erwarteten bzw. erfahrenen Wirkungen der Schulprogrammarbeit. Danach scheint die Mehrheit der Lehrerinnen und Lehrer die Erstellung und Evaluation des Schulprogramms als sinnvoll zu erachten. Konkret erhoffen sie sich durch die Arbeit am Schulprogramm eine stärkere Identifikation mit ihrer Schule sowie eine intensivere Kommunikation im Kollegium. Mit Skepsis beurteilen die befragten Lehrkräfte allerdings die Verwirklichung ihrer Wünsche: Nach ihren Erfahrungen führt die Schulprogrammarbeit häufig zu einer erhöhten Arbeitsbelastung und zu einer problematischen Zunahme des Einflusses von Schulleitung und eigens dafür eingesetzten Steuergruppen. Bezeichnend ist zudem, dass Lehrerinnen und Lehrer die Wirksamkeit des Schulprogramms offenbar weit pessimistischer einschätzen als Vertreterinnen und Vertreter der Schulverwaltung.

Mit interessanten Fallrekonstruktionen gehen BASTIAN u. a. (2000) und ARNOLD/BASTIAN/REH (2000) der Frage nach, welche Wirkungen die Schulprogrammarbeit als Instrument der Schulentwicklung erzielt. Der Prozess der Schulprogrammentwicklung wurde durch teilnehmende Beobachtung und Dokumentation von Konferenzen bzw. Sitzungen an un-

---

„Schulprogramm" nach seiner Vorstellung neben dem Schulkonzept „auch die Programmatik einer Schule im Sinne von pädagogisch intendierten und perspektivischen Entwicklungszielen" (HOLTAPPELS 1999, 6). Der Begriff „Schulkonzept" hat damit eine gewisse Nähe zu den in Kap. beschriebenen, komplexeren Formen des „Schulleitbildes".

terschiedlichen Hamburger Schulen über zwei Jahre begleitet. Als Fazit wird festgehalten: Es scheint schulformspezifische Behandlungsformen zu geben, mit denen die behördliche Anordnung der Schulprogrammarbeit umgesetzt wird und die verschiedenen Entwicklungsschwerpunkte festgelegt werden. Dabei haben vor allem die internen Kommunikationsstrukturen und die Entwicklungstradition der einzelnen Schule großen Einfluss auf den Fortgang des Schulentwicklungsprozesses (vgl. BASTIAN u. a. 2000, 135). Ferner werden Lehrkräfte durch unterschiedliche, teilweise konträre Anforderungen, die die Schulprogrammarbeit in der Interaktion mit Kolleginnen und Kollegen, der Schulleitung und der Schulaufsicht mit sich bringt, stark belastet. Insofern lassen sich „Spannungszonen" der Schulprogrammentwicklung benennen, die durch widersprüchliche Funktionen des Schulprogramms, die Entwicklungsgeschichte der Schule und die mit der Schulprogrammarbeit einhergehende zeitliche Beanspruchung der Lehrkräfte verursacht werden.[68] Solche Spannungen können nicht aufgelöst, sondern nur durch schulindividuelle Bewältigungsstrategien überwunden werden (vgl. ARNOLD/BASTIAN/REH 2000; BASTIAN u. a. 2000, 137-141). Zuletzt kommen die Forscher durch ihre Fallstudien zum ernüchternden Befund:

> „Diejenigen Schulen, in denen es einen vorangeschrittenen Schulentwicklungsprozess gibt, brauchen möglicherweise kein Schulprogramm; denjenigen Schulen, die eine ‚Hilfe' zur weiteren Schulentwicklung benötigen würden, nützt möglicherweise die behördliche Auflage, ein Schulprogramm zu erarbeiten, nicht viel" (BASTIAN u. a. 2000, 142).

Dennoch sehen auch sie in der Schulprogrammarbeit eine Chance, Entwicklungsprobleme der einzelnen Schule sichtbar zu machen, zu reflektieren und systematisch anzugehen (vgl. BASTIAN u. a. 2000, 142).

Angesichts der insgesamt bescheidenen empirischen Befunde über die Wirksamkeit des Schulprogramms stellt MEYER (1999a, 29) skeptisch fest: Die Annahme, aus der einzelnen Schule mithilfe der Schulprogrammarbeit eine „gute" Schule zu machen, mag zwar nachvollziehbar sein, doch lasse sie sich empirisch (noch) nicht nachweisen. Denn letztlich sei nur schwer zu belegen, „ob eine Schule wegen oder trotz der Existenz eines verabschiedeten Schulprogramms handgreifliche Fortschritte" erreicht habe (MEYER 1999a, 29). Zudem gäbe es eine Reihe von Schulen, die auch ohne die Arbeit am Schulprogramm zu be-

---

[68] Probleme der Schulprogrammarbeit werden noch ausführlich in Kap. 3 diskutiert.

achtlichen pädagogischen Neuerungen gelangen (vgl. MEYER 1999b, 27). Insofern sei auch die bildungspolitische Tendenz bedenklich, jeder Schule die Schulprogrammarbeit vorzuschreiben und damit die Schulentwicklungsdiskussion insgesamt auf das Schulprogramm zu verengen.[69]

Vor diesem Hintergrund fragt z. B. auch PRIEBE (1999b) zu Recht, ob die schulpädagogischen und bildungspolitischen Hoffnungen, mit dem Schulprogramm die Qualität der Schule zu erhöhen, überhaupt realistisch seien:

„[...] reichen diese Hoffnungen und Erwartungen nicht doch sehr weit über den bisherigen Erfahrungshorizont hinaus? Geht das nicht zu schnell mit dem Schulprogramm/Schulprofil als dem Kern von Schul- und Qualitätsentwicklung? Steht hinter dieser Eile bei der Einführung und Verpflichtungsgeschwindigkeit im Grunde nicht doch die bildungspolitisch motivierte Erwartung programmierter Qualitätssicherung von Schule und Unterricht im Hinblick auf kommende Vergleichsuntersuchungen?" (PRIEBE 1999b).

Ähnlich kritisch sieht OELKERS (1999) das Schulprogramm, wenn es von Schulen nur noch als Medium der Selbstdarstellung benutzt wird. Für ihn mutieren Schulprogramme dann nämlich zu reinen „Werbeversprechen ohne Gegenstand", in denen die Schulwirklichkeit völlig aus dem Blickfeld geraten sei. Doch damit werde fast überall „das gleiche oder ein ähnliches Profil" beschworen: „Die Möglichkeiten der Selbstdarstellung sind begrenzt, Schulen sind nicht derart unterschiedlich, dass sich jede aufgrund ihrer Individualität erfolgreich präsentieren könnte" (OELKERS 1999, 8).

Trotz allem stellen auch diese Kritiker den Nutzen der Schulprogrammarbeit nicht grundsätzlich in Frage. Ihre Einwände verweisen vielmehr auf die bereits angesprochenen widersprüchlichen Zielsetzungen, die mit dem Schulprogramm im Beziehungsgeflecht von Schule, Schulaufsicht und Gesellschaft verfolgt werden können.[70] Allgemein dürfte klar gewor-

---

[69] Für MEYER (1999a, 10) ist die Schulprogrammarbeit nur die „Begleitmusik", aber nicht zwingend „die Ouvertüre zur Schulentwicklung". Vgl. zum Problem der Fokussierung der gegenwärtigen Schulentwicklungsdiskussion auf das Schulprogramm auch BASTIAN (1998).

[70] Solche gegensätzlichen Absichten werden von HOFFMANN/REIßMANN/SCHITTKO (1999) mit folgenden Begriffspaaren umschrieben: „Selbstdarstellung" vs. „Selbstvergewisserung", „Glanzbroschüre" vs. „Leitlinie für den Schulalltag", „Absichtserklärung" vs. „Lernprogramm", „mehr Kontrolle" vs. „stärkere Selbständigkeit". Vgl. zur Ambivalenz der Schulprogrammarbeit auch die Ausführungen in Kap. 3.

den sein: Schulprogrammentwicklung und Evaluationsmaßnahmen erscheinen als wichtige Instrumente zur Qualitätssicherung und Rechenschaftslegung der teilautonomen Schule. Allerdings gehen damit neue Anforderungen an die Professionalität und eine erhöhte berufliche Belastung von Lehrkräften einher. Auch wenn es noch an empirischen Erkenntnissen und Fallstudien über die Wirksamkeit des Schulprogramms mangelt, gibt es doch deutliche Anzeichen dafür, dass es sich als ein z. T. hilfreiches und handhabbares Medium der Schulentwicklung erweisen kann. Hierbei sollten jedoch vorliegende Untersuchungsergebnisse hinsichtlich der Schule als einer eigenständigen pädagogischen Handlungseinheit ernst genommen werden. So mag sich die Arbeit am Schulprogramm in der einen Schule als hilfreich und notwendig herausstellen, während sie sich in einer zweiten, bedingt durch andere Voraussetzungen und Gegebenheiten, nicht in gleicher Weise bewährt. Oder anders gewendet: Es ist nicht zwingend, den schulischen Entwicklungsprozess mit dem Schulprogramm einzuleiten. Gleichwohl spricht auch hier vieles dafür, die verschiedenen Strategien im Verlauf des Schulentwicklungsprozesses mithilfe der Schulprogrammarbeit zu bündeln.

1.3.3 Schulprogrammentwicklung in der sportpädagogischen Rezeption

Betrachtet man die sportpädagogische Literatur, so werden Aspekte der Schulprogrammentwicklung erst mit einiger zeitlicher Verzögerung im Vergleich zur bildungspolitischen und schulpädagogischen Diskussion seit Mitte der 90er Jahre rezipiert.[71] Inzwischen liegt aber eine Reihe von Beiträgen vor, die sich grundsätzlicher mit Möglichkeiten der Einbindung von Bewegung, Spiel und Sport in das Schulprogramm beschäftigen (vgl. ASCHEBROCK 1998; KÜPPER 1998; STIBBE 1998a, 1998c, 2000 a/b).[72]

---

[71] FUNKE-WIENEKE plädiert bereits 1992 dafür, ein von allen Sportlehrkräften gemeinsam verantwortetes Schulsportkonzept zu erstellen. Er beschreibt Aspekte, die auch aus Sicht von Sportlehrkräften im Rahmen der Schulprogrammdiskussion bedeutsam sein können. Allerdings macht er hier noch keine Vorschläge, wie der Schulsport in das Schulkonzept eingebunden werden kann.

[72] In diesem Kontext zeigt ASCHEBROCK auch am Beispiel der nordrhein-westfälischen Richtlinien- und Lehrplanentwicklung auf, dass die Diskussion um die Schulprogrammgestaltung von der Sportpädagogik zunächst kaum wahrgenommen wurde. Auf Grund der besonderen Konstruktion als „autonomes" Richtlinien- und Lehrplanwerk für den Schulsport in Nordrhein-Westfalen (1980/81), das als fachimmanenter pädagogischer Gesamtentwurf für den Sport in allen Schulformen und Schulstufen in den 70er Jahren entwickelt wurde, konnte der Schulsport nicht in die später beginnende Richtlinienentwicklung der verschiedenen Bildungsgänge der einzelnen

Dabei lassen sich die sportpädagogischen Rezeptionslinien im Wesentlichen unter vier Gesichtspunkten nachzeichnen: Erstens werden die Chancen diskutiert, die sich für den Schulsport aus der Teilhabe von Sportlehrkräften an der Schulprogrammentwicklung ergeben; zweitens wird die Schulprogrammarbeit im Rahmen der Vorstellungen zur bewegten Schule bedacht; drittens wird der Frage nach der schultheoretischen Einbettung des Schulprogramms nachgegangen; schließlich geht es viertens um besondere Schwierigkeiten bei der Erarbeitung des Schulprogramms.

1.3.3.1 Schulprogrammarbeit als Chance für den Schulsport

Angesichts der gegenwärtigen Legitimationsprobleme des Schulsports mehren sich die Stimmen, die darauf hinweisen, dass sich der Schulsport viel zu lange in eine selbst auferlegte schulpädagogische Isolation begeben habe, durch die seine Stellung im Kanon der Schulfächer geschwächt worden sei (dazu Kap. 1.1). Im Blick auf eine zukunftsfähige Begründung werde daher vom Schulsport weit stärker als bisher verlangt, „zur Verwirklichung des pädagogischen Gesamtauftrags der Schule" beizutragen und „sich in ein pädagogisches Gesamtkonzept von Schule einzubringen" (KÜPPER 1998, 35).

In diesem Sinne eröffne das Konzept des Schulprogramms besondere Chancen für den in Begründungsnot geratenen Schulsport. Die aktive Beteiligung von Sportlehrerinnen und Sportlehrern an der Aufstellung und Realisierung eines Schulprogramms könne dem Sport in der Schule helfen, die Neigung zur Selbstisolation zu überwinden und an pädagogischer Kontur zu gewinnen (vgl. KÜPPER 1998, 35, 41). Denn die Erarbeitung des Schulprogramms führe dazu, so der allgemeine Tenor, die engere fachliche Perspektive zu überschreiten und sich auch auf allgemeinere, fächerübergreifende Erziehungsziele der gesamten Schule zu besinnen (vgl. BAEDEKER 1999, 14-15; KÜPPER 1998, 35). Damit sei es möglich, wieder genuin pädagogische Fragestellungen ins Bewusstsein von Sport-

---

Schulformen integriert werden. Dadurch waren schulform- bzw. schulstufenspezifische Bildungsziele und fachspezifische Zielsetzungen nicht mehr aufeinander abgestimmt (vgl. dazu KÜPPER 1995). Die Idee des Schulprogramms, die inzwischen in den Richtlinien der unterschiedlichen Bildungsgänge formuliert wurde, konnte sich daher nicht in den Schulsportlehrplänen niederschlagen. Erst allmählich, so ASCHEBROCK (1999a, 56), gewinne die fachcurriculare und sportpädagogische Entwicklung wieder Anschluss an den einschlägigen schulpädagogischen Erkenntnisstand.

lehrkräften zu rücken (vgl. STIBBE 1998b, 21). Von den einzelnen Fächern wird nämlich gefordert, wie dies KÜPPER am Beispiel des „Erziehenden Unterrichs" verdeutlicht,

„die sachsystematische Struktur als alleinige Leitlinie für Unterrichtsplanung und -durchführung zu relativieren. Er verpflichtet die Fächer vielmehr, jene Wertorientierungen für den Erziehungsprozeß, über die ein weitgehender gesellschaftlicher und pädagogischer Konsens besteht, in die Sachauseinandersetzung einzubeziehen und die Vermittlung fachlicher Inhalte damit deutlich unter eine pädagogische Perspektive zu stellen" (1998, 36).

Um der Stärkung des Fachs willen gelte es hier, die besonderen Erziehungspotenziale, die der Schulsport im Unterschied zu anderen Fächern bietet, nachhaltig im Schulprogramm darzulegen (vgl. KÜPPER 1998, 35).

In vergleichbarer Weise sieht ASCHEBROCK die Bedeutung des Schulprogramms für den Schulsport. Wenn alle Fächer im Zuge der Richtlinien- und Lehrplanentwicklung in mehreren Bundesländern aufgefordert werden, ihren speziellen Beitrag zur Gestaltung der Schule zu zeigen und in einem Schulprogramm zu dokumentieren, sei es auch für den Schulsport wichtig, sich in das schulische Bildungs- und Erziehungskonzept zu integrieren. Nicht zuletzt werde gewissermaßen mit der Entwicklung des Schulprogramms auch über die Stellung der verschiedenen Fächer in der einzelnen Schule entschieden (vgl. ASCHEBROCK 1995, 303; 1997b, 65, 74). Daher sei nahe liegend: Je überzeugender Sportlehrkräfte an der Schulprogrammgestaltung mitwirkten und dabei die besonderen pädagogischen Möglichkeiten des Schulsports darlegten, desto größer werde auch die Wahrscheinlichkeit, ihn im Verteilungsgerangel um Stundenanteile zu stärken (vgl. hierzu ASCHEBROCK 1997b, 74-75; STIBBE 1998b, 21; 1999, 72; 2000b, 103).

Das Schulprogramm stellt, wie STIBBE (1998b, 21; 1998c, 392) im Rückgriff auf die schulpädagogische Diskussion betont, insofern auch ein qualitätssicherndes Instrument dar, als der im Rahmen der Schulprogrammarbeit notwendige Meinungsaustausch im Kollegium eine selbstreflektierende Auseinandersetzung mit den eigenen pädagogischen Wertvorstellungen erfordert. Der kollegiale Diskurs über das Schulsportkonzept werde im Idealfall persönliche Grundannahmen und Inszenierungen vom „guten" Schulsport deutlich machen und unterschiedliche Positionen in der gemeinsamen Verständigung einander annähern. Dies könne letztlich zu einer Verbesserung des Schulsports führen.

1.3.3.2 Schulprogramm in der Diskussion um die bewegte Schule

Während in Entwürfen zur bewegten Schule Fragen zur Schulprogrammarbeit zunächst nur vereinzelt und eher marginal behandelt wurden[73], wird seit geraumer Zeit auch verstärkt auf die Rolle des Schulprogramms hingewiesen. So wird vor allem mit Blick auf die Grundschule gefordert, Bewegung, Spiel und Sport als Leitmotive oder wesentliche Bestandteile in jedem Schulprogramm zu berücksichtigen.[74] Das Schulprogramm könne hier als „schützende Außenmauer" (KLUPSCH-SAHLMANN 1997b, 7), als koordinierendes Planungsinstrument für eine bewegte Schule dienen, um mehr Bewegung in der Schule zu etablieren und im pädagogischen Gesamtkonzept zu verankern (vgl. BALZ 1999, 422; 2000, 172-173; REGENSBURGER PROJEKTGRUPPE 1999, 10). Für KLUPSCH-SAHLMANN ist das Schulprogramm ein probates Mittel, einen stetigen Schulentwicklungsprozess zu gewährleisten (1995, 17), da hiermit die Umsetzung der pädagogischen Absichten überprüfbar werde (vgl. KLUPSCH-SAHLMANN 1999, 20).[75] Es kann nämlich „den Zufälligkeiten und Unwägbarkeiten vieler unabhängig voneinander laufender Einzelaktivitäten" (KÖSTER 1998, 77) entgegenwirken, indem es bestmöglich auf die gegebene Schulsituation und das entsprechende Schulumfeld abgestimmt ist. Die schriftliche Fixierung der Schulprogrammaktivitäten kann insgesamt dazu beitragen, eine stärkere Verlässlichkeit, Kontinuität und Transparenz der Entwicklungsvorhaben zu sichern.

Insbesondere ASCHEBROCK und STIBBE fassen in mehreren Veröffentlichungen die Erfahrungen von Schulen zusammen, die sich bereits auf den Weg zu einer bewegungsfreundlichen Gestaltung des Schulprogramms begeben haben. Wenngleich diese Schulen auf Grund ihrer indi-

---

[73] Überblickt man die frühen Entwürfe zur bewegten Schule (vgl. dazu Anmerkung 14), so sind es zunächst nur ASCHEBROCK (1995, 303-304; 1996a; 1996b, 28) und KLUPSCH-SAHLMANN (1995, 17), die im Zusammenhang mit der bewegten Schule auf das Schulprogramm eingehen. Ansätze und Probleme der bewegten Schule werden ausführlich in Kap. 4.1 erörtert.

[74] Vgl. hierzu z. B. ASCHEBROCK (1998, 32; 1999b), KLUPSCH-SAHLMANN (1999, 20-21), KOTTMANN/KÜPPER/PACK (1997a, 217; 1997b, 42), LAGING (1999a, 18), MÜLLER (1999, 47-48), STIBBE (2000a).

[75] In gewissem Widerspruch dazu steht die an anderer Stelle geäußerte Ansicht von KLUPSCH-SAHLMANN, wenn er es im Rahmen der Schulprogrammarbeit für nicht bedeutsam hält, dass „irgend etwas aufgeschrieben wird" (1997a, 38).

viduellen Gegebenheiten eigene Ansätze bei der Erarbeitung ihrer Schulprogramme verfolgten, ließen sich dennoch bestimmte verallgemeinerbare Ausgangspunkte und Vorgehensweisen erkennen. In Anlehnung an die aus der Organisationsentwicklung bekannte Grundstruktur eines schulischen Entwicklungsprozesses hat ASCHEBROCK (1998, 28) diesen Prozessverlauf in die Phasen der Bestandsaufnahme, Zielvereinbarung, Arbeitsplanung, Umsetzung und Evaluation unterteilt und als Orientierungsrahmen für die Schulpraxis empfohlen (vgl. auch STIBBE 1998b, 14-18). Des Weiteren schlägt er als Einstieg in die Schulprogrammarbeit vier Leitfragen vor, die Sportlehrkräften helfen können, bereits vorhandene bewegungs- und sportbezogene Elemente im Schulkonzept bewusst zu machen und für die weitere Schulprogrammentwicklung zu nutzen: „Welche Rolle spielen an unserer Schule gegenwärtig schon Bewegung, Spiel und Sport im gesamten Schulleben? Wollen wir daran etwas ändern? Was sind dabei für unsere Schule realistische Ziele? Welches Ziel wollen wir im nächsten Schuljahr zunächst anstreben?" (ASCHEBROCK 1998, 24; 1999b, 38)

Als wesentliche Erfahrungen der am nordrhein-westfälischen Projekt „Mehr Bewegung in die Schule!" beteiligten Schulen werden festgehalten:[76] Den Lehrerinnen und Lehrern sei es wichtig gewesen, mit einem kurzfristig in kleinen Schritten zu realisierenden, vordringlichen Vorhaben zu beginnen, das als fächerübergreifende Aufgabe aller oder der Mehrzahl der Kollegiumsmitglieder unterstützt werde und schnell zu Erfolgen führe. Denn „gerade in der Anfangsphase kann die Arbeit an Einzelthemen hilfreich sein, ohne diese gleich in eine Gesamtprogrammatik zu zwingen" (ASCHEBROCK 1998, 29). Veränderungen sollten, so wird gefolgert, behutsam eingeleitet werden, um nicht den Eindruck zu erwecken, es sei bislang alles verkehrt gemacht worden.

---

[76] Die Erfahrungen mit der bewegungsfreundlichen Ausgestaltung von Schulprogrammen beruhen auf einem Projekt, das 1994 unter der Bezeichnung „Mehr Bewegung in die Schule!" vom ehemaligen nordrhein-westfälischen Kultusministerium in der Stadt Dortmund und in den Kreisen Borken und Viersen an Grund- und Sonderschulen angeregt wurde. In den verschiedenen Schulamtsbezirken wurden Projektgruppen gebildet, in denen Vertreterinnen und Vertreter der Schulverwaltung, der teilnehmenden Schulen und weiterer Partner Orientierungen für die Realisierung der Initiative erstellten. Lehrkräfte der beteiligten Schulen erhielten hier zwar Anregungen für die Gestaltung einer bewegteren Schule, doch lag die konkrete schulpraktische Erprobung in der Verantwortung der einzelnen Schule. Vgl. dazu ASCHEBROCK (1996a; 1997a; 1998; 1999b), PACK (1998), STIBBE (2000a; 2000b, 105-108). Vgl. zu den hier zitierten Projektergebnissen ASCHEBROCK (1998) und STIBBE (2000a; 2000b, 105-107).

Ferner wird aus den Projektberichten ersichtlich, dass es mit der Realisierung eines gemeinsamen Entwicklungsvorhabens an den Projektschulen alsbald zu wichtigen Vernetzungen und Ausdifferenzierungen im Schulprogramm gekommen sei. Die Beschäftigung mit dem vereinbarten Schwerpunktthema konnte also einen Schulentwicklungsprozess in Gang setzen, der zu weiteren Veränderungen der Schule – nicht zuletzt bezüglich verbesserter Kooperationsstrukturen innerhalb des Lehrerkollegiums – geführt habe (vgl. STIBBE 2000a, 73; 2000b, 106).

Ziehen wir an dieser Stelle ein vorläufiges Resümee, so wird erkennbar, dass die meisten sportpädagogischen Beiträge sich darauf beschränken, hinsichtlich der Schulprogrammarbeit schulpraktische Umsetzungsmöglichkeiten zu fordern, methodische Verfahren zu skizzieren oder Beispiele aufzuzeigen, mit denen die isolationistischen Tendenzen des Fachs Sport überwunden und durch die der Schulsport verlässlicher in die gesamte Schulentwicklung eingebunden werden kann.

1.3.3.3 Schulprogramm und Schulleitbild

Im Unterschied dazu macht z. B. BAEDEKER (1999, 11) auch auf den Zusammenhang zwischen dem übergreifenden schulischen Leitbild und den daraus erwachsenden Implikationen für den Schulsport im Rahmen der Schulprogrammentwicklung aufmerksam. Er geht von der Vorstellung aus, dass „eine Schule, die sich bewusst als Lebens- und Erfahrungsraum für Kinder und Jugendliche begreift, deutlich mehr Anknüpfungsmöglichkeiten bietet als eine Schule, die ihre vornehmliche Aufgabe in der Vermittlung und Instruktion von Wissensbeständen sieht" (BAEDEKER 1999, 11). Obgleich er keine weitergehenden Differenzierungen vornimmt und sportpädagogische Konsequenzen aus der Unterscheidung zwischen Unterrichts- und Erziehungsschule aufzeigt, deutet er doch auf die Notwendigkeit einer schultheoretischen Reflexion des jeweiligen Schulprogramms hin. In die gleiche Richtung weist auch die Anmerkung von SCHIERZ (1995, 30), wenn er eher beiläufig für die Anbindung der Profilbildung an das nicht einheitlich zu legitimierende „Aufgabenverständnis" der Schule im Sinne einer „Erlebnis-, Qualifikations- oder Nachbarschaftsschule" (31) votiert.

Ähnlich unbestimmt bleiben die schultheoretischen Ausführungen in manchen sportpädagogischen Entwürfen, in denen die „bewegte Schule" als

Leitbild einer humaneren Schule firmiert.[77] Nicht selten wird dabei – mit oder ohne den expliziten Hinweis auf das „Haus des Lernens" der nordrhein-westfälischen Bildungskommission (vgl. BILDUNGSKOMMISSION NRW 1995) – die Metapher des „bewegten Hauses" bemüht, ohne explizit auf schultheoretische Zusammenhänge einzugehen.[78]

Demgegenüber stehen Beiträge zur bewegten Schule von HILDEBRANDT-STRAMANN (1999), HINSCHING (1995; 1998) LAGING (1997a/b; 1999a/b) und der REGENSBURGER PROJEKTGRUPPE (2001), die sich explizit um eine schultheoretische Fundierung bemühen. Hierbei gehen sie vom Begriff der „Schulkultur" aus und verstehen Schule im Sinne einer schultheoretischen Kategorie als zusammenhängendes Ganzes. Unter der bezeichnenden Begriffssynthese „bewegungsorientierte" oder „bewegte Schulkultur" plädieren sie dafür, Bewegung, Spiel und Sport in ein Schulleitbild einzubeziehen, das der VON HENTIGschen „Erfahrungsschule" ähnelt:

„Schulische Erziehungs-, Bildungs- und Lernvorgänge setzen beim Leiblichen an, das dann in der Bewegung seinen Ausdruck findet. Eine bewegte Schulkultur ist also umfassend auf die ganze Schule bezogen, sie basiert auf einem erfahrungsorientierten Verständnis von Lernen und Leben in der Schule" (LAGING 1997b, 369).

Obgleich jene Autoren das Schulprogramm als Planungskonzept zur Entwicklung der Schulkultur nicht explizit oder nur beiläufig nennen[79], beschreiben sie doch wesentliche Elemente der Schulprogrammarbeit.

In seinem Überblick über aktuelle Positionen der bewegten Schule hat LAGING (2000a, 24-32) dem Ansatz der „bewegungsorientierten Schulkultur" das Konzept „Bewegung, Spiel und Sport im Schulprogramm" gegenübergestellt, wie es besonders von KLUPSCH-SAHLMANN (1995; 1999) vertreten wird. Hier ist zu vermuten, dass LAGING das Schulprogramm nicht, wie in dieser Arbeit zu Grunde gelegt (vgl. Kap. 1.2), in einem instrumentellen Sinne als Konzept der Schulentwicklungsplanung versteht, das offen ist für unterschiedliche Entwicklungsschwerpunkte und

---

[77] Weitere Erläuterungen zu diesem Problem erfolgen in Kap. 4.
[78] Vgl. KLUPSCH-SAHLMANN (1997a, 32; 1997b, 7; 1999, 11), KOTTMANN/KÜPPER/PACK (1997b, 36-43) oder MÜLLER (1998, 89; 1999, 48).
[79] Ausgenommen ist hier die REGENSBURGER PROJEKTGRUPPE (2001, 24), die explizit auf die Bedeutung des Schulprogramms eingeht. In einer jüngeren Veröffentlichung hat inzwischen auch HINSCHING (2000) den Begriff „Schulprogramm" im Sinne eines intentionalen Entwicklungskonzepts der einzelnen Schule aufgenommen und wesentliche Grundlinien des Schulprogramms der Nexö-Schule in Greifswald dargestellt.

prinzipiell mit verschiedenen Schulleitbildern verknüpft werden kann.[80] Vielmehr scheint er das Schulprogramm bereits inhaltlich mit einem bestimmten Leitbild der (bewegten) Schule zu verbinden.[81]

Überhaupt tendieren Sportpädagoginnen und Sportpädagogen dazu, die Beiträge des Schulsports zur Schulprogrammentwicklung auf die Leitvorstellung einer bewegten Schule zu fokussieren. So gibt es in der Fachliteratur vergleichsweise nur wenige Überlegungen zur Teilhabe des Sportunterrichts an fach- und klassenübergreifenden Entwicklungsvorhaben im Rahmen der Schulprogrammarbeit, die auf eine Verbesserung der Unterrichtsqualität zielen.[82] Darüber hinaus scheint es aber auch so, als würden selbst nahe liegende Gestaltungsformen einer „sportbetonten Schule" in der sportpädagogischen Diskussion um das Schulprogramm fast völlig ausgeblendet.[83]

Interesse verdient auch die Tatsache, dass es sportpädagogische Studien zur bewegten Schule gibt, die sich mit dem Aufweis unterschiedlicher Ausprägungen von Bewegung und Spiel in historischen Schulleitbildern beschäftigen. Allerdings wird dabei die geschichtliche Rekonstruktion des Zusammenhangs zwischen Leibesübungen, Bewegung und Spiel und dem zu Grunde gelegten Schulmodell nur ansatzweise und eher unsystematisch verfolgt. So verweist beispielsweise ASCHEBROCK (1996) nur am Rande auf das Bemühen um die tägliche Turnstunde in der Weimarer Republik, in dem es vornehmlich um die bloße Ausweitung des Stundenumfangs der schulischen Leibeserziehung gegangen sei.

---

[80] Dies zeigt sich auch darin, dass LAGING (2000, 26) an diesem Ansatz der bewegten Schule kritisiert, es werde nicht geklärt, „wie es gelingen kann, das additive Nebeneinander von Elementen, Aspekten oder Bausteinen zugunsten eines integrativen Miteinanders aufzulösen". Dies aber ist gerade das Ziel der Schulprogrammarbeit: Mit ihr soll eine sinnstiftende Orientierungsgrundlage und Vernetzung der verschiedenen Entwicklungsschwerpunkte der einzelnen Schule geschaffen werden (vgl. Kap. 1.3.2).

[81] An anderer Stelle gebraucht LAGING (2000, 32) den Terminus „Schulprogramm" allerdings wieder in einem instrumentellen Sinne, wenn er ausführt: „In meinem Verständnis ist die bewegte Schule ein übergreifendes Schulprofil oder auch ein Schulprogramm mit dem Ziel, eine Bewegte Schulkultur zu inszenieren."

[82] Vgl. zu fachübergreifenden Projekten u. a. die Beispiele zum „Erziehenden Unterricht" (KÜPPER 1998, 37-41), zur „reflexiven Koedukation" (SCHMERBITZ/SEIDENSTICKER 1998; LSW 1999b, 37-39; SPIRI/SCHMALING/SCHUMANN 1998), zur „gesunden Schule" (BALZ 1996a; FRANZEN 1997) oder zur „Öffnung von Unterricht und Schule" (STIBBE 1998b, 11-18). Vgl. hierzu auch die Überlegungen in Kap. 4.2.2.

[83] Zu einem der wenigen Beiträge, in dem die Förderung jugendlicher Leistungssportlerinnen und -sportler als prägendes Element des Schulprogramms dargelegt wird, vgl. U. BECKER (1998).

Demgegenüber sieht er in gegenwärtigen sportpädagogischen Vorschlägen zur „täglichen Bewegungszeit" insofern eine Neuerung, als hier erstmals Bewegungszeiten zur Rhythmisierung des Unterrichtsalltags in das schulische Erziehungskonzept eingebettet würden (vgl. ASCHEBROCK 1996, 133).

Auch für LAGING (1999b, 398-401) ist die Aufweichung der „bewegungslosen Schule" eine Errungenschaft des 20. Jahrhunderts.[84] In seinem kurzen Abriss über die Disziplinierung des Körpers in der Schule weist er nach, dass erst mit den Reformschulen zu Beginn des 20. Jahrhunderts Körperlichkeit und Bewegung verstärkt zu ihrem Recht kamen.[85] Wie er an anderer Stelle ausführt, gehöre die Überzeugung, durch Bewegung das Lernen zu unterstützen, kognitive Beanspruchungen auszugleichen, zur Sicherheits- und Gesundheitsförderung beizutragen oder die Schulkultur zu bereichern, jedoch der jüngeren Vergangenheit an (vgl. LAGING 1999a, 25).

Im Gegensatz dazu beweist DANNENMANN (1997), dass die tägliche Bewegungs- und Spielzeit auf eine mehr als 200-jährige Tradition blicken kann, deren Anfänge er bei COMENIUS ansiedelt. Seine Darstellung hebt sich damit von zahlreichen anderen Veröffentlichungen ab, in denen nur beiläufig und ohne Einordnung in den jeweiligen zeitgeschichtlichen Kontext Pädagogen oder Ärzte aus dem 18. und 19. Jahrhundert benannt werden, die sich für die Berücksichtigung körperlicher Übungen in einer „kopflastigen" Schule ausgesprochen haben.[86] Gleichwohl handelt es sich auch bei DANNENMANN (1997, 19-23) nur um einen knappen Streifzug durch die Erziehungs- und Sportgeschichte, bei dem Überlegungen zum

---

[84] Bei eingehender Recherche lassen sich allerdings Belege dafür finden, dass die Forderung nach einer täglichen Bewegungszeit nicht erst in der Phase der reformpädagogischen Bewegungen im ersten Drittel des 20. Jahrhunderts erhoben worden ist. Die Idee, den „verkopften" Schulbetrieb durch Bewegung und Spiel aufzulockern, lässt sich bis weit vor die Zeit der philanthropischen Reformer zurückverfolgen (vgl. BUSCHMANN/LENNARTZ 1987, 161-162; SEYBOLD-BRUNNHUBER 1959, 7). In diesem Kontext erweist sich z. B. der Gedanke, Heranwachsende durch das Spiel zum Lernen anzuregen, seit der späten Antike als wiederkehrendes Motiv in der Entwicklungsgeschichte der Pädagogik (vgl. SCHEUERL 1966, 6-9).

[85] In diesem Zusammenhang führt er als Belege MONTESSORI, LINKE und GAULHOFER/STREICHER an (vgl. LAGING 1999b, 401).

[86] Siehe hierzu zum Beispiel ILLI (1995a, 406-407; 1998, 2), MÜLLER (1999, 16), OMSELS (1999, 74) oder PÜHSE (1995, 416). Die historische Rückschau konzentriert sich dabei auf ROUSSEAU, PESTALOZZI, CLIAS, HANHART und SCHREBER. Aus dem Kreis der Reformpädagogen im ersten Drittel des 20. Jahrhunderts werden zuallererst MONTESSORI und PETERSEN bemüht.

Zusammenhang zwischen Leibesübungen und Schulleitbild weit gehend ausgespart bleiben.

1.3.3.4 Schwierigkeiten bei der Schulprogrammarbeit

Im Einklang mit schulpädagogischen Überlegungen wird auch in der sportpädagogischen Fachliteratur hervorgehoben, dass die Erarbeitung des Schulprogramms hohe Anforderungen an das Engagement und das professionelle Selbstverständnis von Sportlehrkräften stellt. In diesem Sinne wird auf den erheblichen Mehraufwand und die erhöhte Arbeitsbelastung für Sportlehrerinnen und Sportlehrer hingewiesen, wenn es darum geht, zusätzliche Besprechungstermine wahrzunehmen, gemeinsame Verabredungen zu treffen, Erfahrungen kollegial auszutauschen, neue Kompetenzen zu erwerben und Projekte in Teamarbeit zu planen, durchzuführen und auszuwerten (vgl. z. B. BAEDEKER 1999, 14; KÖSTER 1998, 77; STIBBE 2000b, 104).

Als weit problematischer werden jedoch die Ansprüche der Schulprogrammarbeit an das berufliche Selbstverständnis von Sportlehrkräften eingeschätzt. Zum einen bedeute die Gewährung von Gestaltungsspielräumen, dass weitergehende fachdidaktische und curriculare Fähigkeiten des Sportlehrers benötigt würden, „um die anstehenden Entscheidungen umsichtig vorbereiten, mittreffen und mittragen zu können" (SCHULZ 1994, 503).[87] Dies berühre die Bereitschaft und Kompetenz von Sportlehrkräften zur grundsätzlichen didaktischen Reflexion und konzeptionellen Gestaltung des Schulsports (vgl. HINSCHING 1998, 52).

Zum anderen setze die gemeinsame Erarbeitung des Schulprogramms eine Umorientierung von der *Unterrichts*gestaltung zur *Schul*gestaltung, vom „Ich-und-mein-Fach-Denken" zum „Wir-und-unsere-Schule-Denken" voraus (vgl. u. a. BAEDEKER 1999, 15; STIBBE 1998b, 10). Die aktive Mitwirkung an der Schulprogrammarbeit verpflichte Sportlehrerinnen und Sportlehrer nämlich, über den engen fachlichen Verantwortungsbereich des Sportunterrichts zu blicken und die Zuständigkeit für Bewegung, Spiel und Sport in der Schule zu übernehmen (vgl. z. B. ASCHEBROCK 1996b, 26; 1999b, 39). Denn „niemand in der Schule weiß so viel über die Bewegung [...] wie gerade die mit dem Bewegen befaßten Sportlehrerinnen und Sportlehrer" (FUNKE-WIENEKE/HINSCHING 1995, 215). Wenn

---

[87] SCHULZ (1994, 503) bezieht diese Aussage auf Gestaltungsfreiräume im Zusammenhang mit Schulsportlehrplänen.

Sportlehrkräfte nicht nur „Randfiguren" der einzelschulischen Entwicklung (HINSCHING 1995, 414) bleiben wollen, komme ihnen eine wegweisende Funktion für die bewegungsbezogenen Anteile im Schulleben zu[88], die sie besonders in den weiterführenden Schulen noch viel zu wenig nutzten (vgl. ASCHEBROCK 1997a, 12).[89]

Besonders KÜPPER unterstreicht, dass sich Sportlehrerinnen und Sportlehrer bei der Erstellung des Schulprogramms nicht mehr allein als „Fachleute für die Sache Sport" begreifen könnten. Vielmehr seien sie als Pädagogen gefordert, „die die Sache Sport in den Horizont eines pädagogischen Anliegens rücken" (KÜPPER 1998, 41). Dies setze aber ein Schulsportverständnis voraus, das sich deutlich von einem „Sportartenprogramm" als „Lernen, Üben und Trainieren von Sportarten" abhebe (LAGING 1997b, 369; vgl. ähnlich KÜPPER 1998, 41).

Bei solch weit reichenden Erwartungen ist verständlich, dass berechtigte Zweifel an den Realisierungschancen geäußert werden. Bezüglich der Gestaltung einer bewegten Schule fragt z. B. auch BALZ (1999, 422), ob Lehrerinnen und Lehrer gegenwärtig nicht ganz andere Sorgen plagten, zumal sie häufig nicht über „die notwendigen Umsetzungs- und Kooperationsstrategien" verfügten. Gerade in einer Zeit zunehmender „Arbeitsplatzverdichtung" und schwieriger Rahmenbedingungen wachse „die Gefahr der inneren Emigration" von Sportlehrerinnen und Sportlehrern (KÖSTER 1998, 77-78). Angesichts der Langfristigkeit und Arbeitsintensität der Schulprogrammarbeit reicht es daher für NEUMANN (1999, 12) nicht aus, wenn in sportpädagogischen Beiträgen die Berücksichtigung von Bewegung, Spiel und Sport verlangt werde, ohne die damit gewonnenen Vorteile für die alltägliche Arbeit der Sportlehrkräfte zu verdeutlichen.

Als Vorteile für die Mitarbeit von Sportlehrerinnen und Sportlehrern an der Schulprogrammentwicklung werden in der sportpädagogischen Diskussion meist die aus der Schulpädagogik bekannten Argumente übernommen, die sich auf positive Wirkungen im Zusammenhang mit der Berufs-

---

[88] Vgl. zur Rolle von Sportlehrerinnen und Sportlehrern als „Anwälte" für die Bewegungsbedürfnisse von Kindern und Jugendlichen u. a. ASCHEBROCK (1995, 304; 1998, 32; 1999b, 40), KLUPSCH-SAHLMANN (1995, 22), LAGING (1997a, 65; 1999a, 30).
[89] Ähnlich bemerkt auch KÖSTER (1998, 80): „Die vielfältigen Mitwirkungsmöglichkeiten der Sportlehrkräfte in den schulischen Gremien werden oft viel zu wenig wahrgenommen. Sie reichen von der Einflußnahme in der Schulkonferenz über die Beteiligung in Lehrer- und Fachkonferenzen bis zur Einbindung der SV in die Fachschaftsarbeit."

zufriedenheit von Lehrkräften beziehen (vgl. BAEDEKER 1999, 15; KÖSTER 1998, 77-78; STIBBE 1998c, 396). Weiterhin wird vor allem an das Berufsethos von Sportlehrkräften appelliert. Demnach sollten Sportlehrkräfte aus „grundsätzlich fachspezifischer Motivlage heraus" (KÖSTER 1998, 85), im Interesse der Schülerinnen und Schüler (86) und im Blick auf die pädagogische Rehabilitierung des Schulsports an der Schulprogrammarbeit mitwirken (vgl. KÜPPER 1998, 41; STIBBE 1998b, 21). Dem Problem der Überforderung könne dabei insbesondere durch eine kleinschrittige und realistische Vorgehensweise entgegengewirkt werden (vgl. ASCHEBROCK 1998, 32; KÜPPER 1998, 41; STIBBE 1998c, 397).[90]

Nach einer Analyse von schulischen Erfahrungsberichten zur Gestaltung einer bewegten Schule[91] erkennt STIBBE (2000b, 107-108) schließlich drei Problembereiche im Zusammenhang mit der Schulprogrammarbeit: Die Tendenz zu einer vordergründigen Profilierung, bei der das Bemühen um eine bewegungsfreundliche Ausgestaltung des Schulprogramms zu einem fragwürdigen pädagogischen Aktionismus gerate, die mangelnde Berücksichtigung des Sportunterrichts im Rahmen fächerübergreifender Entwicklungsvorhaben der Schule und das Problem der „Implementations-Lücke", wenn geplante Entwicklungsvorhaben zur bewegten Schule bereits nach kurzer Zeit nicht mehr zielstrebig weiterverfolgt würden.

Abschließend bleibt also festzuhalten: Die bildungspolitischen und schulpädagogischen Entwicklungen zur Schulprogrammarbeit werden mit einiger zeitlicher Verzögerung in der Sportpädagogik gegen Ende der 90er Jahre rezipiert. Dabei wird mit dem Schulprogramm die Hoffnung verbunden, die schulpädagogische Isolation des in Begründungsnot geratenen Schulsports zu überwinden und die pädagogischen Möglichkeiten von Bewegung, Spiel und Sport in den einzelschulischen Entwicklungsprozess einzubringen. Ergebnisse der schulpädagogischen Diskussion werden zunächst aus einer eher pragmatischen Perspektive aufgenommen, indem Methoden der Schulprogrammarbeit, Beispiele für die schulpraktische Umsetzung und Probleme bei der Erstellung des Schulprogramms in Bezug auf den Schulsport beschrieben werden. Nach anfänglicher Zu-

---

[90] Derartige Plädoyers münden dann meist in der Feststellung, dass Sportlehrerinnen und Sportlehrer auf diesem schwierigen Weg unterstützt werden müssen (vgl. BAEDEKER 1999, 15-16). Dies könne durch Fortbildungsmaßnahmen und Handreichungen (vgl. KLUPSCH-SAHLMANN 1995, 22; SCHIERZ 1995, 31), Praxisbeispiele (vgl. BALZ 1999, 422), Beratungsleistungen (vgl. KLUPSCH-SAHLMANN 1999, 23) oder den Aufbau von Möglichkeiten des Informations- und Erfahrungsaustauschs im Sinne eines Netzwerks (vgl. REGENSBURGER PROJEKTGRUPPE 1999, 9) erfolgen.

[91] Vgl. hierzu Anmerkung 76.

rückhaltung werden Aspekte der Schulprogrammentwicklung auch in die in der letzten Dekade vehement geführte Diskussion um die bewegte Schule eingebracht. Inzwischen gewinnt man aber den Eindruck, als sei die Schulprogrammentwicklung in sportpädagogischer Auslegung untrennbar mit der bewegten Schule verknüpft. Beiträge des Schulsports zu überfachlichen Aufgaben der Schule oder Gestaltungsformen der „sportbetonten Schule" spielen in einschlägigen Überlegungen zur Schulprogrammarbeit nur eine untergeordnete Rolle. Auch mangelt es an historischer Rückbesinnung auf Vordenker, die Elemente der Leibesübungen bereits in ihren Erziehungsmodellen verankert haben. Selten werden überdies theoretisch fundierte Fragen nach dem Zusammenhang zwischen dem zu Grunde gelegten Schulleitbild und den daraus erwachsenden Implikationen für den Schulsport im Rahmen der Schulprogrammentwicklung explizit angesprochen.

1.4 Ausgangspunkte der Untersuchung

Die kritische Bestandsaufnahme des Forschungsstandes hat gezeigt, dass zwar Fragen der Schulprogrammarbeit seit etwa Mitte der 90er Jahre zum Gegenstand der Fachdiskussion gehören, doch eine differenzierte, schultheoretisch begründete Analyse von Grundlagen und Möglichkeiten der Einbettung des Schulsports in ein pädagogisches Gesamtkonzept von Schule mithilfe des Schulprogramms ein sportpädagogisches Desiderat darstellt. So können bei der Durchsicht der Forschungslage vornehmlich drei Problemkomplexe ausgemacht werden, die eine ausführliche Untersuchung gerechtfertigt erscheinen lassen. Dies ist erstens ein *systematisch-konzeptionelles Defizit*: Sportpädagogische, aber auch bildungspolitische und schulpädagogische Überlegungen konzentrieren sich häufig nur auf pragmatisch-zweckrationale Aspekte des Schulprogramms, die ihren sichtbarsten Ausdruck in der Hinwendung zu technologisch orientierten Ansätzen der Organisationsentwicklung als Modell der Schulentwicklung finden.[92] In diesem Sinne werden (gewiss auch wichtige) Fragen aufgeworfen, wie z. B. die Schulprogrammarbeit in der teilautonomen Schule zu begründen ist, wie sie initiiert werden kann,

---

[92] Vgl. stellvertretend hierzu KLEINE-HUSTER (1999), der Erkenntnisse der Organisationsentwicklung adaptiert und auch für die Entwicklung zur bewegten Schule vorschlägt. Ähnliche Anklänge, hier in der Variante des „Institutionellen Schulentwicklungs-Prozesses" (vgl. DALIN/ROLFF/BUCHEN 1995), finden sich auch bei ASCHEBROCK (1998). Eine kritische Einordnung solcher Schulentwicklungsmodelle folgt in Kap. 3.4.

welche methodischen Vorgehensweisen sinnvoll sind, welche Schwierigkeiten bildungspolitische Interventionen bereiten, welche Chancen und Probleme daraus für den Schulsport erwachsen, welche praktischen Erfahrungen mit der Schulprogrammentwicklung vorliegen oder wie Bewegungsangebote im Schulprogramm verankert werden können. Von wenigen Ausnahmen abgesehen, bleiben aber pädagogische Fragestellungen nach dem schultheoretischen Standort und den Konsequenzen für die Gestaltung des Schulprogramms und Schulprofils oftmals unreflektiert, diffus oder teilweise sogar widersprüchlich.

Aber auch auf Grund der unübersichtlichen Diskussion und Fülle an Theorie- und Praxisbeiträgen zum Schulprogramm, die nicht zuletzt aus der schwierigen Gemengelage von Bildungspolitik, Schulpädagogik und Sportpädagogik resultieren, erscheint es lohnend, unterschiedliche Argumentationslinien zur Schulprogrammentwicklung systematisch aufzuarbeiten und im Hinblick auf ihre sportpädagogische Relevanz zu bewerten. Nur auf dieser Folie ist es möglich, die Bedeutung des Schulprogramms für die Schulsportentwicklung aufzuklären und theoretisch zu fundieren.

Zweitens besteht eine weitere Forschungslücke in der *mangelnden historischen Aufarbeitung*. Dieses Defizit betrifft einerseits die historische Rekonstruktion von Schulmodellen, in denen Bewegung, Spiel und Turnen bzw. Sport in das pädagogische Gesamtkonzept eingebunden werden. Eine solche Rückbesinnung zielt nicht in erster Linie darauf ab, historische Vorbilder zu erkennen oder „manche Einsicht und Anregung für die ‚bewegte Schule'" zu gewinnen (BALZ 1999, 421), sondern sie dient vor allem dazu, die eigene Ansicht im Lichte historischer Vordenker zu konturieren. Ziel ist es, einen Einblick in Entwicklungszusammenhänge einer bewegungs- und sportbezogenen Profilbildung in der Tradition des Fachs zu gewinnen.[93]

Andererseits ist es erstaunlich, dass sich Schulpädagoginnen und Schulpädagogen kaum mit der Entwicklungsgeschichte des Schulprogrammbegriffs auseinander setzen. Zwar wird in einschlägigen schulpädagogischen Veröffentlichungen marginal auf Traditionslinien der Schulprogrammarbeit hingewiesen[94] und vereinzelt die Genese der Schulpro-

---

[93] Vgl. ausführlicher zu Zielen der historischen Rückbesinnung die Überlegungen in Kap. 2.1.
[94] Vgl. z. B. EIKENBUSCH (1998a, 192-193), JÜRGENS (1998, 54), MEYER (1999a, 15), SCHIRP (1997, 9-10; 1998, 5-7).

gramme im 19. Jahrhundert dargelegt[95], doch findet man bislang keine zusammenfassende Darstellung der Historie des Schulprogrammbegriffs. Gerade die kritische Beschäftigung mit dem Schulprogramm im 19. Jahrhundert kann durchaus den Blick für gegenwärtige Funktionen und Probleme des Schulprogramms schärfen.

Das dritte Forschungsdefizit bezieht sich auf den unzureichenden *empirischen Erkenntnisstand* zur Schulprogrammentwicklung. Im deutschsprachigen Raum liegen derzeit nur wenige empirische Untersuchungen vor, die sich gezielt mit der Initiierung, dem Ablauf, den Gelingensbedingungen und den Wirkungen der Schulprogrammarbeit befassen. Fallstudien im Sinne der Handlungsforschung und inhaltsanalytische Auswertungen zum Schulprogramm sind Raritäten. Im Bereich der Sportpädagogik gibt es bisher überhaupt noch keine Befragungen von Sportlehrkräften, Analysen von länder- oder schulformspezifischen Schulprogrammen, fallrekonstruktive Beobachtung und Begleitung, die aus der besonderen Sichtweise von Bewegung, Spiel und Sport die schulische Wirklichkeit zur Schulprogrammarbeit erforschen.

Die Komplexität des Gegenstandsfeldes, wie sie in den skizzierten Forschungsdesideraten zum Ausdruck kommt, zwingt allein aus pragmatischen Gründen zu Eingrenzungen der vorliegenden Untersuchung. Sie beschränkt sich auf ausgewählte systematisch-konzeptionelle und historische Analysen hinsichtlich der Integration von Bewegung, Spiel und Sport in das Schulprogramm und lässt entsprechende empirische Recherchen unberücksichtigt.[96] Das hermeneutisch-interpretative Verfahren der Textexegese, das hier im Vordergrund steht, erfolgt im Sinne von SEIFFERT

---

[95] In diesem Sinne geht insbesondere BÖHM (1994b, 272) auf die Entwicklung der gymnasialen „Programmschrift" im 19. Jahrhundert ein, die er als weithin ungehobene „Schatzkammer gymnasialer Überlieferung" bezeichnet. PHILIPP/ROLFF (1999, 12-14) greifen in ihrem historischen Exkurs zum Begriff des Schulprogramms weit gehend auf diese Ausführungen zurück. Weitere Bemerkungen zur Begriffsgeschichte gibt es in der Rubrik „Querbeet" im Schwerpunktheft zum Thema „Schulprogramme" der Zeitschrift *Journal für Schulentwicklung* (1997/1, 115). Allerdings werden hier weder die Bezugsquelle – die Darlegung erfolgt wohl im Wesentlichen in Anlehnung an die Ausführungen von DIRSCHAU/KILLMANN in REINs „Encykopädischem Handbuch der Pädagogik" (1908) – noch die bzw. der Verfasser/in des Artikels genannt. Ohne einordnenden Kommentar stellt HERING (1986, 11-12) Auszüge zum Begriff „Schulprogramm" aus Lexika der Pädagogik – REIN (1908) und SCHMIDT (1885) – zusammen. Und auch BAEDEKER (1999) streift in seiner (sport- und bildungspolitisch geprägten) Rede zur Bedeutung der Schulprogrammarbeit für die Schulsportentwicklung in Nordrhein-Westfalen nur kurz die Genese des Schulprogramms im 19. Jahrhundert.

[96] Weitergehende Abgrenzungen und Akzentuierungen werden in den jeweiligen Einleitungskapiteln zu den thematischen Schwerpunkten der Arbeit begründet.

(1975, 108) als „das ‚Verstehen' von Zeugnissen aufgrund der Regeln der ‚Hermeneutik' und das Einordnen der Zeugnisse in einen Sinnzusammenhang".

Eine sportpädagogische Studie, die sich mit einem aktuellen Thema der Schulentwicklung beschäftigt, überschreitet zwangsläufig disziplinäre Grenzen. Sie ist insofern interdisziplinär angelegt, als sie den Schulsport in den Horizont sportpädagogischer, sporthistorischer und erziehungswissenschaftlicher Theoriebildung stellt und systematische Erkenntnisse im Blick auf eine praktisch-emanzipative „Schulsportberatung" (SCHIERZ 1997c, 188) zu generieren sucht. Dazu ist es auch notwendig, bildungspolitische Absichten und Motive im Rahmen der Schulentwicklung aufzudecken und kritisch zu beleuchten. In diesem Sinne versteht sich die Arbeit auch als Beitrag zu einer pädagogischen Schulsportforschung, indem sie als Teil der Schulentwicklungsforschung „kooperative Möglichkeiten der Veränderung schulischer Wirklichkeit" (BALZ 1997c, 250) erkundet.[97] Trotz mancher bildungspolitischer Irritationen und praktischer Unwägbarkeiten wird Schulentwicklung dabei mit MEYER (1997, 55) prinzipiell in einem konstruktiven Sinne verstanden als „Prozeß der Profilbildung einer Einzelschule durch Selbstorganisation".

Die Untersuchung ist in fünf Teile gegliedert. Nach allgemeiner Darlegung der Problemstellung und des Forschungsstandes in diesem Teil (Kap. 1) geht es im nächsten Analyseschritt um einen problemgeschichtlichen Nachweis des Schulsports im Spiegel von Schulleitbildern (Kap. 2). Hierzu wird zunächst die Rolle von Leibesübungen, Bewegung und Spiel in verschiedenen Schulmodellen vom 18. Jahrhundert bis zur jüngeren Vergangenheit untersucht, die prägnante Etappen auf dem Weg zu einer bewegungs- und sportfreundlichen Schule darstellen (Kap. 2.1). Auf dieser Grundlage wird dann der Frage nachgegangen, wie Bewegung, Spiel und Sport in neueren Schulleitbildern verankert werden. Am Beispiel erziehungswissenschaftlicher Leitvorstellungen der Unterrichts-, Schullebens- und Erfahrungsschule, die das Spektrum gegenwärtiger Schulleit-

---

[97] Die in der jüngeren Fachliteratur diskutierte „Schulsportforschung" befindet sich in den Anfängen. Sowohl Begriffsbestimmung als auch Gegenstandsbereich sind noch recht unpräzise. Konsens besteht aber darin, dass „Schulsportforschung" interdisziplinär angelegt ist, empirische Studien, Aufklärung und Beratungsleistungen einschließt und aus unterschiedlichen Forschungsbereichen besteht. „Schulsportforschung" kann dabei auch einen sportpädagogisch akzentuierten Beitrag zur „Schulentwicklungsforschung" liefern (vgl. BALZ 1997c, 249-250; FRIEDRICH 2000; vgl. kritisch zu einer multidisziplinären Schulsportforschung SCHIERZ 1996).

bilder repräsentieren, werden drei verschiedene schultheoretische Positionen umrissen und kritisch bewertet (Kap. 2.2). Als Ergebnis dieses Durchgangs werden wichtige Orientierungen für die Einbindung von Bewegung, Spiel und Sport in unterschiedliche Theorien der Schule zusammengefasst (Kap. 2.3).

Im dritten Teil gilt es, sich mit speziellen Fragen zur Schulprogrammarbeit auseinander zu setzen (Kap. 3). Geklärt werden die historische Tradition des Schulprogrammbegriffs (Kap. 3.1), Funktionen und Inhalte des Schulprogramms (Kap. 3.2 und 3.3), Verfahren der Schulprogrammentwicklung (Kap. 3.4) sowie Möglichkeiten der Evaluation und Qualitätssicherung des Schulprogramms (Kap. 3.5). Schulprogrammarbeit als Instrument der Schulentwicklung steht dabei im Spannungsfeld von einzelschulischer Entwicklung und bildungspolitischen Steuerungsabsichten. Aus dieser ambivalenten Funktion des Schulprogramms ergibt sich eine Reihe von Problemen und Irritationen, die den Schulentwicklungsprozess beeinträchtigen können. Solche Widersprüche auf dem Weg zum Schulprogramm sind Gegenstand von Kapitel 3.6. Den Abschluss dieses Teils bildet eine Bilanzierung der vorangegangenen Analyse der Schulprogrammarbeit (Kap. 3.7).

Der vierte Teil der Studie beschäftigt sich mit Gestaltungsformen der bewegungs- und sportbezogenen Profilbildung (Kap. 4). Dazu werden zunächst einschlägige fachliche Entwürfe dargelegt (Kap. 4.1). Ausgangspunkt der Darstellung ist die Überlegung, dass sich zwei grundlegende sportpädagogische Konzeptionslinien unterscheiden lassen, die ihrerseits wiederum eine Vielfalt divergierender Ansätze umfassen: Die Idee der bewegten Schule einerseits (Kap. 4.1.1) und die Idee der sportbetonten Schule andererseits (Kap. 4.1.2). Vor diesem Hintergrund werden die pädagogischen Konsequenzen für eine bewegungs- und sportbezogene Profilbildung behandelt (Kap. 4.2). Dabei wird analytisch zwischen sportpädagogischer Innen- und schulpädagogischer Außensicht differenziert (Kap. 4.2.1 und 4.2.2). In einer typologischen Annäherung werden mögliche Gestaltungsformen der bewegungs- und sportbezogenen Profilbildung in ihrem Bezug auf verschiedene Schulleitbilder diskutiert (Kap. 4.2.1.1-4.2.1.5). Die Beteiligung des Schulsports an überfachlichen Aufgaben der Schule, die die schulpädagogische Außensicht markiert, steht im Zentrum der Ausführungen in Kapitel 4.2.2. Dazu werden mögliche Beiträge des Schulsports zu fächerübergreifenden schulischen Aufgaben erörtert (Kap. 4.2.2.1). Am Thema „geschlechtssensibler Schulsport" wird dann beispielhaft aufgezeigt, wie der Schulsport in das Schulprogramm aufgenommen werden kann (Kap. 4.2.2.2). Zuletzt werden die Reflexionen zur schultheoretischen Verankerung von Bewegung, Spiel und Sport im Schulprogramm resümiert (Kap. 4.3).

Im letzten Teil (Kap. 5) werden die Ergebnisse der Studie in einer abschließenden Bewertung zusammengefasst und ausblickartig die Bedeutung der Schulprogrammarbeit für die Schulsportentwicklung aufgezeigt. Schließlich werden die Grenzen der vorliegenden Untersuchung und Anregungen für nachfolgende Forschungsarbeiten erörtert.

2 Schulsport im Spiegel von Schulleitbildern – eine problemgeschichtliche Betrachtung

In der erziehungswissenschaftlichen Diskussion gibt es unterschiedliche Vorstellungen darüber, welche Aufgaben und Funktionen die Schule in der Gesellschaft erfüllen soll. In diesem Sinne lässt sich eine Vielzahl von pädagogischen Konzeptionen zum Wesen der Schule in Vergangenheit und Gegenwart ausmachen, in denen der „Sinn" dieser Bildungseinrichtung aus verschiedenen Blickwinkeln und in differierenden theoretischen Zusammenhängen ausgelegt wird.[98] Aus dem jeweiligen Aufgabenverständnis der Schule und dem dahinter liegenden Menschen- und Gesellschaftsbild ergeben sich auch Konsequenzen für die Gestaltung der Leibesübungen bzw. des Schulsports.

Insofern soll im Folgenden in einer problemgeschichtlichen Betrachtungsweise der Frage nachgegangen werden, welcher Stellenwert Bewegung, Spiel und Sport in historischen und neueren Schulleitbildern zukommt.[99] Dazu wird das jeweils vorherrschende pädagogische Schulmodell vorgestellt, indem wesentliche Leitideen entfaltet werden. Vor diesem Hintergrund werden dann beispielhaft charakteristische Bewegungs-, Spiel- und Sportelemente aufgeführt und in den Kontext des spezifischen Schulleitbilds eingeordnet. Damit werden die Voraussetzungen dafür geschaffen, die jeweiligen epochenbezogenen Schulmodelle näher zu bestimmen.[100]

In einem ersten Argumentationsschritt wird es in einem gerafften Überblick darum gehen, jene Auffassungen zu Bewegung, Spiel und Sport in schulischen Leitbildern im Verlauf der Erziehungs- und Schulsportgeschichte von Beginn des 18. Jahrhunderts bis an die Schwelle der Gegenwart aufzuzeigen, die als historische Entwicklungsstationen zu einer „bewegten" bzw. „sportbetonten" Schule verstanden werden können (Kap. 2.1). Im Rahmen dieser Studie können dabei allerdings nur ausgewählte Beispiele nachgezeichnet werden. Sie mögen den Anstoß zu einer notwendigen detaillierteren sporthistorischen Untersuchung geben.

---

[98] Vgl. exemplarisch dazu den Überblick über pädagogische Deutungsversuche der Schule bei STEINDORF (1976, 50-59), GUDJONS (1993, 237-250) oder WINKEL (1997, 25-63).
[99] Vgl. zur Begründung der historischen Aufarbeitung und Auswahl der Schulmodelle die Ausführungen in Kap. 2.1.
[100] Eine Ausnahme bildet hier die Vorgehensweise bei der Betrachtung der Kinder- und Jugendsportschulen der DDR. Vgl. dazu die Überlegungen in der Einleitung zu Kap. 2.1.5.

In einem zweiten Zugriff wird dann dargelegt, wie der Schulsport in gegenwärtigen Schulkonzepten berücksichtigt wird (Kap. 2.2). Zuletzt gilt es, wesentliche Ergebnisse der Analysen zusammenzufassen (Kap. 2.3).

2.1 Bewegung, Spiel und Sport in historischen Schulleitbildern

Der geschichtliche Aufriss über die Rolle von Bewegung, Spiel und Sport in verschiedenen zeitgebundenen Schulleitbildern erfolgt aus einem systematischen und heuristischen Interesse. Ziel der historischen Rekonstruktion ist es nämlich, einen Einblick in Entwicklungszusammenhänge der bewegten und sportfreundlichen Schule zu gewinnen und damit zu einem besseren Verständnis für das heutige sportpädagogische Handeln beizutragen (vgl. BERNETT 1984, 25-26; BEGOV 1970, 183). Eine problemorientierte Längsschnittstudie vermag „vergleichbare Problemlösungen" zu illustrieren (BERNETT 1984, 21), um „die Gegenwart nicht punktuell, sondern als Korrelation vergangener und zukünftiger Bezüge zu erfahren" (26).[101] Dabei soll die Gegenüberstellung einschlägiger historischer Schulkonzepte keineswegs als vordergründige Argumentationsfigur für vermeintliche Aktualisierungen in Anspruch genommen werden (vgl. BERNETT 1984, 24), sondern Probleme zutage fördern, die als kritische Orientierungs- und Interpretationsfolie für gegenwärtige Ausprägungen der bewegungs- und sportfreundlichen Schule dienen können (vgl. u. a. BEGOV 1970, 183; MEUSEL 1976, 114; GISSEL 2000, 321).

Die Vielzahl an Schulleitbildern in der schulpädagogischen Tradition zwingt notwendigerweise zu einer perspektivischen Auswahl, die bemüht ist, bedeutende Schulkonzeptionen einer jeweiligen Ära – von der Barockpädagogik bis zur jüngsten Vergangenheit – darzustellen. Im Rahmen dieser Studie können jedoch nicht Schulleitbilder aller historischen Perioden in gleicher Weise berücksichtigt werden. In diesem Sinne werden nicht zuletzt aus arbeitsökonomischen Gründen insbesondere die Phasen der Weimarer Republik und des Nationalsozialismus ausgeklammert, obgleich auch hier zahlreiche interessante Schulmodelle vorliegen.[102] Dies ist deshalb nahe liegend, weil mit den „Deutschen

---

[101] BERNETT (1984, 23) vertritt nämlich die Auffassung, dass es uns für die „wichtigsten sportpädagogischen Aufgaben der Gegenwart" an „Kenntnis der historischen Anknüpfungspunkte" fehle.

[102] Vgl. hierzu u. a. die Konzeptionen von STEINER, PETERSEN, der Hamburger und Bremer Lehrerschaft. Vgl. für die nationalsozialistische Periode z. B. REICHWEINS reformpädagogische Landschule in Tiefensee und die „NS-Ausleseschulen". Vgl. zusammenfassend dazu REBLE (1989).

Landerziehungsheimen" von LIETZ und den Kinder- und Jugendsportschulen der DDR Beispiele für eine reformpädagogisch orientierte Schule bzw. für Schulen in einem „geschlossenen" Herrschaftssystem (BERNETT 1994) in die Betrachtung einbezogen werden.[103] So werden hier in chronologischer Anordnung fünf epochenspezifische Schulmodelle exemplarisch herausgegriffen und im Blick auf die vorliegende Fragestellung reflektiert.

Die historische Rückschau nimmt ihren Ausgangspunkt in der Darstellung der Rolle von „gesunden" Motionen und „Recreationen" in der pietistischen Barockpädagogik um die Wende zum 18. Jahrhundert (Kap. 2.1.1). Dies mag insofern überraschen, als die Barockpädagogik gemeinhin nicht als Inbegriff neuzeitlicher Erziehung angesehen wird. Indes gilt es zu bedenken, dass im Barock zugleich die Anfänge der schulischen Erziehung und die behutsame – und aus heutiger Sicht recht eigentümlich anmutende – Aufweichung der leibfeindlichen christlichen Einstellung grundgelegt werden. Zudem wird dem Pietismus ein erster bedeutender Einfluss auf das Erziehungsdenken im Deutschland des 18. Jahrhunderts zugeschrieben (vgl. u. a. CACHAY 1988, 109; REBLE 1989, 128; TENORTH 1992, 78-79). Im Blick auf die zu Grunde gelegte Fragestellung erweist sich das pietistische Schulmodell als ein extremes Beispiel für eine auf den Verstand und „Geist" des Menschen reduzierte Bildungsvorstellung.

Danach widmet sich die Studie der Stellung von Bewegung und Spiel im Erziehungsdenken bedeutender philanthropischer Reformpädagogen am Ausgang des 18. Jahrhunderts (Kap. 2.1.2). Ihnen kommt das Verdienst zu, die Notwendigkeit von Bewegung und Spiel im Gesamterziehungsplan erkannt und die Entwicklung der Leibesübungen als Schulfach entscheidend geprägt zu haben. Auch wenn sie mit ihren nur kurzlebigen Musterschulen[104] kein besonders erfolgreiches Schulmodell etablieren konnten, gaben sie dennoch der Diskussion um das Schulwesen nachhaltige Impulse. In diesem Zusammenhang weist REBLE (1989, 171) darauf hin, dass durch die Aufklärungsreformer neben der körperlichen Erziehung u. a. Fragen der allgemeinen Volksbildung, der kindgemäßen Lehrweise, der Verstaatlichung des Schulwesens, der hygienischen und sexuellen Erziehung oder der Lehrerbildung behandelt und ihre Weiterentwicklung inspiriert wurden. Vor allem aber dokumentieren die Aufklä-

---

[103] Vgl. zur Begründung der Auswahl auch die weiteren Überlegungen in diesem Kapitel.
[104] Eine Ausnahme bildet hier das Philanthropin in Schnepfenthal.

rungspädagogen den Übergang von einem kirchlich dominierten Weltbild zu einer auf den Menschen zentrierten säkularisierten Denkweise, von der „alten" zur „neuen" Welt (vgl. BOLLNOW 1950, 144 und 150; KRÜGER 1993, 30). In der Hinwendung zum Menschen und der Ablösung von der kirchlichen Bevormundung liegen wesentliche Voraussetzungen für die positive Haltung der philanthropischen Reformer gegenüber Körperlichkeit und Bewegung.

Im nächsten Kapitel geht es um die Bedeutung der Leibesübungen im Erziehungsdenken der Herbartianer (Kap. 2.1.3). Der Herbartianismus stellt gewiss die wirkungsvollste pädagogische Strömung des 19. Jahrhunderts dar[105] und bestimmt bis in die ersten Dekaden des 20. Jahrhunderts den Unterrichtsbetrieb in den Schulen, vor allem in den Volksschulen[106]. Der Herbartianismus ist für die vorliegende Problemstellung von besonderem Interesse, weil das Schulturnen hier sowohl in das theoretische Erziehungsprogramm eingebunden als auch in der Praxis der Universitätsübungsschulen realisiert wurde.[107]

Unter dem Einfluss der pädagogischen Reformbewegungen im ersten Drittel des 20. Jahrhunderts werden der Herbartianismus und die erstarrte Lernschule der Kaiserzeit heftig kritisiert. In diese Periode fällt zugleich die Blütezeit alternativer Reformschulen, in denen das Schulleben und die körperliche Erziehung gestärkt werden. Aus der Fülle reformpädago-

---

[105] Vgl. u. a. BLANKERTZ (1982, 150-151, 153-155), CORIAND/WINKLER (1998, 7), REBLE (1971, 255; 1989, 263). ADL-AMINI/OELKERS/NEUMANN (1979a, 32-37) begründen den Erfolg der Herbart-Schule damit, dass es sich hierbei um ein System handele, das alle wissenschaftlichen Kriterien eines Paradigmas erfülle. Danach geht die Herbart-Schule nämlich „von einem festen Fundament aus, das gegen alle Angriffe konsequent und nicht selten aggressiv verteidigt wurde, und sie bildete spezifische Organisationsformen zur Durchführung ihrer Forschungsinteressen aus". Darüber hinaus sei es den Herbartianern durch eine systematische Ausbildung ihrer Anhänger gelungen, die Idee des Herbartianismus auch über Deutschland hinaus bekannt zu machen (ADL-AMINI/OELKERS/NEUMANN 1979a, 33).

[106] Allein die zahlreichen Auflagen der „acht Schuljahre" der „Theorie und Praxis des Volksschulunterrichts nach Herbartischen Grundsätzen" können als Indizien für die allgemeine Verbreitung des pädagogischen Herbartianismus angesehen werden (vgl. DIETRICH 1970, 182). REIN/PICKEL/SCHELLER entwickelten ihre „Schuljahre" erstmals in den Jahren 1878-1886 am Seminar in Eisenach und der ihr angeschlossenen Übungsschule. Alle „acht Schuljahre" erlebten mehrere Neuauflagen, wobei das „erste Schuljahr" 1908 bereits zum achten Mal editiert wurde.

[107] ADL-AMINI/OELKERS/NEUMANN (1979a, 36) zufolge bemühte sich die Herbart-Schule erstmals darum, „eine Beziehung zwischen ‚Theorie' und ‚Praxis' der Erziehung auf szientifischer Grundlage" herzustellen und somit die „Forderungen nach einer wissenschaftlichen Anleitung der Erziehung" umzusetzen. Vgl. zur Einordnung des Herbartianismus im Zusammenhang des Theorie-Praxis-Problems besonders ADL-AMINI/OELKERS/NEUMANN (1979a, 41-48).

gischer Schulmodelle, die sich bewusst um die Etablierung einer innovativen „Erziehungsschule" bemühen, werden in dieser Untersuchung die Landerziehungsheime von LIETZ zur Zeit ihrer Gründungsphase in den ersten Dekaden des 20. Jahrhunderts beispielhaft ausgewählt und näher beschrieben (Kap. 2.1.4). Dies erweist sich insofern als sinnvoll, als die Ansätze zur Umgestaltung der Schule, die bereits bei REIN angelegt waren, von LIETZ aufgenommen und konsequent weiterentwickelt wurden.

Zum Abschluss der historischen Rückbesinnung erfolgt die kritische Auseinandersetzung mit der Kinder- und Jugendsportschule der DDR, die mancherorts noch heute – offensichtlich in Unkenntnis der Hintergründe des DDR-Leistungssportsystems – als „gelungenes" Beispiel für die leistungssportliche Nachwuchsförderung gepriesen wird (Kap. 2.1.5). Diese sportliche Spezialschule ist ein Beleg für eine historische Schulvariante, in der das pädagogische Handeln zurückgedrängt und in den Dienst staatlicher und parteipolitischer Zielsetzungen gestellt wird. Sie unterliegt den fremdbestimmten Maßstäben des DDR-Leistungssportsystems.

2.1.1 „Mäßige" Motionen in der pietistischen Erziehungskonzeption

Um die Wende zum 18. Jahrhundert ist es vor allem August Hermann FRANCKE, der als wesentlicher Exponent der pietistischen Pädagogik[108] das Schulwesen durch seine verschiedenen Internate und Schulen in Halle über die Grenzen von Preußen hinaus wesentlich geprägt hat (vgl. REBLE 1989, 131). Obgleich FRANCKE offenbar einen persönlichen Widerwillen gegen das kindliche Spiel entwickelt hatte[109], insgesamt eine tiefe Abneigung gegen alle nutzlosen Freuden des Lebens hegte und weltliche Vergnügungen als „Müßiggang" und „greuliches Laster" in der Erziehung geißelte (FRANCKE 1885, 38)[110], ließ er dennoch eine pietistisch be-

---

[108] Nach REBLE (1989, 128) umfasst die pietistische Pädagogik, deren prominenteste deutsche Vertreter SPENER, FRANCKE und ZINZENDORF sind, den Zeitraum von 1675 bis etwa 1740.

[109] KRAMER (1885, VI) zitiert in seiner Darstellung über die Halleschen Stiftungen eine Passage aus der Biografie „Anfang und Fortgang der Bekehrung A. H. Franckes" (1692), die deutlich seine Abneigung gegen den kindlichen Bewegungs- und Spieltrieb zeigt: „Solches (das Gute, G. S.) war mir so durchdringend, daß ich bald anfing, das eitle Wesen der Jugend, in welches ich mich schon durch das böse Exempel anderer Kinder ziemlich verliebet und vertiefet hatte, daß es von mir [...] fast für keine Sünde geachtet ward, ernstlich zu hassen, mich des Spielens und andern Zeitverderbs zu entschlagen, und etwas Nützlicheres und Besseres zu suchen." Vgl. hierzu auch GELDBACH (1975, 66).

[110] „Kurzer und einfältiger Unterricht, wie die Kinder zur wahren Gottseligkeit und christlichen Klugheit anzuführen sind" (1702). Diese und die folgenden Belege ent-

stimmte Ausprägung körperlicher Bewegungen zu, die er als „mäßige" Motionen bezeichnete.[111]

Seine „düster-asketische" Grundhaltung (REBLE 1989, 131) wird auf der Folie der Grundsätze pietistischer Erziehung verständlich. Das primäre Erziehungsziel der Pietisten lässt sich vereinfachend mit der Formel der „Erziehung zur Gottseligkeit und zum christlichen Leben" umschreiben.[112] So heißt es auch in § 7 der „Ordnung und Lehrart der Waisenhausschulen": „Der vornehmste Endzweck in allen diesen Schulen ist, daß die Kinder vor allen Dingen zu einer lebendigen Erkenntnis Gottes und Christi und zu einem rechtschaffenen Christentum mögen wohl angeführet werden" (FRANCKE 1885, 116). Demzufolge sind es vornehmlich die drei Tugenden, „Liebe zur Wahrheit, Gehorsam und Fleiß", die es den Heranwachsenden zu vermitteln gilt (a. a. O., 33).[113] Um zu gewährleisten, dass die gesamte Schulzeit in christlicher Ergebenheit und nur mit sinnvollen Dingen verbracht wird, sieht FRANCKE eine permanente, strenge Beaufsichtigung der Schüler vor (vgl. REBLE 1989, 131-132).[114]

Die Anforderungen an die Zöglinge sind dabei hoch gesteckt. Die Unterrichtszeit beträgt in den deutschen Schulen sechs, in der lateinischen Schule sieben Stunden pro Tag; hinzu kommen noch tägliche Gebetsstunden und Gottesdienste (vgl. KRAMER 1885, LIX). Auch die in Umfang und Intensität bescheidenen „Leibesbewegungen" und so genannten „Recreationen", für die den Schülern am „Pädagogium" jeden

---

stammen der 1885 von KRAMER herausgegebenen Edition der pädagogischen Schriften A. H. FRANCKEs.

[111] Eine ausführliche Darstellung über die Bedeutung der Leibesübungen im deutschen Pietismus findet sich bei GELDBACH (1975, 59-93).

[112] Vgl. dazu auch den Titel von FRANCKEs Schrift „Kurzer und einfältiger Unterricht, wie die Kinder zur wahren Gottseligkeit und christlichen Klugheit anzuführen sind" (1702/1885, 15-71). FRANCKEs Erziehungsvorstellungen können hier nur angedeutet werden, vgl. hierzu REBLE (1989, 128-134).

[113] In diesem Kontext hebt KRAMER (1885, LVIII-LIX) hervor, dass in der pietistischen Erziehung insbesondere Wert gelegt wurde „auf das Gebet, namentlich das freie, bei Lehrern und Kindern, das Einprägen und das Verständnis des Katechismus (in den höheren Schulen die tiefere Einführung in die Theologie), die Kenntnis der heiligen Schrift, womöglich in den Grundsprachen, der regelmäßigen Besuch des Gottesdienstes, die Catechisation und die Wiederholung der gehörten Predigten [...]".

[114] In diesem Sinne sollen die „Informatores" die Eltern darauf aufmerksam machen, dass die Schüler auch außerhalb der Schule nicht „unnützlich spielen" und „Mutwillen treiben", um den schulischen Erziehungserfolg nicht zu gefährden (FRANCKE: „Kurzer und einfältiger Unterricht" 1702/1885, 39).

Tag „einige Freistunden" gewährt werden (FRANCKE 1885, 230)[115], stellen keineswegs einen Ausgleich zu den übrigen kognitiven Anforderungen dar. Sie bestehen vielmehr aus diversen handwerklichen Tätigkeiten oder Spaziergängen und Ausflügen, die mit allerlei nützlichen Belehrungen und Geschichten verknüpft werden:[116]

„[...] Haben einige Lust Holz zu sägen, stehet es ihnen frei. Wollen andere lieber ein wenig ausgehen, so führet sie der Informator entweder in einen Garten, oder auf das Feld, oder in Buchladen und machet ihnen eine und die andere gute Bücher bekannt; oder, er besuchet mit ihnen die Handwerker und Künstler in ihren Werkstätten, damit sie von allen zu dem gemeinen Wesen gehörigen Dingen einen rechten Begriff erlangen, und ein jedes mit seinem rechten Namen in deutscher und lateinischer Sprache mit desto leichterer Mühe nennen lernen. Auf diese Weise können sie nach der Notdurst ihrer Constitution starke und gelinde Bewegung haben" (a. a. O.).

Mit solchen Motionen hofft FRANCKE, die zur Regeneration der Schüler erforderliche, wiewohl stark eingeschränkte Bewegung sicherstellen zu können. Die Notwendigkeit, „gelinde" Motionen bewusst in den Schulalltag einzubeziehen, ergibt sich vor allem aus gesundheitlichen Erwägungen (vgl. CACHAY 1988, 110), wie auch die folgenden Ausführungen in „Instruction oder Regeln für die Praeceptores der Waisenkinder" offenbaren: „Zur Motion sind alle Orphani fleißig anzuhalten, sowohl im Winter als im Sommer, damit sie nicht krätzig werden oder erkranken, wenn sie außer den Schulstunden immer auf der Wohnstube sitzen müssen" (FRANCKE 1697/1885, 181). Derartige Motionen zielen aber nicht allein auf die Gesundheitsprophylaxe. FRANCKE setzt sie ebenso zur Rehabilitation ein. Erkrankte Schüler werden nämlich in gesonderten „Motions-Classen" zu-

---

[115] Vgl. zu den folgenden Ausführungen „Ordnung und Lehrart, wie selbige in dem Pädagogio zu Glaucha an Halle eingeführt ist" (FRANCKE 1702/1885, 205-285).

[116] In ihnen sollen die Schüler nämlich „nach einer gewissen vorgeschriebenen Ordnung allerhand nützliche Sachen und Übungen vornehmen" und hierdurch „am Leibe und Gemüte eine gute Veränderung" erfahren („Verbesserte Methode des Paedagogii Regii zu Glaucha vor Halle", FRANCKE 1721/1885, 347). Zu solchen „Recreations-Übungen" zählt FRANCKE eigentümlicherweise Exkursionen zu „Künstler(n) und Handwerker(n)" (a. a. O., 347), verschiedene Formen eines naturkundlichen Unterrichts (348-349), die Vermittlung der „materia medica", damit die Schüler lernen, „was ihrem Leibe bei allerhand Zufällen dienlich oder schädlich sei" (349) oder handwerkliche Arbeiten (350-353), die, wie das Drechseln „vor der Mittagsmahlzeit eine gute Motion" geben (351).

sammengefasst, in denen sie „zur Wiederherstellung ihrer Gesundheit täglich ein paar Stunden extraordinäre Motion" erhalten (a. a. O., 177).[117]

Ganz im Sinne der pietistischen Erziehung werden die Bewegungen aber auch hier durch die vorgeschriebenen Maßregelungen auf ein Minimum beschränkt und für die Vermittlung des Unterrichtsstoffs vereinnahmt. So werden die Kinder zwar „bei gutem Wetter aufs Feld geführet", doch sollen die begleitenden Erzieher dabei beachten, sich nicht zu lange im Freien aufzuhalten, „nützliche und erbauliche" Geschichten vorzutragen, zu singen oder zu beten (a. a. O., 181-182). Zudem müssen die Kinder paarweise „in guter Ordnung" gehen und dürfen „sich nicht überlaufen". Selbst wenn ihnen eine Motion gestattet wird, ist es ihnen dabei weder erlaubt zu „schreien, noch ungeziemende Dinge aus(zu)üben, sich zu balgen, schleudern, damit die Furcht Gottes jederzeit unverletzt bleibe" (a. a. O., 182).

Trotz der Stilllegung des Körpers tragen FRANCKEs Erziehungsvorstellungen schon recht fortschrittliche Züge (vgl. CACHAY 1988, 110).[118] Diese Bewertung wird auch dadurch bekräftigt, dass es FRANCKE offenbar nicht gelungen ist, die von ihm verabscheuten, freieren Formen von Bewegung und Spiel gänzlich aus seinen Anstalten zu verbannen. Aus Konferenzprotokollen des „Pädagogiums" geht hervor, dass die Jugendlichen die ihnen gesetzten Grenzen des Öfteren zu überschreiten versuchten, um besonders „die Freiheit des Ballspiels" zu erreichen (vgl. KRAMER 1885, LXI).

Unter dem Druck adliger Schüler musste er schließlich 1708 der Errichtung eines Spielplatzes zum Betreiben des Volanten- und Ballonspiels zustimmen (vgl. GELDBACH 1975, 66; LUKAS 1969, 127). Auch darf mit KRAMPE (1891, 899) angenommen werden, dass die bei Spaziergängen erlaubten Motionen den Schülern mitunter „die Gelegenheit zur Vornahme von Lauf- und Bewegungsspielen" boten. Zu betonen ist allerdings auch, dass Bewegung und Spiel an den Halleschen Anstalten erst unter dem Einfluss der Philanthropen, lange nach FRANCKEs Tod, von August

---

[117] Dass FRANCKE die Gesunderhaltung seiner Schüler ernst nahm, lässt sich auch aus der Aufnahme von „drei bis vier Stunden Unterweisung in Anatomie, Physiologie und Pathologie" in den Lehrplan des Pädagogiums erkennen (LUKAS 1969, 126).
[118] Für NEUENDORFF (o. J., 161) ist er damit im Vergleich zu anderen Zeitgenossen „wahrhaft freisinnig".

Hermann NIEMEYER aus ihrer pietistischen Enge heraus zu einer hohen Bedeutung geführt werden konnten (vgl. GELDBACH 1975, 80-81).

2.1.2 Bewegung und Spiel in philanthropischen Erziehungsmodellen

Im letzten Drittel des 18. Jahrhunderts sind es die Philanthropen, die als Begründer der neuzeitlichen Leibesübungen die Notwendigkeit der körperlichen Erziehung herausstellen und erstmals die Aufnahme planvoller Leibesübungen als eigenständigen Unterrichtsgegenstand in ihren Versuchsschulen ermöglichen (vgl. besonders BERNETT 1965; GELDBACH 1980). Abgesehen von Unterschieden der verschiedenen Philanthropen im Detail lassen sich stichwortartig irdische Glückseligkeit, Vollkommenheit, Gesundheit und Nützlichkeit als Leitideen ihrer Erziehungskonzeption hervorheben. Die philanthropischen Reformer sind in ihrem leidenschaftlichen Optimismus und Fortschrittsglauben davon überzeugt, durch Erziehung ein „neues" Menschengeschlecht schaffen zu können, das letztlich auf gesellschaftspolitische und wirtschaftliche Veränderungen hinzuwirken vermag.[119] In Abkehr von der traditionellen Erbsündenlehre gehen sie nunmehr von der Vorstellung aus, dass der Mensch prinzipiell „ein gutartiges Geschöpf" sei (CAMPE 1889, 216). Sie sehen in der bislang „fehlerhaften Erziehung des Menschen" die eigentliche „Ursache von dem vielen Jammer und Elend in der Welt" (SALZMANN 1784/1891, 31). Daher glauben sie, durch eine vernunftgeleitete-natürliche Erziehung die Menschen bereits im Diesseits glücklicher und vollkommener machen zu können. Um irdische Glückseligkeit und Vollkommenheit erreichen zu können, bedürfe es allerdings der harmonischen Entwicklung von Körper und Geist. Da dieser mit jenem korrespondiere, also der Geist durch den Körper beeinflusst werde, sei es erforderlich, für einen gesunden und funktionstüchtigen Leib zu sorgen. Die Erziehung müsse daher bei der Vervollkommnung des Körpers ansetzen. Dementsprechend formuliert auch SALZMANN, der wohl bedeutendste Philanthrop: Durch „den Körper bekommen wir unsere mehresten Kenntnisse; durch ihn handeln wir; bei unserm Denken ist er unentbehrlich; soll ich denn noch beweisen, daß man bei Vervollkommnung desselben anfangen müsse?" (SALZMANN 1799/1895, 64)

---

[119] Vgl. zu dieser und der folgenden Diskussion besonders BERNETT (1965, 16-19) und GELDBACH (1980, 167-171).

Darüber hinaus ist für das philanthropische Erziehungsdenken die Orientierung an Utilitaritätsgesichtspunkten charakteristisch, indem jede Tätigkeit gesellschaftlichen Brauchbarkeits- und Nützlichkeitserwägungen unterstellt wird (vgl. u. a. MENZE 1959, 217; NAUL 1985, 752). In diesem Sinne sieht BASEDOW den „Hauptzweck der Erziehung" in der Vorbereitung auf die Anforderungen des künftigen Lebens.[120]

Ausgangspunkt der philanthropischen Reformbemühungen ist die Kritik an der überkommenen Schulerziehung mit ihren klösterlichen Grundsätzen. In diesem Zusammenhang wenden sie sich gegen die herkömmliche Dominanz der geistigen Bildung, die „Vervielfältigung der wissenschaftlichen Fächer" (GUTSMUTHS 1793/o. J., 107), den permanenten Sitzzwang in Schulzimmern und die Vernachlässigung der körperlichen Erziehung:

„Die Schüler saßen, wurden gleichsam angeheftet – lange Meditationen, vermehrte Lehrstunden unterdrückten nach und nach die wohlthätigen Reize der Natur zur Thätigkeit; [...] Da alles geistig war, mußte alles bald geistig werden; der Körper und diejenigen Bedürfnisse, die nicht geradezu den Tod drohten, kamen in keine Betrachtung" (VILLAUME 1787/o. J., 17-18).[121]

Recht modern mutet in diesem Kontext auch BASEDOWs Ablehnung einer naturwidrigen kindlichen Erziehung an, die durch übertriebenes Sitzen und mechanisches Auswendiglernen gekennzeichnet ist:

„Die Kinder lieben Bewegung und Geräusch; sie verabscheuen ein langes Stillsitzen und eine fortgesetzte Anstrengung der Aufmerksamkeit und des Gedächtnisses im Memoriren; daher kann man sie nur durch Zwang oder Kunst in früher Jugend zu diesen verdrüßlichen Beschäftigungen gewöhnen" (BASEDOW 1785/1972, 126-127).

Aus diesem Grund fordert er, „alle diejenigen Handlungen des Fleisses, welche eben so gut im Gehen und Stehn, als im Stillsitzen können verrichtet werden, auf die erste Art geschehn" zu lassen (BASEDOW 1785/1972, 207).

Dass diese Empfehlung, Bewegung mit dem Unterricht der „wissenschaftlichen" Fächer zu verbinden, offensichtlich auch praktisch konkretisiert wurde, wird z. B. aus BASEDOWs Ausführungen über die Erziehung

---

[120] „Der Hauptzweck der Erziehung soll seyn, die Kinder zu einem gemeinnützigen patriotischen und glückseligen Leben vorzubereiten" (BASEDOW 1770/1979, 123).
[121] Vgl. auch SALZMANN (1784/1891, 8), der die Vernachlässigung der körperlichen Erziehung als den „ersten Mangel" der zeitgenössischen Erziehungszustände hervorhebt.

an dem von ihm gegründeten Philanthropin in Dessau ersichtlich.[122] Hier führt er an, dass die Internatsschüler, sieht man einmal vom Schreiben, Zeichnen oder Lesen ab, nicht mehr als 3-4 Stunden pro Tag sitzen. Am Beispiel des Geografieunterrichts illustriert er dann, wie Bewegung bei der Vermittlung des Unterrichtsstoffs dienlich sein kann: „Die Geographie [...] wird an zwei auf dem Felde aufgeworfenen großen Halbkugeln gelernt, deren Oberfläche sich in Land, Wasser usw. unterscheidet und die, um darauf gehen und springen zu können, freilich nicht völlig kugelförmig, sondern nur etwas gebogen sein müssen" (BASEDOW 1774/1965, 219). Diese anschauliche Vermittlungsweise gründet freilich auf der sensualistischen Einsicht, dass der Mensch im Zuge seiner Vervollkommnung Eindrücke über die Sinne aufnimmt, die vom Geist verknüpft werden und das Lernen von Begriffen erst ermöglichen (vgl. GELDBACH 1980, 173-175).

Auch beim Bemühen der Philanthropen, möglichst kindgerecht und zwanglos zu unterrichten und daher das Lernen in die Form des Spiels zu kleiden (vgl. z. B. BLANKERTZ 1982, 81; REBLE 1989, 161; STACH 1985, 687-688), werden Belehrungen aus unterschiedlichen Stoffgebieten mit körperlichen Bewegungen verknüpft. So ist beispielsweise BASEDOW (1774/1965, 220) bestrebt, „alles nötige Gedächtniswerk der Historie, Geographie, Grammatik, der Rechenkunst usw. in Spiele" umzuformen, „wobei Vergnügungen und Bewegung vorfällt, bis die so erworbene Fertigkeit die Lernenden in den Stand setzt, sich auf eine männlichere Art bei anwachsendem Alter sitzend zu vervollkommnen". Für das Kindesalter[123] empfiehlt er die Auswahl von Spielen, mit denen bestimmte körperliche und geistige Fertigkeiten, aber auch moralische Tugenden erlernt werden können (vgl. BASEDOW 1785/1972, Bd. I, 23-24). Solche Spiele sollten immer „unschädlich, angenehm und zugleich lehrreich" sein (BASEDOW 1768/1893, 82).

Diesen Anforderungen an ein „Lernspiel" wird vor allem das „Kommandierspiel" gerecht, das BERNETT (1965, 67) für ein „repräsentatives Muster philanthropischer Erziehungskunst" hält. Es wird unter anderem eingesetzt, um fremdsprachliche Vokabeln und Redewendungen in attraktiver

---

[122] Vgl. zur folgenden Darstellung STIBBE (1993, 52-64).
[123] VILLAUME zufolge sollten Kinder erst nach dem siebten Lebensjahr täglich 1-2 Stunden pro Tag kognitiv beansprucht werden. Erst ab dem 12. Lebensjahr seien sie „ernstlich zur Arbeit" heranzuziehen (VILLAUME 1787/o. J., 132).

Weise zu memorieren.[124] Dazu erfolgen die Anweisungen des Lehrers in diesem Nachahmungsspiel nicht in deutscher, sondern in lateinischer und – wie anzunehmen ist – wohl auch in englischer oder französischer Sprache.[125] Aus der Schilderung von SCHUMMEL, der im Mai 1776 eine Prüfung am Dessauer Philanthropin miterlebt hat, lässt sich ein solcher Ablauf des „Kommandierspiels" rekonstruieren:[126]

„[...] Erst spielten sie das Kommandierspiel, die andern alle mit, es waren wohl achte bis neune: siehst Du, Karl, das ist so: erst stellen sie sich alle in die Reihe wie die Soldaten, und Herr Wolke ist Offizier, der kommandiert auf lateinisch, und sie müssen denn alles tun, was er sagt. Zum Exempel, wenn er sagt: Claudite oculos, so machen sie alle die Augen fest zu, oder: circumspicite, so sehen sie sich überall um, oder: imitate satorum, so nähen sie alle miteinander wie die Schneider, oder: imitamine sutorem, so ziehen sie Pechdraht wie die Schuster. Herr Wolke kommandierte tausenderlei drolliges Zeug [...]" (SCHUMMEL, Brief VIII, 1776/1965, 229).

Ähnlich geht es beim „Spiel der Arbeiter" (BASEDOW 1785/1972, Bd. 1, 28)[127], bei dem unterschiedliche Gewerbe pantomimisch darzustellen und zu erraten sind, um handwerkliche Kenntnisse und „eine gewisse Fertigkeit der Glieder" (29). Beim Spiel „Reise nach Jerusalem" (GUTSMUTHS 1796/1959, 252-255) müssen die Schüler auf vorher festgelegte Schlüsselworte in der Erzählung des Vortragenden achten und bei ihrer Nennung bestimmte körperliche Bewegungen ausführen. Sofern der Erzähler, wie GUTSMUTHS (1796/1959, 254) bemerkt, den Bericht „wie eine wirkliche Reise" fasse, könne damit auch das Wissen um die geografische Lage von Städten und Ländern vertieft werden.

---

[124] BASEDOW (1785/1972, Bd. I, 48) deutet an, dass neben dem Kommandierspiel auch andere Spiele zur Vermittlung der lateinischen Sprache eingesetzt werden können.

[125] Auch an anderer Stelle betont BASEDOW (1768/1893) den Zusammenhang von körperlichen Bewegungen und fremdsprachlichem Lernen. In der Darstellung über die Reformierung des Gymnasiums weist er beispielsweise dem so genannten „Educator" außerhalb der Lehrstunden die Aufgabe zu, „für die Sitten", „Pflichten des Umganges" und „nöthigen Ergötzungen" (§§ 50 und 96), zu denen u. a. die Leibesübungen zählen (§§ 45 und 82), zu sorgen. Der Educator solle hier französisch und englisch reden (BASEDOW 1768/1893, §§ 50 und 96). Ebenso erfahren wir von CAMPE, dass beim Betrieb der Leibesübungen „zugleich die französische Sprache auf eine unmerkliche Weise eingeflößt werden kann" (zitiert nach NEUENDORFF o. J., 223).

[126] Er wählt dazu in „Fritzens Reise nach Dessau" eine fiktive Hauptperson, die seinen Verwandten die Erlebnisse in 14 Briefen beschreibt. Trotz dieser ungewöhnlichen Darstellung gilt diese Quelle gemeinhin als zuverlässig (vgl. die Anmerkungen von REBLE 1965, 252; PINLOCHE 1914, 103-104).

[127] GUTSMUTHS (1796/1959, 222) nennt dieses Spiel „Handwerksspiel", bei VILLAUME (1787/o. J., 187) heißt es „Die stummen Arbeiter".

Interessant für die vorliegende Fragestellung sind auch BAHRDTs (1776) Vorstellungen, mit denen er dem Bewegungsbedürfnis der Zöglinge im Philanthropin zu Marschlins gerecht zu werden versucht. Hierbei ist bereits die rhythmisierende, kompensatorische Funktion von Bewegung und Leibesübungen im schulischen Tagesablauf erkennbar. Da der wissenschaftliche Unterricht in dieser Versuchsschule, so BAHRDT, nicht mehr als 30 Minuten je Unterrichtseinheit betrage, könne das Stillsitzen der Schüler auf ein Mindestmaß reduziert werden. Denn nach jeder „wissenschaftlichen Lektion" sei beabsichtigt, eine „Übungslektion im Tanzen, Fechten, Musik, Singen etc. oder doch eine solche, wo sie (die Schüler, G. S.) blos im Herumgehen unterrichtet werden", als Ausgleich anzubieten (BAHRDT 1776, 41). Zudem kommen noch „täglich drittehalb Stunden" an weiteren gymnastischen Übungen und Spielen, die BAHRDT (1776, 41) in seinen Erziehungsplan aufzunehmen vorgibt. Bedauerlicherweise sind seine Angaben nur wenig verlässlich. Es handelt sich wohl eher um pädagogische Idealvorstellungen, die im praktischen Schulbetrieb in Marschlins nicht umgesetzt werden konnten (vgl. NEUENDORFF o. J., 210; WASSMANNSDORFF 1870, 49).

Dessen ungeachtet besteht bei den Aufklärungsreformern Einigkeit darüber, dass Leibesübungen, die auch Wanderungen, handwerkliche Arbeiten, Zeichnen oder Gehen einschließen[128], zu den notwendigen Bestandteilen des täglichen Erziehungsprogramms der Philanthropine gehören. Unterschiedliche Auffassungen gibt es jedoch über die stundenmäßige Verankerung der körperlichen Übungen. Während BASEDOW bei der Ankündigung der Gründung der Dessauer Reformschule drei Stunden dem „regelmäßigen Vergnügen in Bewegung" und zwei Stunden den handwerklichen Tätigkeiten zu widmen wünscht (1774/1965, 217), sieht er im „Elementarwerk" (Bd. I, 1785/1909, 35) – neben einem Verdauungsspaziergang – zwei Stunden für Tanzen, Werken und Zeichnen sowie vier Stunden für die „Vorübungen des wahren männlichen Lebens" vor (vgl. NEUENDORFF o. J., 206). Zusätzlich zu „Promenaden und Spielen" fordert

---

[128] Vgl. zu „pädagogischen Reisen" oder „Fußwanderungen" SALZMANN (1784/1891, 66), VILLAUME (1787/o. J., 258-260), VIETH (1795/o. J., 152-154). Als „Handarbeiten" nimmt z. B. GUTSMUTHS (1793/O. J. 518-526) Tischler-, Drechsler-, Gartenbau- und Buchbinderarbeiten in seine pädagogische Gymnastik auf (vgl. auch VILLAUME 1787/o. J., 147-150; SALZMANN 1784/1891, 66). U. a. rechnet VILLAUME (1787/o. J., 253-256 und 248-252) Zeichnen und Gehen zum Kanon körperlicher Übungen. Vgl. ausführlich zur Systematik der philanthropischen Leibesübungen GROLL (1955).

CAMPE zwei Stunden an Leibesübungen pro Tag.[129] Schließlich plädiert GUTSMUTHS (1804, 511) für vier Stunden „körperliche Beschäftigungen" im Tagesablauf der Knaben, von denen 1-2 auf die „Gymnastik" fallen.

Bereits ein flüchtiger Blick auf ausgewählte Jahrgänge der „Nachrichten aus Schnepfenthal" zeigt, dass die hier vorgetragene Forderung nach täglichen Bewegungszeiten auch in der Schulpraxis realisiert wurde.[130] Aus einzelnen Berichten der Schulzeitung ist die hohe Bedeutung abzulesen, die körperlichen Übungen „im Schulleben und im Bewußtsein der Schüler" von Schnepfenthal zukommt (BERNETT 1980, 200). So wird zum Beispiel die feste Verankerung der Leibesübungen sichtbar, wenn es unter dem 31. Juli 1792 heißt, die Zeit von 11-12 Uhr sei „täglich zu den gymnastischen und Leibesübungen bestimmt" (zit. nach NEUENDORFF o. J., 257). Auch ist auffallend, dass Ausflüge mit Gelegenheiten zum „Ballschlagen", Spielnachmittage[131], Spaziergänge und Wanderungen[132] zum festen Programm der Internatsschule zählen. Insbesondere SALZMANN[133] unternimmt mit seinen Schülern regelmäßig solche „Reisen", also Wandertage, mit denen er gesundheitsprophylaktische, motivationale und didaktische Absichten verfolgt. Nach derartigen mehrtägigen Wanderungen seien die Schüler

„zu jedem Geschäfte weit munterer, als wenn sie ununterbrochen bei demselben hätten sitzen müssen. Jede Arbeit wird ihnen nun leichter, denn, wenn nun die Rede auf Bergwerke, Naturalienkabinette, Fabriken, Holzpflanzungen, Wasserfälle, Felsen, Thäler u. dgl.

---

[129] „Erziehungsplan für das auf Befehl Sr. Kgl. Hoheit des Kronprinzen von Preußen zu erziehende Kind" (zit. nach NEUENDORFF o. J., 223).

[130] Die Sichtung und nachfolgende Interpretation beziehen sich auf die von NEUENDORFF (o. J., 254-258) zusammengestellten Auszüge der Schnepfenthaler Nachrichten aus den Jahren 1787-1793.

[131] Hierüber wird mit Datum vom 21. März 1790 in den Schnepfenthaler Nachrichten berichtet: „Es wird den ganzen Nachmittag Ball gespielt, 'wenigstens 4 Stunden lang hintereinander, welches wirklich viel sagen will, denn es gibt wohl schwerlich ein mehr ermüdendes Spiel als dieses'" (zit. nach NEUENDORFF o. J., 256).

[132] Hierzu gehören nach NEUENDORFF (o. J., 259) auch so genannte „Campements", gleichsam Wandertage oder Zeltlager, bei denen „das gesamte Institut, Schüler und Lehrer, für einen ganzen Tag ins Freie zieht, um dort zu wandern, zu spielen, zu lagern". Solche Zeltlager werden auch von BAHRDT (1776) angesprochen: „Unsere Zöglinge müssen ihren Körper so abhärten, daß Hitze, Kälte, hartes Lager, geringe Kost, kalte Speisen usw. weder Last noch Schaden verursachen. Wir lassen daher Sommerszeit zuweilen in angenehmen Wäldern oder Tälern Zelte aufschlagen, unter denen das ganze Philantropin mit Lehrern und Schülern 3, 4 und mehrere Tage kampirt. [...] Der ganze Tag wird abwechselnd mit einige wenigen Lehrstunden und desto mehr gymnastischen Spielen zugebracht" (zit. nach NEUENDORFF o. J., 209-210).

[133] Vgl. dazu „Reisen der Salzmannischen Zöglinge" (SALZMANN 1786).

kommt, so haben sie von allen diesen Sachen deutliche Vorstellungen und freuen sich, daß sie das alles selbst gesehen haben [...]. Daß dadurch meine Zöglinge mehr Festigkeit des Körpers, mehr Gewöhnung zur Ertragung körperlicher Beschwerlichkeiten, mehr Unternehmungsgeist bekommen, als ein Kind, das sich immer um seinen Mittelpunkt regelmäßig bewegt, versteht sich von selbst [...]" (SALZMANN 1784/1801, 63).

Aus SALZMANNs Beschreibung wird deutlich, dass die philanthropischen Spaziergänge und „pädagogischen Reisen" (VILLAUME 1787/o. J., 258) mit ihrem anschaulichen Vermittlungsprinzip gewissermaßen Variationen des fächerübergreifenden Unterrichts darstellen (vgl. GELDBACH 1980, 174).[134]

Nicht zuletzt dokumentieren die bei NEUENDORFF zitierten „Nachrichten aus Schnepfenthal" auch die inhaltliche Weiterentwicklung der Gymnastik unter GUTSMUTHS (vgl. BERNETT 1980, 200) und ihre Einbindung in das pädagogische Gesamtkonzept der philanthropischen Musterschule. Hervorzuheben sind dabei vor allem der lebenspropädeutische Nutzen der Leibesübungen, das System von Belohnung und Strafe und die systematische Messung und Protokollierung individueller Leistungen. Das von GUTSMUTHS auch auf die Leibesübungen übertragene Prinzip der Leistungsoptimierung ist ein eindrucksvoller Beleg für „die Rationalisierung aller Lebensbereiche durch die europäische Aufklärung. Sie ist ein typisch bürgerliches Instrument zum Nachweis individueller Tüchtigkeit und der Nützlichkeit für die Gesellschaft" (BERNETT 1980, 201).

Die Unterstellung der körperlichen Übungen, von Bewegung und Spiel unter unmittelbar lebensvorbereitende Zielsetzungen ist ein Beweis für die in sich stimmige Einbettung in die Schnepfenthaler Erziehungskonzeption. Damit wird jedoch zugleich die Kehrseite der Integration offensichtlich. Durch die Rationalisierung und Nutzbarmachung der philanthropischen Leibes- und Spielerziehung wird das „unvernünftig spielende

---

[134] Auch BASEDOW erläutert im „Methodenbuch", wie im Rahmen solcher Spaziergänge und Reisen theoretische Sachverhalte anschaulich erhellt werden können: „Wenn ein Gegenstand in der Natur vorkommt, oder desselben erwähnt wird, so denket nach, ob ihr [...] euren Kindern nichts Nützliches sagen könnet:
von dessen natürlichen oder künstlichem Ursprunge,
von den Personen, die daran arbeiten,
von den Oertern, wo er zu finden ist,
von seinen Theilen, Eigenschaften und Kräften,
von desselben Gebrauche oder Mißbrauche,
von Veränderlichkeiten und dem Untergange desselben" (Basedow 1770/1979, 209).

Kind [...] zur Raison gebracht, das Elementare zivilisiert, der Nutzwert dem Erlebniswert übergeordnet". „Das Spiel" und die Leibesübungen werden „bewußt und planmäßig in den Dienst gestellt – das freie Spielfeld des Kindes wird zu einer Domäne der Schule" (BERNETT 1965, 70). Die rationalistisch-utilitaristische Inanspruchnahme von Bewegung und Spiel durch die Philanthropen ist der Preis für die planvolle Aufnahme der Leibesübungen in den Kanon der Schulfächer.

2.1.3 Leibesübungen im Erziehungsdenken der Herbartianer

Die Termini „Herbartianismus", „Herbart-Schule", „Herbartianische Pädagogik" oder „Herbartianer" stehen gemeinhin für die erzieherische Theorie und Praxis einer Reihe von Pädagogen und Schulpraktikern, die – wie besonders Karl Volkmar STOY (1815-1885), Tuiskon ZILLER (1817-1882) und Wilhelm REIN (1847-1929) – seit Mitte des 19. Jahrhunderts das Erziehungsmodell HERBARTs interpretierten und mit einer beachtlichen Rezeption unterrichtspraktisch weiterentwickelten.[135] Insbesondere mit REINs „Lehre vom Schulleben", die er im Anschluss an die Ideen seines Lehrers STOY entwickelte, konnte die den Herbart-Anhängern „nachgesagte Überbewertung des Unterrichts" zu Gunsten „eines nach erzieherischen Kriterien geplanten Schullebens" (WITTENBRUCH 1980, 35), in dem auch den Leibesübungen eine besondere Bedeutung zuerkannt wurde, überwunden werden. Die nachfolgenden Darlegungen werden sich daher vornehmlich auf die Stellung des Turnens im pädagogischen Denken und in der erzieherischen Praxis der einflussreichsten Herbartianer STOY, ZILLER und REIN konzentrieren.

2.1.3.1 Turnen in STOYs Erziehungsdenken

Folgt man den Berichten von Zeitgenossen, so war Karl Volkmar STOY offenbar ein passionierter Turner,[136] der sich vor allem auch um das Schulturnen an seiner Jenaer Übungsschule[137] verdient gemacht hat (vgl.

---

[135] Vgl. zu Tendenzen der erziehungs- und sportwissenschaftlichen Rezeption des Herbartianismus STIBBE (2002, 191-192).

[136] So nahm er zum Beispiel 1860 mit seinen Schülern am ersten deutschen Turnfest in Coburg teil (vgl. MOLLBERG 1925, 75; SOLDT 1935, 7).

[137] Zu STOYs „pädagogischen Anlagen" in Jena zählten zu Beginn der 40er Jahre des 19. Jahrhunderts zunächst eine Erziehungsanstalt für Knaben und bald darauf auch Mädchen, die mit dem pädagogischen Universitätsseminar zusammenarbeiteten. 1848 überließ ihm die Stadt Jena eine vollständige Schule, die zweite städtische Knabenschule in der Jenergasse. Die Johann-Friedrich-Schule wurde

MOLLBERG 1925, 74; SOLDT 1935, 61, 164; vgl. ebenso REISCHKE 1905, 17). Das Turnen gehörte seit 1848 zum festen Bestandteil des Lehrplans an dieser Schule (vgl. SOLDT 1935, 163).[138]

In STOYs pädagogischen Schriften fallen die Ausführungen zur körperlichen Erziehung allerdings recht spärlich aus. Gleichwohl lassen gelegentliche Andeutungen seine Begeisterung für das Turnen erkennen. In diesem Sinne beklagt er sich beispielsweise im dritten Teil der „Encyclopädie der Pädagogik"[139], im Kapitel zur „praktischen Pädagogik", über die einseitige kognitive Ausrichtung der gängigen Gymnasialpädagogik, die den Turnunterricht um des Paukens für die Matura willen vernachlässige: „Gegenwärtig ist es eine gar nicht auffällige Thatsache, daß das egoistische, berechnende Interesse Alles nur nach dem Verhältniss zum Examentarif schätzt und betreibt." So habe er im Juli 1861 auf dem Turnplatz eines staatlichen Gymnasiums in Norddeutschland gesehen, wie „die Primaner auf dem *Turnplatze* – jedenfalls nicht ohne Mitwissen des inspicirenden Lehrers – anstatt am Turnunterricht Antheil zu nehmen – regelmässig *griechische Exercitia* arbeiteten [...]" (STOY 1861, 313-314). Im Kapitel zur „philosophischen Pädagogik" seines Hauptwerkes hebt er hervor, dass der „Leib als Träger des geistigen Lebens" einen wesentlichen Teil „der eigentlichen Erziehungsaufgabe" darstelle (STOY 1861, 36). Der Leib, wie er später fortfährt, müsse sich in instrumenteller Weise dem Geist unterordnen. Denn der „Gehorsam des Leibes" bilde den „Grundbegriff der pädagogischen Diätetik" (STOY 1861, 42). Insofern seien zwar, wie STOY (1898b, 129) im Schuljahresbericht von 1863 ausführt, die mit dem Turnen verfolgten gesundheitlichen, patriotischen oder wehrpropädeutischen Absichten wichtig, doch komme ihnen zu-

---

schließlich 1858 gegründet und bestand – mit Ausnahme des Zeitraums von 1866 bis 1874, in dem STOY Jena verließ – bis zu seinem Tod 1885 als Universitätsübungsschule. Vgl. ausführlich zur Geschichte der Übungsschulen BLIEDNER (1886; 1908), MOLLBERG (1925), SOLDT (1935).

[138] Obgleich keine fest angestellten Turnlehrer an der Johann-Friedrich-Schule tätig waren, war dennoch „das Interesse für den Sport schon von seiten der Schüler so stark, daß zu keiner Zeit des Bestehens der Schule die körperliche Erziehung vernachlässigt wurde" (SOLDT 1935, 164). Nach dem im Sommer 1882 durchgeführten Praktikum seiner Studenten im Turnen erklärte STOY in der Besprechung, „daß im Seminar kein Unterschied gemacht werde zwischen den verschiedenen Unterrichtszweigen, daß alles von gleicher Bedeutung sei" (BLIEDNER 1886, 178; vgl. auch SOLDT 1935, 164).

[139] Im Folgenden zitiert als „Encyclopädie". Die hier angeführte erste Auflage beschränkte sich auf die „Encyclopädie". Erst die zweite Auflage wurde um die Teile „Methodologie" und „Literatur" ergänzt und unter dem Titel „Encyclopädie, Methodologie und Literatur der Pädagogik" (1878) veröffentlicht.

nächst eine nachrangige Bedeutung zu. Denn beim Turnen gehe es in erster Linie darum, den Leib zum Diener des Geistes zu machen.[140]

Dass STOY auch den Turnunterricht in das Erziehungsganze der Schule einzubetten wünscht, lässt sich aus seiner Kritik am SPIESSschen Turnsystem schließen. In diesem Sinne bemängelt er den Übereifer, mit dem das Schulturnen nach SPIESS ohne Rückbesinnung auf die Grundlagen der philosophischen Pädagogik, in der die abstrakten Erziehungsziele formuliert werden, eingeführt werden soll:

> „[...] da versucht ein ganzer Haufe moderner Kinderfreunde auf Kosten des gediegenen *Gutsmuths* und des derben *Jahn* sämmtliche Neuerungen von *Spiess* anzupreisen und gerechten Bedenken zum Trotz mit unkritischer Eile im Lehrplan zur Geltung zu bringen. In allen solchen Fällen also gilt es zu mässigen, das heisst die rechten Maasse und Maassstäbe aus der philosophischen Pädagogik zur Hand zu nehmen" (STOY 1861, 250).

Der Turnunterricht SPIESSscher Provenienz passte offensichtlich nicht in STOYs Erziehungsdenken. Dies mag insofern überraschen, als es gerade SPIESS' Ansinnen war, den Turnunterricht durch seine formalistische Zubereitung „schulfähig" zu machen. Doch scheinen es weniger die formalistischen Turnübungen (und die damit verfolgten Ziele) als vielmehr die Einengung des Turnens auf ein reines „Unterrichtsfach" zu sein,[141] die STOYs Skepsis gegenüber dem SPIESSschen Turnen hervorrufen. STOY legt nämlich großen Wert auf die Ausgestaltung des „Schullebens", in dem auch das Turnen seinen Platz hat.

Im Kapitel über den „Schuldienst" in der „Encyclopädie" (1861, 272) merkt er an, dass der Lehrer sich nicht im Sinne eines „Werkmeisters in der Lernfabrik" verstehen dürfe. Vielmehr beziehen sich seine Aufgaben in einer Schule, die nicht nur Lern-, sondern auch „Erziehungsanstalt" sein will, „auch auf alle die Zeiten und alle die Fälle", bei denen „Gesinnung

---

[140] Vgl. hierzu STOYs Anmerkungen: „Ich liebe das Turnen um seiner selbst willen, um der Lebensstimmung und Lebensanschauung willen, durch welche dasselbe getragen wird. Die *Freude* am Ringen und Klimmen, die Spannung beim Angreifen und bei der Durchführung der Kraftübungen, das *Selbstgefühl* beim Wachstum der Herrschaft über den zum Diener des Willens bestimmten Leib, die *Verachtung* des feigen Thuns und der weichlichen, entnervenden Erholungen: das sind die Stimmungen, welche mir meine jungen Turner liebenswürdig, ja das Turnen selbst lieb und teuer machen" (STOY 1898b, 129; Hervorhebung i. Orig.).

[141] Diese Interpretation wird auch dadurch gestützt, dass der Lehrplan für Turnen an der Johann-Friedrich-Schule „Freiübungen" und „die leichtesten Geräteübungen nach Spieß" vorsah (vgl. den Abdruck der Fachlehrpläne für die verschiedenen Schuljahre bei BLIEDNER 1886, 317-323, besonders 318).

und Charakter des Schülers in Frage kommt" (STOY 1861, 273). Solche Fälle nennt STOY „Schulleben".[142] Es soll innerhalb bestimmter Grenzen „möglichst viele Gelegenheiten zur Uebung der sittlichen und religiösen Ideen" bieten. In diesem Zusammenhang schlägt er vor, die Schulgemeinde „in kleinere Ganze" aufzuteilen, „denen selbst ein gesellschaftliches Gewissen einwohnen kann", und „Monitoren, nicht des Unterrichts, sondern des Lebens" zu beschäftigen, „wo das System der Wechselseitigkeit ganz anderen und bleibenderen Erfolg verspricht als auf dem Gebiet der Lehre" (STOY 1861, 273). Darüber hinaus seien Möglichkeiten „zu positiven frischen Aeusserungen des corporativen Interesses in Turnfahrten, Festen, Wanderungen [...]" zu schaffen (STOY 1861, 273).

Schon 1851 hat STOY in einem Bericht über seine „pädagogischen Anlagen in Jena" die Veranstaltungen des Schullebens als wesentliche Erziehungsfaktoren neben dem Unterricht dargestellt (vgl. STOY 1898a, 75-77). Im Schulleben sieht er keine gelegentlichen und zufälligen Angebote, sondern „eine Summe von edlen Sitten und Gewöhnungen", die als einigendes Band die Schüler der Elementarschule, des Gymnasiums und der Realschule umfasst (STOY 1898a, 75). Als Beispiele für das Schulleben geht er dann auch kurz auf das Turnen „mit seinen Spielen und Anstrengungen", dem „Turngericht"[143] und den „Festen" ein, die ganz im Sinne von SCHEIBERT auf den gesellschaftlichen Erhalt des Status quo ausgerichtet sind, indem sie Autoritätshörigkeit, Vaterlandsliebe und Wehrvorbereitung fördern sollen (vgl. STOY 1898a, 76-77).

---

[142] STOY übernimmt den Begriff des „Schullebens" von Carl Gottfried SCHEIBERT, der ihn 1848 erstmalig verwendet (vgl. POHL 1972, 196; WITTENBRUCH 1972, 490). SCHEIBERT, ein den Reformvorstellungen K. MAGERS verbundener Schuldirektor der Stettiner Friedrich-Wilhelm-Schule (vgl. POHL 1972, 196), beschreibt „das Schulleben" ausführlich im dritten Teil seines Werks über „Das Wesen und die Stellung der höhern Bürgerschule" (1848). Im Rahmen seiner Darstellung über „das Schulleben in der Gesammtheit als ein selbständiges" geht er in § 82 auch speziell auf die mit dem Turnen verknüpften erzieherischen Aufgaben ein (vgl. SCHEIBERT 1848, 324-337). Da für SCHEIBERT das eigentliche Turnen „im engern Sinne [...] oft genug gewürdigt" worden sei, komme „es hier nur noch darauf an, die Wesentlichkeit der hier hinzugefügten Einrichtungen und Veranstaltungen in ihrer Bedeutung für die Bildung in einer höhern Bürgerschule darzulegen" (330). In diesem Sinne eigneten sich die Aufgaben auf dem Turnplatz vorzüglich dazu, „Rechtspflege und Wehrhaftigkeit" zu erlernen (324) und die Schüler der höheren Bürgerschule auf das praktische Leben vorzubereiten: „Die Aufnahme des Gesanges und seine Verflechtung mit dem Turnen, die Anordnung des Exerzirens, die Einrichtung mit der Wache, das Verlegen des botanischen Gartens auf den Turnplatz und für die Zwecke des Turnens, das Bilden der Wache und des Turnrathes, das sind lauter einzelne wichtige und bedeutsame Theile. Alle zusammen repräsentiren im bunten Knabenrocke das Leben nach den verschiedensten Seiten" (329).

[143] Vgl. zum „Turngericht" die in diesem Kapitel folgenden Erläuterungen.

Verschiedene Darstellungen über STOYs Übungsschule belegen, dass er diese Vorstellungen über Schulleben und Turnen wahrlich in der pädagogischen Praxis umsetzen konnte. So erkennt SOLDT (1935, X)[144] im „Verkehr der Lehrer mit den Kindern außerhalb der geplanten Unterrichtsveranstaltung" ein wesentliches Erziehungsmittel der Übungsschule. Auch in den 1863 vorgelegten Statuten, die die Tätigkeiten der Studenten im pädagogischen Universitätsseminar beschreiben, stellt STOY diesen Aspekt des erzieherischen Umgangs zwischen Lehrer und Schüler heraus, wenn er das Turnen als eine von fünf „seelsorgerischen" Aufgaben (neben dem Gottesdienst, der Gartenarbeit, den Wanderungen und Hausbesuchen) herausstellt:

„Da die Turnübungen und Turnspiele der Schüler allein durch persönliche Teilnahme der Lehrer erziehlich wirksam werden, so nehmen außer dem eigentlichen Turnlehrer immer eine Anzahl der Lehrer teil. Die letzteren haben ganz besonders dafür zu sorgen, daß die kleine Turngemeinde an Sinn für Ordnung, Gesetz und Gehorsam, für Sitte und Anstand [...] zunehme" („Statut für das pädagogische Seminar an der Universität Jena", zit. nach BLIEDNER 1886, 105).

Zum Verhältnis der beiden Haupterziehungsformen an der Übungsschule führt MOLLBERG aus, dass sich die Führung als „unmittelbare" und der Unterricht als „mittelbare" Erziehung die Waage hielten und einander ergänzten. Das Schulleben auf dem Spiel- oder Turnplatz, im Schulgarten, bei Exkursionen, Wanderungen oder Reisen habe hierbei hervorragende „pädagogische Übungsfelder für Spiel und Arbeit" eröffnet, um die im Unterricht angestrebten „Erkenntnisse und Gesinnungen" anzuwenden (MOLLBERG 1925, 63). Das Schulleben dient somit als wichtiger Bewährungsraum für die im Unterricht angebahnten sittlich-moralischen Intentionen.

Bei der Betrachtung des Tagesablaufs an der STOYschen Schule fällt auf, dass großer Wert auf eine Rhythmisierung der Tätigkeiten, auf den Wechsel zwischen Anspannung und Erholung gelegt wurde. Der eigentliche Vormittagsunterricht, so erfahren wir von BLIEDNER (1908, 916), dauerte im Sommer von 7-12, im Winter von 8-12 Uhr. Dann begann das nachmittägliche Schulleben, das u. a. auch Gelegenheiten zum Schwim-

---

[144] Interessanterweise wertet SOLDT in seiner Darstellung der Johann-Friedrich-Schule neben Akten, Protokollbüchern und Briefen auch Antworten aus, die im Rahmen einer von ihm durchgeführten Fragebogenaktion über Einzelheiten des Schullebens von ehemaligen Schülern der Schule gegeben werden (vgl. SOLDT 1935, X-XI).

men, Turnen und Spielen bot (vgl. BLIEDNER 1908, 916). Auch wenn im Lehrplan nur zwei wöchentliche Turnstunden verankert waren, gab es doch für die Schüler zahlreiche Gelegenheiten, „vor und nach dem Unterricht [...] die Turngeräte und den Spielplatz [zu] benutzen" (SOLDT 1935, 167). Im Winter turnte man sogar 4x pro Woche in der beheizten Turnhalle (vgl. BLIEDNER 1908, 916) und verbrachte die Freizeit mit Schlittenfahren oder Eislaufen (vgl. MOLLBERG 1925, 36).

Der Schulordnung gemäß stellte das Turnen eine besondere Arbeitsgemeinschaft dar, die vom „Verein für das Turnen", dem Lehrer und Schüler angehörten, organisiert wurde (vgl. SOLDT 1935, 168; MOLLBERG 1925, 85).[145] Das Turnen selbst erfolgte mit der ganzen Schulgemeinde.[146] Die Schüler wurden hierbei nicht nach Klassen oder Alter getrennt, sondern nach ihrer Leistungsfähigkeit in verschiedene Turnabteilungen („Turnbuben", „Turnknappen" und „Turner") eingeteilt mit entsprechenden Riegen unter der Leitung von Vorturnern, die in speziellen Turnstunden darauf vorbereitet wurden.

Was den eigentlichen Turnbetrieb anbelangt, so waren die Anhänger der STOYschen Übungsschule besonders stolz darauf, dass es in den „Turn- und Spielstunden [...] weder Drill noch Zwang [gab], sondern freies Spiel der Kräfte [...]; freies, frohes Turnen der auf Selbstregierung aufgebauten Turngemeinde" (MOLLBERG 1925, 74-75). Diese Form der „Selbstregierung" beruhte auf der Mitverantwortung der Vorturner für den reibungslosen Übungsablauf und für das „Turngericht". Daher regelten Turngesetze genau das Verhalten und die Ordnung beim Turnen und Spielen. Aufgabe des „Turngerichts", das sich aus von der Turngemeinde vorgeschlagenen Vorturnern zusammensetzte, war es, Verfehlungen gegen die Turngesetze zu ahnden und die in der Turnverfassung festgelegten Strafen zu verhängen (vgl. BLIEDNER 1908, 917-918). Ein näherer Blick auf die Turn-

---

[145] In § 28 der Schulordnung heißt es: „Innerhalb des Ganzen bilden sich einzelne Vereine zur Lösung besonderer Aufgaben. Solche sind: a) der Verein für Seelsorge, b) für Gartenarbeit, c) für Turnen, d) für Naturaliensammlungen und den Botanischen Garten, e) für die Bibliothek, f) für die Reise und die Exkursion, g) für Musik [...]." Die Vereine sollen dem Scholastikum, einer Art Lehrerkonferenz, über ihre Arbeit berichten (SOLDT 1935, 91).
[146] Vgl. zu den folgenden Darlegungen BLIEDNER (1886, 250; 1908, 917-918), MOLLBERG (1925, 74-76) und SOLDT (1935, 167-174).

stunde offenbart, dass die Unterrichtsorganisation jedoch eher einem militärischen Übungsbetrieb glich.[147]

Unverkennbar hat das JAHNsche Turnmodell an der STOYschen Übungsschule Pate gestanden. So wurde das Abteilungsturnen einer klassen- und altershomogenen Organisation vorgezogen, ein „freieres", auf Selbstverwaltung gegründetes anstelle eines eher starren, formalistischen Turnens gewählt, das gesamte Verhalten beim Turnen und Spielen in „Turngesetzen" bestimmt und von Vorturnern und Lehrern beaufsichtigt. Vor allem aber fungierte der STOYsche „Turnplatz" als sinnbildliche Eigenwelt und Gesellschaftsordnung. Insofern ging es beim Turnen, wie MOLLBERG feststellt, in der Tat nicht um einen körperlichen „Drill des Exerzierplatzes"; mit dem Turnen sollte vielmehr ein „höheres" Ziel erreicht werden, nämlich das der patriotischen Gesinnungsbildung (vgl. SOLDT 1935, 171).

2.1.3.2 „Disziplinierte" Bewegung und Turnen in ZILLERs Erziehungskonzeption

Genau wie STOY war Tuiskon ZILLER ein aktiver Turner (vgl. BEYER 1897, 103; REISCHKE 1905, 14). Offenbar wurde in seiner Leipziger Übungsschule (1862-1883)[148], die sich stets in einer schwierigen finanziellen Situation befand und selbst in ihrer Glanzzeit im Jahr 1867 nur aus 49 Schülern bestand (vgl. SCHEFFLER 1977, 156), regelmäßig geturnt (vgl. BEYER 1897, 15). ZILLERs positive Einstellung zur körperlichen Erziehung äußert sich auch in seinen pädagogischen Werken. Insbesondere in der „Allgemeinen Pädagogik" erwähnt er mehrfach das Turnen und geht in einem eigenständigen Kapitel sogar auf die Bedeutung der Leibesübungen ein (ZILLER 1892, 233-235).

Anders als STOY[149] übernimmt ZILLER hier die HERBARTsche Unterscheidung der drei Erziehungsmodi: Regierung (Disziplin), Unterricht, Zucht (Charakterbildung) (vgl. ZILLER 1901, 148; vgl. hierzu auch REIN 1912, 286). Die Regierung stellt im strengen Sinne kein eigentliches Erzie-

---

[147] Vgl. dazu die Beschreibung des Turnens in STOYs Übungsschule bei BLIEDNER (1886, 250) und SOLDT (1935, 170-171).

[148] Vgl. zum pädagogischen Seminar und zur Übungsschule ZILLERs die Darlegungen von BEYER (1897; 1910) und METZ (1992, 42-49).

[149] STOY verzichtet bei seiner Einteilung der Erziehungsarten auf den Begriff der „Regierung", indem er nur zwischen der Lehre von der Führung (Hodegetik) und der Lehre vom Unterricht (Didaktik) differenziert.

hungsmedium dar. Sie beseitigt störende Einflüsse, sorgt für ein geordnetes Gemeinschaftsleben und schafft damit lediglich die Voraussetzungen dafür, Unterricht und Zucht zur Geltung zu bringen. Während der erziehende Unterricht der mittelbaren Einwirkung auf den Gedankenkreis des Zöglings (über die Lerngegenstände) dient, versteht sich die Zucht (u. a. durch Umgang, Vorbild oder Belohnung und Strafe) als unmittelbare Charakterbildung (vgl. METZ 1992, 77-78).

Im Rahmen seiner Ausführungen zum ersten Erziehungsmittel, den allgemeinen Regierungsmaßregeln, verlangt ZILLER (1892, 113) die Einhaltung der physiologisch-medizinisch begründeten „Naturbedürfnisse des Sehens, Atmens, der Bewegung" in der Schule. Derartige physiologisch-medizinische Forderungen würden zwar allenthalben anerkannt, doch blieben sie in der Schulpraxis weit gehend unberücksichtigt (vgl. ZILLER 1892, 113-114). In diesem Kontext sei es unglaublich, „welche Mengen [...] von Abspannung, Schlaffheit, Unlust, von Mangel an geistiger Kraft und Geistesfrische dadurch verschuldet werden". Immer noch werde das echte Schulleben vernachlässigt, da es neben dem Unterricht an Zeit und Gelegenheiten „für Erholung und Unterhaltung" fehle:

> „[...] das Turnen, das bei Gesunden fast einem Universalmittel gegen Abspannung gleichkommt, wird unzureichend benutzt; gymnastische Spiele, wie sie in England üblich sind, ritterliche Übungen aller Art, künstlerische Darstellungen [...], das Baden, Exkursionen und Schulreisen, freie Arbeiten in Schulgarten, Schulwerkstatt und Schullaboratorium, überhaupt das wahre Schulleben neben dem Schulunterrichte kommen nicht zur Geltung, die ihnen gebührt" (ZILLER 1892, 114).

Mit derartigen Veranstaltungen des Schullebens hofft ZILLER (1892, 114), vor allem einen Ausgleich zur geistigen Beanspruchung des Unterrichts schaffen zu können, um den gesundheitsgefährdenden „Druck auf den Geist" zu vermindern.

Demgegenüber sollen die speziellen Regierungsmaßregeln einen „disziplinierten" Ablauf des Unterrichts in den Lernfächern gewährleisten. Sie zielen darauf ab, den Körper gleichsam stillzulegen, damit jeder Schüler „vollkommen still und ruhig [...] sitze" (ZILLER 1865, 6; vgl. hierzu RUMPF 1981, 87-88). So ist nach ZILLERS Auffassung „jede Beschäftigung, jede Bewegung, welche die Gedanken der Kinder vom Unterrichte abwendet, [...] als Störung"[150] zu betrachten (vgl. ähnlich ZILLER 1865, 6). Aus diesem Grund wird zum Beispiel in den Regierungsmaßregeln bestimmt, dass die Schüler den Lehrer stetig „mit den Blicken zu fixieren" haben, wobei die jüngeren Schüler um der ständigen Kontrolle willen außerdem „ihre Hände auf die Tafel" legen müssen (ZILLER 1892, 127). Weiterhin empfiehlt ZILLER die Einhaltung streng vorgeschriebener Positionen im Klassenzimmer: „Der Lehrer selbst muß im Allgemeinen gleich den Schülern während des Unterrichts an einem festen Orte sich befinden, wodurch namentlich auch das Sichhinundherwenden der dem Lehrer mit ihren Blicken nachfolgenden Schüler vermieden wird" (ZILLER 1865, 6; vgl. auch 1892, 130). Auch die Gewohnheit von Kindern, beim Melden den gesamten Arm auszustrecken anstelle des geforderten „Aufhebens des Zeigefingers oder der Hand", sei zu unterbinden (ZILLER 1865, 9).

Auch der Turnunterricht in der ZILLERschen Schule kann kaum dazu beitragen, dass die Schüler Ausgleich und Erholung zu den kognitiven Anforderungen der Lernfächer finden. Da ZILLER (1892, 233) „die sonstigen unterrichtlichen Gewohnheiten auf das Turnen so viel als möglich" zu übertragen wünscht, ist es konsequent, wenn er ähnlich wie in anderen Lehrfächern auch im Turnunterricht die Prinzipien des Lernunterrichts beansprucht: So sollen die Schüler turnsprachliche Bezeichnungen memorieren, Bewegungsbeschreibungen reproduzieren, Gemeinübungen aus dem Gedächtnis wiederholen, grundlegende „anatomisch-physiologisch-diätetische" Kenntnisse erwerben sowie eine „straffe" Körperhaltung und „militärische Ordnung" einhalten (ZILLER 1892, 234-235). Folgerichtig wird der Turnunterricht auch mit der Förderung der geistigen Fähigkeiten der Schüler begründet. Durch das Turnen wird nämlich nach ZILLER der Körper geübt, um sich als „kräftiges und geschicktes Werkzeug für den Geist" zu erweisen (1892, 233).

Wenngleich ZILLER in seinen Erörterungen zur Regierung und zum Unterricht die Bedeutung der Leibesübungen herausstellt, nimmt dennoch der Turnunterricht in seiner Lehrplantheorie eine untergeordnete Stellung ein. In einem 1862 anlässlich der Gründung der Leipziger Seminarschule herausgegebenen Flugblatt unterscheidet er drei Arten von Unterrichtsfächern: Unterricht für Gesinnungen, für Naturkenntnisse und für Formen,

---

[150] Hierbei handelt es sich um die im „Leipziger Seminarbuch" dargestellten Regierungsmaßregeln von ZILLER, zit. nach WAGNER (1890, 93).

zu denen auch der Turnunterricht zählt.[151] In der Hierarchie der Fächer räumt er dem Gesinnungsunterricht, insbesondere der „religiösen Gesinnung", höchste Priorität ein. Der Unterricht für Formen, wie es in ZILLERS Flugblatt weiter heißt, habe sich den beiden anderen Unterrichtsgattungen unterzuordnen (vgl. dazu ADL-AMINI/OELKERS/NEUMANN 1979a, 20-21; METZ 1992, 81-83).

Hinter diesem hierarchischen Lehrplangefüge verbergen sich ZILLERS Ideen der Konzentration und kulturhistorischen Anordnung der Unterrichtsstoffe. Ausgehend von der Vorstellung, dass zwischen Phylogenese (Kulturentwicklung) und Ontogenese (individuelle Entwicklung) eine Parallelität besteht, d. h. die Schüler in ihrer Persönlichkeitsentwicklung gewissermaßen die Stufen der Menschheitsgeschichte „en miniature" durchlaufen und wiederholen, gelangt er zur Lehrplanforderung, das „bloße Neben- und Nacheinander" der Inhalte durch eine konzentrative Verbindung der Fächer zu verhindern (ZILLER 1892, 243). Dementsprechend konzipiert er eine Fächerhierarchie, bei der die Schulfächer quasi in konzentrischen Kreisen um den eigentlich bildenden Gesinnungsunterricht gruppiert werden, dessen Zentrum aus der religiösen Erziehung besteht (vgl. ADL-AMINI/OELKERS/NEUMANN 1979b, 17): „Die Gesinnungsstoffe bilden den Mittelpunkt und Brennpunkt, auf den alle übrigen Fächer zurückbezogen werden, von dem aus diesen ihre Bedeutung, wie ihre Berechtigung für das Ganze der Charakterbildung bestimmt wird [...]" (ZILLER 1892, 243). In der ZILLERschen Lehrplankonstruktion soll sich mithin der gesamte Unterricht dem obersten Ziel der sittlich-religiösen Charakterbildung unterwerfen.[152]

Insoweit bleibt festzuhalten, dass ZILLER den Turnunterricht zwar als subordiniertes Fach im Rahmen des „Unterrichts für Formen" bzw. der „3. Reihe der Unterrichtsfächer" (1892, 230) berücksichtigt. Jedoch trennt er das Turnen bewusst von den gesinnungsbildenden Unterrichtsstoffen, da es, so seine Überzeugung, „nach physiologischen Gründen" geordnet sei, „die außerhalb der Pädagogik liegen" (ZILLER 1892, 242). Nur gelegentlich, zum Beispiel „bei der Nachbildung einer Aufstellung in einer

---

[151] Tuiskon ZILLER: Lehrplan von Leipzigs Übungsschule für Studierende im ersten Schuljahr. Zugleich als Muster für den Lehrplan des ersten Schuljahres einer Volksschule überhaupt nach Grundsätzen der wissenschaftlichen Pädagogik entworfen. Leipzig 1862. Zitiert nach dem Abdruck bei BEYER (1897, 5).
[152] ADL-AMINI/OELKERS/NEUMANN (1979a) sprechen in diesem Zusammenhang von einem „protestantischen Szientismus" (21) bzw. einer „szientifisch-christlichen Grundhaltung" (36) bei ZILLER. In ähnlicher Weise beschreibt METZ (1992, 55) diesen Ansatz als „christlich-szientifisch".

Schlacht", könne auch das Turnen an die Reihe der Konzentrationsstoffe angebunden werden (a. a. O.). Mit der generellen Absonderung vom Konzentrationsunterricht kann aber der Turnunterricht nicht mehr als „erziehend" gelten, da die primäre Intention des erziehenden Unterrichts, auf die sittlich-religiöse Gesinnungsbildung hinzuwirken, im Allgemeinen nicht erfüllt wird.

Die besondere Sachstruktur des Turnens, die für ZILLER in der Orientierung an physiologischen Gesichtspunkten liegt, ist auch die Begründung dafür, die Formalstufen nicht auf den Turnunterricht anzuwenden (vgl. ZILLER 1892, 291-292). Dieses Legitimationsmuster erlaubt es zudem, den Turnbetrieb in Turnabteilungen und -riegen durchzuführen und die Schüler entsprechend ihren jeweiligen Leistungsvoraussetzungen einzuteilen (vgl. a. a. O., 242).

In diesem Kontext ist es bemerkenswert, wenn ZILLER (1892, 235) das Turnen der unmittelbaren Erziehungswirkung des Schullebens als Bestandteil der Zucht überantworten will, um „ein edles, würdiges Gemeinschaftsleben der Turngemeinde" zu erreichen und dem häufig im Jugendalter entstehenden Motivationsverlust entgegenzuwirken. Bereits 1863 macht er in seiner Antrittsvorlesung an der Universität Leipzig klar, dass der Unterricht um das Schulleben ergänzt werden müsse. In einer Erziehungsanstalt, so ZILLER, reichten „blosse Lehrstunden" nicht aus; es bedürfe ebenso „eines wohlgeordneten Schullebens, das für den Zögling auch eine unmittelbare Schule seines Willens werden kann". Deshalb müssten

> „auf Spielplätzen und Turnplätzen, durch Schülervereine für bestimmte Zwecke, durch freie gemeinsame Beschäftigungen im Schulgarten, in Schulwerkstätten [...] zahlreiche und constante Gelegenheiten zum Handeln dargeboten werden, welche einen gewissen öffentlichen Charakter haben, und wobei das Wollen der Zöglinge deutlich hervortreten kann" (ZILLER: „Eine Skizze der pädagogischen Reformbestrebungen in der Gegenwart nach Herbartischen Grundsätzen", zit. nach METZ 1992, 78).

In diesem Sinne eröffnen die Veranstaltungen des Schullebens, wie ZILLER später im Rahmen seiner Überlegungen zur Zucht näher erläutert, dem Schüler die Möglichkeit, seinem Interesse gemäß „nach eigenen Gedanken mit Erfolg" zu handeln (1892, 392). Dabei könne sich das eigene Handeln des Zöglings „bei allen Veranstaltungen der Zucht, auch bei Turnen und Spiel, bei Festen und Feierlichkeiten, bei Exkursionen und

Reisen" gerade im freud- oder leidvollen Zusammenleben mit gleichaltrigen Kameraden bewähren und zur sittlichen Charakterbildung beitragen. Gleichwohl müsse sein Handeln auch hier beaufsichtigt werden, um ihn vor Fehlern zu schützen (vgl. a. a. O., 395). Dies gelte umso mehr, als es überall dort, „wo es in öffentlichen Schulkreisen an Gelegenheiten zum Handeln außerhalb der Unterrichtszeit" mangele, meist zu „geheime[n] Verbindungen" komme (a. a. O.).

Obschon sich ZILLER mehrfach in seinen Schriften für die Pflege des Schullebens ausspricht und entsprechende Angebote in seiner Übungsschule realisiert, kommt doch dem Schulleben in der Gesamtheit seines Erziehungsdenkens nur eine nachrangige Rolle zu (vgl. POHL 1972, 196; WITTENBRUCH 1972, 483-487). Im Unterschied zu STOY und – wie noch zu zeigen sein wird – auch REIN geht es ZILLER (1892, 177) besonders um die Priorität des Unterrichts vor allen sonstigen Erziehungsmitteln.[153] Die Zucht, wie er begründet, sei gewiss durch ihren unmittelbaren Einfluss auf das Gemüt „auch bei der zweckmäßigen Organisation eines den Unterricht fortwährend begleitenden Schullebens" bedeutsam (ZILLER 1865, 216). Dennoch habe sie im Rahmen der gesamten Erziehung eine rein sekundäre, unterstützende Funktion inne (vgl. ZILLER 1865, 216), da die Charakterbildung zuallererst „von einer Veränderung und Umgestaltung des Gedankenkreises durch den Unterricht ausgehen" müsse (1892, 178). Daher könne

„eine selbständig auftretende Zucht, die sich nicht anschließt an den Unterricht und sich ihm nicht unterordnet, oder die nicht ausgeht von der Bildung des Gedankenkreises [...] nicht wirklich zur Tugend bilden, weil sie keine dauerhaften Folgen hat" (ZILLER 1865, 216).

2.1.3.3 Turnen, Spiel und Sport in REINs Erziehungsvorstellungen

Als Schüler sowohl von STOY als auch von ZILLER versuchte Wilhelm REIN, die unterschiedlichen Erziehungskonzeptionen der beiden Herbartianer in seiner Pädagogik zu verbinden (vgl. METZ 1992, 16). Ebenso wie seine Lehrer stand auch er der Leibeserziehung positiv gegenüber, was nicht zuletzt auf seine gründliche Beschäftigung mit dem Schulleben der englischen Public Schools zurückzuführen ist (vgl. POHL 1972, Anm. 33, 299). Mit der Übernahme des Lehrstuhls für Pädagogik an der Universität

---

[153] Vgl. auch die Überschrift zum achten Kapitel über „Das Ueberwiegen des Unterrichts bei der Erziehung" (ZILLER 1865, 203-223).

Jena setzte REIN die Arbeit von STOY fort, indem er 1886 eine mit dem pädagogischen Universitätsseminar verbundene Übungsschule gründete.[154] Sie unterstand unmittelbar dem Weimarer Kultusministerium und genoss damit die Freiheiten einer Versuchsschule. Die der Kultusbehörde eingereichten Rechenschaftsberichte[155] sind interessante Zeugnisse der schulpraktischen Arbeit der Jenaer Übungsschule, an der wöchentlich vier Turnstunden erteilt wurden (vgl. REISCHKE 1905, 20; MESTER 1962, 203).

Trotz seines augenscheinlichen Engagements für Leibesübungen nimmt REIN das schulische Turnen zunächst nicht in seine Lehrplantheorie auf. Erst 1903, in der siebten Auflage des „ersten Schuljahres" der „Theorie und Praxis des Volksschulunterrichts nach Herbartischen Grundsätzen", überträgt REIN gemeinsam mit PICKEL und SCHELLER die Ideen eines Konzentrationsunterrichts auch auf das Turnen.[156] Zwar kritisiert REIN die Einteilung der Fächer in ZILLERs Lehrplangefüge und relativiert die Stellung der Gesinnungsfächer, doch hält er am Kulturstufenaxiom und Konzentrationsgedanken seines Lehrers fest. In seinem Lehrplansystem unterscheidet er die Schulfächer nach einem „historisch-humanistischen" und „naturwissenschaftlichen" Zweig und gelangt somit zu sechs nebengeordneten Unterrichtsgruppen.[157] Singen, Zeichnen, Modellieren und Turnen fasst er als „Kunstunterricht" zusammen. Diese Fächer der „Kunst", mit denen auch der einseitigen „Pflege der Verstandeskräfte" entgegengewirkt werden könne (REIN 1912, 149), werden als zweite Reihe des historisch-humanistischen Zweigs unmittelbar neben den Gesinnungsunterricht gestellt (vgl. REIN 1912, 99-103).

Im Gegensatz zu ZILLERs Konzentrationsidee, bei der die einzelnen Unterrichtsfächer zwanghaft an die zentralen Gesinnungsstoffe angeschlossen werden (vgl. zur Kritik REIN 1912, 226-227), bemüht sich REIN

---

[154] Zur Geschichte des pädagogischen Universitätsseminars zu Jena vgl. REIN (1926a, 31-32; 1926b, 49-50). Vgl. zu einer ausführlicheren Darstellung der Übungsschule WITTENBRUCH (1972, 378-394).

[155] Vgl. Wilhelm REIN (Hrsg.): Aus dem pädagogischen Universitätsseminar zu Jena. Heft 1-16. Langensalza 1888-1918.

[156] In den frühen Auflagen der „acht Schuljahre" wird der Turnunterricht in der Lehrplansystematik von REIN/PICKEL/SCHELLER nicht berücksichtigt (vgl. REISCHKE 1905, 3, 20-21) bzw., wie sich zum Beispiel an der Lehrplanübersicht im Anhang der Ausgabe des „dritten Schuljahrs" von 1901 erkennen lässt, außerhalb der „historisch-humanistischen" und „naturwissenschaftlichen" Fächer angesiedelt, ohne auf seine Aufgaben und Ziele näher einzugehen.

[157] Dazu zählen im Bereich der historisch-humanistischen Fächer Gesinnungs-, Kunst- und Sprachunterricht, im Bereich der naturwissenschaftlichen Fächer Geografie-, naturkundlicher- und mathematischer Unterricht (vgl. REIN 1912, 99).

um eine historisch-genetische Konzentration. Demnach sollen nicht nur der Gesinnungsunterricht, sondern alle Lehrfächer einem kulturgeschichtlichen Aufbau folgen, um fächerübergreifende Bezüge sicherzustellen: Wenn „jedes Fach in eine aufsteigende Reihe von Problemen zerlegt" wird, dann „ist ein innerer Anschluß nicht nur möglich, sondern in natürlicher Weise nahe gelegt" (REIN 1912, 227). So wird jedem Schuljahr nach dem historisch-genetischen Prinzip ein bestimmter Konzentrationsstoff aus der nationalen Menschheits- und Kulturgeschichte zugeordnet, der als wesentlicher Unterrichtsgegenstand in den unterschiedlichen Fächern behandelt wird.

Spätere Editionen der „acht Schuljahre" offenbaren, wie REIN, PICKEL und SCHELLER dieses Prinzip des kulturhistorischen Lehrplanaufbaus auch auf das Turnen anwenden. Dazu führen sie in der Ausgabe des „ersten Schuljahrs" von 1903 aus:

> „Diese Auswahl und Anordnung stimmt überein mit der Theorie der kulturhistorischen Stufen, wie folgende kurze Darstellung der Entwicklung der Leibesübungen in unserem Volke neben dem Lehrplane zeigen möge:
>
> | *Generische Entwicklung* | *Turnen* |
> |---|---|
> | Alle Urvölker treiben auf der ersten Entwicklungsstufe phantasievolle Spiele und Tänze mit Gesang und einfachem Rhythmus bei ihren Festen und zu ihrer Unterhaltung. | Fortführung der Spiele des Kindergartens. Neue Laufspiele im Anschluss an die Erzählungsstoffe. Ordnungsübungen bei Aufstellung zu diesen Spielen und Ausflügen. Einfachste volkstümliche Übungen. [...] |
> | Feste der Germanen: Wettkampf im Sprung, Gerwurf, Steinwurf, Steinstossen, Waffentanz und Gesang. Schwimmen. | Volkstümliche Übungen im Anschluss an die *Nibelungen*. Turnerische Laufspiele. Freiübungen: Bewegungselemente der volkstümlichen Übungen und des Schwimmens, auch an Reck, Barren, Schwebebaum. Feste Ordnungsformen. |
> | Waffenkampf der Ritterzeit als Einzeltournier und Massenkampf; die 7 Künste ritterlicher Erziehung. | Volkstümliche Übungen mit Berücksichtigung der *Ritterzeit*. Lauf- und Ballspiele mit Kampfcharakter. Freiübungen: Bewegungselemente des Einzel- und Massenkampfes. Ordnungsübungen: Aufstellung; Wechsel während der Freiübungen. Massenturnen an den Geräten. Wanderungen. [...] |
> | Durch Aufnahme der griechischen Gymnastik Entwicklung des deutschen Turnens (Guts Muths, Jahn und Spiess); das stehende Heer (militär. Turnen.) | Volkstümliche Übungen und Spiele nach Parteien unter Spielkaisern. Massenturnen bei den Freiübungen und an den Geräten im Wechsel mit Riegenturnen unter Vorturnern. Militärische Ordnungsübungen. Märsche mit eigenem Musikchor. Öffentliche Vorführungen unter künstlerischer Gruppierung des Jahresstoffes an patriotischen Festtagen für alle Schuljahre. [...]" |

(REIN/PICKEL/SCHELLER 1903, 316-317)

Während aber ZILLER das Turnen nur sporadisch an die Gesinnungsstoffe anzuknüpfen wünscht, verlangen REIN und seine Mitarbeiter, beim Turnen die Konzentrationsstoffe überall dort an den Gedankenkreis der Schüler anzuschließen, wo es möglich erscheint (vgl. REIN/PICKEL/SCHELLER 1903, 315; 1906, 199; 1907, 76; 1910, 174; 1911, 159). Dementsprechend gelte es, die Bewegungsspiele *im ersten und zweiten Schuljahr* möglichst in Anbindung an die Märchen, Tierfabeln und Robinsonerzählung, *in der dritten und vierten Klasse* volkstümliche Übungen in Anknüpfung an die deutschen Sagen und Heldengeschichten bzw. an das Nibelungenlied, *im fünften und sechsten Schuljahr* volkstümliche Übungen und Spiele mit Blick auf die Ritterzeit, *in der siebten und achten Klasse* volkstümliche Übungen und Spiele unter Leitung von Vorturnern und Spielkaisern, insbesondere aber das „militärische Turnen", auszuwählen und zu gestalten.[158]

Dessen ungeachtet kann sich der Turnunterricht nur durch den Bezug zu den profangeschichtlichen Stoffen des Gesinnungsunterrichts als „organisches Glied des Erziehungsganzen" (REIN/PICKEL/SCHELLER 1907, 76), d. h. als gleichberechtigtes Fach im REINschen Lehrplankonzept erweisen. Auch Turnen leistet somit einen Beitrag zur sittlichen Charakterbildung, weil es nicht allein auf gesundheitlich-hygienische Zielsetzungen festgelegt bleibt (vgl. REIN/PICKEL/SCHELLER 1903, 312; vgl. auch REIN 1912, 134).

Weitere Parallelen zwischen den Lernfächern und dem Turnunterricht bestehen hinsichtlich der Regelungen zur Aufrechterhaltung von Ordnung und Disziplin. Die Regierungsmaßregeln[159], die REIN (1908, 535-543) in seiner Seminarordnung darlegt, unterscheiden sich kaum von den ZILLERschen: Auch in der REINschen Übungsschule sollen die Schüler „anständig" und ruhig sitzen, die Blicke auf den Lehrer fixieren, die Hände auf die Bank legen (vgl. a. a. O., 539); nur auf Aufforderung des Lehrers darf ein Schüler aufstehen, wobei er eine „gerade Stellung" einnehmen soll, und nur nach Kommando dürfen die Schüler ihre Arbeitsmaterialien hervorholen (vgl. a. a. O., 540). Da nach Anschauung von REIN u. a. die

---

[158] Die Darstellung folgt hier der Beschreibung der Turnlehrpläne in den einzelnen Schuljahren (vgl. REIN/PICKEL/SCHELLER 1903, 315-316; 1906, 200-201; 1907, 76; 1910, 175; 1911, 160-161). Vgl. auch die Lehrplanübersichten bei REIN (1912, 150, 206).

[159] In Anlehnung an STOY unterscheidet REIN ebenfalls „Unterricht" (Didaktik) und „Führung" (Hodegetik) als die beiden Haupterziehungsmittel, wobei er jedoch neben der „Zucht" auch die Maßregeln der „Regierung" als Elemente der „Führung" betrachtet (vgl. REIN 1912, 286-287).

„Gewöhnung an Unterordnung (Disziplin)" die Voraussetzung jeglichen Unterrichts ist, stellen die Ordnungsübungen im Turnunterricht quasi die „Regierungsformen des Turnplatzes" dar.[160] Ähnliches gelte auch für das Spiel, das „ohne Ordnung (Gesetze)" nicht durchzuführen sei (REIN/PICKEL/SCHELLER 1903, 314). Mit der Realisierung von Ordnungsübungen und Spielen werde „die Regierung selbst" zum Unterrichtsstoff (REIN/PICKEL/SCHELLER 1903, 315).

Besonders hervorzuheben ist zudem, dass sich REIN und seine Mitarbeiter für die tägliche „Turnzeit" aussprechen. So halten sie es für sinnvoll, „wenn jeden Tag eine Zeit lang geübt oder gespielt werden könnte" (REIN/PICKEL/SCHELLER 1903, 317). Erst in der Mittel- und Oberstufe der Volksschule sollten feste Turnzeiten eingeführt werden; bis dahin sei Unterstufenschülern eine tägliche, ihren Bedürfnissen angemessene Spielzeit zu ermöglichen (vgl. a. a. O.). Dafür eignet sich ihrer Ansicht nach vor allem die Pause, bei der es allerdings nur den jüngeren Schülern gestattet wird, frei auf dem Schulhof zu spielen und zu laufen; die älteren Schüler dürfen sich bloß „in Paaren geordnet" bewegen (vgl. a. a. O.).

Einige Jahre später widmen sie dem „Pausenturnen" sogar ein eigenes Kapitel im Rahmen ihrer Vorstellungen zur „Anwendung des Turnens im Schulleben" (REIN/PICKEL/SCHELLER 1910, 201-203). Da die tägliche Turnzeit zwar wünschenswert, aber derzeit unmöglich zu realisieren sei, empfehlen REIN, PICKEL und SCHELLER (1910, 201), „die *Schulpausen* zwischen den Stunden zu Freiübungen zu benutzen oder auch während der Unterrichtsstunden in den Klassen einige Körperbewegungen machen zu lassen". Darüber hinaus könnten mit allen Kindern täglich fünfminütige Gemeinübungen vorgenommen werden (vgl. a. a. O., 202).

Neben dem Pausenturnen setzt sich REIN gemeinsam mit PICKEL und SCHELLER aber gleichermaßen für die Berücksichtigung des Turnens bei Vaterlands-, Volks- und Schulfesten ein (vgl. REIN/PICKEL/SCHELLER 1903, 313; 1910, 203). Insbesondere an vaterländischen Gedenktagen könne ein Schauturnen oder Schauschwimmen stattfinden, bei dem die

---

[160] Was den spezifischen Übungskanon betrifft, so ist der Turnunterricht, der im Wesentlichen aus Ordnungs-, Frei- bzw. volkstümlichen Übungen, Gerätübungen und Spielen besteht (vgl. REIN/PICKEL/SCHELLER 1903, 311-312, 314; 1906, 201; 1910, 177), in den „acht Schuljahren" dem formalistischen Turnen nach SPIESS verhaftet.

Schüler ihre turnerischen Fortschritte präsentieren (vgl. REIN/PI-CKEL/SCHELLER 1910, 203).

Sieht man einmal von diesen nationalistisch-militaristischen Tendenzen ab, die bei der Beschreibung des Werts solcher Veranstaltungen zutage treten (vgl. REIN/PICKEL/SCHELLER 1903, 315), dann dokumentieren die oben skizzierten Beispiele, wie REIN das Turnen auch in den Erziehungskontext der Zucht stellt. Mit der Akzentuierung des Schullebens, die insbesondere im dritten Teil der „Pädagogik in systematischer Darstellung" (1912, 317-337) aufscheint, distanziert sich REIN entschieden von der ZILLERschen (und HERBARTschen) Priorität des Unterrichts.[161] Der „Hauptteil" der „Persönlichkeitsentwicklung" in der Schule dürfe nicht allein den „Unterrichtsstunden" vorbehalten bleiben, da ihr hier „zu viel Zwang angetan" werde (a. a. O., 335-336). Aus diesem Grunde benötige sie, wie die Landerziehungsheime in vorbildlicher Weise zeigten, „ein praktisches Tummelfeld". Somit sei „der Gestaltung des Schullebens dieselbe Sorgfalt zu widmen, wie dem Ausbau des Unterrichts", weil „die erziehende Kraft [...] im Tun der Erzieher, in ihrem Beispiel, in ihrer Hingabe an die Jugend [liegt], die weit mehr in den vielfachen Veranstaltungen der Zucht, als in denen des Unterrichts in Wirksamkeit tritt" (REIN 1912, 336). Gerade in der Schulgemeinde, wie REIN an anderer Stelle formuliert, gebe es zahlreiche Gelegenheiten zum Handeln, bei denen „namentlich auch auf dem Spiel- und Tummelplatz, bei gemeinsamen Wanderungen und Ausflügen, Festen und Feierlichkeiten der rege Wechselverkehr stattfindet, der die eigene, für die Bildung des Willens so wichtige Tätigkeit herausfordert" (a. a. O., 314).

Insgesamt teilt REIN (1912, 317) die Angebote des Schullebens in zwei Gruppen: zum einen Veranstaltungen, die als „Ergänzung des Unterrichts" gedacht sind (Schulwanderungen, Schulgarten, Schulwerkstatt, Schülervereine, Ämter), zum anderen Formen, die der „Erholung und Erhebung" dienlich sind (Spiele, Andachten, Schulfeste).[162] Dabei signalisiert der Begriff „Spiele", die er dem zweiten Typ von Schulveranstaltungen zuordnet, bereits eine Öffnung des Inhaltskanons. Unter diesen Terminus fasst er eine Fülle an unterschiedlichen Bewegungsaktivitäten wie athletische Übungen, Turnen, Schwimmen, Rudern, Segeln, Schlitt-

---

[161] Vgl. zu REINs Lehre vom Schulleben besonders die Analysen von POHL (1972, 195-197) und WITTENBRUCH (1972, 474-518; 1980, 35-42).

[162] Daneben werden aber auch „Turnfahrten" im Rahmen von Schulwanderungen sowie Turnen und Spiel im Kontext von Schulfesten/-feierlichkeiten erwähnt. Vgl. REIN (1912, 318 und 332).

schuh-/Schneeschuhlaufen oder diverse Bewegungsspiele, d. h. Fußball, Tennis, Kricket und Golf (vgl. a. a. O., 327-328).

Obgleich bei der Aufnahme von Sportarten wie Rudern, Fußball, Tennis, Kricket oder Golf die englischen Vorbilder offenkundig Pate gestanden haben und REIN seine Begeisterung für die britischen Internatsschulen[163] mit ihrer Pflege des „Gemeinsinns" zum Ausdruck bringt (a. a. O., 326), spricht er sich dennoch gegen den „Sport" aus. Voller Überzeugung erklärt er zunächst, Sport gehöre nicht zur Jugenderziehung, um sogleich relativierend hinzuzufügen: Er „ist wenigstens in solchen Grenzen zu halten, daß die geistige Entwicklung der Zöglinge keine Schädigung dadurch erleidet" (a. a. O., 329). Gewiss weiß REIN aus der Erfahrung an seiner Übungsschule um die Attraktivität des Sports bei Jugendlichen. Gleichwohl wird in restaurativer Absicht versucht, die Bewegungsspiele als eine symbolische Schule des Lebens in Gemeinde und Staat anzupreisen. Dabei sind die Bezüge zu SCHEIBERT[164] unverkennbar, wenn die Spielgemeinschaft – ähnlich wie STOYS Turngemeinschaft – als hervorragende Charakterschulung bewertet und mit dem staatlichen Gemeinwesen verglichen wird (vgl. REIN 1912, 327).

Die Praxis an der Jenaer Übungsschule beweist, dass REINS Vorstellungen von Turnen, Spiel und Sport als Elemente eines lebendigen Schullebens nicht nur Theorie geblieben sind. Dass beispielsweise dem Schwimmen an der universitären Übungsschule eine hohe Bedeutung zukam, erfahren wir aus dem zehnten Jahresbericht, in dem LANDMANN (1903, 23-26) die obligatorischen Schwimmkurse in der Zeit von 1901-1903 beschreibt. Daneben behaupteten sich aber auch spätestens seit dem Umzug der Schule in die Grietgasse (1898/99) die von REIN geforderten Pausenspiele und das „Pausenturnen" im Schulalltag (vgl. POHL 1972, 196). Seit 1906 schließlich, nachdem REIN verschiedene Reformschulen besucht hatte, wurden das Turnen, die Spielnachmittage und das Schwimmen noch weiter ausgebaut (vgl. POHL 1972, 197).

---

[163] Er nennt explizit Eton, Rugby, Harrow und Westminster (vgl. REIN 1912, 326).
[164] An anderer Stelle erinnert REIN (1912, 317) auch explizit an SCHEIBERT. Vgl. zu SCHEIBERT Anmerkung 142.

2.1.4 Leibesübungen in den Lietz-Schulen zur Zeit der Reformpädagogik

Hermann LIETZ, ein Schüler von REIN, orientiert sich bei der Gestaltung seines alternativen Schulmodells am Modell der englischen Internatserziehung, wie er sie bei Cecil REDDIE in Abbotsholme kennen gelernt hat.[165] Die Versuchsschulen „für praktische Pädagogik auf dem Lande" (LIETZ 1906, 291) nennt er „Deutsche Landerziehungsheime" und verweist damit bereits auf die wesentlichen Leitlinien seiner Schulkonzeption: Es geht ihm darum, Schulen zu etablieren,

> „in denen ‚erzogen' und nicht bloß unterrichtet wird, in denen die Jugend auf dem Lande in der freien, schönen Gottesnatur aufwachse, in denen sie wie in einem Familienheim (home), einer zweiten Heimat, mit ihren Erziehern wie eine erweiterte Familie zusammenlebt; in denen echte deutsche Art und Sitte gepflegt werde" (LIETZ 1906, 290).

Nur in der Abgeschiedenheit des Landes scheint es ihm möglich, den moralischen Verirrungen und negativen Zivilisationserscheinungen der Großstadt zu entkommen und den Gemeinschaftsgedanken zu pflegen. Daher gründet LIETZ in der ländlichen „Idylle" drei Internate für verschiedene Altersstufen – Ilsenburg für die Unterstufe (1898), Haubinda für die Mittelstufe (1901), Bieberstein für die Oberstufe (1904) –, mit denen er im Sinne einer umfassenderen Lebensreform die sittliche Charakterbildung und die national-religiöse Gesinnung des Volkes zu erneuern versucht.[166]

Ausgangspunkt seiner Reformüberlegungen sind die eigenen negativen Schulerfahrungen, die er als Kritik an der Lernschule des 19. Jahrhunderts generalisiert und in seinem Programm der neuen Erziehungsschule positiv wendet. Als Mängel der herkömmlichen Unterrichtsschule führt LIETZ vor allem die einseitige Bildung des Intellekts, die drillmäßige Vermittlung von lebensfernem Wissensstoff, die Zwänge des Prüfungswesens, die Lieblosigkeit der Lehrkräfte gegenüber den Schülern, die unzureichende Charakterbildung und die Vernachlässigung der körperlichen

---

[165] Besonders augenfällig wird dies in seinem Frühwerk „Emlohstobba" (1897), dessen Titel ein Anagramm von „Abbotsholme" ist.

[166] In diesem Sinne bemerkt LIETZ (1906, 298): „Durch Erziehungsstätten, welche zu vernünftiger Lebensweise gewöhnen, kann und soll somit eine Reform der öffentlichen Lebensweise und Sitte angebahnt und begünstigt werden." Vgl. zu LIETZ' Erziehungsprogramm die allgemeinen Darstellungen bei BECKERS/RICHTER (1979, 71-72), LASSAHN (1970, 180-189), LASSAHN/OFENBACH (1986), LASSAHN/STACH (1979, 51-64), REBLE (1989, 313-315), WILHELM (1960, 47-49).

Erziehung an.[167] So zeige bereits ein Blick auf die Stundentafel, wie er in „Emlohstobba" darlegt, das Missverhältnis zwischen intellektuellen und körperlichen Aktivitäten in der Unterrichtsschule: Hier stünden „ca. 40 Stunden geistiger Arbeit" nur „2 bis 4 Turnstunden" gegenüber. Hinzu komme, dass das Turnen mechanisch als „eine Art trockener Grammatik des Körpers" betrieben werde. Die Dauerläufe in der Halle ähnelten dabei denen „in Gefangenen- und Zuchthäusern" (LIETZ 1897, 107). Spiele und Leibesübungen im Freien blieben unberücksichtigt (vgl. a. a. O., 107-108). Zudem hat LIETZ in der eigenen Schulzeit erlebt, wie auch im Turnunterricht die körperliche Züchtigung als Erziehungsmittel eingesetzt wurde: „Wer beim Turnen nicht schnell ans Ende der Stange hinaufklettern konnte, wurde so lange mit einem langen Rohrstock geprügelt, bis er oben ankam" (LIETZ 1922, 31). Solche Missstände der Unterrichtsschule macht er für den moralischen Verfall und die Trinkgelage der Jugend verantwortlich, wenn er den Lehrern vorhält:

„Ihr, die Ihr dem Knaben nicht beigebracht habt, alle seine Gliedmaßen gut zu gebrauchen, die Ihr ihn nicht gelehrt habt, ihm zusagende körperliche Arbeit zu thun, die Ihr ihm nicht die Möglichkeit eines gesunden Spiels gebt: Ihr treibt Eure Schüler in die Schenken [...]" (a. a. O., 105).

Vor diesem Hintergrund entwirft LIETZ ein Modell der Erziehungsschule, dessen Leitvorstellungen im „Gründungsaufruf" bzw. in den „Erziehungsgrundsätzen" des Ilsenburger Landerziehungsheims prägnant beschrieben werden.[168] Demnach ist es das zentrale Anliegen des Begründers, für eine allseitige Entwicklung der Heranwachsenden zu sorgen, indem Einseitigkeiten in der Erziehung vermieden werden (vgl. LIETZ 1910a, 5). Die Schüler sollen im Ilsenburger Internat „zu harmonischen, selbständigen Charakteren" erzogen werden, „die an Leib und Seele gesund und stark, die körperlich, praktisch, wissenschaftlich und künstlerisch tüchtig

---

[167] Die Mängel der Unterrichtsschule beschreibt LIETZ ausführlich in „Emlohstobba" (1897) und im Kapitel „Auf deutschen Schulen" in den „Lebenserinnerungen" (1922). Vgl. zusammenfassend zu LIETZ' Kritik an der Lernschule BAUER (1961, 66-73), LASSAHN/OFENBACH (1986, 68), LASSAHN/STACH (1979, 62-63).

[168] Dieser Aufruf zur Gründung des Ilsenburger Landerziehungsheims wurde von LIETZ 1898 als Werbeprospekt verschickt und in verschiedenen Zeitungen veröffentlicht. In leicht veränderter Fassung ist dieser „Gründungsaufruf" unter dem Titel „Die Erziehungsgrundsätze des Deutschen Landerziehungsheims von Dr. H. Lietz bei Ilsenburg im Harz" im „Ersten Jahrbuch der Deutschen Landerziehungsheime" (1898/99) erschienen (vgl. dazu DIETRICH 1967, 161). Die folgende Darstellung stützt sich auf die Version von 1899.

sind, die klar und scharf denken, warm empfinden, mutig und stark wollen" (LIETZ 1899, 17).

Der täglich ca. fünf Stunden umfassende Fachunterricht wird als „erziehender Unterricht"[169] gestaltet, in dem lebensnahe Stoffe im Vordergrund stehen, neue Lehrmethoden und -mittel angewandt werden, die Selbsttätigkeit der Schüler ohne äußeren Prüfungszwang angeregt wird. Aber nicht allein der Unterricht, sondern das gesamte Schulleben, das durch ein vertrauensvolles, freundschaftliches „Zusammenleben, -Spielen, -Arbeiten von Zöglingen und Erziehern" und eine streng asketisch-hygienische Lebensweise gekennzeichnet ist, sollen zur sittlich-religiösen Charakterbildung der Schüler beitragen (LIETZ 1899, 17; vgl. auch LIETZ 1897, 153).

Wie der „Tageswerkplan" des Ilsenburger Landerziehungsheims im Winter von 1898/99 beispielhaft zeigt[170], ist die Rhythmisierung des Tagesablaufs, d. h. der permanente Wechsel von wissenschaftlichen und körperlichen Tätigkeiten sowie von Anstrengung und Erholung in organisatorischer Hinsicht charakteristisch für das Erziehungsheim (vgl. auch LIETZ 1899, 17; 1910a, 21-23; 1913a, 51). Zum geregelten Tagesverlauf gehören neben den auf 40-45 Minuten gekürzten Unterrichtsstunden am Vormittag und späten Nachmittag praktische Arbeiten, künstlerische Beschäftigungen, Andachten, Debattierabende, Konzerte, Theateraufführungen und etwa zwei Stunden Leibesübungen. Solche „Körperübungen" werden „morgens nach dem Aufstehen, in den Pausen, an einem Teil jedes Nachmittages, an einem wöchentlichen Freinachmittage und an den Sonntag Nachmittagen" durchgeführt (LIETZ 1899, 17; vgl. Tab. 1).

---

[169] In den „Erziehungsgrundsätzen" wird der Terminus „erziehender Unterricht" nicht verwendet. Er wird vielmehr umschrieben als ein an psychologischen Kriterien orientierter, das Interesse der Schüler weckender, „den Gesetzen der Erziehungskunst und -Wissenschaft entsprechender Unterricht" (LIETZ 1899, 17). Vgl. zur ausführlicheren Beschreibung des „erziehenden Unterrichts" in der Erziehungsschule LIETZ (1897, 151-153).

[170] Dieser „Tageswerkplan" ist als Anlage III des Jahrbuchs von 1898/99 abgedruckt (LIETZ 1899).

Tab. 1: Leibesübungen im Tageswerkplan des Ilsenburger Landerziehungsheims im Winter 1898/99 (modifiziert nach LIETZ 1899, Anlage III)

Montag	Dienstag	Mittwoch	Donnerstag	Freitag	Sonnabend
7:30-7.50 Wanderung oder Lauf zur Schule	7:30-7.50 Wanderung oder Lauf zur Schule	7:30-7.50 Wanderung oder Lauf zur Schule	7:30-7.50 Wanderung oder Lauf zur Schule	7:30-7.50 Wanderung oder Lauf zur Schule	7:30-7.50 Wanderung oder Lauf zur Schule
12:45-1:05 Wanderung oder Lauf zur Schule	12:45-1:05 Wanderung oder Lauf zur Schule	12:45-1:05 Wanderung oder Lauf zur Schule	12:45-1:05 Wanderung oder Lauf zur Schule	12:45-1:05 Wanderung oder Lauf zur Schule	12:45-1:05 Wanderung oder Lauf zur Schule
4:05-4:40 Fußball		2:30-4:40 Freinachmittag für Wanderungen, Radfahren, Fotografieren, Spielen, freiwillige Werkstattarbeit, Lesen	4:05-4:40 Fußball		3:05-4:00 Turnen
		6:35-7:00 Fortsetzung etwaiger häuslicher Arbeit, Klavierübung, Spiel	6:35-7:00 Fortsetzung etwaiger häuslicher Arbeit, Klavierübung, Spiel	7:00-7:40 Ringen und Boxen	4:05-5:00 Spiel-Fuß-ball
		7:00-7:30 Instrumental-musikstunden, Spiel	7:00-7:30 Instrumental-musikstunden, Spiel		

Sonntag
9:15 Kirchgang od. Tageswanderung (etwa alle drei Wochen), Spiel, Lesen
2:30-6:00 Freinachmittag für (Gesellschafts-)Spiele, Wanderung, Radfahren etc.

Die „Pflege der physischen Erziehung" mit Leibesübungen und handwerklichen Arbeiten stellt im Vergleich zur herkömmlichen Lernschule, wie auch ein Zeitgenosse zutreffend bemerkt, eine hervorstechende Neuerung der Landerziehungsheime dar (FREI 1902, 55). Ihre Einbettung in die LIETZsche Schulkonzeption wird besonders aus einer tabellarischen Übersicht ersichtlich, in der das „Arbeitsgebiet", d. h. die erzieherischen Ziele und Mittel des Ilsenburger Heims im Gründungsjahr, dargestellt werden.[171] LIETZ unterscheidet hier vier übergreifende Aufgaben des Internats, denen er bestimmte Fächer zuordnet: Seine Schule soll (1.) als „Gymnasion" und „Entwicklungsstätte des Körpers" (Gesundheitslehre), (2.) als „Familie und Kirche" (Religion), (3.) als „Gemeinde und Staat" im Sinne der „Entwicklung des Zöglings zum Bürger des Schul- und damit des Gesamtstaates" (Ökonomie, Geschichte) und (4.) als „Kunsthalle und Werkstätte" (Sprache, Erdkunde, Naturgeschichte und -kunde, Mathematik) dienen. Als wesentliche Erziehungsmittel der ersten Aufgabe, der körperlichen Entwicklungsförderung, fungieren neben hygienischen Maßnahmen und rekreativen Gesellschaftsspielen insbesondere sportliche und turnerische Aktivitäten (vgl. Tab. 2).

Tab. 2: *Auszug aus der tabellarischen Übersicht über die Aufgaben des Landerziehungsheims (modifiziert nach LIETZ 1899)*

1. Schule als Gymnasion: Entwicklungsstätte des Körpers					
Körperpflege, -Abhärtung	Übungen	Spiele	Gymnastik	Erholungen
Atmung Ernährung Schlaf Reinigung (Baden usw.) Sauberkeit Ordnungsliebe	Wanderung/ Bergsteigen Laufen Schwimmen/Rudern Rad fahren/Reiten Schlittschuhlaufen Schneeschuhlaufen Schlittenfahren	Fangball Schlagball Fußball Ballrundspiel Barlauf Räuber u. Soldaten Schneeballwerfen usw.	Turnen Ringen Fechten	Gesellschaftsspiele Schach

Ganz bewusst „nimmt Turnen nur etwa eine Stelle ein, wie früher Erdkunde inmitten der übrigen Unterrichtsfächer" (LIETZ 1897, 155). Der obligatorische Turnunterricht, so BAUER (1961, 154-155), wurde zwar theoretisch den übrigen Fächern gleichgestellt, doch kam ihm in der erzieherischen Praxis nur eine untergeordnete Rolle zu. Dies ist auch darauf zurückzuführen, dass nach dem Vorbild der englischen Internatserziehung ein Schwerpunkt der außerunterrichtlichen Erziehung auf spielerischen und sportlichen Tätigkeiten lag (vgl. dazu BAUER 1961, 156-158).

So zeugen verschiedene Berichte über das Schulleben in Ilsenburg, Haubinda und Bieberstein tatsächlich von einem erstaunlich vielfältigen Spektrum an außerunterrichtlichen Bewegungsaktivitäten:

---

[171] Vgl. zur folgenden Beschreibung die tabellarische Übersicht über das „Arbeitsgebiet des deutschen Landerziehungsheims" im Anhang des Jahrbuchs von 1898/99 (LIETZ 1899).

„Auch durch Spiel, Sport und Turnen sind", wie Lietz das Ilsenburger Heimleben von 1898 beschreibt,

> „die Körper unserer Knaben sehr gestählt worden. Das Rugby-Fussballspiel und dazu auch das Ball-Rundspiel (rounders) werden mit großem Eifer und wachsendem Geschick von Lehrern und Knaben gespielt. Rundlauf, Geerwurf, Klettern, Springen werden besonders gern geübt. – Im Radfahren werden die Knaben immer ausdauernder [...]. Neben dem Radfahren wurde auch das Wandern, insbesondere das Bergsteigen, keineswegs vernachlässigt [...]. Mit Freude begrüßten alle die Eröffnung eines neuen, gut angelegten Schwimmbassins in Ilsenburg. In ihm wurde zwischen 12 und 1 Uhr nach der Beendigung des Vormittagsunterrichts geschwommen: mehrere erlernten dort diese schöne und notwendige Fertigkeit, die jeder Zögling des Landerziehungsheims ausüben soll" (Lietz 1899, 6).

Da Lietz seinen „Schulstaat" als Miniaturabbild der bürgerlichen Gesellschaft verstand (1906, 292; 1922, 142), sorgte er für verschiedene Angebote, durch die die Schüler auf zukünftige staatsbürgerliche Pflichten vorbereitet werden sollten. In diesem Sinne wollte er ihnen auch Mitbestimmungsmöglichkeiten einräumen und sie für das spätere „Vereinsleben" erziehen (vgl. Bauer 1961, 166-167; Beckers/Richter 1979, 72). Auf besonderes Interesse stießen hier vor allem die „Sportvereine", die von Schülern je nach Neigung für unterschiedliche Sportarten gegründet wurden (vgl. Bauer 1961, 156 und 167). Dementsprechend wurde beispielsweise in Bieberstein die Teilnahme an den Leibesübungen in den Statuten der Schülerselbstverwaltung genau geregelt:

> „1. Dauerlauf:
> § 1. Der Dauerlauf wird klassenweise geordnet und ausgeführt.
> § 2. Die Aufsicht führt ein von der Klasse gewählter Klassengenosse.
> § 3. Wer den Dauerlauf versäumt, holt ihn so bald als möglich nach.
>
> 2. Turnen:
> § 1. Die Leitung des Turnens am Freitag von 3.05 Uhr bis 3.45 Uhr sowie am Montag von 4.15 Uhr bis 5.15 Uhr liegt in den Händen von vier Vorturnern, die von den Schülern selbst gewählt werden müssen.
> § 2. Zur Teilnahme am Turnen sind verpflichtet: am Freitag alle Schüler, außer den Teilnehmern am Orchester; am Montag alle Schüler, mit Ausnahme der Oberprimaner und der Teilnehmer an der Gesangsstunde.

§ 3. Die Vorturner bilden feste Riegen, die jede Stunde im allgemeinen an zwei verschiedenen Geräten üben. Das Gerät wird von den Vorturnern bestimmt. Sie haben für die Ordnung während der Turnstunde Sorge zu tragen.

3. Spiel:

§ 1. Jeder Schüler ist verpflichtet, am Rugby-Spiel oder am Schlagball-Spiel teilzunehmen und einem der betreffenden Vereine beizutreten.

§ 2. Die Aufsicht führt ein von den Vereinsmitgliedern zu wählender Präsident. Für die Ordnung des Spieles gelten die Satzungen der betreffenden Vereine.

§ 3. Wird jemand auf Grund der Satzungen aus beiden Vereinen ausgewiesen, so ist er verpflichtet, während dieser Zeit im Garten tätig zu sein.

§ 4. Über die Wiederzulassung zum Spiel entscheiden die Mitglieder der Vereine. [...]"

(Selbstverwaltung der Schüler im D. L. E. H. Schloß Bieberstein, zit. nach BAUER 1961, 128).

Der tägliche Dauerlauf, gymnastische und leichtathletische Übungen, Baden und Schwimmen, Wandern, Radtouren, Ball- und Pausenspiele, Fußball, Rugby, Reiten, Rudern, Tennis, Wintersportaktivitäten, Ring- und Boxkämpfe, Sportaktivitäten im Rahmen von Volksfesten oder die Teilnahme an öffentlichen Sportwettbewerben gehörten also allenthalben zum festen Bestandteil der Internatserziehung.[172]

Als wesentliches Ziel der Leibesübungen in den Landerziehungsheimen wird neben der bereits erwähnten Gesundheitsförderung – der körperlichen Abhärtung, Stärkung und Gewandtheit – die Charakterbildung der Schüler gesehen: „Für uns", so LIETZ (1922, 222) rückblickend, „war der Sport nur Mittel zum Zweck körperlicher und sittlicher Erstarkung." Die Leibesübungen eignen sich für ihn vorzüglich dazu, wichtige Charaktereigenschaften, wie Willenskraft, Tapferkeit, Mut, Selbstüberwindung, Gemeinschaftssinn, Disziplin und Unterordnung, zu entfalten und zu festigen (vgl. BAUER 1961, 155 und 157; BALZ 1988, 183). Insbesondere im geordneten, disziplinierten Spiel „hat jeder seinen Posten und auf diesem etwas ganz bestimmtes zu thun. Dabei wird freiwillige Unterordnung, wird Zusammenwirken gelernt, wird Geistesgegenwart, Mut, Stärke, Geschick-

---

[172] Vgl. hierzu besonders die Fotos bzw. Passagen über Bewegungs- und Sportaktivitäten in LIETZ' „Gedanken und Bilder aus deutschen Land-Erziehungsheimen" (1910b), in den Schuljahresberichten (LIETZ 1899; 1900) und in den „Lebenserinnerungen" (LIETZ 1922, 129ff.).

lichkeit entwickelt" (LIETZ 1897, 155). Sprünge über das Pferd, Schwünge am Reck oder Reiten dienen vor allem der "Überwindung von Furcht" (LIETZ 1922, 143).

Darüber hinaus erinnern Nützlichkeitserwägungen, die LIETZ bisweilen mit den Leibesübungen verbindet, stark an die philanthropische Denkweise. So plädiert er – im Unterschied zur bloßen "Grammatik" turnerischer Fertigkeiten in der Unterrichtsschule – für ein "naturgemäßes" Turnen mit dem Ziel der lebenspraktischen Verwertbarkeit:

> "[...] Und doch sollte jenes Springen über den Strick, das Erklettern der Stange u. s. w. niemals als Selbstzweck betrieben und als Endziel aufgestellt, sondern höchstens vorübergehend als Mittel angewandt werden, um zur Beherrschung der Natur draußen zu gelangen" (1897, 108).

In tragischer Verblendung sieht LIETZ später im Ersten Weltkrieg, bei dem viele seiner Schüler fielen oder verwundet wurden, eine solche "Bewährungsprobe" seiner Erziehung: "Hat nicht der Krieg den Erweis gebracht, dass diese Art der Erziehung die unbedingt richtige ist? Wohl jeder von den vielen L. E. H.-Jungen hat das in der Front bestätigt gefunden [...]" (LIETZ 1922, 149).[173]

In diesem Zusammenhang kann es auch nicht überraschen, dass Schieß- und Gefechtsübungen, Geländespiele, Märsche und das Exerzieren mit Holzgewehren schon früh zu den körperlichen Übungen in den Lietz-Schulen zählten (vgl. BAUER 1961, 157).[174] Unverkennbar sind daher nationalistisch-chauvinistische Untertöne, wenn LIETZ zum Beispiel in seinem bedeutendsten Werk, "Die deutsche Nationalschule", nachdrücklich die körperliche Erziehung fordert und ausführt: "Jeder gesunde deutsche Knabe soll zur Wehrhaftigkeit und zum gesunden, tüchtigen Vater; jedes gesund geborene deutsche Mädchen zur gesunden, tüchtigen

---

[173] Die meisten Schüler in Bieberstein, so berichtet LIETZ (1922, 299) stolz in seinen "Lebenserinnerungen", meldeten sich auf sein Betreiben hin – genauso wie er selbst – als Kriegsfreiwillige. Zum Zeitpunkt seines Berichts waren bereits mehr als 40 Schüler seines Heims gefallen (vgl. a. a. O., 300).

[174] LIETZ beschreibt zum Beispiel eine solche Gefechtsübung in Ilsenburg folgendermaßen: "Nach dem Vesperbrot wohnen wir einer militärischen Übung der ganzen Schularmee bei. [...] Griffe, die mit kleinen Holzgewehren geübt werden, klappten schon ziemlich gut. Die kleinen Offiziere dieser Truppe, Quartaner und Tertianer, verstehen es, sich Gehorsam zu verschaffen. Jetzt werden zwei Abteilungen gebildet. Sie rücken in verschiedenen Richtungen unter ihren Führern ab. Bald darauf verrät uns das Knallen der Schußwaffen, wo im Gebüsch an der Ilse das Gefecht stattfindet" (1910b, 8).

Mutter eines gesunden und tüchtigen Geschlechts erzogen werden. [...]" (1911, 101).[175]

Bei der Betrachtung der Schulwirklichkeit der Landerziehungsheime fällt auf, dass LIETZ seine theoretischen Forderungen nicht immer realisierte. So ist zwar – wie bereits erwähnt – in seinem Erziehungsprogramm vom Mitspracherecht und von der demokratischen Selbstverwaltung der Schüler die Rede, doch widersprachen diese Ideen LIETZ' Vorstellung von einer aristokratischen Gesellschaftsordnung (vgl. BECKERS/RICHTER 1979, 72).[176] Im Gegensatz zum reformpädagogischen Credo des „Wachsenlassens", wie es beispielsweise von GEHEEB praktiziert wurde, hat er seine Internate eindeutig „geführt" (vgl. LASSAHN 1970, 186).[177] Folgt man ANDREESEN, so reklamiert LIETZ diesen Führungsanspruch sogar beim Sport:

„Auf Radwanderungen verdarb es seine ganze Laune, wenn ihm jemand vorweg fuhr; beim Rugby-Fußball [...] war er verstimmt, wenn seine Partei nicht gewann. [...] Am liebsten turnte und spielte er mit den kleinen Ilsenburgern und freute sich königlich, wenn schließlich beim Freisprung über das quergestellte Pferd [...] nur noch die Besten mit ihm konkurrieren konnten und er schließlich den weitesten Sprung fertigbrachte" (1934, 200).

---

[175] Vgl. zum Irrationalismus, zum Nationalismus und zur Kriegsverherrlichung von LIETZ besonders die kritischen Ausführungen von KOERRENZ (1992, 61-80). Auch wenn KOERRENZ dem Begründer der Landerziehungsheime ein „hohe[s] Maß an politischer Naivität" bescheinigt, hält er es für unbegründet, LIETZ „eine bewußt präfaschistische Gesinnung" zu unterstellen (a. a. O., 77; vgl. ähnlich LASSAHN/OFENBACH 1986, 74-75). Gewiss sind solche nationalistisch-chauvinistischen Töne im Kaiserreich nicht ungewöhnlich. Gleichwohl sind LIETZ' antisemitische Äußerungen, kritikloser Germanenkult, blinde Verehrung des Kaisers und Anstiftung zur Opferbereitschaft seiner Schüler für einen sinnlosen Krieg erschreckend (vgl. MEISSNER 1965, 63ff.). Insofern sind für ANDREESEN, der 1919 die Leitung der Heime übernahm, genügend Anknüpfungspunkte, um LIETZ als einen „Vorkriegs-National-Sozialisten" zu kennzeichnen (KOERRENZ 1992, 74, Anm. 76), seine Gedanken nationalsozialistisch umzudeuten und somit das Überleben der Landerziehungsheime in der NS-Diktatur zu sichern. Dazu bemerken LASSAHN/OFENBACH: Dies sei insofern nicht besonders schwierig gewesen, als „die Begriffe Nation und Volk [...] für LIETZ zum Kern seines Vorstellungsschatzes" zählten; körperliche Erziehung, „paramilitärische Übungen, Zeltlager, Lagerfeuer und Jugendfahrten hatte es immer bei ihm gegeben. Seine Ablehnung des verdorbenen Großstadtlebens, des Intellektualismus und auch antisemitische Züge kamen der NS-Ideologie entgegen" (1986, 74; vgl. auch LASSAHN 1970, 188-189).

[176] Für LIETZ bedeutete Demokratie die „wahllose Gleichmachung der Ungleichen" (1918, 52).

[177] Auch MEISSNER (1965, 42-43), KARSEN (1923, 73) oder PETERSEN (1926, XVIII) sprechen von einer autokratischen bzw. einer patriarchalisch-herrischen Führung der Landerziehungsheime durch LIETZ.

Offenbar hält sich LIETZ selbst nicht an den von ihm aufgestellten Grundsatz, sich beim Turnen und Sport nicht „mit Höchstleistungen" zu brüsten (1913a, 46).

Auch nimmt er – zumindest gelegentlich – die erzieherische Verantwortung für die Gesundheitsfürsorge seiner Schüler nicht in dem Maße wahr, wie er sie in seinen Schriften beansprucht. Obgleich LIETZ in seinen Schriften Lehrkräfte dazu anhält, darauf zu achten, Schüler nicht unnötigen Gefährdungen und riskanten Situationen bei turnerischen und sportlichen Aktivitäten auszusetzen (1913b, 109), unterlässt er es, übertriebene Radtouren der Internatsschüler zu verhindern.[178] In seinen „Lebenserinnerungen" verkündet er sogar, dass „beim Turnen das eigentliche Vergnügen erst mit dem Beginn der Gefahr" anfange. Seine Vorliebe gelte daher besonders „gewagte[n] Sprünge[n]" beim Turnen (LIETZ 1922, 275). „Bock und Pferd", wie er an anderer Stelle im Blick auf den Turnunterricht in Bieberstein darlegt, „konnten nicht so hoch gestellt werden, daß sie von einigen [Schülern, G. S.] nicht doch noch übersprungen wurden" (a. a. O., 221).

2.1.5 Kinder- und Jugendsportschulen der DDR

Die Beschäftigung mit den Kinder- und Jugendsportschulen (KJS)[179] erweist sich insofern als schwierig, als Informationen, wie zum Beispiel einschlägige Beschlüsse des ZK der SED, die begleitende „pädagogische KJS-Forschung" oder Erfahrungsberichte über die Alltagswirklichkeit dieser Eliteschulen, dem Geheimhaltungsstatus der DDR-Leistungssportförderung unterlagen. Die hermetische Abriegelung dieser „Kaderschmieden" war auch der Grund dafür, dass die Kinder- und Jugendsportschulen

---

[178] BAUER (1961, 158) berichtet von Auseinandersetzungen, die LIETZ mit der Schulbehörde hatte, weil er zum Beispiel Radwanderungen seiner Schüler im Umfang von 200 km an einem Tag zuließ.

[179] Nach TEICHLER/REINARTZ (1999, 139) stellt eine „Geschichte der KJS', die auch die sozialen und humanen ‚Kosten' dieser Spezialschule und ihre politischen Implikationen berücksichtigt", noch ein Forschungsdesiderat dar. Vgl. zu ersten Vorarbeiten besonders HARTMANN (1997), PROHL (1996), PROHL/ELFLEIN (1997), TEICHLER/REINARTZ (1999). Vgl. zur Entwicklung der KJS auch die Überblicksdarstellungen von HELFRITSCH/BECKER (1993), HELFRITSCH (1997) und LEDIG (2001), vgl. für die 50er Jahre FALKNER (1992) und WIESE (2001).

in der westdeutschen und (zugänglichen) ostdeutschen Fachliteratur seit Beginn der 60er Jahre bis zum Ende der DDR kaum diskutiert wurden.[180]

So kann es im Rahmen dieser Studie nicht um eine Aufarbeitung im Sinne einer sporthistorischen Auswertung bislang unzugänglicher Archivbestände des ZK der SED, des DTSB, der KJS-Forschung in der DDR oder von neueren Zeitzeugenbefragungen gehen. Es soll hier vielmehr aus einer sportpädagogischen Perspektive beleuchtet werden, wie die (leistungs-)sportlichen Aktivitäten in die staatliche „KJS-Pädagogik" eingebunden waren. Dazu werden in kritischer Revision vorhandene Arbeiten über die Entwicklung und Gestalt der Kinder- und Jugendsportschulen, vorliegende Erfahrungsberichte und Interviews von Zeitzeugen, aber auch neuere Darstellungen, die schwer erreichbares Quellenmaterial berücksichtigen, herangezogen.

Die Geschichte der KJS umfasst einen Zeitraum von der Einrichtung der ersten Schulen im Schuljahr 1952/53 über deren Ausbau in den 60er Jahren bis zur weiteren Profilierung in den 70er und 80er Jahren.[181] Dabei lassen sich im Blick auf den Schulstatus grob zwei Ausprägungen dieser Eliteschulen unterscheiden, die im Folgenden getrennt voneinander behandelt werden sollen: die KJS als allgemein bildende Schule mit vermehrten Stunden im Fach Körpererziehung[182] in der Frühphase ihrer Entstehung und die KJS als Spezialschule für den Leistungssport in der weiteren Entwicklung seit etwa Anfang der 60er Jahre.

---

[180] Spätestens seit Anfang der 60er Jahre gab es in der zugänglichen Fachliteratur der DDR keine offiziellen Berichte mehr über die KJS (vgl. BRÖGEL 1967, 378; MARTIN 1972, 171). Die Geheimhaltungspolitik im Zusammenhang mit der KJS bezog sich, wie WIESE (2001, 148-149) aufzeigt, auch auf Besucher und Beobachter befreundeter sozialistischer Staaten. Vgl. zu den wenigen, meist kurzen bundesrepublikanischen Darstellungen oder Exkursen über die Kinder- und Jugendsportschulen der DDR bis 1989 RICHTER (1957), ENGELHARDT (1965), BÖHLMANN (1966), BRÖGEL (1967), MARTIN (1972), HEINRICH-VOGEL (1981), GIESELER (1983), BRUX / WELTER (1988).

[181] In diesem Sinne zeichnen HELFRITSCH/BECKER (1993, 16-30) und HELFRITSCH (1997, 116-123) drei Entwicklungsphasen der KJS in der DDR nach: Entstehung (1952-1961), Entwicklung zur Spezialschule für den Leistungssport (1962-1975) und weitere Konturierung als Spezialschule für den Hochleistungssport (1975-1990).

[182] Die Bezeichnung für das Unterrichtsfach in der DDR wurde in der Anfangsphase mehrfach verändert: „Körperliche Erziehung" (1946), „Körpererziehung" (1951), „Turnen" (1955) und „Sport" (1965). Vgl. HASENKRÜGER (1969, zit. nach HELMKE u. a. 1991, 385-386), HINSCHING (1997).

2.1.5.1 Kinder- und Jugendsportschulen als allgemein bildende Schulen mit erweitertem Unterricht im Fach Körpererziehung bzw. Turnen

Auf der Grundlage eines Beschlusses des ZK der SED vom 17.3.1951[183], in dem politische und strukturelle Ziele der DDR-Sportentwicklung festgelegt wurden, wurden mit Beginn des Schuljahres 1952/53 die ersten Kinder- und Jugendsportschulen für „sportbegabte Kinder" eingerichtet.[184] Dabei gingen die Überlegungen in der Vorbereitungsphase zwar zunächst vom sowjetischen Muster der Nachmittags-KJS aus, deren Aufbau vor Ort genau studiert wurde, doch entschloss man sich letztlich dafür, ein eigenes KJS-Modell zu schaffen, in dem lediglich einige Elemente der sowjetischen Schulen übernommen wurden (dazu ausführlich WIESE 2001, 42-46, 54-55; vgl. auch FALKNER 1992, 107; HELFRITSCH/BECKER 1993, 12).

Mit der „Anordnung über die Einrichtung von Kindersportschulen" vom 29.8.1952 und der entsprechenden „Durchführungsbestimmung" wird eine erste Versuchsphase eingeleitet. In vier Kindersportschulen soll die „Erziehung der Jugend zu allseitig entwickelten Persönlichkeiten" erfolgen, „die fähig und bereit sind, den Sozialismus aufzubauen und die Errungenschaften der Werktätigen bis zum äußersten zu verteidigen".[185] Ziel ist es, einen Kader für die „demokratische Sportbewegung" und den

---

[183] ZK DER SED: „Die Aufgaben auf dem Gebiet der Körperkultur und des Sports. Entschließung des Zentralkomitees der Sozialistischen Einheitspartei Deutschland auf der Tagung vom 15. bis 17. März 1951" in KÜHNST (1982, 136-142). Auszüge dieser Entschließung finden sich auch im Dokumentationsband von BERNETT (1994, 33).

[184] Auf der 5. Tagung des ZK der SED, auf der diese Entschließung gefasst wurde, setzte sich vor allem Walter Ulbricht für die Einrichtung der KJS ein und offenbarte das Ziel der Förderung des Nachwuchsleistungssports: „Es wird auch die Schaffung besonderer Jugendsportschulen für befähigte Jungen und Mädel vorgesehen [...] Wir sind uns bewußt: Unsere Stärke liegt im Nachwuchs. Je mehr wir uns anstrengen, den jüngsten Nachwuchs zu fördern, um so sicherer sind wir, daß wir in einiger Zeit die Deutschen Meisterschaften auf allen Gebieten gewinnen werden. In Westdeutschland wird niemand dieses Nachwuchs fördern. Wir kommen also in jedem Falle voran, wenn wir rechtzeitig die Jüngsten fördern, die Pioniersportler, die Jugendsportler. [...] Aber wenn wir die Jungen fördern und mit Hilfe sowjetischer und anderer Trainer systematisch in Training nehmen, so werdet ihr sehen, in welchem Tempo wir nicht nur Westdeutschland gleichkommen, sondern den westdeutschen Sportlern überlegen sind [...] hier ist das entscheidende Reservoir, das uns hilft, an die Spitze zu gelangen [...]" (zitiert nach WIESE 2001, 14). Zur Rolle Walter Ulbrichts für die Sportentwicklung der DDR vgl. KÜHNST (1982, 43-49).

[185] „Anordnung über die Einrichtung von Kindersportschulen" vom 29.8.1952, zitiert nach WIESE (2001, 52). Vgl. zur folgenden Darstellung a. a. O. (52-55).

Leistungssport zu gewinnen, der dem Sozialismus, der damit einhergehenden marxistisch-leninistischen Weltanschauung und der Landesverteidigung verpflichtet ist. Zu diesem Zweck sollen in den Klassen 5-8 der Kindersportschulen zu der für alle Schulen geltenden Stundentafel noch drei Wochenstunden im Fach Körpererziehung hinzukommen, die nach einem besonderen Lehrplan erteilt werden.[186] Ein spezielles außerunterrichtliches Training wird nachmittags in den verschiedenen Sportsektionen durchgeführt (vgl. WIESE 2001, 67-68).

Nach dieser Erprobungsphase wird der Ausbau der KJS durch weitere Verordnungen und Durchführungsbestimmungen auf Veranlassung der SED-Staatsführung stetig vorangetrieben.[187] So legt die erste staatliche Verordnung vom 30.4.1953 bereits fest, „in allen Bezirken" der DDR Kinder- und Jugendsportschulen zu etablieren.[188] Sie verstehen sich als allgemein bildende Schulen, deren charakteristische Merkmale zusätzliche Stunden im Fach Körpererziehung am Vormittag und ein Nachmittagstraining in den Sportsektionen sind: Aufgabe der KJS ist es, „den Lehrstoff gemäß den amtlichen Lehrplänen für Grund- und Oberschulen zu vermitteln und darüber hinaus zur Entwicklung eines leistungsfähigen Nachwuchses auf dem sportlichen Gebiete beizutragen".[189] In § 2 der „Dritten Durchführungsbestimmung zur Verordnung über die körperliche Erziehung" vom 7.1.1955 werden die patriotisch-erzieherischen Aufgaben der KJS näher konkretisiert, wenn es heißt: KJS-Schüler sind zu „selbstloser Liebe und Hingabe zur Heimat und zur Regierung der Deutschen Demokratischen Republik" sowie zur Verteidigungsbereitschaft des „Arbeiter-und-Bauern-Staates" zu erziehen; Absicht ist es ferner, „Leistungssportler mit einer hohen Allgemeinbildung und einer vielseitigen körperlichen Ausbildung" zu fördern und spezielle Kader auszubilden, „die bei der Entwicklung von Körperkultur und Sport erfolgreiche Arbeit leisten können".[190] Über die Heranbildung der Sportkader hinaus scheint es

---

[186] Entgegen dieser Ankündigung konnte der Unterricht im Fach Körpererziehung im ersten Versuchsjahr noch nicht nach einem speziellen Lehrplan durchgeführt werden (vgl. WIESE 2001, 67). Vgl. zu generellen Problemen bei der Einrichtung der Kindersportschulen a. a. O., 62-64.
[187] In den Schuljahren 1953/54 und 1954/55 wurden weitere KJS errichtet, sodass ihre Anzahl auf insgesamt 16 stieg. Im Jahre 1957 gab es 23 KJS, 1961 auf Grund von Umstrukturierungs- und Konzentrationsmaßnahmen 22 KJS in der DDR (vgl. HELFRITSCH 1997, 115; WIESE 2001, 161-163).
[188] MFV: „Erste staatliche Verordnung über die körperliche Erziehung der Schüler an den allgemeinbildenden Schulen" vom 30.4.1953 (in BERNETT 1994, 206).
[189] MFV: „Erste Durchführungsbestimmung zur Verordnung über die körperliche Erziehung" vom 5.9.1953 (in BERNETT 1994, 207).
[190] Zitiert nach der Wiedergabe des Dokuments in BERNETT (1994, 208).

zumindest inoffiziell noch weitere Aufgabenzuschreibungen der KJS gegeben zu haben. So berichtet ENGELHARDT (1965, 101) von einer Dienstbesprechung mit KJS-Schulleitern im Ministerium für Volksbildung am 16. Januar 1956, bei der darauf hingewiesen wurde, insbesondere Schüler der KJS für die Berufe des Staatsfunktionärs, der Volksarmee oder der Volkspolizei zu gewinnen (vgl. hierzu auch KÜHNST 1982, 62; WIESE 2001, 119).

Die Einrichtung solcher „Eliteschulen" war aber keineswegs unumstritten. Der offensichtliche Widerspruch zur herrschenden marxistischen Doktrin, die sich gegen jegliche Bildungsprivilegien aussprach, führte zu Diskussionen in Expertenkreisen (vgl. FALKNER 1992, 107). Dieses Dilemma versuchte man dadurch zu mildern, dass „bevorzugt" Arbeiter- und Bauernkinder in die KJS aufgenommen werden sollten.[191] Allerdings zeigen die von WIESE (2001, 59, 80-81) recherchierten Angaben über die soziale Zusammensetzung der KJS-Schüler in den Anfangsjahren, dass der tatsächliche Anteil der Arbeiter- und Bauernkinder nicht den ministeriellen Vorgaben entsprach. Als entscheidende Voraussetzungen für den Besuch der KJS zählten in dieser Phase wohl eher die in den Durchführungsbestimmungen vorgeschriebenen guten schulischen und besonderen sportlichen Leistungen der Schüler.

Die zusätzlichen Stunden für das Fach Körpererziehung, die in den Klassen 5-8 insgesamt fünf, in den Klassen 9-10 sechs, in den Klassen 11-12 sieben Stunden pro Woche betrugen, wurden in der Oberstufe der KJS durch Stundenreduzierungen in den Fremdsprachen und in Musik-/Kunsterziehung erreicht.[192] Dabei wird der Unterricht in Körpererziehung bzw. im Turnen (bei 30 Schulwochen im Jahr) auf acht Sportarten verteilt (vgl. Tab. 3):[193]

---

[191] Vgl. § 4 der „Ersten Durchführungsbestimmung zur Verordnung über die körperliche Erziehung" (1953) in BERNETT (1994, 207).
[192] Vgl. MFV: „Dritte Durchführungsbestimmung zur Verordnung über die körperliche Erziehung" (1955 in BERNETT 1994, 209). Vgl. auch die Vorlage der Stundentafel für die Klassen 9-12 der KJS, die bei WIESE (2001, 73) abgedruckt ist. Die Pflichtstundenzahl an regulären Schulen im Fach Körpererziehung beträgt zwei Wochenstunden.
[193] Übersicht gemäß den vom Ministerium für Volksbildung 1954 herausgegebenen besonderen Lehrplänen, wie sie bei ENGELHARDT (1965, 106) dargestellt werden: Lehrplan für Kindersportschulen – Turnen – 5. bis 8. Klasse und Lehrplan für Jugendsportschulen 9. und 10. Klasse. Vgl. zu den folgenden Ausführungen a. a. O., 106-107.

Tab. 3: *Verteilung der Sportarten in den frühen Kinder- und Jugendsportschulen*

Gebiet	Schuljahr 5-8	Schuljahr 9-10
Gymnastik	22	27
Leichtathletik	33	33
Geräteturnen	22	28
Schwimmen	30	30
Wintersport	10	10
Spiele	33	34
Schwerathletik	-	10
Volkstanz	-	8
Gesamtstundenzahl:	150	180

Auffallend ist es, dass auf eine vielseitige sportliche Grundausbildung der KJS-Schüler Wert gelegt wird. Erst mit Eintritt in die 11. und 12. Klasse wird einem spezielleren Training in der ausgewählten Schwerpunktsportart im Rahmen des verbindlichen Turnunterrichts Rechnung getragen. Gleichwohl sehen die Fachlehrpläne für diese Jahrgänge auch hier einen fünf Wochenstunden und alle Sportgebiete umfassenden „Grundlehrplan" (Teil I/144 Jahresstunden) vor, der durch einen gesonderten „Leistungsplan" (Teil II/66 Jahresstunden) – mit den Kernsportarten Leichtathletik, Turnen, Schwimmen und Spiele – ergänzt wird (vgl. ENGELHARDT 1965, 107). Hierbei wird ein Teil der Leichtathletikstunden auch dem Geländesport gewidmet, der paramilitärische Übungen wie Keulenweit- und -zielwurf, Hindernislauf, Selbstverteidigung, Kampf- und Marschübungen sowie Kleinkaliberschießen einschließt (vgl. a. a. O., 107-108).

Die sportliche Ausbildung an der KJS ist durch eine präzise Planung, das Erreichen vorgeschriebener Leistungsnormen und die ständige Kontrolle gekennzeichnet. In diesem Sinne werden die effektivsten methodischen Wege qua Lehrplan vorgegeben, der Ablauf der einzelnen Turnstunde in Arbeitsplänen geregelt, Leistungsnormen für verschiedene Sportarten in Sportklassifizierungen festgelegt (vgl. ENGELHARDT 1965, 107-108; RICHTER 1957, 304-305), unterrichtliche Leistungen in einzelnen Sportarten und besondere außerunterrichtliche Sporterfolge im Zeugnis aufgeführt, das Führen eines „Leistungsbuches" für das Training in der Spezialsportart und eines „Ehrenbuches" für herausragende sportliche Ergebnisse der KJS-Schüler angeordnet.[194] Nach dem Vorbild der volkseigenen Betriebe verpflichten sich KJS-Lehrer zudem in loyalitätsbekundenden Erklärungen und Perspektivplänen zur „Leistungssteigerung". So erklären zum Beispiel Lehrer für Körpererziehung der Jugendsportschule in Karl-

---

[194] Vgl. MFV: „Dritte Durchführungsbestimmung zur Verordnung über die körperliche Erziehung" (1955 in BERNETT 1994, 209-210).

Marx-Stadt aus Anlass des IV. Parteitages der SED (1954), ihr theoretisches Grundlagenwissen zu verbessern, indem sie „einen Zirkel [...] bilden und in wöchentlich zwei Stunden das Werk von Dr. Nöcker ‚Biologie der Körperübungen' gemeinsam und gewissenhaft [...] studieren".[195] Ähnlich enthält der im Zuge von staatlichen Umstrukturierungsmaßnahmen Ende der 50er Jahre erstellte Perspektivplan der KJS Bad Blankenburg u. a. die Zielvorstellungen, in den kommenden Jahren die Lehrkräfte ideologisch weiterzubilden, mehr Internatsplätze bereitzustellen, ein Fördersystem für Leistungssportler umzusetzen, Sportunterricht in Trainingsgruppen zu erteilen und Leistungsziele für Leichtathletik und Gerätturnen festzulegen.[196] Derlei schriftlich fixierte Verpflichtungserklärungen, bestimmte sportliche und schulische Leistungen innerhalb eines vorgegebenen Zeitraums zu erreichen, werden schließlich auch von KJS-Schülern als Wettbewerbsanreiz gefordert (vgl. WIESE 2001, 146).

Im außerschulischen Bereich steht neben dem nachmittäglichen Spezialtraining in den Sportsektionen die politisch-moralische Erziehung der Schüler im Mittelpunkt.[197] Mit dem Ziel der sozialistischen Gesinnungsbildung übernehmen – genauso wie an anderen DDR-Schulen – Massenorganisationen der SED, Freie Deutsche Jugend (FDJ) und Pionierorganisation (PO) die Gestaltung eines interessanten FDJ-/Pionierlebens.[198] Sie organisieren Arbeitsgemeinschaften, kulturelle und politische Veranstaltungen, sportliche Aktivitäten oder Arbeitseinsätze für die Jugendlichen (vgl. WIESE 2001, 86-87, 105-108). Dazu gehört auch die Tätigkeit in der Gesellschaft für Sport und Technik (GST)[199] und die Durchführung von

---

[195] „Verpflichtungen zu Ehren des IV. Parteitages der SED" (1954) in BERNETT (1994, 268).

[196] Vgl. „Plan der Entwicklung der Kinder- und Jugendsportschule Bad Blankenburg bis zum Jahre 1965" (Juni 1959) in WIESE (2001, 128-129).

[197] Vgl. hierzu auch die Maßnahmen zur Verstärkung der patriotischen Erziehung, wie sie 1956 im „Beschluß über die weitere Entwicklung der Körperkultur und des Sportes in der Deutschen Demokratischen Republik" im Zusammenhang mit der Einrichtung der Nationalen Volksarmee festgelegt wurden (in KALÄHNE 1961, 28-43). Diese patriotische Akzentuierung, die mit den Zwängen des Stalinismus einherging, wird auch in der Umbenennung des Fachs von „Körpererziehung" in „Turnen" sichtbar (vgl. ERBACH u. a. 1963, 40; BERNETT 1994, 203; HINSCHING 1997, 21).

[198] Nach WIESE (2001, 106) waren beispielsweise an der KJS Berlin im Jahr 1956 88,8 % der Schüler Mitglied in der Pionierorganisation und 87,0 % in der FDJ.

[199] Aufgabe der GST war es, die „sozialistische Wehrerziehung" der Jugendlichen mit wehrsportlichen Tätigkeiten wie Segelfliegen, Fallschirmspringen, Schieß- und Motorsport u. Ä. zu fördern (vgl. BERNETT 1994, 187-188).

Spiel- und Sportnachmittagen unter vormilitärischen Vorzeichen[200]. Zunehmende zeitliche Belastungen durch das sportliche Training gegen Ende der 50er Jahre zwingen allerdings dazu, dass derartige FDJ-/PO-Angebote von KJS-Schülern nicht mehr in vollem Umfang wahrgenommen werden können (vgl. WIESE 2001, 146-147).

Nicht zuletzt wegen der noch geringen Internatskapazitäten der KJS war die zeitliche Beanspruchung der Schüler erheblich (vgl. KÜHNST 1982, 62). Obgleich es bereits spezifische schulische Fördermaßnahmen für jugendliche Spitzensportler gab, stellten sie doch im Allgemeinen eine Ausnahme dar (vgl. HELFRITSCH/BECKER 1993, 16; HELFRITSCH 1997, 116-117). Nachlassende schulische Leistungen einzelner Schüler, die durch sportliche Überlastungen hervorgerufen wurden, führten zumindest in der Anfangsphase der KJS noch zu einer vorübergehenden Reduktion der Trainingsbelastungen.[201] Damit hatte die schulische Allgemeinbildung prinzipiell Vorrang vor der leistungssportlichen Ausbildung.[202]

Spätestens seit 1958 mehren sich jedoch die Stimmen, die die Effektivität der KJS zur Förderung des Nachwuchsleistungssports anzweifeln. In diesem Zusammenhang wird bemängelt, dass die bisherigen Kinder- und Jugendsportschulen „als allgemeinbildende Oberschulen durch ihre Struktur und durch ungenügende personelle und materielle Voraussetzungen bei der planmäßigen Entwicklung sportlich befähigter Kinder gehemmt" werden.[203] Vor diesem Hintergrund wird ein mehrjähriger Umstrukturierungsprozess eingeleitet mit dem Ziel, die leistungssportliche Ausprägung der KJS deutlicher zur Geltung zu bringen (dazu ausführlich WIESE 2001, 120-139). Am Ende dieser Diskussions- und Umgestaltungsphase kommt es 1962 zu „Richtlinien für die Kinder- und Jugendsportschulen in der Deutschen Demokratischen Republik", durch die die Kinder- und Jugendsportschulen stärker als „Zentren des Nachwuchsleis-

---

[200] Zur paramilitärischen Schwerpunktsetzung der Spiel- und Sportnachmittage auf Grund einer Verfügung des Ministeriums für Volksbildung aus dem Jahre 1956 vgl. ENGELHARDT (1965, 57-59) und WIESE (2001, Anmerkung 363, 107).
[201] Vgl. dazu die Ausführungen in der „Dritten Durchführungsbestimmung" (1955) in BERNETT (1994).
[202] Vgl. hierzu zum Beispiel den Bericht über die KJS Rostock in den „Norddeutschen Neuesten Nachrichten Rostock" vom 11.12.1957: „Grundsätzlich werden keine ‚Nursportler' herangebildet, und wenn sich ein Jahr nach der Aufnahme zeigen sollte, daß der Schüler nur im Sport Gutes leistet – in den anderen Fächern zurückbleibt – wird im Interesse des Schülers eine Zurückweisung in seine alte Schule erfolgen" (zitiert nach WIESE 2001, 117).
[203] Sekretariatsvorlage für das ZK der SED vom 9.3.1959. Zitiert nach WIESE (2001, 121).

tungssports" (FALKNER 1992, 107) profiliert werden. Sichtbarster Ausdruck der zunehmenden leistungssportlichen Hinwendung ist dabei eine Erhöhung der Sportstunden.

2.1.5.2 Kinder- und Jugendsportschulen als Spezialschulen für den Leistungssport

Mit der Entwicklung der KJS zu „Spezialschulen des sportlichen Nachwuchses" in den 60er Jahren gewinnen organisatorische und strukturelle Erfordernisse des Leistungssporttrainings zunehmend an Bedeutung.[204] Das politische Prestigestreben der Partei- und Staatsführung der DDR[205] führt schließlich in den 70er und 80er Jahren noch zu einer weiteren Profilierung der KJS als hochselektive Eliteschulen für den Spitzensport, in denen allein die Trainingsanforderungen des internationalen Wettkampfsports den Lebensrhythmus der Kinder und Jugendlichen bestimmen und das schulische Lernen in den Hintergrund drängen (vgl. hierzu z. B. BRETTSCHNEIDER u. a. 1993, 379-380; BRETTSCHNEIDER/KLIMEK 1998, 29; HARTMANN 1997, 121-126).

Spätestens mit der 1977 vom Ministerium für Volksbildung herausgebenen „Richtlinie für die Arbeit der Kinder- und Jugendsportschulen der DDR" werden einzigartige institutionelle Rahmenbedingungen für jugendliche Spitzensportler geschaffen, um der Doppelbelastung von Hochleistungstraining und Schule[206] Rechnung zu tragen. Dazu gehören besonders die Ausrichtung von Unterricht, Prüfungen und Ferienregelungen

---

[204] Vgl. den Beschluss des Sekretariats des ZK der SED vom 24.6.1963 zur „Entwicklung der Kinder- und Jugendsportschulen der DDR zu Spezialschulen des sportlichen Nachwuchses". Weitere wichtige Entschließungen zur Entwicklung der KJS seit Anfang der 60er Jahre sind bei HELFRITSCH/BECKER (1993, 24-25, 29-30) und TEICHLER/REINARTZ (1999, Anmerkung 1, 139) aufgeführt. Zu Einzelheiten der KJS-Genese vgl. HELFRITSCH/BECKER (1993, 18-30) und HELFRITSCH (1997).

[205] Vgl. hierzu zum Beispiel die 1969 formulierten Zielsetzungen für die Olympischen Spiele 1972, „in der Nationenwertung [...] die 1968 erkämpfte 3. Position zu bestätigen und eine Plazierung vor Westdeutschland zu erreichen" (vgl. Protokoll Nr. 15/69 der Sitzung des Politbüros des Zentralkomitees am 08.04.1969 über „Die weitere Entwicklung des Leistungssports bis zu den Olympischen Spielen 1972" in SPITZER/TEICHLER/REINARTZ 1998, 154-174, hier: 156).

[206] In formaler Hinsicht gelten die zuletzt 25 Spezialschulen für den Kinder- und Jugendsport als allgemein bildende Schulen, deren Aufgabe es ist, „alle Anlagen und Fähigkeiten der Kinder optimal zu entwickeln und besondere Begabungen und Talente zu fördern". Vgl. Anlage 2 („Spezialschulen und Spezialklassen in der Deutschen Demokratischen Republik") zu dem 1987 verfassten Dokument „Zu Problemen der Weiterentwicklung des Nachwuchsleistungssports im Schulalter der DDR", das bei TEICHLER/REINARTZ (1999, 184-185) abgedruckt ist.

auf die jeweiligen Trainingspläne, Lehrgangs- und Wettkampftermine der Athleten, Schulzeitverlängerungen bis zu mehreren Jahren (legale „Ehrenrunden")[207], eine flexible Unterrichtsgestaltung mit Einzel- und Kleingruppenunterricht sowie individueller schulischer Betreuung während mehrwöchiger Trainingslehrgänge.[208] Derartige unterrichtsorganisatorische Sonderregelungen ließen sich nur mit einer großzügigen personellen und materiellen Ausstattung der KJS verwirklichen.[209]

Wesentliches Merkmal der KJS ist zudem, dass auf einen in den Stundentafeln ausgewiesenen obligatorischen Sportunterricht in schulischer Verantwortung und (weit gehend) auf schulische Sportlehrkräfte verzichtet wird (vgl. HUMMEL in DEUTSCHER BUNDESTAG 1995, 709). So heißt es zum Beispiel in der 1981 herausgegebenen „Direktive zur Arbeit mit den Kindern der Klassen 1-4 an den Kinder- und Jugendsportschulen der DDR" lapidar: „Die Lehrplananforderungen des Faches Sport dieser Klassenstufen sind Bestandteil des Trainings".[210] Der gesamte Sportbetrieb für KJS-Schüler findet außerhalb der Schule in den angeschlossenen Sportklubs statt; die Vereinstrainer sind somit auch für die Erteilung der Sportnote verantwortlich (vgl. BRETTSCHNEIDER u. a. 1993, 379; HELFRITSCH/BECKER 1993, 22).[211] Auch wenn HELFRITSCH/BECKER (1993, 22)

---

[207] An KJS mit den Spezialsportarten Schwimmen, Turnen, Rhythmische Sportgymnastik, Wasserspringen und Eiskunstlauf ist sogar eine Schulzeitverlängerung ganzer Klassen möglich. Der für zwei Schuljahre geltende Lehrplanstoff wird dabei auf drei Schuljahre verteilt. Vgl. die Ausführungen des Ministeriums für Volksbildung im Dokument „Zu Problemen der Weiterentwicklung des Nachwuchsleistungssports im Schulalter der DDR" (in TEICHLER/REINARTZ 1999, 171). In diesem Zusammenhang berichtet auch PROHL (1996, 62) von einer Schülerin, die erst nach 16 Schuljahren ihre Abiturprüfung an der KJS Erfurt ablegte.

[208] Vgl. dazu u. a. BRETTSCHNEIDER/KLIMEK (1998, 26-27), HARTMANN (1997, 122), HELFRITSCH/BECKER (1993, 25-29), HELFRITSCH (1997, 121-123). Vgl. auch die Stellungnahme des Ministeriums für Volksbildung zu den KJS in dem von TEICHLER/REINARTZ (1999, 180-182) wiedergegebenen Dokument „Zu Problemen der Weiterentwicklung des Nachwuchsleistungssports im Schulalter der DDR".

[209] So gibt das Ministerium für Volksbildung 1987 den Wert von „8,2 Schüler" als durchschnittliche Klassengröße an den KJS an (vgl. „Zu Problemen der Weiterentwicklung des Nachwuchsleistungssports im Schulalter der DDR", a. a. O., 171). In diesem Sinne wurden zum Beispiel 500 Schüler an der Leipziger KJS „Rudolf Friedrich" von 70 Lehrkräften und 25 Internatserziehern, 750 Schüler an der Berliner KJS „Ernst Grube" von mehr als 120 Lehrkräften betreut (vgl. HARTMANN 1997, 122). HARTMANN (1997, 126) schätzt die in keinem Haushaltsplan aufgeführten Kosten, die allein das Ministerium für Volksbildung für die Kinder- und Jugendsportschulen ausgab, auf jährlich ca. 80 Millionen Mark.

[210] Diese Direktive findet sich bei HELFRITSCH/BECKER (1993, 179-185, hier: 180).

[211] Folgt man den Ausführungen von HELFRITSCH (1997, 123), so hat es an einigen KJS allerdings Sportunterricht für „ausdelegierte" Schüler, die mitunter in so genannten „Abtrainiererklassen" zusammengefasst wurden, gegeben. Dies dürfte – zumindest in den 80er Jahren – nicht der Normalfall gewesen sein. Denn es gibt

relativierend auf die akademische, sportpädagogische Ausbildung der in den Sportklubs arbeitenden Trainer verweisen, ist doch nicht zu übersehen, dass sich die eindimensionale Zwecksetzung eines hoch spezialisierten Trainings nicht mit allgemeinen Zielvorstellungen eines für alle Schüler verbindlichen Sportunterrichts verträgt.

Die Nachrangigkeit der Pädagogik gegenüber der zentralistischen Politik der Leistungssportförderung gilt ebenso für die Studien der „Pädagogischen KJS-Forschung". Betrachtet man die durchgeführten Forschungsvorhaben, so fällt auf, dass hier in erster Linie Aspekte der Effektivierung des schulischen Lernens an der KJS im Blick auf eine ökonomischere Tages- und Wochengestaltung behandelt wurden[212]; originär pädagogische Fragestellungen, die sich beispielsweise kritisch mit der Entwicklungsförderung und Erziehung von Heranwachsenden unter den Bedingungen der KJS auseinander setzten, waren tabuisiert oder konnten nur in affirmativer Weise im Sinne einer Optimierung des Leistungssportsystems diskutiert werden (vgl. dazu BRETTSCHNEIDER/KLIMEK 1998, 29).

Leitbild der zentralistischen „KJS-Pädagogik" ist der verfügbare, ideologisch-konforme Nachwuchsleistungssportler. In geradezu menschenunwürdiger Weise werden im Interesse der (sport-)politischen Machthaber Ansprüche und Bedürfnisse des Individuums missachtet.[213] Gnadenlos sind nämlich – die in Bezug auf mögliche Auslandsreisen, soziale Anerkennung und materielle Gratifikationen privilegierten – KJS-Schüler dem System von Kasernierung, Fremdbestimmung, Disziplinierung, hohen Leistungserwartungen und dauerhafter Überwachung ausgeliefert.

Abgeschottet von der Umwelt, verläuft der KJS-Alltag der Kinder und Jugendlichen nach einem strengen, militärisch verordneten „Tages- und Wochenregime". In diesem Sinne wird zum Beispiel für Internatsschüler der Klassen 1-4 das Aufstehen „auf 6.00 Uhr festgelegt. Für persönliche Hygiene, Frühstück und Vorbereitung auf den Unterricht und die sportliche Ausbildung sind morgens mindestens 60 Minuten vorzusehen. Für alle Klassenstufen ist eine Mittagspause von mindestens 90 Minuten ein-

---

auch Aussagen ehemaliger KJS-Schüler, die ein systematisches Abtrainieren für „Drop-outs" bestreiten (vgl. PROHL 1996, 64; PROHL/ELFLEIN 1997, 286-287).

[212] Vgl. zu den Schwerpunktthemen der „Pädagogischen KJS-Forschung" HELFRITSCH/BECKER (1993).

[213] In diesem Kontext sprechen auch BRETTSCHNEIDER u. a. (1993, 381) und BRETTSCHNEIDER/KLIMEK (1998, 29) von der „Marginalisierung des Subjekts" an Kinder- und Jugendsportschulen der DDR.

zuhalten [...]."[214] Das Training einschließlich der erforderlichen gesundheitsprophylaktischen Maßnahmen sollen überwiegend nachmittags nach den Schulstunden bis 17.00 Uhr bzw. 18.00 Uhr durchgeführt werden und je nach Klassenstufe nicht mehr als 15-20 Stunden pro Woche betragen. Die Nachtruhe von mindestens 10 Stunden beginnt spätestens um 20.00 Uhr.

In einem solch rigiden, auf das Training abgestimmten Tagesablauf werden auch die Freizeitaktivitäten der KJS-Schüler genau geregelt.[215] Selbst die Essgewohnheiten der jungen Sportler werden dem sportarten- und entwicklungsspezifischen Bedingungen des Leistungssports unterworfen.[216] Somit müssen sich bereits Turnerinnen und Gymnastinnen im Grundschulalter einer strengen Diät unterwerfen, die in einem Heft – von den Kindern als „Hungerbuch" bezeichnet – minutiös zu notieren ist (vgl. HARTMANN 1997, 123).

Erbarmungslos werden auch die Rahmentrainingspläne und die in einer Wettkampfperiode zu erreichenden Leistungsziele zentral vom jeweiligen Sportverband vorgegeben und Trainer und Athleten damit gleichermaßen unter Druck gesetzt (vgl. HARTMANN 1997, 123; BRÄUER 1990, 7). Wer, aus welchen Gründen auch immer, die leistungssportlichen Anforderungen nicht erfüllen kann, wird „ausdelegiert". So berichtet beispielsweise eine ehemalige KJS-Schülerin, die auf Grund trainingsbedingter Fehlbelastungen der Wirbelsäule ihre Leistungssportkarriere aufgeben musste, über den rücksichtslosen Umgang mit ihr:

„Ich war dreimal die Woche zum Einrenken, damit ich überhaupt gerade liegen konnte. Und das war für mich als Kind damals sehr erschreckend. Ich wollte dann nicht mehr dort bleiben beim SC, weil ich immer nur gesagt bekommen habe, du willst nicht und streng dich doch mal an. Ich konnte mich nachts gar nicht gerade ins Bett

---

[214] Vgl. zu diesen und den folgenden Ausführungen über die Tages- und Wochengestaltung die „Direktive zur Arbeit mit den Kindern der Klassen 1-4 an den Kinder- und Jugendsportschulen der DDR" („Direktive" 1981) in HELFRITSCH/BECKER (1993, 180-182, hier: 181).
[215] In der 1981 verfassten „Direktive" heißt es dazu: „Allen Kindern der Klassenstufen 1 bis 3 sind täglich mindestens 2 Stunden Freizeit zu sichern. Für alle Kinder der Klassenstufen 1 bis 4 ist einmal wöchentlich (Zeitraum Montag bis Freitag) ein zusammenhängender Zeitraum von 3 Stunden zur Durchführung kollektiver gesellschaftlicher Veranstaltungen zur Verfügung zu stellen (a. a. O., 182). Zu den Freizeitaktivitäten bemerkt auch HELFRITSCH (1989, 128) kritisch: Die Aktivitäten der KJS-Schüler in der Freizeit „werden durch formale Regelungen mitunter noch so gedämpft, daß den Jugendlichen die Lust zu weiteren Initiativen vergeht".
[216] „Direktive" (1981) in HELFRITSCH/BECKER (1993, 184).

legen. Das hat niemanden interessiert" (zitiert nach PROHL 1996, 64).

Angesichts der hohen schulischen und sportlichen Belastungen mag die hohe Rückdelegierungsquote von Kindern und Jugendlichen, insbesondere von Schülerinnen und Schülern in einer Sportart mit frühem KJS-Aufnahmealter, nicht erstaunen (vgl. dazu TEICHLER/REINARTZ 1999, 119). Nach einem vertraulichen Bericht des Ministeriums für Volksbildung haben beispielsweise in den Schuljahren 1984/85 und 1985/86 allein 113 Turnerinnen und Turner an fünf Kinder- und Jugendsportschulen ihre Sportkarriere aufgeben müssen bzw. aufgegeben.[217] Als Gründe dafür werden genannt: 35 % der Kinder erlitten schwere Sportverletzungen, 24 % hatten Angst vor schwierigen Turnelementen, 5 % zeichneten sich durch „aggressives Verhalten" infolge des hohen Leistungsdrucks aus, 19 % konnten den Leistungserwartungen nicht genügen, 17 % verließen die KJS auf Wunsch der Eltern, die damit auf die Überforderung ihrer Kinder reagierten.[218] Diese Angaben sind ein Indiz dafür, dass an der KJS häufig „zu viel, zu früh und zu spezialisiert trainiert" und – besonders erschütternd – im Blick auf die Erfüllung des Plansolls „in nicht wenigen Fällen die notwendige Rücksichtnahme auf die Gesundheit der Kinder und Jugendlichen vernachlässigt wurde" (TEICHLER/REINARTZ 1999, 119).

Dass Gesundheitsgefährdungen der KJS-Sportler von ehrgeizigen Trainern, Ärzten und Funktionären im Streben nach sportlichen Höchstleistungen billigend in Kauf genommen wurden, zeigt sich vor allem im Zusammenhang mit der staatlich verordneten und gelenkten Vergabe so genannter „unterstützender Mittel" (UM).[219] Doping von Minderjährigen, so W. FRANKE vor der Enquetekommission des Deutschen Bundestags, „fand nicht nur in den Verbänden, sondern auch in vielen der KJS statt.

---

[217] Vgl. hierzu auch das Beispiel von TEICHLER/REINARTZ (1999, 119): An der KJS Potsdam konnte von 20 eingeschulten Schülerinnen einer 5. Klasse mit dem Schwerpunkt Schwimmen nur eine einzige Schülerin die Klasse 10 erreichen. Vgl. ähnlich PROHL (1996, 63), der zum Ergebnis gelangt, dass in den von ihm untersuchten Fällen nicht einmal 10 % der aufgenommenen Schüler die höheren Klassen der KJS erreichten.

[218] Brief mit Anlagen von Margot Honecker an Egon Krenz vom 27.03.1987 im Rahmen der Debatte um den Kinderhochleistungssport. Die Anlage enthält Ausführungen des Ministeriums für Volksbildung unter der Überschrift: „Zu Problemen der Weiterentwicklung des Nachwuchsleistungssports im Schulalter der DDR" (in TEICHLER/REINARTZ 1999, 184).

[219] Nach W. FRANKE (in DEUTSCHER BUNDESTAG 1995, 689) war es BAUERSFELD, der 1973 den euphemistischen Ausdruck „unterstützende Mittel" als Umschreibung für Dopingmittel geprägt hat. Vgl. zur Dopingpraxis in der DDR auch BERENDONK/FRANKE (1997) und SPITZER (1998).

Ärzte, die an den KJS tätig waren, waren oft gleichzeitig auch diejenigen, welche das Minderjährigen-Doping vornahmen. Das ist belegt für mehrere Fälle [...]" (in DEUTSCHER BUNDESTAG 1995, 685).[220] Die jungen Kaderathleten werden dabei bewusst in die Irre geführt und über die Wirkungen der verabreichten „UM" oder „Vitaminpillen" im Unklaren gelassen, wie zum Beispiel die Aussagen der 1977 geflohenen Sprinterin Renate Neufeld bestätigen:

> „Wer über mehrere Jahre die KJS besucht hat, ist daran gewöhnt, alle wichtigen Entscheidungen vom Trainer abgenommen zu bekommen und nur noch das zu tun, was ihm aufgegeben wird. Den Anweisungen des Trainers folgt man gewöhnlich ohne Widerspruch [...]. Beim Sprinttraining des TSC Berlin war es sogar so, daß er [der Trainer, G. S.] selber festlegte, wer, wann und wieviel Hormontabletten in der Wettkampfvorbereitung einzunehmen hatte. Er verschwieg mir dabei den Namen, die Zusammensetzung und die Nebenwirkungen des Präparats, von dem er nur die leistungssteigernde Wirkung anpries und völlige Unschädlichkeit versicherte. Er sagte mir, daß die Mädchen seiner Gruppe nur gute Erfahrungen damit gemacht hätten und dadurch auch bereits in den Genuß der Leistungsprämie gekommen seien. Namen nannte er nicht und riet außerdem, ein vertrauensvolles Gespräch über dieses Gespräch mit der Sportärztin der Leichtathleten zu führen, die dann ebenfalls zuriet. Einen Zyklus lang tat ich es auch; daß es sich dabei um ein verbotenes Dopingmittel handelte, wußte ich mit Sicherheit erst nach meiner Flucht in den Westen [...]" (HOLZWEIßIG 1988, 55f.).

Als die junge Sprinterin genauere Informationen über diese „Vitaminpillen" verlangt, speist sie der Trainer mit den Worten ab: „Schluck die Pillen oder kehr Fabriken aus" (zitiert nach HARTMANN 1997, 125). Dieses Beispiel verdeutlicht, wie schutzlos KJS-Schüler erfolgshungrigen Trainern und Funktionären ausgeliefert waren.[221]

Ein anderes Problem stellt die Sicherung der systemkonformen Gesinnung der KJS-Schüler dar, galten sie doch bei internationalen Sportwettkämpfen als exponierte Vertreter des SED-Staats. Insofern wird bereits

---

[220] W. FRANKE (in DEUTSCHER BUNDESTAG 1995, 686-687) weist im gleichen Bericht darauf hin, dass sich der Beginn des Dopings am Höchstleistungsalter der jeweiligen Sportart orientierte, d. h. bereits bei Schwimmern und Turnern im Alter von 14-15 Jahren erfolgte. Zum Doping an der KJS vgl. auch die Ausführungen von HARTMANN (1997, 125-126).
[221] Auch aus den von PROHL (1996, 66) geführten Interviews wird deutlich, dass KJS-Schüler, die aus dem Leistungssportsystem aussteigen wollten, insbesondere im Blick auf ihre berufliche Zukunft unter Druck gesetzt wurden.

bei der Aufnahme in die KJS auf einen „sozialistischen Stammbaum"[222] und die politische Unbedenklichkeit geachtet. Nach Schätzungen von SPITZER (1997, 128) werden von der Staatssicherheit bis 1986 mehr als 200.000 Kinder und Jugendliche (sowie deren Verwandte) vor ihrer Aufnahme in die KJS auf ihr „Sicherheitsrisiko" überprüft und entsprechende „Dossiers" über sie angelegt.[223] Die systematische Bespitzelung der Nachwuchssportler wird an der KJS über ein Netz von inoffiziellen Mitarbeitern (IM) intensiviert. Dazu werden auch Nachwuchssportler als IM angeworben, um ihre Kameraden auszuspionieren (vgl. GEIGER 1995, 665).[224]

Abgesehen davon sind politisch-ideologische Sportlerschulungen, Zeitungsschauen und Diskussionsrunden für KJS-Schüler an der Tagesordnung (vgl. HARTMANN 1997, 124). Gleichwohl kritisiert der DTSB der DDR noch 1987, dass sportpolitische und sporttheoretische Fragestellungen im allgemein bildenden Unterricht der KJS zu wenig beachtet würden: „Fragen der internationalen Sportpolitik müssen aus der Sicht, dass die Jungen und Mädchen im internationalen Klassenkampf zu bestehen haben, stärker im Unterricht behandelt werden. Auch sporttheoretische Fragen sollten an der KJS Eingang in den Unterricht finden."[225]

2.1.6 Zwischenbilanz

Mit der Rekonstruktion historischer Schulleitbilder konnte verdeutlicht werden, dass der Stellenwert, der Bewegung und Leiblichkeit in der Schule zukommt, vom zu Grunde gelegten Schulverständnis abhängig ist. Aufgaben und Ziele der schulischen Leibesübungen bzw. des Schulsports sind eingebunden in das Menschen- und Gesellschaftsbild, das in

---

[222] Dies bedeutet, dass keine Kontakte der Familie zu Verwandten im Westen bestehen durften.
[223] SPITZER (1997, 128) weist zudem darauf hin, dass viele der Kinder und Jugendlichen, denen offiziell aus sportlichen Gründen die Aufnahme in die KJS verweigert wurde, de facto auf Grund von Westkontakten der Eltern abgewiesen wurden.
[224] Wichtigste Zielsetzung der Bespitzelung war es, herauszufinden, „ob das politisch ideologische Bewußtsein und die politische Zuverlässigkeit der Sportler gewährleistet war" (GEIGER 1995, 665-666).
[225] Anlage mit Ausführungen des Ministeriums für Volksbildung zum Brief von Margot Honecker an Egon Krenz vom 27.03.1987: „Zu Problemen der Weiterentwicklung des Nachwuchsleistungssports im Schulalter der DDR" (in TEICHLER/REINARTZ 1999, 180). Das Ministerium für Volksbildung lehnt diese Forderung mit der Begründung ab, dass solche Inhalte „nicht zu einem isolierten Unterrichtsgegenstand gemacht werden, sondern fester Bestandteil und Prinzip der sportlichen Ausbildung sein [sollten]" (a. a. O.).

der jeweiligen Theorie der Schule mitgedacht oder ausformuliert wird. So hat die geschichtliche Analyse exemplarisch fünf unterschiedliche Ansichten von Schule und „Schulsport" aufgezeigt (vgl. Tab. 4).

Tab. 4: *Historische Schulleitbilder im Überblick*

Schulleitbild	Pietistische Lernschule (1675-1740)	Philanthropische Erziehungsschule (1770-1820)	Herbartianische Übungsschule (1860-1920)	Deutsche Landerziehungsheime (1897-1919)	Kinder- und Jugendsportschulen (1952-1989)
Vertreter	FRANCKE	BASEDOW SALZMANN GUTSMUTHS BAHRDT	STOY ZILLER REIN	LIETZ	Spezialschulen der DDR: (1) Frühe KJS (~ 50/60er Jahre) (2) Späte KJS (~ 70/80er Jahre)
Schultheoretische Leitidee	Erziehung zum christlichen Leben	Vorbereitung auf die Anforderungen des gesellschaftlichen Erwachsenenlebens durch eine vernunftgeleitete, natürliche Erziehung	Sittlich-religiöse Charakterbildung	Erziehung zu gesunden, sittlich-nationalen Charakteren mit dem Ziel einer Lebensreform	Erziehung zur allseitig gebildeten sozialistischen Persönlichkeit und „sportliche Spezialbildung"
Einstellung zur Leiblichkeit	Abwertung des Leiblichen: Sündhaftigkeit von Bewegung und Spiel	Korrespondenz zwischen Körper und Geist	Disziplinierung des Körpers im Lernunterricht; Bewegung als Naturbedürfnis; Turnen zur Förderung der geistigen Fähigkeiten: Körper als Werkzeug des Geistes	Harmonische Entwicklung aller menschlichen Kräfte	(1) Entwicklung allgemeiner geistiger und körperlicher Fähigkeiten (2) Instrumentalisierung des Körpers bis zur rücksichtslosen Manipulation durch leistungssteigernde Mittel
Ziele der Leibesübungen	„Gesunde" und „nützliche" Motionen als notwendige Elemente der Recreation und Relaxation	Lebenspropädeutischer Nutzen der Leibesübungen; Erhalt der Gesundheit	Gesundheitliche, patriotische und wehrpropädeutische Ziele	Sittlich-nationale Charakterbildung; Gesundheitsförderung	(1) Vielseitige sportliche Grundausbildung (2) Hoch spezialisiertes Leistungssporttraining in den angeschlossenen Sportklubs
Hervorstechende Elemente der Leibesübungen	„Mäßige" Motionen	Mit Bewegung verknüpfte Lernspiele; gymnastische Übungen im Freien; Spaziergänge und Reisen	Turnen in der Schulgemeinde (Stoy); Anbindung des Turnens an die Konzentrationsstoffe (Rein); Entdeckung des Schullebens als Ergänzung des Unterrichts: Leibesübungen feste Bestandteile des Schullebens	Leibesübungen als Teil der umfassenderen körperlichen Erziehung; reichhaltige Bewegungs- und Sportaktivitäten als rhythmisierende Elemente des Internatslebens nach englischem Vorbild	(1) Grundausbildung in acht Sportarten (2) Verzicht auf allgemeinen Sportunterricht zu Gunsten eines spezialisierten Trainings

Pietistische Lernschule – die Unterdrückung von Bewegung und Spiel

In FRANCKEs Erziehungskonzeption geht es nicht um die Bewegung an sich (vgl. Kap. 2.1.1). Denn körperliche Bewegungen und Spielen zählen nach seiner Auffassung solange zur satanischen Zeitvergeudung, wie sie nicht der Gottergiebigkeit und dem christlichen Leben dienen. Nur in der Verknüpfung der „gesunden" Motionen mit nützlichen Tätigkeiten oder im Gewand handwerklicher Arbeit kann die Bewegung zugelassen werden, weil sie dadurch von jeglichem Verdacht der Sündhaftigkeit befreit wird.

Philanthropische Erziehungsschule – die Nützlichkeit der Leibesübungen

Die philanthropischen Internatsschulen in Dessau und Schnepfenthal markieren wichtige Stationen auf dem Weg zur Aufnahme der Leibesübungen in die Schule (vgl. Kap. 2.1.2). Mit der Verkündigung ihrer Musterschulen – mit den Schriften „Das in Dessau errichtete Philanthropinum" und „Noch etwas über die Erziehung nebst Ankündigung einer Erziehungsanstalt" – legen besonders BASEDOW (1774/1965) und SALZMANN (1784/1891) dem Zeitkolorit entsprechende „Schulprogramme" vor, in denen im Sinne eines zukünftigen Schulentwicklungsplans die wesentlichen übergreifenden pädagogischen Zielvorstellungen, Studienschwerpunkte und Rahmenbedingungen der Philanthropine festgelegt werden. Darin gewinnen regelmäßige körperliche Übungen im Freien, „mit unterschiedlicher Bewegung verknüpfte Spiele", „tägliche Spaziergänge und öftere Reisen" (SALZMANN 1784/1891, 66), mit Bewegung und Spiel verbundene Ausflüge und Wandertage sowie handwerkliche Tätigkeiten und Gartenarbeiten eine herausragende Bedeutung für die Erziehung der jungen Menschen. Insbesondere im Vergleich zu den nur „mäßigen" Motionen der Pietisten stellt das Schnepfenthaler Philanthropin mit den neuen Erziehungsmethoden, der Etablierung und weiteren Ausdifferenzierung der täglichen Leibesübungen unter GUTSMUTHS im praktischen Schulalltag gewiss eine „bewegte" Schule dar (vgl. GEßMANN 2002, 151).

Herbartianische Übungsschulen – die Entdeckung der Leibesübungen im Schulleben als Ergänzung des Unterrichts

Das besondere Verdienst der Herbartianer ist es, die Bedeutung des Schullebens als wichtiges Erziehungsmittel und wesentliche Ergänzung des Unterrichts erkannt zu haben (vgl. Kap. 2.1.3). Unter Rückgriff auf SCHEIBERT sieht bereits STOY in der Ausgestaltung des Schullebens eine wesentliche Ergänzung des Unterrichts der „Erziehungsschule". In diesem Zusammenhang wendet er sich auch gegen die Einengung des Turnens auf ein reines Unterrichtsfach. Das Turnen der auf Selbstregierung basierenden Schulgemeinde nach JAHNschem Vorbild dient hier als Bewährungsfeld für die zur Stabilisierung der Gesellschaftsordnung notwendigen Tugenden der Autoritätshörigkeit und des Patriotismus.

Im Anschluss an die Ideen STOYS entwickelt REIN seine „Lehre vom Schulleben", die er dem Konzept des „erziehenden Unterrichts" gleichberechtigt zur Seite stellt. Unter den verschiedenen Veranstaltungen des Schullebens erhalten auch die Bewegungsspiele als hervorragende Charakterschulung für die Aufgaben im staatlichen Gemeinwesen einen festen Platz. Daneben überträgt REIN aber auch die Ideen des Konzentrationsunterrichts auf das Turnen. Nur durch den recht künstlichen und fragwürdigen Bezug zu den profangeschichtlichen Stoffen des Gesinnungsunterrichts kann der Turnunterricht einen Beitrag zur sittlichen Charakterbildung leisten und zu einem gleichrangigen Fach in seiner Lehrplantheorie werden.

Auch ZILLER setzt sich für die Etablierung des Schullebens als Element der Zucht ein. Im Unterschied zu STOY und REIN spielt es allerdings in seinem Erziehungsdenken nur eine untergeordnete Rolle: Unterricht hat für ihn absoluten Vorrang in der Erziehung. ZILLER nimmt zwar den Turnunterricht – als untergeordnetes Fach – in sein Lehrplangefüge auf, doch trennt er das Turnen von den gesinnungsbildenden Unterrichtsstoffen, weil es sich an „physiologischen" Gesichtspunkten orientiere. Mit der Ablösung vom Konzentrationsunterricht kann der Turnunterricht aber nicht mehr zur sittlich-religiösen Charakterbildung, dem primären Ziel des erziehenden Unterrichts, beitragen.

Deutsche Landerziehungsheime – körperliche Erziehung als sittlich-nationale Charakterbildung in der Lebensgemeinschaft

Nach dem Modell englischer Internatserziehung nimmt LIETZ in reformpädagogischer Absicht die körperliche Erziehung als wesentlichen Bestandteil seiner Versuchsschule auf. Sein Verdienst ist es, die im Vergleich zu den Staatsschulen jener Zeit erstaunlich reichhaltigen Bewegungsaktivitäten im Freien als rhythmisierende Elemente in die außerunterrichtliche Heimerziehung zu integrieren (vgl. Kap. 2.1.4). Leibesübungen, die in den Lietz-Schulen vorwiegend als außerunterrichtliche Veranstaltungen betrieben werden, sollen maßgeblich zur sittlich-nationalen Charakterbildung und Gesundheitsförderung der Schüler beitragen. Sie stellen zugleich ein Übungs- und Bewährungsfeld charakterlicher Tugenden des Einzelnen in der elitären und isolierten Lebensgemeinschaft der Landerziehungsheime dar; sie sollen auch dem von LIETZ beklagten „Dandytum" der Menschen in den Städten entgegenwirken.

Sportliche Spezialschulen der DDR – Zweckschulen für den Leistungssport

Trotz der gegen Ende der 50er Jahre eingeleiteten Bemühungen um eine stärkere leistungssportorientierte Profilierung wird der schulischen Allgemeinbildung in den Kinder- und Jugendsportschulen der Anfangsphase der DDR noch deutlich Vorrang vor dem leistungssportlichen Training eingeräumt; die vielseitige sportliche Ausbildung im Sportunterricht und das weiterführende außerunterrichtliche Nachmittagstraining in der Spezialsportart wird in der Regel der schulischen Erziehung des Individuums zur allseitig gebildeten sozialistischen Persönlichkeit untergeordnet (vgl. Kap. 2.1.5). Gleichwohl ist die politische Prägung der KJS als Kaderstätte für die „demokratische Sportbewegung" von Beginn an unübersehbar. Die sportlichen Aktivitäten der KJS-Schüler stehen im Zeichen einer zentralistisch verordneten Staatspädagogik mit wehrpropädeutischen, patriotischen und sozialistisch-kollektivistischen Zielsetzungen.

Die entwickelten Kinder- und Jugendsportschulen der 70er und 80er Jahre (einschließlich der vorbereitenden Trainingszentren) gehörten zu den wesentlichen Elementen des geschlossenen Leistungssportsystems der DDR, dessen Ziel es war, über sportliche Erfolge die Überlegenheit des Sozialismus zu dokumentieren und zur Identifikation der DDR-Bürger mit der Staatsführung beizutragen. In diesem Kontext war der Preis für Privilegien und Sozialprestige der KJS-Schüler sehr hoch: politische Instrumentalisierung, Entmündigung und Überwachung. Die moderne KJS erweist sich als eine selektive „Zweckschule" für den Nachwuchsleistungssport (BRETTSCHNEIDER u. a. 1993, 379).

2.2 Schulsport in neueren Schulleitbildern

Auf der Grundlage der freiheitlich-demokratischen Grundordnung wurden in jüngerer Zeit neuere Schulleitbilder in der Erziehungswissenschaft entwickelt. Dabei lassen sich in Anlehnung an MEYER (1997, 91-97; 1999a, 47-49) im Wesentlichen drei schultheoretische Positionen unterscheiden, die das Spektrum neuerer Schulleitbilder repräsentieren: pädagogische Konzepte zum Leitbild „Unterrichts-", „Lern-" oder „Wissenschaftsschule", zum Leitbild „Schulleben-" oder „Lebenshilfeschule" und zum Leitbild „Erfahrungsschule".[226] Diese verschiedenen Positionen sollen in den folgenden Kapiteln behandelt werden, indem die entsprechenden pädagogischen Leitideen skizziert und die Schulkonzepte im Blick auf die jeweils vertretenen Vorstellungen vom Schulsport beleuchtet werden. Hierbei fällt jedoch schon auf, dass Bewegung, Spiel und Sport in neueren pädagogischen Entwürfen zur Schule kaum Erwähnung finden (vgl. zur Kritik KURZ 2000, 24).

2.2.1 Leitbild „Unterrichtsschule"

Die schultheoretische Position zum Leitbild „Unterrichts-" oder auch „Wissenschaftsschule" wurde bereits Ende der 60er Jahre von Theodor WILHELM in seiner anthropologisch fundierten und umfassenden „Theorie der Schule" (1969) entfaltet und in den 90er Jahren von Hermann GIESECKE (1996; 1998) in zeitgemäßer Form fortgeschrieben.

WILHELM (1969) plädiert für eine zukünftige Schule, in der die Kriterien der Wissenschaftsschule die klassische Bildungsidee mit ihrem fest umrissenen Bildungskanon verdrängen: „Die Wirklichkeit muß für die Zwecke der Schule neu vermessen werden. Der einzige Vermessungsmaßstab, der zur Verfügung steht, ist der der Wissenschaften" (WILHELM 1969, 225). Insofern gelte es im Zuge der allgemeinen Verwissenschaftlichung unserer Welt, bei allen Schülern eine „wissenschaftliche Haltung" aufzubauen (a. a. O.). Denn die Idee der Wissenschaftsschule beziehe

---

[226] Auch BRETTSCHNEIDER (1998, 220) geht in seinen kurzen Bemerkungen zur zukünftigen Schule von drei Schulleitbildern aus: von der Schule als „Unterrichtsanstalt", der Schule als „Lebens- und Erfahrungsraum" und der Schule als „Gegenstand für Kultur-, Sozio- oder auch Sportsponsoring". Was allerdings mit der letzten Ausprägung der Schule gemeint ist, bleibt diffus und wird nicht weiter erläutert.

sich nicht nur auf das Gymnasium, sondern solle „von jeder Schulform mit ihren je besonderen Möglichkeiten" umgesetzt werden (a. a. O., 233).

Im Unterschied zur bildungstheoretischen Denkweise der 60er Jahre des vorigen Jahrhunderts stellt WILHELM nicht den durch die Schule zu bildenden und zu erziehenden („homo educandus"), sondern den effektiv und ökonomisch lernenden Menschen („homo oeconomice discens") in den Vordergrund seiner Überlegungen (a. a. O., 275). Dementsprechend ist für ihn Schule „der Ort, wo die Vorstellungswelt systematisch und nach ökonomischen Prinzipien gepflegt wird": Sie hat vor allem die Funktion, das Denken zu lehren (a. a. O., 80).[227] Auf dieser Folie gliedert WILHELM (1969, 314) den Lehrplan der Wissenschaftsschule in sechs Vorstellungshorizonte, durch die die traditionellen Schulfächer neu geordnet werden: Es sind dies die Horizonte des „Glaubens" (religiöse Bildung), des „Rechts" (politisch-staatsbürgerliche Bildung), der „Strukturen" (mathematisch-naturwissenschaftliche Bildung), der „Interpretation" (hermeneutisch-ästhetische Bildung), der „Kontinuität" (historische Bildung) und der „Hygiene" (Gesundheitsbildung).[228]

Im Blick auf den Schulsport ist vor allem der zuletzt genannte Bereich der „Hygiene" von Interesse. Nach WILHELMs Auffassung ist das Ziel dieses weit gefassten „Vorstellungshorizontes", zu dem er auch den Sportunterricht zählt, jungen Menschen beizubringen, „wie man sich in der heutigen Welt gesund erhält" (a. a. O., 416). In diesem Sinne müsse auch das Fach Sport diese übergreifende schulische Aufgabe anstreben und seinen spezifischen Beitrag zum Erwerb „einer geordneten hygienischen Vorstellungswelt" leisten (a. a. O., 421). Wesentliches Anliegen des Sportunterrichts sei es dann, Kinder und Jugendliche im Sinne eines sportlichen Trainingsprogramms den gesundheitsgerechten Umgang mit dem eigenen Körper zu lehren. Dabei gehe es jedoch nicht um die Wirkung des sportlichen Trainings an sich oder das Erreichen einer optimalen Leistung, sondern um „die Reflexion über hygienische Funktion

---

[227] Auch in dem in den 80er Jahren erscheinenden „Nachtrag zur ,Theorie der Schule'" sieht WILHELM die wesentliche Schulfunktion darin, „**durch die Pflege einer geordneten Vorstellungswelt** zur Bildung und Befestigung einer geistigen Verfassung beizutragen, die durch Wissen und Verstehen gekennzeichnet ist. Wir geben, was die Aufgabenbestimmung der Schule betrifft, der kognitiven Leistungsfähigkeit den Vorrang [...]" (1982, 16; Hervorhebung i. Or.).

[228] In den späteren Überlegungen geht WILHELM (1982, 66-67) von neu konzipierten acht Vorstellungshorizonten aus. „Sport, Gymnastik, Tanz", die allerdings nicht näher beschrieben werden, werden hier dem sechsten Horizont der „Information" mit Sprach- und Literaturwissenschaft, Deutsch, Fremdsprachen, Kunst und Musik zugeordnet.

der körperlichen Bewegung" und den „Aufbau eines Aktionsprogramms zu diesem Zweck" (a. a. O., 420). Auch könne bei jüngeren Schülern eine „halbstündige Sport-Pause", die selbstständig von ihnen geleitet werden kann, zur „Auflockerung des Sitzstils" beitragen. Voraussetzung für eine wünschenswerte lebenslange Trainingsplanung sei es aber, dass Schüler im Sportunterricht lernten, ihnen angemessene Formen sportlicher Aktivitäten zu finden und ihre eigenen Leistungsmöglichkeiten richtig einzuschätzen (a. a. O., 421).

Was das Schulleben in der Wissenschaftsschule anbelangt, so soll es ein Modell der demokratischen Gesellschaft in sozialer und politischer Hinsicht sein (a. a. O., 429-466). WILHELM (1969, 462-463) wendet sich dabei entschieden gegen reformpädagogische Entwürfe, die an das Schulleben andere Erwartungen stellen als an den Unterricht. Denn er vertritt die Auffassung, „der große Aufwand von Zeit und gutem Willen" zur Pflege des Schullebens müsse sich „aus der Gesamtaufgabe der Schule begründen und rechtfertigen lassen". Andernfalls seien „diese ganzen Bemühungen [...] Luxus" und damit entbehrlich (a. a. O., 463). Im Schulleben gehe es daher ebenso wie im Unterricht um die Förderung der „Differenzierung und Ordnung der Vorstellungswelt" der jungen Menschen. Der pädagogische Wert des Schullebens liegt also für WILHELM in der Ergänzung und Unterstützung des Unterrichts. Nur in dieser Funktion gehören auch „Schülerselbstverwaltung, Festgestaltung, musische Aktivität, Sport" zum festen „Bestandteil des Schulbetriebs" (a. a. O.).

Nicht ganz frei von polemischen Untertönen entwirft GIESECKE (1996; 1998) sein Modell der Unterrichtsschule[229]. Die schulreformerischen Bestrebungen der letzten Jahrzehnte, so die Ausgangsthese in den „Pädagogischen Illusionen" (1998), haben ein einheitsstiftendes Bildungskonzept verhindert, das sich auf einen fest umrissenen Kanon an Fächern und Stoffen konzentriert. Schule werde vielmehr mit immer neuen erzieherischen Ansprüchen konfrontiert: Mit dem Etikett „,Erziehung' werden Ansinnen an die Schule herangetragen, die im Prinzip grenzenlos und auch allen möglichen Moden des Zeitgeistes ausgeliefert sind" (GIESECKE 1998, 265). Als Beispiele für solch überhöhte pädagogische Ansprüche an die Schule führt GIESECKE (1998, 135-206) u. a. die Vorstellungen der Bildungskommission NRW (1995) und die „Empfehlungen zur Neuge-

---

[229] GIESECKE (1998, 46, 314) bezeichnet den Entwurf seiner Schule selbst als „bildungsorientierte" bzw. „Bildungsschule".

staltung der Primarstufe" (FAUST-SIEHL u. a. 1996) an, die er als „Kult der Subjektivität" bzw. als grundschulpädagogische „Sozialromantik" heftig kritisiert.[230] Im Unterschied dazu liege jedoch die eigentliche Aufgabe der Schule im Unterrichten (GIESECKE 1998, 33-34; 1996, 198-199).

Unter den veränderten Bedingungen der „pluralistischen Sozialisation" sei nämlich, wie GIESECKE (1996, 198-199) an anderer Stelle ausführt, die Schule die einzige Sozialisationsinstanz in der postmodernen Gesellschaft, in der systematisches Lernen mithilfe des Unterrichts stattfinde. Nur durch den Schulunterricht sei es möglich, „die an und für sich diffus bleibende Realität in geordnete Vorstellungen zu bringen und diese für künftige, noch unbekannte Verwendungssituationen zur Verfügung zu halten" (a. a. O., 199). So lauten denn auch seine Empfehlungen an Lehrkräfte: „Lassen Sie sich nicht durch einen generellen ‚Erziehungsauftrag' beirren", denn „Erziehen können Sie nur durch die Qualität Ihres Unterrichts" (a. a. O., 328). Das Problem des Umgangs mit lernunwilligen oder schwierigen Schülern, die nun einmal die Schule besuchen und besonderer erzieherischer Anstrengungen bedürfen, löst GIESECKE hierbei auf eigentümliche Weise. Er weist den Eltern die Aufgabe zu, ihre Kinder – gegebenenfalls mit Unterstützung der Jugendhilfe – „schul-" und „unterrichtsfähig" zu machen (a. a. O., 204). Anderenfalls müssten solche Schüler zeitweise oder auf Dauer vom Unterricht ausgeschlossen werden (a. a. O., 203).[231]

In deutlicher Abhebung von reformorientierten Ansätzen, die Schule als „Lebensraum" verstehen, begreift GIESECKE (1996, 230) Schule als eine auf die Hauptfunktion des Unterrichts bezogene „Lerngemeinschaft" von Lehrern und Schülern.[232] Dies schließe zwar Angebote des Schullebens, in denen Kinder und Jugendliche ihre besonderen, im Unterricht nicht zur Geltung kommenden Fähigkeiten anwenden können, mit ein, doch müsse auch im Rahmen des Schullebens deutlich werden, dass es sich hierbei um eine schulische Veranstaltung handelt (vgl. GIESECKE 1996, 230): „Es

---

[230] Die pädagogischen Konzepte der BILDUNGSKOMMISSION NRW (1995) und von FAUST-SIEHL u. a. (1996) werden in Kap. 2.2.3 dargelegt.

[231] In anderem Kontext formuliert GIESECKE: „Aus objektiven wie subjektiven Gründen muß die Schule auch *ausgrenzen*" (1996, 217; Hervorhebung i. Or.).

[232] GIESECKE (1996, 225) benutzt den Begriff „Lerngemeinschaft" hier bewusst in Abgrenzung zu Termini wie „Bildungsgemeinschaft" (NOHL) oder „polis" (VON HENTIG). Zwei Jahre später spricht er in seinem Entwurf der „Bildungsschule" allerdings von einer „Bildungsgemeinschaft" zwischen Lehrern und Schülern, weil dieser Begriff „die Sache genauer als die im Vergleich dazu relativ unverbindliche und diffuse Metapher vom ‚Haus des Lernens' [in der Denkschrift der Bildungskommission NRW, G. S.]" treffe (GIESECKE 1998, 307).

geht also nicht um eine Anbiederung an Bedürfnis und Geschmack der Schüler [...], sondern um die Gestaltung des ‚Schullebens' und damit um den Versuch, eine Identifizierung der Schüler mit ‚ihrer' Schule zu ermöglichen, ohne deren besonderen Zweck aus den Augen zu verlieren [...]" (ebd.). Schule dürfe daher keineswegs „familiarisiert" werden (GIESECKE 1998, 151; vgl. auch 1996, 268).

GIESECKE (1998, 281-285) schlägt ferner eine Reduktion des bisherigen Fächerkanons der Schule vor. Er schließt sich dabei dem Vorschlag von REHFUS (1995) an, die Fächer im Sinne der Tradition der europäischen Kultur in einem „Drei-Welten-Raster" neu zu ordnen (vgl. GIESECKE 1998, 284-285).[233] In einem solchen Curriculum hat das Fach Sport – zumindest in älteren Jahrgangsstufen – keinen Platz mehr: „Sport ist als verbindliches Unterrichtsfach – vielleicht abgesehen von den unteren Klassen und natürlich von entsprechenden Spezialschulen – in der modernen Freizeitgesellschaft entbehrlich geworden" (GIESECKE 1998, 283). Auch in argumentativer Hinsicht scheint er hier der undifferenzierten Auffassung von REHFUS[234] zu folgen, solche Fächer aus der Schule zu verbannen, die – wie der Sportunterricht – vermeintlich von anderen gesellschaftlichen Einrichtungen außerhalb der Schule angeboten werden.[235] Abgesehen von der oben erwähnten Passage werden Bewegung und Sport in GIESECKEs Überlegungen allerdings nicht weiter thematisiert.

---

[233] REHFUS' (1995, 211-212) „curriculares Orbis-Modell" besteht aus der „Welt 1: Natur" (mit den Fächern Physik, Chemie, Biologie und Erdkunde), der „Welt 2: Kultur" (mit den Fächern Deutsch, erste Fremdsprache, zweite bis dritte Fremdsprache, Philosophie und Geschichte) und der „Welt 3: Künstliche Welten" (mit den Fächern Mathematik, „elektronische Generierung künstlicher Welten", bildende Kunst und Musik).

[234] Auch in der Unterrichtsschule von REHFUS (1995, 210-211) gehört der Sportunterricht nicht zum verbindlichen Fächerkanon des Gymnasiums: „Für eine bemerkbare körperliche Gesundheitsförderung [...] ist eine körperliche Langzeitbelastung notwendig, die in drei Wochenstunden Sportunterricht nicht erreicht werden kann. Wer also den Sportunterricht über das Argument der ‚Volksgesundheit' legitimieren möchte, der muß für eine drastische Erhöhung des Unterrichtsvolumens im Fach Sport eintreten. Allein schon aus Zeitgründen ist dies unrealistisch. Und es ist auch sachlich gar nicht erforderlich. Denn in jeder Stadt gibt es Turn- und Sportvereine, so daß jeder, der will, Sport treiben kann. So erweist es sich als wenig plausibel, daß in den Schulen überhaupt Sportunterricht stattfindet." Zumindest im Fächerangebot der Grundschule berücksichtigt REHFUS (1995, 201) im Bereich „Gestalten" auch das Fach Sport.

[235] So schreibt GIESECKE (1996, 202) in anderem Kontext und nicht explizit in Bezug auf den Sportunterricht: Allein aus Gründen der „Kostenbewußtheit" sei es erforderlich, „zu wissen, welche an und für sich ebenfalls notwendigen Lernaufgaben genau so gut an anderen Orten der Sozialisation bzw. im Rahmen außerschulischer Lernangebote vielleicht preiswerter erledigt werden könnten. Was das Leben sowieso leistet, muß die Schule jedenfalls nicht wiederholen."

GIESECKEs Menschenbild wird vor allem in seiner Kritik an bestehenden reformpädagogischen Konzepten sichtbar, denen er insgesamt eine „antikognitive" Tendenz vorwirft (1996, 278; 1998, 265). Dabei erinnert seine auf den „Geist" verengte Bildungskonzeption, die den pädagogischen Sinn des Unterrichts „letztlich nur in der Erarbeitung der Stoffe selbst" sieht (GIESECKE 1996, 243), an ein überkommenes dualistisches Menschenbild, das den „Leib" als Instrument des Geistes betrachtet. So bemängelt er zum Beispiel an der Forderung nach ganzheitlichem Lernen „mit Kopf, Herz und Hand", dass lediglich der „Kopf" bzw. das „Gehirn" lernen könne und die „Hand" nur lerne, „insofern sie die entsprechenden Befehle von [sic!] Gehirn erhält" (GIESECKE 1996, 249). Aus diesem Blickwinkel ist es konsequent, alles das zu beanstanden, was scheinbar die geistigen Anstrengungen der Schüler und die Effektivität der Stoffvermittlung stört. In diesem Sinne hält GIESECKE dem „offenen Unterricht" vor, konzentriertes Lernen zu verhindern, weil „selbst bei größter Disziplin ein unvermeidlicher Lärmpegel und eine durch ständige Bewegung ausgelöste Unruhe" entstehe (a. a. O., 271).

2.2.2 Leitbild „Schulleben-Schule"

In bewusster Abgrenzung zur „Unterrichtsschule" entwirft Peter STRUCK in mehreren, populärwissenschaftlich anmutenden Abhandlungen (1994; 1995; 1996a/b; 1997) eine schultheoretische Position zum Leitbild „Schulleben-" oder auch „Lebenshilfeschule".[236] Ausgangspunkt seiner Überlegungen ist die These, dass angesichts der veränderten Bedingungen des Aufwachsens von Kindern und Jugendlichen das Konzept einer wissenschaftsorientierten Schule als „Belehrungsanstalt"[237] nicht mehr zeitgemäß sei. Da heutzutage viele Kinder und Jugendliche mit erheblichen Lebensproblemen und Erziehungsmängeln die Schule besuchten, so STRUCK (1996b, 253-254), sei es eine wesentliche schulische Aufgabe, solche Sozialisationsbedingungen zu berücksichtigen und zu kompensieren. In diesem Sinne benötigten Schülerinnen und Schüler „eine erziehende und unterrichtende Schule, weil sie zu

---

[236] Der Begriff „Schulleben-Schule" wird von STRUCK (1994, 89-90; 1996a, 33) selbst gebraucht. MEYER (1997, 93-94; 1999a, 48-49) nennt dieses Autorenleitbild auch „Lebenshilfeschule". Ähnlich bezeichnet GIESECKE (1996, 287) in seiner Kritik an pädagogischen Konzepten, die eine umfassende Ausdehnung der schulischen Aufgaben über den Unterricht hinaus fordern, das Schulmodell von STRUCK als „sozialpädagogische Schule".
[237] Vgl. hierzu den Untertitel der Veröffentlichung „Die Schule der Zukunft" (STRUCK 1996a).

Hause gar nicht, falsch oder inkonsequent erzogen wurden oder werden, so daß Unterricht den Vorlauf von oder die Einbettung in Erziehung braucht", damit überhaupt Wirkungen erzielt werden können (STRUCK 1997, 35). Im krassen Gegensatz zu GIESECKE vertritt STRUCK somit die Auffassung, Lehrkräfte müssten sich erst einmal auf ihre sozialpädagogischen, familienunterstützenden Erziehungsaufgaben konzentrieren, um den Arbeitsalltag mit verhaltensschwierigen Heranwachsenden bestehen zu können:

> „Viele Lehrer kommen deshalb nur noch zurecht, wenn sie sich auch über die Schulstunden hinaus pädagogisch engagieren, also vor Unterrichtsbeginn, in den Pausen und nach Schulschluß. Sie müssen dann Einzelgespräche mit Schülern führen, mit ihnen spielen, Sport treiben, kochen, essen, auf Fahrradtour gehen und sie zu sich nach Hause einladen, mit ihnen ins Theater gehen, ins Kino, zum Schwimmen oder auf den Jahrmarkt gehen, sie müssen Hausbesuche machen, Elternstammtische einrichten [...], eine Fahrradwerkstatt initiieren oder auch noch nachts Krisenintervention betreiben [...]" (STRUCK 1996b, 254).[238]

Aus diesem Grund favorisiert STRUCK das Konzept einer Stadtteil- bzw. Nachbarschaftsschule, das in Abkehr vom dominanten Instruktionsanspruch der „wissenschaftsorientierten Schule" den milieuspezifischen und biografischen Bedürfnissen der Kinder und Jugendlichen durch die Gewährung von Autonomie und Ausbildung eines individuellen Schulprofils, durch eine sozialpädagogische Klassenlehrerpädagogik, eine Öffnung von Unterricht und Schule, eine Förderung des sozialen Lernens und der Projektarbeit, eine Intensivierung des Schullebens und der Ganztagsbetreuung Rechnung trägt (vgl. STRUCK 1995, 19, 164, 201-205).[239] Die zukünftige Schule soll eine Vielzahl gesellschaftlicher Aufgaben wahrnehmen: Sie muss nach Auffassung von STRUCK (1995, 207-216; 1996b, 18-69; 1997, 36) innovatorische, integrationsfördernde, kompensatorische, familienergänzende, leiblich-anthropologische, präventive, diagnostisch-

---

[238] In diesem Zusammenhang fordert STRUCK auch eine veränderte Lehrerausbildung, in der das fachwissenschaftliche Spezialistentum zu Gunsten einer „Klassenlehrerpädagogik" mit „sozialpädagogischen, pädagogisch-psychologischen sowie – in geringerem Maße – mit ernährungswissenschaftlichen und medizinischen Anteilen" zurückgedrängt wird (1994, 175).

[239] An dieser Stelle sei angemerkt, dass STRUCKs schulreformerische Vorstellungen allgemein ziemlich oberflächlich und diffus bleiben. Die oben erwähnten reformorientierten Forderungen erweisen sich als mehr oder weniger plakativ, d. h. sie werden nicht näher begründet und erläutert.

therapeutische, medienerzieherische und regulierende Zielsetzungen verfolgen.[240]

So geht es beispielsweise im Hinblick auf die kompensatorische und leiblich-anthropologische Funktion der Schule auch darum, sozialisationsbedingte motorische, koordinative und konditionelle Benachteiligungen von Schülerinnen und Schülern auszugleichen. Nachdrücklich verweist STRUCK dabei auf die Besorgnis erregende Zunahme von Kindern mit Wahrnehmungsstörungen[241], die einem erhöhten Unfallrisiko im Alltag ausgesetzt seien und häufig Sprach- und Rechenschwächen sowie Verhaltens- und Konzentrationsstörungen aufwiesen.[242] Daher müsse sich die Schule zukünftig zu einer „Sinnesschule" (STRUCK 1996a, 214) verändern, in der mangelnde Bewegungs- und Körpererfahrungen von Heranwachsenden mit täglichen Bewegungs- und Sportangeboten kompensiert würden: „Die uralte Forderung nach der täglichen schulischen Sportstunde wird also stetig bedeutsamer; zugleich muß sich jedoch der benotete Leistungssportunterricht immer mehr zu einer lustbetonten, unbenoteten, kompensatorischen und nicht an starre 45-Minuten-Takte gebundenen Bewegungstherapie bis hin zu einer Rückenschule wandeln" (STRUCK 1997, 37). Der Sportunterricht wird hier auf kompensatorisch-gesundheitsfördernde Aufgaben reduziert; seine Bedeutung ergibt sich für STRUCK allein aus seiner Funktion als gesellschaftliche Reparaturinstanz.[243] Unklar bleibt dabei auch, wie ein bewegungstherapeutisch angelegter Sportunterricht die Freude der Schülerinnen und Schüler am Sport wecken bzw. erhalten kann, wie also die eindimensionale motorisch-konditionelle Entwicklungsförderung mit dem Recht des Kindes auf ein gegenwartserfüllendes Sporttreiben in Einklang zu bringen ist.

---

[240] In der „Schule der Zukunft" nennt STRUCK (1996a, 59-64, 69-83) darüber hinaus noch – nicht ganz begründet – die „Sparfunktion" von Schule. Die einzelnen Schulfunktionen werden insgesamt nicht immer in systematisch stringenter Klarheit voneinander abgegrenzt und formuliert.

[241] In diesem Kontext führt STRUCK (1997, 34) ohne nachprüfbare empirische Belege aus: „[...] jeder zehnte Jugendliche hat ein durch Lautsprecher beeinträchtigtes Hörvermögen, 60 Prozent der Schulanfänger zeigen Haltungsschäden, 35 Prozent sind übergewichtig, 40 Prozent haben einen schwachen Kreislauf, 38 Prozent können Arme und Beine nicht angemessen koordinieren und mehr als 50 Prozent haben Konditionsprobleme beim Laufen, Springen und Schwimmen."

[242] Vgl. hierzu u. a. STRUCK (1995, 30-31; 1996a, 40-41; 1996b, 26-32; 1997, 29-38).

[243] Vgl. in diesem Zusammenhang auch die Überlegungen zum Berufsschulsport, wenn er aus Sicht von Berufsschülern ausführt: „Im Sportunterricht lernen wir, was wir gegen berufsbedingte Bewegungsmängel oder Rückenprobleme tun können; wenn wir fit sind, ist das auch für unsere Arbeitgeber und damit für den Wirtschaftsstandort Deutschland gut" (STRUCK 1997, 38).

Obgleich STRUCK die Kopflastigkeit der Schule kritisiert und im Interesse der anthropologisch zu begründenden Bedürfnisse des Kindes die tägliche Sportstunde fordert (1997, 92), steht er doch in seinen Argumentationen dem Sportunterricht eher distanziert gegenüber. In diesem Sinne hält STRUCK zum Beispiel den herkömmlichen Sportunterricht in der Schule für einsinnig leistungssportorientiert. Angesichts übersteigerter „Leistungssportelemente" im Fach Sport würden sich seiner Ansicht nach die Schüler so sehr verausgaben, dass sie dem danach stattfindenden Unterricht in anderen Fächern nicht mehr folgen könnten:

> „Von den Waldorfpädagogen wissen wir, wie wichtig das Fach Eurythmie mit seinen Bewegungsübungen, zwischen normalen Unterrichtsstunden liegend, und die musische und atmosphärische Einbettung des Lernens sind. Die Kombination von Bewegung, Spiel, Entspannung und Sinnesentwicklung ist dabei günstiger als eine Sportstunde, in der sich die Schüler beim Hand-, Volley- oder Völkerball restlos bis zur Totalerschöpfung verausgaben" (STRUCK 1996a, 48; vgl. ähnlich STRUCK 1997, 94).

Da nach STRUCK sportliche Anstrengungen am Schulvormittag die Konzentration der Schüler beeinträchtigen, ist er der Meinung, der bisherige Sportunterricht müsse zu Gunsten eines „umfassenden schulischen Bewegungserziehungs-, Spiel- und Mußebereich(es)" mit integrierten Lernphasen[244] aufgelöst und durch außerunterrichtliche Arbeitsgemeinschaften am Nachmittag ersetzt werden (STRUCK 1997, 294).

Neben diesen Bewegungs- und Sportmöglichkeiten kommt dem Sportförderunterricht und den verschiedenen Aktivitäten der bewegten Schule in der Schulleben-Schule eine besondere Bedeutung zu. Ziel des „psychomotorischen Extraturnens" ist es, Schülerinnen und Schülern grundlegende Bewegungserfahrungen „therapeutisch" zu verabreichen und dadurch das kognitive Lernen zu unterstützen (vgl. z. B. STRUCK 1995, 30-31; 1996a, 192; 1996b, 27; 1997, 95). In gleicher Weise sollen Kinder mit Bewegungs- und Spielangeboten im Rahmen der bewegten Schule überhaupt erst „unterrichtsfähig" gemacht werden (vgl. STRUCK 1996b, 28): „So defizitär, wie viele Kinder heute aufwachsen, muss die moderne ‚bewegte Schule' mit einer Reihe von Elementen kompensatorisch gegensteuern, damit Lernen wieder optimal funktionieren kann" (STRUCK 1997, 94-95). Insofern gelte es, Bewegungsaktivitäten in einen handlungsorientierten Unterricht einzubeziehen, das Sitzen auf Sitzbällen und an ver-

---

[244] An anderer Stelle schlägt STRUCK (1996a, 21) vor, Sport gemeinsam mit Kunst und Musik zu einem musisch-ästhetischen Lernbereich zusammenzufassen.

stellbaren Tischplatten zu ermöglichen und Bewegungskisten mit Spiel- und Sportgeräten für eine bewegte Pause zur Verfügung zu stellen (vgl. besonders STRUCK 1997, 92-98). Das Konzept der bewegten Schule oder, wie STRUCK zuletzt in Anlehnung an die Denkschrift der Bildungskommission NRW formuliert, die Idee eines „bewegten Hauses des Lernens" übertreffe durch die reformorientierte Gestaltung des Unterrichts mit Bewegungs- und Spielphasen auch die herkömmliche „Belehrungsanstalt" im Blick auf die Effektivität des Lernens und die Förderung der Mündigkeit (vgl. STRUCK 1997, 98).

2.2.3 Leitbild „Erfahrungsschule"

Eine weitere schultheoretische Position lässt sich mit dem Leitbild „Erfahrungs-" oder „Lebens- und Erfahrungsschule" ausmachen. Als Beispiele für dieses Schulleitbild können die pädagogischen Entwürfe von Hartmut VON HENTIG (1993), der BILDUNGSKOMMISSION NRW (1995) sowie des Arbeitskreises Grundschule und des Grundschulverbandes (FAUST-SIEHL u. a. 1996) herangezogen werden.

Als wohl prominentester Exponent der „Lebens- und Erfahrungsschule" hat VON HENTIG dieses Schulleitbild in mehreren Veröffentlichungen theoretisch entfaltet (1973; 1993; 1995). Im Gegensatz zu anderen aktuellen Autorenleitbildern hat er versucht, seine Vorstellungen als wissenschaftlicher Leiter der Laborschule Bielefeld[245] auch in die Praxis umzusetzen. In seinem Werk „Die Schule neu denken" fasst VON HENTIG (1993, 208-226) Merkmale der Erfahrungsschule prägnant zusammen:

- Die Erfahrungsschule wird als Lebens- und Erfahrungsort gestaltet, an dem Schülerinnen und Schüler gern verweilen und in der engen Verflechtung von Leben und Lernen wichtige Grunderfahrungen machen können. Das Lernen erfolgt überwiegend aus Erfahrung und an Lerngelegenheiten (vgl. a. a. O, 209-213).

- Ethnische, kulturelle, soziale, religiöse, begabungs- und geschlechtsspezifische Unterschiede werden nicht negiert, sondern die „Erfahrung und Bejahung von Unterschieden" (a. a. O., 216) zum Ausgangspunkt der pädagogischen Arbeit erklärt. Kinder und Ju-

---

[245] Vgl. zur Geschichte, zu den Aufgaben und Prinzipien der Laborschule Bielefeld u. a. VON HENTIG (1995).

gendliche werden entsprechend ihren individuellen Begabungspotenzialen gefördert.

- Die Erfahrungsschule versteht sich als „polis", als Gemeinschaft, in der „die Grundbedingungen des friedlichen, gerechten, geregelten und verantworteten Zusammenlebens" und die damit einhergehenden Probleme modellhaft vorgelebt werden (a. a. O.).
- Schülerinnen und Schüler werden als „ganze" Menschen betrachtet, indem zum Beispiel sinnliche Erfahrungen und Bewegungsbedürfnisse auch außerhalb des dafür vorgesehenen Sportunterrichts berücksichtigt werden (vgl. a. a. O., 220-221).
- Die Schule ist eine „Brücke" zwischen dem Familienleben des Kindes und dem gesellschaftlichen Leben des Erwachsenen. Daraus folgt die Notwendigkeit der Stufung, wie sie in der Laborschule Bielefeld praktiziert wird: „Die Stufung hat auch Folgen für die Gliederung der Gegenstände. Aus dem ‚Lebensraum' der ersten Stufe [...] gehen ‚Erfahrungsbereiche' hervor und aus diesen erst die ‚Fächer'" (a. a. O., 224). Der Erfahrungsbereich „Umgang mit dem eigenen Körper" umfasst dabei „Spiel, Sport, Bewegung, Diätetik" (ebd.).

Die kurze Darstellung zeigt, dass im VON HENTIGschen Schulkonzept auch Bewegung, Spiel und Sport Platz haben. An anderer Stelle führt er dazu weitergehend aus, wie Schülerinnen und Schüler der Laborschule erfahren sollen, „in welchem Maße wir nicht nur ein geistig-soziales, sondern auch ein physisches Lebewesen sind und welches Recht und wie recht der Körper hat – welchen Selbstbetrug der Geist begeht, wenn er ihn mißachtet [...]" (VON HENTIG 1995, 17). In der Laborschule, wie VON HENTIG fortfährt, werde daher auch die körperliche Entwicklung von Heranwachsenden besonders gefördert, indem „das körperliche Wohlsein des Kindes, Sport und Spiel, Bewegung und Ruhe [...] ein Teil des normalen Verhaltens, nicht Leistungspensum und nicht Kompensation [sind]" (a. a. O., 20).[246]

Bereits in den 70er Jahren hatte der Gründer der Laborschule Bielefeld mit schulkritischen Überlegungen zur „Entschulung" des Sportunterrichts die Forderung erhoben, den Pflichtcharakter des Fachs Sport aufzuhe-

---

[246] In diesem Kontext sei auch an den Curriculumentwurf für „Körpererziehung, Sport und Spiel" erinnert, den FUNKE (1974) als Schulprojekt der Bielefelder Laborschule entwickelt hat. Dieses curriculare Konzept wird im Zusammenhang mit der Idee der „sportbetonten Schule" noch eingehend diskutiert (vgl. Kap. 4.1.2.1).

ben, um durch Verschulungstendenzen verstellte lebensweltliche Erfahrungsbereiche des Sports zu nutzen. „Entschulung" des Sportunterrichts bedeutet für VON HENTIG hier, „aus Erziehung wieder Erfahrung machen: An das Leben zurückgeben, was sich in ihm vollziehen kann und bewähren muß" (1972, 252). In diesem Sinne tritt er dafür ein, durch Umgestaltung des schulischen Umfeldes offene Lerngelegenheiten für den Sport anzubieten, die von zahlreichen Bewegungsangeboten in unterschiedlichen Räumen vor, zwischen und nach dem Unterricht, vom Spielplatz über die Turnhalle bis zum Schuppen, von einem Helfersystem bis zu Angeboten der „Selbstunterrichtung" reichen (a. a. O.). Auch wenn seine Vorschläge seinerzeit wegen des sehr weiten Sportverständnisses, der Vernachlässigung des sportlichen Sozialisationsprozesses von Heranwachsenden und seines visionären Charakters kritisiert wurden (vgl. dazu BRODTMANN 1984, 27), können sie doch als frühzeitiges Plädoyer für eine sportfreundliche Erfahrungsschule gelten.

Nach Auffassung der BILDUNGSKOMMISSION NRW, die Mitte der 90er Jahre für eine grundlegende Schulreform plädiert, stellt der Wandel der Lebens- und Aufwachsensbedingungen von Kindern und Jugendlichen neue Anforderungen an eine zukunftsorientierte Bildung, bei der „erzieherische Probleme und Ziele in den Vordergrund" gerückt werden (1995, 39). Die Schule der Zukunft soll demgemäß von einem erweiterten Aufgabenspektrum ausgehen, das sich nicht mehr allein auf die Vermittlung wichtiger fachlicher Qualifikationen konzentrieren kann. Vielmehr ist es das Ziel der schulischen Bemühungen, Hilfen zur Persönlichkeitsförderung und Identitätsbildung des Einzelnen bereitzustellen und – im Vergleich zur herkömmlichen Unterrichtsschule – Unterricht und Erziehung neu auszubalancieren und zu akzentuieren (vgl. a. a. O., 80). In diesem Sinne wird in der Denkschrift das Leitbild der Schule als „Haus des Lernens" entworfen und Schule als ein Ort betrachtet,

- in dessen Räumen sich Lehrende und Lernende gleichermaßen wohl fühlen, weil jeder Einzelne in seiner Individualität akzeptiert wird und Toleranz gegenüber dem Andersartigen vorherrscht,
- an dem auf die Lernfähigkeit aller vertraut wird, Zeit für das Lernen eingeräumt und Irrwege zugelassen werden,
- der „ein Stück Leben" bedeutet, das selbstbestimmt gestaltet werden kann (a. a. O., 86).

Das „Haus des Lernens" wird als offener Lern- und Erfahrungsraum konzipiert, in dem die Lebenswelt, Fragen und Probleme von Kindern und Jugendlichen für das schulische Lernen fruchtbar gemacht werden. Unter dem Leitgedanken der „Öffnung von Schule" sollen die Chancen, die das soziale Umfeld bietet, für das systematische Lernen genutzt werden: „Die Schule als Lebensraum ist auf die Vielfalt von Begegnungsmöglichkeiten angewiesen. Aktivitäten zur Gestaltung des Schullebens und die Einbeziehung von Eltern und außerschulischen Partnern sind dabei wichtig" (a. a. O., 81). Im Sinne einer institutionellen Öffnung sollen bewusst Lernorte außerhalb der Schule aufgesucht, Kontakte mit Laien und Experten, Kooperationen mit außerschulischen Organisationen und kommunalen Einrichtungen der Jugend- und Sozialarbeit, also Berührungen mit der sozialen „Alltagswirklichkeit", gesucht werden, um erfahrungsgeleitetes Lernen in lebenspraktischen Handlungssituationen zu ermöglichen.

In Bezug auf das schulische Lernen wird das Verhältnis von fachlichem und überfachlichem Lernen neu gewichtet (a. a. O., 80). So empfiehlt die Expertenkommission, fachliches und überfachliches Lernen in problemvernetzenden Zusammenhängen zu ordnen. Solche Lernzusammenhänge werden als „Dimensionen" bezeichnet, die als „nicht streng voneinander abgesetzte Perspektiven" aufgefasst werden, „in denen Menschen ihre Wirklichkeit erfahren, sie erkennen, sich mit ihr auseinandersetzen, sie gestalten" (a. a. O., 107). Als Bezugsrahmen für das schulische Lernen werden daher sieben Dimensionen vorgeschlagen, die unterschiedliche Zugangsweisen zur Erschließung der Realität darstellen: „Identität und soziale Beziehungen", „kulturelle Tradition", „Natur, Kunst, Medien", „Sprache, Kommunikation", „Arbeit, Wirtschaft, Beruflichkeit", „Demokratie, Partizipation" und „Ökologie" (a. a. O., 197-112).

Die Ausführungen zum Schulsport sind dabei äußerst spärlich geraten. Die Denkschrift weist zwar nachdrücklich darauf hin, dass dem Fach Sport hinsichtlich seiner „Bedeutung für die Dimensionen des Lernens" in der künftigen Schulentwicklung „ein höherer Stellenwert" zukommen sollte (a. a. O., 116). Auch wird der Schulsport im Zusammenhang mit den überfachlichen Aufgaben der Gesundheitserziehung (a. a. O., 41), der Identitätsentwicklung (a. a. O., 108) und der Koedukation (a. a. O., 129) erwähnt. Doch im pädagogischen Gesamtkonzept der Expertenkommission bleiben Bewegung, Spiel und Sport weitestgehend unberücksichtigt (vgl. KURZ 2000, 24; GRUPE 2000a, 138; REGENSBURGER PROJEKTGRUPPE 2001, 25).

In diesem Kontext sind die Empfehlungen des Arbeitskreises Grundschule und des Grundschulverbandes zur Neugestaltung der Primarstufe aufschlussreich (FAUST-SIEHL u. a. 1996). Sie begreifen sich nämlich bewusst als grundschulpädagogische Ergänzung und Akzentuierung der Denkschrift der nordrhein-westfälischen Bildungskommission (vgl. KLEINDIENST-CACHAY 1998, 232). Von besonderem Interesse sind hierbei vor allem die Anregungen zum Lernbereich „Körper und Bewegung – Spiel und Sport" (FAUST-SIEHL u. a. 1996, 96-100), der als eigenständiges Aufgabenfeld von der „musisch-ästhetischen Erziehung" getrennt wird.[247]

Ebenso wie die Experten der Bildungskommission sehen FAUST-SIEHL u. a. die Schule als Lern- und Lebensraum. Die Grundschule der Zukunft wird als kindorientierte Eingangsstufe für alle Heranwachsenden verstanden, deren Bildungsauftrag im Wesentlichen drei Zielsetzungen umfassen soll: Schülerinnen und Schülern das Lernen in der Gemeinschaft zu ermöglichen, demokratisches Zusammenleben erfahrbar zu machen und gesellschaftlich wichtige Qualifikationen zu vermitteln (vgl. FAUST-SIEHL u. a. 1996, 14-16; vgl. auch KLEINDIENST-CACHAY 1998, 232-235). Dies heißt, Kinder in ihrer Individualität ernst zu nehmen und zu akzeptieren.

Angesichts veränderter Bedingungen des Aufwachsens und fehlender Bewegungserfahrungen von Kindern wird auch die Bedeutung von Bewegung als kindliche „Lebensform" und als „Weg der Auseinandersetzung mit der sozialen und materialen Welt" hervorgehoben (FAUST-SIEHL u. a. 1996, 96). Denn nach Ansicht der Grundschulexperten müssen Kinder im Grundschulunterricht „in ihrer leiblich-seelischen und geistigen Existenz ernst genommen und durch unterschiedliche Lernformen gefordert und gefördert werden" (a. a. O., 23). Bewegung soll deshalb als fächerübergreifendes Prinzip des schulischen Lernens und Lebens verankert werden:

„Immer noch wird Schulkindern die Disziplinierung ihres Körpers zum Zwecke des Stillsitzens zugemutet. Kinder sollten sich demgegenüber so oft wie möglich frei im Raum bewegen und ihre Körperhaltung und ihren Lernplatz (in Grenzen) selbst suchen dürfen [...].

---

[247] Die Grundschularbeit soll sich nach Vorstellung des Arbeitskreises Grundschule insgesamt an sechs Lernbereichen orientieren: „Welterkundung", „Sprache", „Mathematik", „Musisch-ästhetische Erziehung", „Körper und Bewegung – Spiel und Sport" sowie „Religion, Ethik und Philosophie". Hinzu kommen noch die übergreifenden Aufgabenbereiche der „Gesundheits- und Sexualerziehung", „Medienerziehung" und „Umweltbildung" (vgl. FAUST-SIEHL u. a. 1996, 58-62).

Die tägliche Bewegungszeit stellt ein wichtiges Angebot der Schule dar" (a. a. O., 98-99).

So wird ein Primarstufenkonzept favorisiert, das körperlich-sinnliches Lernen, regelmäßige Bewegungspausen, bewegte Pausen, psychomotorische Förderkonzepte und Spielfeste als feste Bestandteile des Schullebens aufnimmt (vgl. a. a. O., 98-100).

Die Grundschulexperten setzen sich weiterhin für einen Sportunterricht ein, der in kritischer Abkehr von sportiven Prinzipien der Leistungs- und Wettkampforientierung als „Bewegungserziehung" ausgelegt wird: „Wenn nur der ‚Sport' mit seinen Disziplinen, Geräten, Räumen, Normierungen und Regeln zählt, geht zuviel von der Eigenständigkeit und Lebendigkeit des Sich-Bewegens verloren" (a. a. O., 97). Als Teil eines weit gefassten Lernbereichs gehe es hier nicht um eine Einführung in normierte Sportarten, sondern um eine „allgemeine Körper- und Bewegungsbildung", die hinsichtlich der heterogenen motorischen und konditionellen Voraussetzungen der Kinder auf eine individuelle Bewegungsförderung zielt (vgl. a. a. O., 96-98). In einer so verstandenen „Bewegungserziehung", wie die Grundschulpädagogen weiter anmerken, werde die „unterrichtliche Belehrung" zu Gunsten des freien „Erfahrungslernens" zurückgedrängt, um Selbstständigkeit und Eigeninitiative der Grundschüler zu unterstützen. Aus diesem Grund sei es sinnvoll, „regelmäßige Initiativstunden" durchzuführen (a. a. O., 99-100) und auch die traditionellen Bundesjugendspiele durch nichtnormierte, „konkurrenzfreie Spiele" im Rahmen von Spielfesten zu ersetzen (a. a. O., 97-98).

2.2.4 Zwischenbilanz

Bei der Analyse neuerer Schulleitbilder, die Erziehungswissenschaftler auf der Grundlage einer freiheitlich-demokratischen Gesellschaft entwickelt haben, wurden drei schultheoretische Positionen unterschieden und im Blick auf die Implikationen für den Schulsport beschrieben (vgl. Tab. 5).

Tab. 5: *Aktuelle Schulleitbilder im Überblick*

Schulleitbild	Unterrichtsschule	Erfahrungsschule	Schulleben-Schule
Vertreter	WILHELM GIESECKE	VON HENTIG BILDUNGSKOMMISSION NRW FAUST-SIEHL u. a.	STRUCK
Schultheoretische Leitidee und Hauptfunktion	Förderung der intellektuellen Fähigkeiten durch effektive Vermittlung von Sachwissen; Qualifikation und Selektion	Individuelle Förderung aller Schüler im Glauben an Selbstentfaltungsmöglichkeiten und Entwicklungsfähigkeit des Einzelnen; Qualifikation, Integration und Erziehung	Kompensation von Erziehungs- und Sozialisationsdefiziten; Erziehung und Integration
Gesellschaftstheoretischer Standort	Affirmativ	Kritisch	Affirmativ
Einstellung zur Leiblichkeit	„Geist" wird als eigentliches Wesen des Menschen angesehen; eine auf den „Kopf" verengte Bildungsauffassung	Ganzheitliche Entwicklungsförderung	Anerkennung der leiblich-anthropologischen Bedürfnisse des Menschen
Ziele des Schulsports	Gesundheitsförderung; Ausgleich zu kognitiven Anforderungen	Allgemeine Körper- und Bewegungsbildung im Sinne einer „Bewegungserziehung" als Kritik an der einseitigen sportiven Ausrichtung des herkömmlichen Sportunterrichts	Kompensatorisch-gesundheitserzieherische Ziele
Elemente von Bewegung, Spiel und Sport	Sportunterricht, Pausensport und Sport-AGs; in GIESECKES elitärem Bildungsdenken: Kein Platz für Sportunterricht an Gymnasien – ausgenommen sind sportliche Eliteschulen	Gestaltung eines Lern- oder Erfahrungsbereichs „Umgang mit dem eigenen Körper" oder „Körper und Bewegung – Spiel und Sport"; bewegtes Lernen und Angebote der bewegten Schule auch aus Einsicht in Wesenhaftigkeit des Menschen	Gestaltung eines Lernbereichs „Bewegungserziehung"; Plädoyer für Sportförderunterricht und bewegte Schule aus sozial-pädagogisch-kompensatorischen Erwägungen; sportliche Profilbildung

Unterrichtsschule – Schulsport als Gesundheitsförderung und Ausgleich zu kognitiven Anforderungen

Versucht man, die Position der „Unterrichtsschule" am Beispiel der Schulkonzeptionen von WILHELM und GIESECKE – trotz ihrer Unterschiede im Detail – kurz zu umreißen (vgl. Kap. 2.2.1), so kann Schule hier als eine stofforientierte Instruktionsanstalt beschrieben werden, in der es in erster Linie um die wissenschaftlich adäquate, effektive Vermittlung von Sachwissen geht. Leitidee ist es, die intellektuellen Fähigkeiten des rational denkenden Menschens mithilfe systematischen Lernens im Unterricht zu fördern. Da die pädagogischen Bemühungen mehr oder weniger auf eine

Reproduktion gesellschaftlicher Verhältnisse zielen, kann das zu Grunde gelegte Gesellschaftsbild als affirmativ bezeichnet werden.

Die „Kopflastigkeit" der Unterrichtsschule spiegelt sich auch in der Haltung zum Schulsport wider. Während WILHELMs Schultheorie noch als prinzipiell „sportfreundlich" gekennzeichnet werden kann, stellt GIESECKE die Notwendigkeit des Sportunterrichts als verbindliches Unterrichtsfach in den höheren Jahrgangsstufen gänzlich in Frage. Gleichwohl ist auch bei WILHELM eine Aufgabenreduktion des Schulsports in zweifacher Hinsicht erkennbar: Zum einen werden im Zuge der Einbindung des Fachs in die schulübergreifende Aufgabe der Gesundheitsförderung Ziele des Sportunterrichts einseitig auf Gestaltung und vor allem Reflexion eines präventiven Trainingsprogramms festgelegt. Zum anderen werden nur jene sportlichen Angebote im Rahmen des Schullebens zugelassen, die der Unterstützung des Unterrichts hinsichtlich der (kognitiven) Ordnung der Vorstellungswelt der Schüler dienen.

Erfahrungsschule – Bewegung, Spiel und Sport als Prinzipien des Schullebens

Die Position der „Erfahrungsschule" wurde exemplarisch an den pädagogischen Konzepten von VON HENTIG, der BILDUNGSKOMMISSION NRW und von FAUST-SIEHL u. a. veranschaulicht (vgl. Kap. 2.2.3). Sie nimmt gewissermaßen eine Mittelstellung zwischen den Konzeptionen der „Unterrichtsschule" und der „Schulleben-Schule" ein. Schule versteht sich bewusst als Lern- und Lebensraum. Als Lernort strebt sie an, alle Kinder und Jugendlichen gleichermaßen zu achten und zu fördern. Als Lebensort lädt die Schule durch ein reichhaltiges Schulleben und die Öffnung der Schule gegenüber dem sozialen Umfeld zum Verweilen ein. Übereinstimmend gehen die Autorenleitbilder zur „Erfahrungsschule" von einem Menschenbild aus, das von der Achtung, den Selbstentfaltungsmöglichkeiten und der Entwicklungsfähigkeit des „ganzen" Menschen getragen wird. Ihr gesellschaftstheoretischer Standort ist kritisch: Alle erwähnten Autoren setzen sich für eine Veränderung bestehender Verhältnisse ein.

In den Schulkonzeptionen von VON HENTIG und FAUST-SIEHL u. a. wird – anders als in den anderen aktuellen Leitbildern – Bewegung explizit als anthropologisches Grundbedürfnis des Menschen anerkannt, das es im schulischen Lernen und Leben zur ganzheitlichen Entwicklungsförderung von Heranwachsenden zu berücksichtigen gilt. Vor diesem Hintergrund setzen sie sich für die Etablierung eines körper- und bewegungsbezogenen Lernbereichs in der Schule ein, der sich deutlich vom herkömmlichen Sportunterricht unterscheidet und das gesamte Schulleben umfasst. In kritischer Abwendung von sportiven Prinzipien der Leistungsoptimierung, Überbietung und Wettkampfnormierung wird in diesem Lernbereich auf eine grundlegende, allgemeine Körper- und Bewegungserziehung aller Schülerinnen und Schüler Wert gelegt.

Schulleben-Schule – Bewegung, Spiel und Sport als sozialpädagogisch-kompensatorische Interventionen

In der am Beispiel von STRUCK beschriebenen Position der „Schulleben-Schule" (vgl. Kap. 2.2.2) wird Schule als „Reparaturwerkstatt" für gesellschaftliche Probleme begriffen. Im Vordergrund der Überlegungen steht das Bemühen, durch verstärkte erzieherische Anstrengungen im Sinne der Familien- und Jugendhilfe die Sozialisationsdefizite von Kindern und Jugendlichen auszugleichen, um dadurch das Lernen in der Schule überhaupt zu ermöglichen. STRUCK richtet dabei den Fokus vor allem auf die Bedingungen von Grund-, Haupt- und Gesamtschulen in sozialen Brennpunkten. Das implizite Menschenbild gleicht dem eines „barmherzigen Samariters", der um die tägliche „Verletzbarkeit des Menschen" weiß (MEYER 1997, 96). Der gesellschaftstheoretische Standort ist ebenso wie beim Leitbild „Unterrichtsschule" affirmativ. Zwar werden gesellschaftliche Entwicklungen differenziert wahrgenommen, doch wird versucht, alle an Schule herangetragenen Erwartungen zu erfüllen (vgl. a. a. O., 97).

In diesem Zusammenhang unterstreicht STRUCK auch die Notwendigkeit von täglichen Bewegungs- und Sportaktivitäten, die im Rahmen des reformorientierten Konzepts einer bewegten Schule realisiert werden sollen. Dabei werden allerdings die Aufgaben des „psychomotorischen Extraturnens" und der verschiedenen Bewegungsangebote der bewegten Schule eingleisig auf kompensatorische und kognitives Lernen fördernde Intentionen reduziert. Aber auch der Sportunterricht, der in einen Lernbereich „Bewegungserziehung" aufgehen soll, wird auf rein kompensatorisch-gesundheitserzieherische Zielsetzungen festgelegt. Es hat den Anschein, als dürften Kinder und Jugendliche alles das, was sie am Sport fasziniert, nur noch in Arbeitsgemeinschaften im außerunterrichtlichen Schulsport oder im gemeinsamen Sporttreiben mit dem Klassenlehrer außerhalb der Schule erfahren.

2.3 Zusammenfassung

Die problemgeschichtliche Analyse von Schulleitbildern hat verdeutlicht, dass es unterschiedliche Vorstellungen über die erzieherische Bedeutung von Bewegung und Körperlichkeit im Kontext von Schule gibt. Betrachtet man das Verhältnis von Bewegung, Spiel und Sport zu den übrigen Fächern und zum Schulleben in den beschriebenen historischen und aktuellen Schulkonzeptionen, so lassen sich idealtypisch drei „Modelle" herausfiltern, wie Leibesübungen und Sport in das pädagogische Konzept der Schule eingebunden werden: als „Zusatz-Modell", „Bezugs-Modell" oder „Integrations-Modell".[248] Dabei soll nicht übersehen werden, dass die Einordnung historischer Konzeptionen und die damit einhergehende Verallgemeinerung geschichtlicher Konstellationen nicht unproblematisch sind. Gleichwohl geschieht die Modellbildung aus einer heuristischen Absicht, um generelle Tendenzen aufzuzeigen.

Das „Zusatz-Modell"

Das besondere Kennzeichen dieses Modells besteht darin, dass Bewegung, Spiel und Sport mehr oder weniger nur als additive oder dekorative Bestandteile des Schullebens verstanden werden. Vorherrschend ist eine gewisse „Leibfeindlichkeit", für die ein auf den „Geist" verengtes Bildungsverständnis verantwortlich ist. Erst wenn die wesentliche Aufgabe der Schule, die in der unterrichtlichen Vermittlung von Wissen gesehen wird, erfüllt ist, werden auch Leibesübungen und Sport als zusätzliche Angebote geduldet. Bewegungsaktivitäten im Fachunterricht werden daher als vermeintliche Störfaktoren unterbunden. Darüber hinaus werden im Allgemeinen Leibesübungen und Sport nicht oder allenfalls fragmentarisch auf die übergreifenden pädagogischen Leitideen bezogen. „Sportliche" Angebote können somit prinzipiell sogar in konzeptionellen Widerspruch zu anderen Schulveranstaltungen geraten.

---

[248] Die grundlegende Idee der Modellbildung wird hier von WITTENBRUCH (1980, 76-80) übernommen, der in seiner Analyse der Theorie und Praxis des Schullebens drei Modelle nach dem Verhältnis von „Unterricht" und „Schulleben" unterscheidet: das „Zugabe-Modell", das „Bezugs-Modell" und das „Umfassungs-Modell".

Als historisches Beispiel für dieses Modell kann die pietistische Lernschule gelten. FRANCKE legt hier einen Bildungsbegriff zu Grunde, der auf den Verstand, intellektuelle Fähigkeiten und Wissen reduziert ist. So wird ein idealistisch-dualistisches Menschenbild vertreten, nach dem der „Geist" das eigentliche Wesen des Menschen ausmacht; der „Leib" ist zu vernachlässigen und hat sich dem „Geist" instrumentell zu unterwerfen. Vor diesem Hintergrund stellen die „mäßigen" Motionen geduldete additive Elemente der Schulkonzeption dar, die sich aus gesundheitlichen Gründen als unabdingbar erweisen.

Dass eine auf den „Geist" verkürzte Bildungsauffassung bis in die Gegenwart reicht, zeigt GIESECKEs Konzeption der „Unterrichtsschule". Seine Vorstellung von gymnasialer Bildung geht davon aus, dass nur der „Kopf" lernen könne und jegliche Bewegung im Lernunterricht von der eigentlichen Aufgabe der Schule, der Stoffvermittlung im Unterricht, ablenke. Der Verzicht auf das Unterrichtsfach Sport in den höheren Jahrgängen des Gymnasiums erscheint konsequent. Gleichwohl dürfte GIESECKE, wie aus seinen Ausführungen zum Schulleben gefolgert werden kann, freiwillige Sportarbeitsgemeinschaften und -wettkämpfe als gemeinschaftsstiftende und kompensatorische Zusatzangebote im Gymnasium hinnehmen.

In gewisser Weise lässt sich auch der Sonderfall der Kinder- und Jugendsportschulen in der Spätphase der DDR dem „Zusatz-Modell" zuordnen. Hier steht das Hochleistungstraining in den angeschlossenen Sportklubs im Vordergrund des Schulalltags; die dem Allgemeinbildungsanspruch verpflichteten schulischen Angebote orientieren sich dabei einseitig an den Anforderungen der „sportlichen Spezialausbildung". Das Leistungssporttraining erweist sich als gesellschaftspolitisches Hauptanliegen, in dessen Dienst sich die pädagogischen Ansprüche der Schule zu stellen haben. Die Schule wird – quasi umgekehrt – zum „Anhängsel" des Sports, d. h. des Hochleistungstrainings der Sportklubs.

Das „Bezugs-Modell"

In dieser Modellvorstellung gibt es bereits deutliche inhaltliche Bezüge zwischen den „sportlichen" und den übrigen schulischen Angeboten. Leibesübungen und Sport werden partiell in das Schulkonzept eingebunden, indem sie einen Teilbeitrag zur Realisierung der überfachlichen Ziele leisten. Zugleich wird aber auch der Anpassungsdruck des Schulfachs

„Sport" an die Gestalt der anderen Fächer größer. Nur dadurch scheint es sich im Kanon der Schulfächer legitimieren zu lassen.

Im historischen Rückblick können die herbartianischen Übungsschulen als Beispiele für dieses Modell herangezogen werden. Mit der Übertragung formalistischer Prinzipien der kognitiven Fächer auf den Turnunterricht wird die Kehrseite der Aufnahme des Turnens in den Fächerkanon sichtbar: Erinnert sei in diesem Zusammenhang an die geistige Inanspruchnahme der Schüler bei ZILLER und an die Kernstoffe des Gesinnungsunterrichts bei REIN (vgl. Kap. 2.1.3.2 und 2.1.3.3). Insgesamt nimmt der Turnunterricht im herbartianischen Lehrplangefüge aber eher eine Sonderstellung als „Nebenfach" ein. Auch wenn die Herbartianer durch die Regierungsmaßregeln den Körper der Schüler im Lernunterricht „stilllegen", wenden sie sich doch gegen die Beschränkung des Turnens auf ein reines Unterrichtsfach. Insbesondere STOY und REIN nehmen das Turnen bzw. die Leibesübungen in ihre Theorien des Schullebens als Ergänzung und Erweiterung des Unterrichts auf (vgl. Kap. 2.1.3.1 und 2.1.3.3). Der fachübergreifende Auftrag der Leibesübungen wird vorwiegend in der gesellschaftsstabilisierenden Charakterbildung für das staatliche Gemeinwesen gesehen.

In der „Schulleben-Schule" von STRUCK, die als neueres Beispiel für das „Bezugs-Modell" angeführt werden kann, gibt es nur vereinzelte Bezüge von Bewegung, Spiel und Sport zu den übergreifenden schulischen Zielsetzungen. Die Befriedigung leiblich-anthropologisch begründeter Bedürfnisse von Kindern und Jugendlichen erfolgt in diesem Schulkonzept in erster Linie, um gesellschaftliche Defizite zu kompensieren und Schüler „unterrichtsfähig" zu machen. Bewegung, Spiel und Sport in der Schule gelten zwar als unersetzlich, doch werden die Ziele des Fachs Sport, des Sportförderunterrichts und von Bewegungsangeboten im Rahmen der bewegten Schule auf kompensatorisch-gesundheitsfördernde Funktionen beschränkt. Wenngleich mit den gelegentlich angesprochenen Sportangeboten außerhalb des Unterrichts und der Schule offenbar sozialpädagogische Absichten verfolgt werden, sind doch konzeptionelle Vernetzungen mit den allgemeinen pädagogischen Leitideen nicht erkennbar.

Das „Integrations-Modell"

Charakteristisches Merkmal dieses Modells ist es, dass Bewegung, Spiel und Sport als gleichwertige Elemente in das Schulkonzept integriert werden und dabei mit den vorherrschenden pädagogischen Zielen der Schule korrelieren. Der besondere Bildungswert der Bewegungs- und Sporterziehung wird – freilich in jeweils unterschiedlicher Auslegung – als unentbehrlich anerkannt. „Sport" erscheint sowohl als gleichberechtigtes Fach im Ensemble der Unterrichtsfächer als auch als bedeutender Teil des Schullebens. Mitunter avancieren Bewegung, Spiel und Sport im Sinne der bewegten Schule sogar zu Prinzipien des gesamten Schullebens.

In historischer Sicht kommen diesem Modell die philanthropischen Erziehungsschulen und die LIETZschen Landerziehungsheime nahe, die durchaus als frühe „bewegte" bzw. „sportbetonte" Schulen bezeichnet werden können. Vielfältige Leibesübungen bzw. Sportangebote gehören in diesen Internaten organisch zum Schulprogramm und Schulalltag. In den philanthropischen Erziehungsanstalten werden Elemente von Bewegung und Spiel selbst im Lernunterricht berücksichtigt, um die Wissensaneignung zu erleichtern und zu optimieren. Sowohl das von GUTSMUTHS auf die Leibesübungen übertragene Prinzip der systematischen Leistungsmessung als auch die Einordnung von Leibesübungen und Sport in den Bereich der „Gesundheitslehre" in den Lietz-Schulen sind Belege für die Einbettung in das jeweilige schulische Gesamtkonzept.

Im Gegensatz zu GIESECKE nimmt WILHELM den Schulsport konzeptionell in sein Leitbild der „Unterrichtsschule" auf. Allerdings ist es vorrangige Aufgabe des Schulsports in seinen unterrichtlichen und außerunterrichtlichen Ausprägungen, zur Verwirklichung des allgemeinen Bildungsziels der Förderung der kognitiven Vorstellungswelt der Schüler beizutragen. In diesem Sinne misst WILHELM der Reflexion über Gesundheit und Training im Sportunterricht einen höheren Stellenwert bei als der eigentlichen sportlichen Bewegung. Ähnlich dienen auch sportliche Aktivitäten im Rahmen des Schullebens primär der Ergänzung dieser unterrichtlichen Absicht. Zwar erhält der Sport in Unterricht und Schulleben einen integrativen Stellenwert, allerdings ist die Tendenz zur „Kopflastigkeit" des Schulsports hier offenbar der Preis für die konsistente Einbettung in das pädagogische Gesamtkonzept der Schule.

Die „Erfahrungsschule" in ihren verschiedenen Spielarten dokumentiert schließlich die weitestreichende Variante des „Integrations-Modells". Unterrichtlicher und außerunterrichtlicher Schulsport gehen in einen fächerübergreifend ausgerichteten körper- und bewegungsbezogenen Erfahrungsbereich auf. Bewegung wird als anthropologisches Grundbedürfnis der Schüler, als notwendiger leiblich-sinnlicher Ansatzpunkt einer ganzheitlichen Entwicklungsförderung in der Schule gefordert. Bewegung, Spiel und Sport werden dadurch zu wesentlichen Erziehungsprinzipien des gesamten schulischen Handelns.

Bei der Entwicklung eines Schulprogramms, wie abschließend angemerkt werden soll, ist es unabdingbar, sich zunächst auf ein Schulleitbild als pädagogischen Gesamtentwurf von Schule zu einigen. Das in diesem Leitbild vertretene Menschen- und Gesellschaftsbild gibt die Richtung des schulischen Entwicklungsprozesses an. Die Ausführungen zu historischen und aktuellen Schulmodellen in diesem Kapitel haben deutlich gemacht: Wie und in welcher Ausformung der Schulsport berücksichtigt wird, hängt entscheidend vom zu Grunde gelegten Schulleitbild ab. Die vorgestellten neueren Schulleitbilder können daher eine wichtige Orientierungsgrundlage für differenziertere fachdidaktische Überlegungen bieten (vgl. Kap. 4). Bevor jedoch weitere fachdidaktische Implikationen dargelegt werden, sollen nachfolgend zunächst schulpädagogische und bildungspolitische Grundlagen des Schulprogramms diskutiert werden (vgl. Kap. 3).

3 Schulprogrammarbeit als Element der Schulentwicklung – schulpädagogische Grundlagen und bildungspolitische Widersprüche

Bei der Lektüre der umfangreichen Literatur zum Schulprogramm fällt auf, dass es Unsicherheiten darüber gibt, welche Aufgaben ein Schulprogramm zu erfüllen hat, welche Inhalte in ein Schulprogramm gehören, mit welchen Methoden und Verfahren es erstellt werden soll und wie die Qualität eines Schulprogramms gesichert werden kann (vgl. ähnlich FLEISCHER-BICKMANN/MARITZEN 1996, 13). Zudem macht sich nach der anfänglichen Euphorie in der Diskussion zum Schulprogramm inzwischen Ernüchterung breit. Als sensibles Gestaltungsinstrument der Schulentwicklung im Schnittfeld von Bildungspolitik und Schulpädagogik ist es nämlich ins Fahrwasser administrativer und schulischer Störungen geraten. Nachfolgend wird es darum gehen, die Funktionen des Schulprogramms zu klären (Kap. 3.2), seine wesentlichen inhaltlichen Dimensionen aufzuzeigen (Kap. 3.3), Methoden und Wege der Schulprogrammarbeit darzulegen (Kap. 3.4), die Selbstevaluation als Möglichkeit der Qualitätssicherung des Schulprogramms darzustellen (Kap. 3.5) und zentrale Probleme der Schulprogrammentwicklung zu beleuchten (Kap. 3.6). Zunächst soll aber exkursartig die Begriffsgeschichte des Schulprogramms nachgezeichnet werden (Kap. 3.1); denn ähnlich wie bei anderen, neu erscheinenden Reformtendenzen in der Pädagogik zeigt eine genaue Recherche, dass auch das Schulprogramm über eine längere Entwicklungsgeschichte verfügt. Zuletzt gilt es, die skizzierten Grundlagen der Schulprogrammarbeit zusammenzufassen (Kap. 3.7).

3.1 Exkurs: Begriffsgeschichte des Schulprogramms

Der Begriff des Schulprogramms ist keineswegs erst eine Erfindung des ausgehenden 20. Jahrhunderts. Bereits im 17. Jahrhundert gab es „Schulprogramme", die als Einladungen zu Feierlichkeiten der Gelehrtenschulen in lateinischer Sprache geschrieben und mit Schulnachrichten und einer wissenschaftlichen Abhandlung verbunden wurden.[249] VARN-

---

[249] Vgl. DIRSCHAU/KILLMANN (1908, 250-251), ERLER (1885, 448), SANDER (1889, 491). Nach DIRSCHAU/KILLMANN (a. a. O., 250) wurden „Schulprogramme" erst bei den Philanthropen am Ausgang des 18. Jahrhunderts in deutscher Sprache angefertigt (vgl. auch WIESE 1869, Anmerkung 2, 702). ERLER (a. a. O., 448) verweist

HAGEN (1877, IX) bezeichnet diese Phase als „erste Blüthezeit des Programms", die er „von dem Zeitpunkte an, wo die Veröffentlichung von Programmen Sitte wird", bis Mitte des 17. Jahrhunderts datiert.[250] Zu dieser Zeit enthielten die Programmschriften gewöhnlich die Einladung auf dem Titelblatt und die vom Rektor der Schule verfasste Abhandlung über theologische, philosophische oder philologische Fragen.[251] Das Traktat galt zu jener Zeit als Beweis für die wissenschaftliche Leistungsfähigkeit der Anstalt.

Nach einer Periode, in der das Schulprogramm in Vergessenheit geriet und erst allmählich wieder Verbreitung fand, wurde 1822 in Preußen eine regelmäßige Veröffentlichung und Verbreitung der Programme, der so genannte „Programmentausch", verordnet. Doch wurden bereits zu einem frühen Zeitpunkt Stimmen laut, die sich gegen die Erstellung einer Programmabhandlung richteten. So lehnte SCHLEIERMACHER derartige „literarische Produktionen" der Schule ab,

> „weil nichts öffentlich erscheinen soll, was nicht die Wissenschaft weiter fördert. Darum sieht man auch immer den Programmen oder Einladungsschriften der Vorsteher das Mißverhältnis an, indem sie entweder gar nicht verdienen aufgestellt zu werden, oder wenn das, sich für das Publikum nicht eignen, welches sie doch zunächst in Anspruch nehmen" (1808/1967, 553).

Daher sei es „ein vortreffliches Zeichen für eine Schule [...], wenn dergleichen gar nicht von ihr gefertigt werden" (SCHLEIERMACHER 1808/1967, 553).

Gleichwohl wurden die höheren Lehranstalten 1824 in Preußen – und mit zeitlicher Verzögerung auch Schulen in anderen nichtpreußischen Staaten (vgl. dazu SCHUBRING 1986, X) – amtlich verpflichtet, jährlich ein Schulprogramm zu entwerfen. Damit wird die Phase der „zweite[n] Blüthezeit des Programms" eingeleitet (VARNHAGEN 1877, IX). Die preußi-

---

[250] bereits auf ein „Schulprogramm" aus dem Jahr 1592, DIRSCHAU/KILLMANN (a. a. O., 251) nennen als älteste Schulschrift das „Schulprogramm" der Güstrower Domschule (1645).
VARNHAGEN (1877, IX) unterscheidet daneben vier weitere Phasen in der Entwicklungsgeschichte des Schulprogramms bis 1875: Der „Verfall des Programms" seit Mitte des 17. bis Mitte des 18. Jahrhunderts, die „Uebergangsperiode" von der Mitte des 18. Jahrhunderts bis etwa 1820, die anschließende „zweite Blüthezeit des Programms" bis 1848 und die „künstliche Blüthe des Programms" von 1848 bis 1875.

[251] Vgl. zu dieser und der folgenden Diskussion besonders VARNHAGEN (1877) und WIESE (1869). Zur Diskussion über Schulprogramme im 19. Jahrhundert vgl. aus neuerer Zeit SCHUBRING (1986, VII-XI).

sche Ministerialverfügung vom 23. August 1824 sah vor, dass das Schulprogramm aus zwei Teilen – der wissenschaftlichen Abhandlung und den Schulnachrichten – bestehen müsse (vgl. dazu ERLER 1885, 449-450; VARNHAGEN 1877, V-VI). Die Abhandlung sollte sich, abwechselnd in lateinischer und deutscher Sprache gefertigt, auf „einen dem Berufe des Schulmannes nicht fremden, ein allgemeines Interesse mindestens der gebildeten Stände am öffentlichen Unterricht im allgemeinen oder an den Gymnasien insonderheit erweckenden Gegenstand" beziehen (Ministerialverfügung vom 23.8.1824, zit. nach ERLER 1885, 449; vgl. auch VARNHAGEN 1877, V).

Die mit dieser Verfügung beabsichtigten Ziele wurden in einer speziellen Verfügung vom 1. März 1826 an das Konsistorium in Berlin näher erläutert. Hier heißt es: Absicht der Schulprogramme sei es nicht nur, nützliche Ideen zu verbreiten. Vielmehr gehe es auch darum, den Austausch zwischen Eltern, Schülern, Öffentlichkeit und anderen Gymnasien zu erhöhen, die Direktoren oder Oberlehrer zur Fortsetzung ihrer wissenschaftlichen Studien anzuregen und ihnen Gelegenheit zu geben, sich in der lateinischen Sprache zu üben, über die Leistungen der Schule öffentlich Rechenschaft abzulegen und die Aufsicht über die Gymnasien zu erleichtern (vgl. WIESE 1869, Anmerkung 3, 702).

Auch 60 Jahre später dient die obrigkeitsstaatliche Regulierung der Schulnachrichten bzw. Schuljahresberichte vornehmlich der Verbesserung der schulaufsichtlichen Kontrolle. Angesichts einer inzwischen etablierten uneinheitlichen Anfertigung der Berichte sollte mit der neuen Verordnung vom 7. Januar 1885 ein vergleichbarer „Einblick in die gesamte Organisation und in die einzelnen Einrichtungen jeder Schule" gewährleistet werden (Verfügung vom 7.1.1885 in BEIER 1909, 456). Dieser Zweck könne nur dann erreicht werden, wenn „die betreffenden Mitteilungen nach Inhalt und Anordnung in allen wesentlichen Punkten übereinstimmen" (a. a. O.). Dementsprechend wurden in diesem Erlass Gegenstände und Reihenfolge der einzelnen Abschnitte der Schulnachrichten festgelegt: (1) Allgemeine „Lehrverfassung" der Schule, (2) Verfügungen der Behörden, (3) Schulchronik, (4) Statistik, (5) Lehrmittelsammlung, (6) Stiftungen und Unterstützungen sowie (7) Informationen für Schüler und Eltern (vgl. a. a. O., 457-461). Seit 1894 wurden im

Rahmen der Angaben zur Lehrverfassung der Schule auch Mitteilungen über das Turnen verlangt.[252]

Was die wissenschaftlichen Abhandlungen anbelangt, so galten sie, wie der oben erwähnte preußische Erlass vom 1. März 1826 beweist, immer noch als vortrefflicher Nachweis der wissenschaftlichen Gelehrsamkeit der Verfasser (vgl. WIESE 1869, Anmerkung 3, 702). Sie waren somit „Ausdruck der preußischen neuhumanistischen Schulpolitik" (SCHUBRING 1986, VIII), in der sich die Gelehrtenschule nur graduell im Sinne einer Vorbereitung auf die wissenschaftlichen Studien von der Universität unterschied. Erst ab Mitte des 19. Jahrhunderts begann mit der Herausbildung eines spezialisierten Wissenschaftssystems und dem Anwachsen der Zahl der Gymnasien in Preußen die Prävalenz der streng wissenschaftsorientierten Programmabhandlungen nachzulassen. Bereits 1859 empfiehlt das Kultusministerium, von „streng philologischen Abhandlungen" Abstand zu nehmen. 1866 wurden die Schulen sogar behördlich aufgefordert, eine Popularisierung der Wissenschaft nicht mehr zu meiden (vgl. dazu SCHUBRING 1986, VIII-IX).

Seit den 30er Jahren des 19. Jahrhunderts hatte sich über Preußen hinaus ein reger Programmaustausch zwischen Gymnasien innerhalb und außerhalb Deutschlands entwickelt (vgl. hierzu ausführlich DIRSCHAU/KILLMANN 1908, 258-262). Als die Vielzahl der Schulprogramme kaum mehr zu übersehen war[253], führten die damit einhergehenden Kosten zu einer intensiven Diskussion über den Nutzen der wissenschaftlichen Abhandlungen:

> „So allgemein die Notwendigkeit der jährlichen Schulnachrichten immer anerkannt worden ist, ist das mit den wissenschaftlichen Beigaben zu denselben von jeher nicht der Fall gewesen [...]; denn ein notwendiger Zusammenhang zwischen beiden bestand eben tatsächlich nicht; und daher haben auch einzelne Großstädte mit einer

---

[252] Gemäß Verfügung vom 7. Juni 1894 sollen hier Angaben über die Freistellung vom Turnunterricht, die Anzahl der Turnabteilungen und die wöchentliche Unterrichtszeit, die Turnlehrer, die räumlichen Bedingungen, den Betrieb der Turnspiele, die Teilnahme der Schüler und die Anzahl der Freischwimmer gemacht werden (vgl. Verfügung vom 7.6.1894 in BEIER 1909, 458; DIRSCHAU/KILLMANN 1908, 253).

[253] Das Verzeichnis der Abhandlungen von WIENIEWSKI (1844) umfasst für den Zeitraum von 1825-1841 allein 2089 Einträge. In der wohl umfassendsten Bibliografie von KÖSSLER (1987; 1991) über Programm-Beilagen deutscher, österreichischer und schweizerischer Schulen in den Jahren 1825-1918 sind über 55.000 Abhandlungen verzeichnet. Vgl. auch die Klage über den Umfang und die aufwändige Verteilung der Programmschriften in der Zirkularverfügung vom 15. Mai 1866 (vgl. WIESE 1869, 707).

größeren Zahl städtischer höherer Lehranstalten in Rücksicht auf die nicht geringen Kosten [...] die Herausgabe einer Beigabe abgeschafft" (DIRSCHAU/KILLMANN 1908, 257).

Im Gefolge der Beschlüsse der Dresdner Schulkonferenz von 1872 wurde 1874 vereinbart, die regelmäßige Veröffentlichung auf die Schulnachrichten zu begrenzen und die Beilage einer wissenschaftlichen Abhandlung nicht mehr obligatorisch vorzusehen (vgl. u. a. BEIER 1909, 461-462).

Dennoch wurde die Tradition der Erstellung wissenschaftlicher Beilagen zunächst fortgesetzt. So plädierte noch 1896 ein anonymer Verfasser eines Aufsatzes über „Schulprogramme" für die Begrenzung der Programmliteratur „im Interesse der geplagten Lehrer, insbesondere der weniger leistungsfähigen, im Interesse auch der Ersparnis an Geld, welches besser zu Anschaffungen für die oft mager bedachten Lehrerbibliotheken verwendet werden könnte" (DIRSCHAU/KILLMANN 1908, 257). MÜLLER (1902) sprach sich in seiner Streitschrift mit dem markanten Titel „Fort mit den Schulprogrammen!" sogar für die gänzliche Abschaffung der Schulprogramme aus. Auch er ist der Auffassung, das eingesparte Geld könne sinnvoller für die Bibliotheken und die Lehrerfortbildung eingesetzt werden (vgl. a. a. O., 30-32). Doch wenig später wurde bereits das drohende „Absterben" der Programmabhandlungen beklagt (BECKERS 1911). Dafür seien „lediglich äußere Umstände" verantwortlich zu machen: 1875 wurde in Preußen „die früher bestehende jährliche Verpflichtung aufgehoben, und wenn auch zunächst die Produktion infolge der Macht der Überlieferung nicht sonderlich nachließ, so war doch schon bei der nächsten Generation ein allmähliches Sinken der Zahl ganz natürlich, da ja an die Stelle der Pflicht der freie Wille getreten war" (BECKERS 1911, 279). Der Untergang der wissenschaftlichen Beilagen war schon kurz nach Erscheinen dieser Verfügung von VARNHAGEN (1877, IX) prophezeit worden.

Ein Blick auf die Programmaufsätze der Schulen zeigt, dass sie sich auf sehr unterschiedliche Themen, insbesondere auf allgemeine pädagogische und methodische Fragen, alte und neue Sprachen, Geschichte, Mathematik und Naturwissenschaften, Philosophie, Theologie und Kunst beziehen.[254] Mit der etappenweisen Etablierung des Schulturnens im 19. Jahrhundert finden sich zunehmend auch Programmabhandlungen

---

[254] Vgl. hierzu zum Beispiel die Themenübersicht der Programmabhandlungen in der Zeit von 1876-1885 bei KLUSSMANN (1889, IV-VII).

über Leibesübungen bzw. Turnen. In der systematischen Zusammenstellung der „Schulprogramme und Schulschriften über Leibesübungen" von ROSSOW (1910) sind immerhin 335 Einträge verzeichnet. Zumindest vereinzelt gab es selbst in der Zeit der Turnsperre Programmschriften, die sich mit der Wiedereinführung und Legitimation des Schulturnens beschäftigten. WIENIEWSKI (1844) hält es in dieser Phase für erfreulich, dass es in Preußen überhaupt Aufsätze über „Gymnastik" gebe (10-11), von denen er immerhin drei anführen kann (15). Um die Mitte des 19. Jahrhunderts liegt der Schwerpunkt der Programmabhandlungen auf historischen Themen, bis schließlich am Ausgang des Jahrhunderts vermehrt Programmschriften über methodische Aspekte des Turnens, die Einrichtung von Turnstätten oder verschiedene Turnlehrpläne Platz greifen (vgl. ROSSOW 1910, 3-4).

In der Phase der reformpädagogischen Bewegungen erfährt der Begriff des Schulprogramms einen Bedeutungswandel. Im Unterschied zum Wortgebrauch im 19. Jahrhundert wird der Terminus im Rahmen der pädagogischen Diskussion zu Beginn des 20. Jahrhunderts auch dazu verwendet, reformpädagogische „Schulprogramme" als Konzepte der neuen „Erziehungsschule" zu markieren (vgl. SCHIRP 1997, 9):

> „Die 'Deutsche Schule' hat mit ihrem Enquete über das Schulprogramm des zwanzigsten Jahrhunderts, zu dem sie nur Kapazitäten auf politischem und pädagogischem Gebiet eingeladen hat, allenthalben berechtigtes Aufsehen erregt [...], denn Beiträge 'zum Schulprogramm' können sehr verschiedene Seiten berühren" (CLEMENS 1901, zit. nach SCHIRP 1997, 9).

So werden auch auf der Reichsschulkonferenz von 1920 „Schulprogramme der Lehrerverbände" diskutiert (vgl. REICHSMINISTERIUM DES INNERN 1921). Im Vergleich zu Schuljahresberichten und Programmabhandlungen beziehen sich Schulprogramme in diesem „neuen" Verständnis nicht mehr nur auf das, was an schulischen Aktivitäten in der Vergangenheit, d. h. im abgelaufenen Schuljahr, praktiziert wurde. Vielmehr deuten sie auch zukünftige Entwicklungen der Schule des 20. Jahrhunderts an. Reformpädagogische Schulen, die ihr pädagogisches Selbstverständnis in einem Handlungskonzept zusammenfassten, kommen damit bereits der heutigen Idee der Schulprogrammarbeit nahe (vgl. JÜRGENS 1998, 54).

Überspringen wir die nationalsozialistische Periode mit ihren weltanschaulichen Erziehungsvorstellungen, so stoßen wir wiederum in den

60er Jahren auf den Begriff des Schulprogramms. Im „Handbuch für Lehrer" wird das „Schulprogramm" als koordinierender „Einzelplan" der verschiedenen Aufgaben und „Schulpläne" verstanden (BLUMENTHAL u. a. 1961, 96-101). Es soll eine „grundsätzliche Stellungnahme zu Erziehung und Unterricht" der einzelnen Schule umfassen (a. a. O., 101) und aus einer „geordneten thesenartigen Zusammenfassung der Absichten" bestehen, „die auf das Schulleben im ganzen und auf den Unterricht im besonderen gerichtet sind" (a. a. O., 97). Eine derartige programmatische Absichtserklärung erfordere zwar ein deutliches „Mehr an Unterrichtsplanung", doch sei sie aus Gründen der sehr unterschiedlichen Auffassungen über „Lern- und Unterrichtsprozesse" eine günstige Gelegenheit, „den Blick auf das Ganze" der Schule zu lenken. Das Schulprogramm sei damit „der geschlossenste Ausdruck für das planvolle Zusammenwirken eines Kollegiums" (a. a. O., 97), mit dem eine einheitliche „didaktische Führung" ermöglicht werden könne (a. a. O., 96). Ansatzpunkt ist hier die Unterrichtsplanung der Lehrkräfte, die mit Blick auf die gemeinsame Gestaltung der Erziehungsprozesse in der jeweiligen Schule aufeinander abgestimmt werden soll. In diesem Verständnis ist bereits ein wesentliches Merkmal unserer heutigen Auffassung vom Schulprogramm enthalten: Das kollegiale Gespräch mit dem Ziel, einen „pädagogischen" Konsens in der Schule herbeizuführen. Allerdings dient das Schulprogramm noch keineswegs der gezielten Entwicklungsplanung der Einzelschule, die deutlich über die einzelnen Fächer und die Unterrichtsplanung hinausgeht und entsprechende Gestaltungsfreiräume voraussetzt.

Abschließend bleibt festzuhalten: Der Begriff des Schulprogramms hat in der deutschen Schulgeschichte Tradition. In der Begriffsgenese lassen sich dabei verschiedene Bedeutungen des Schulprogramms umreißen. Insbesondere im 19. Jahrhundert umfasste das Schulprogramm an höheren Lehranstalten die wissenschaftliche Abhandlung, die als Nachweis der wissenschaftlichen Bildung der jeweiligen Verfasser und somit der Reputation der Schule diente, und die jährlichen Schulnachrichten. Im ersten Drittel des 20. Jahrhunderts bezeichnete das Schulprogramm dann ein reformpädagogisches Programm der zukünftigen „Erziehungsschule". In den 60er Jahren des 20. Jahrhunderts galt das Schulprogramm als Möglichkeit, eine gemeinsame Auffassung über Lernprozesse als Basis für die Unterrichtsplanung in den einzelnen Fächern zu erzielen.

Versteht man darüber hinaus unter „Schulprogrammen" auch Schuljahresberichte, Schulchroniken, Jubiläumsschriften oder Dokumentationen einer Schule, so gehören sie seit jeher zu den Gepflogenheiten an Schulen. Jedoch besteht – trotz einiger Gemeinsamkeiten – der wesentliche Unterschied zur heutigen Auslegung des Schulprogramms darin, dass seine Vorläufer nicht als Instrument der innovativen, dynamischen und selbstverantworteten Schulentwicklungsplanung der einzelnen Schule eingesetzt wurden (vgl. Kap. 1.2).

3.2 Funktionen des Schulprogramms

In der aktuellen schulpädagogischen und bildungspolitischen Diskussion scheint es keine einhellige Auffassung über die Funktionen des Schulprogramms zu geben (vgl. LSW 1998a, 9). Insbesondere die in schulpädagogischen Beiträgen dargelegten Funktionsbestimmungen des Schulprogramms gehen von verschiedenen Systematisierungsansätzen und Abstraktionsebenen aus, die nur schwer zu überschauen sind. Zu dieser Unübersichtlichkeit trägt gewiss auch die Funktionsfülle bei, die durch eine teilweise additiv-eklektische Aufzählung von Argumenten für die Erstellung von Schulprogrammen gefördert wird (vgl. zur Kritik WARNKEN 1997, 20).[255]

Häufig beschränken sich Schulpädagogen darauf, die Funktionen des Schulprogramms innerhalb der Schule in den Blick zu nehmen. Insbesondere FLEISCHER-BICKMANN/MARITZEN (1996, 13-14) weisen darauf hin, dass das Schulprogramm als Mittel der „identitätsstiftenden" Profilbildung der Schule, als „Planungsinstrument" bzw. „Regiebuch" für die schulinterne Entwicklung und die Selbsterneuerung von Schulen sowie als Orientierung für die Beteiligten dienen soll (vgl. FLEISCHER-BICKMANN 1997, 16-17; ähnlich HOLTAPPELS 1999, 7). Ohne eingehendere Erläuterung trennt HAMEYER (1998, 12) ähnlich zwischen Impuls-, Klärungs-, Identitäts-, Planungs- und Projektivfunktion des Schulprogramms. Angesichts der Skepsis vieler Lehrerinnen und Lehrer betont BÖNSCH (1998, 29) die

---

[255] So listen PHILIPP/ROLFF (1999, 10-12) allein 14 Gründe – nach eigenen Angaben auf die „wichtigsten" konzentriert – für die Erarbeitung eines Schulprogramms auf, aus denen sich besondere Funktionen des Schulprogramms ableiten lassen. BÖHM (1995, 5-10) und SCHRATZ (1998, 185-186) nennen – auf sehr unterschiedlichen Ebenen – immerhin noch sieben Funktionen des Schulprogramms. Ebenso werden in Handreichungen verschiedener Ministerien ähnlich viele Funktionen des Schulprogramms aufgezeigt (vgl. z. B. HESSISCHES KM/HELP 1996a, 7-9; MSWWF 1998a, 12; NIEDERSÄCHSISCHES KM 1998, 22).

besonderen pädagogischen Chancen der Schulprogrammarbeit: Bezogen auf Lehrkräfte liegen sie vor allem darin, sich über die inhaltliche Arbeit der Schule zu vergewissern, pädagogische Grundideen zu verlebendigen und verkrustete Routinen durch behutsame Innovationen zu überwinden.

Eine weitere wesentliche Funktion des Schulprogramms deuten BÖHM (1995, 6-7) und HAENISCH (1997b, 140; 1998a, 5) an. Ihnen zufolge ist das Schulprogramm ein geeignetes Mittel, um Richtlinien und Lehrpläne wirksamer als bisher umzusetzen. Durch die schulindividuelle Auslegung und Akzentuierung von Curricula im Rahmen der Schulprogrammarbeit können nämlich Lehrpläne für Lehrerinnen und Lehrer deutlich an „unverbindlicher" Allgemeinheit verlieren. Damit stellt das Schulprogramm „eine plausible Verbindung zwischen Lehrplan und konkretem Unterricht" her (HAENISCH 1997b, 140; vgl. FLEISCHER-BICKMANN 1994, 3). Freilich erfordert dies die Entwicklung von Curricula, die Gestaltungsspielräume enthalten und somit eine schulspezifische Konkretisierung erst ermöglichen (vgl. HAENISCH/SCHULDT 1994, 132-133).

Eine Erweiterung der Sichtweise über die schulinterne Schulprogrammentwicklung hinaus erfolgt bei BASTIAN (1998) und EIKENBUSCH (1998a). So unterscheidet BASTIAN auf einer abstrakten Ebene zwischen einer bildungspolitischen und einer schulpädagogischen Funktion des Schulprogramms. In dieser Weise bestimmt er zum einen das Schulprogramm als Medium „zur Gestaltung und Selbstüberprüfung des schulinternen Entwicklungsprozesses" (1998, 7), zum anderen stellt er es als Instrument der identitätsbildenden Selbstvergewisserung über den erreichten Entwicklungsstand der Schule dar (BASTIAN 1998, 8). Ausgehend von inner- und außerschulischen Ansprüchen, beschreibt auch EIKENBUSCH (1998a, 194-196) fünf (mögliche) Funktionen des Schulprogramms: Das Schulprogramm dient als „Kontrollstrategie der Schulaufsicht", als „Verteidigungsstrategie" einer in Existenzschwierigkeiten geratenen Schulaufsicht, als „Strategie eines pseudoliberalen Paradigmenwechsels" im Sinne einer betriebswirtschaftlichen Marktorientierung, als „pädagogische Reform" und schließlich als „Innovationsstrategie". Die letzten beiden Funktionen, die nach seiner Auffassung die Kernbereiche der Schulprogrammarbeit repräsentieren, konkretisiert er dann weitergehend im Blick auf die Einzelschule. Hier geht es u. a. um die Förderung einer kooperativen Arbeitskultur von Lehrerinnen und Lehrern, die Erleichterung der Rechenschaftspflicht der Schule oder um die Orientierung für außerschulische Partner (vgl. EIKENBUSCH 1998a, 195-196).

EIKENBUSCH verdeutlicht hier in prägnanter Weise, wie die Erwartungen, die durch unterschiedliche Interessen, Motive und Anforderungen externer Provenienz an das Schulprogramm herangetragen werden, in einem nicht unerheblichen Spannungsverhältnis zueinander stehen. FLEISCHER-BICKMANN (1997, 18-21) konstruiert in diesem Zusammenhang ein so genanntes „Magisches Viereck", das durch die Eckpunkte schulische Identität, Curriculumentwicklung, Öffentlichkeit und Schulaufsicht determiniert wird (vgl. Abb. 2).

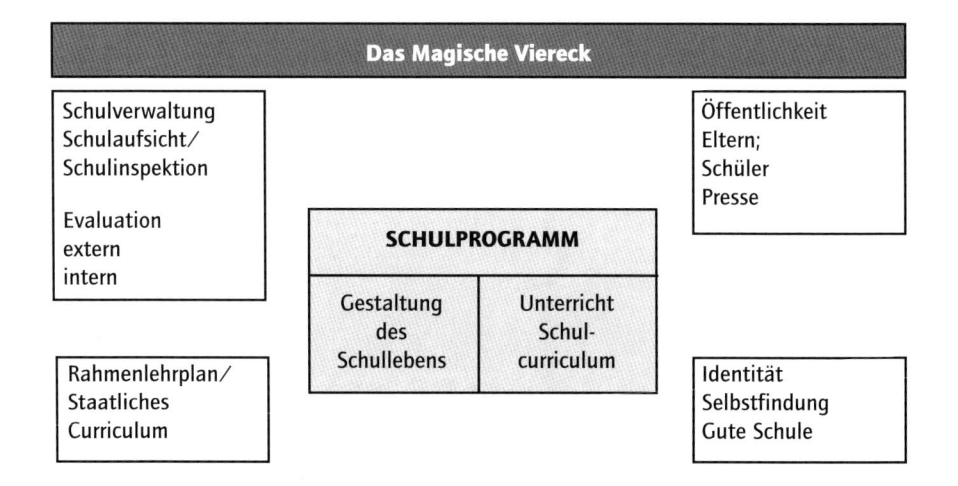

Das Magische Viereck

Schulverwaltung Schulaufsicht/ Schulinspektion Evaluation extern intern	SCHULPROGRAMM	Öffentlichkeit Eltern; Schüler Presse
	Gestaltung des Schullebens / Unterricht Schulcurriculum	
Rahmenlehrplan/ Staatliches Curriculum		Identität Selbstfindung Gute Schule

Abb. 2: *Unterschiedliche Erwartungen an das Schulprogramm (FLEISCHER-BICKMANN 1997, 20)*

Es sei insofern „magisch", als die einzelne Schule den divergierenden Ansprüchen nicht entkommen könne. Dabei warnt er ausdrücklich vor der Verselbstständigung eines Aspekts, da damit besondere Gefahren verbunden seien, die vermieden werden sollten (vgl. a. a. O., 18-19).

In ähnlicher Weise differenziert MARITZEN (1998, 629) drei Bezugsbereiche, die spezielle Anforderungen an das Schulprogramm stellen: Schule, Öffentlichkeit und Schulverwaltung (vgl. Abb. 3).

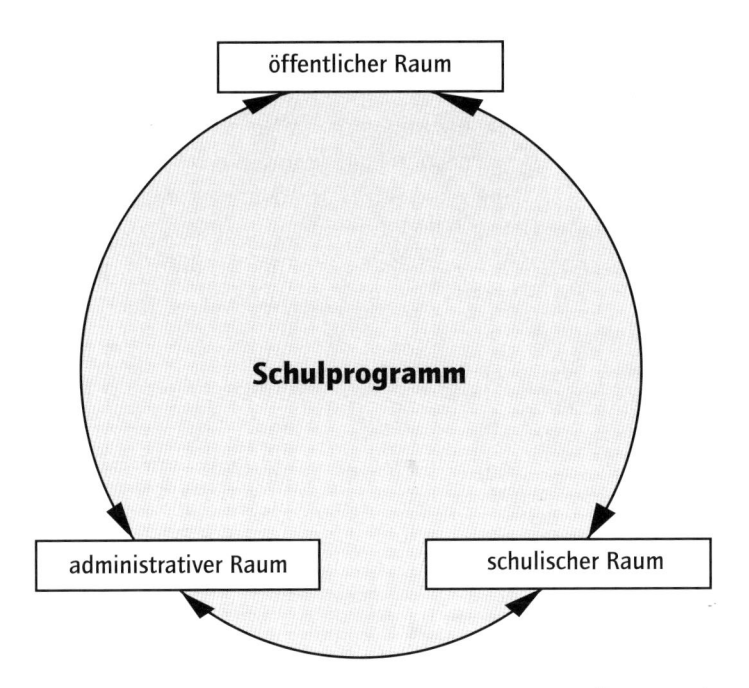

```
                    öffentlicher Raum
                          │
                    Schulprogramm
                    ↙             ↘
    administrativer Raum      schulischer Raum
```

Abb. 3: *Das Schulprogramm im Spannungsverhältnis von Schule, Öffentlichkeit und Schuladministration (MARITZEN 1998, 629)*

In jedem dieser Bereiche werden dem Schulprogramm bestimmte Funktionen zugewiesen. So nennt er u. a. im Schulbereich die systematische schulinterne Entwicklung, die Förderung der Kooperation und der aktiven Beteiligung, im öffentlichen Bereich erwähnt er die Information von Eltern, außerschulischen Partnern oder Unterstützungssystemen, im Bereich der Administration gibt er die Funktionen von Steuerung und Rechenschaftslegung an (a. a. O., 629-630). In jedem dieser Funktionsbereiche seien, wie MARITZEN weiter darlegt, auch „höchst problematische Entwicklungen" denkbar:

> „Ob Schulprogramme nun vornehmlich auf Werbewirkung durch Hochglanzbroschur bedacht sind, ob sie als trockene Rapporte ungelesen in Behördenregalen verstauben oder ob sie zum Zankapfel innerschulischer Ideologiekämpfe werden, es sind genug Szenarien denkbar, in denen die Entwicklungschancen, die Schulprogramme bereithalten können, verspielt werden" (a. a. O., 630).

Schulen werden daher nicht umhinkönnen, Funktionen der Schulprogrammarbeit zu reflektieren und für den eigenen Schulentwicklungsprozess festzulegen (vgl. HAMEYER 1998, 12; LSW 1998a, 9, 12).

Schulprogrammarbeit steht also vor dem Problem, dass sie sehr unterschiedliche Funktionen gleichzeitig erfüllen soll (vgl. BALZ/STIBBE 2003). Vor allem in ministeriellen Empfehlungen soll das Schulprogramm zugleich als Medium der innerschulischen Verständigung und Selbstvergewisserung über die pädagogische Arbeit, als öffentlichkeitswirksame Darstellung des Schulprofils und als Rechenschaftsbericht gegenüber der Schulaufsicht dienen (vgl. NIEDERSÄCHSISCHES KM 1998, 22; BSJB 1998, 9-10).

3.3 Inhalte des Schulprogramms

Auf den ersten Blick scheint es einfach zu sein, die Frage zu klären, welche Inhalte[256] ein Schulprogramm enthalten soll. Doch die Meinungen darüber, was in ein Schulprogramm gehört, gehen besonders in behördlichen Veröffentlichungen zum Schulprogramm weit auseinander. Während beispielsweise in Bremen die Gestaltungsfreiräume der einzelnen Schulen nicht durch verbindliche Inhaltsbereiche für das Schulprogramm festgelegt und lediglich Anregungen zu pädagogisch-didaktischen Bausteinen gegeben werden (vgl. SENATOR BREMEN 1996, 8), wird in anderen Bundesländern ein Kanon formulierter Bestandteile des Schulprogramms empfohlen, teilweise sogar vorgeschrieben. In diesem Sinne zählen zum Beispiel in Niedersachsen folgende 10 Strukturierungsvorgaben zum obligatorischen Kern des Schulprogramms:

„[...]
1. Unterrichtskonzepte, -methoden und Sozialformen
2. Förderung sozialen Lernens/Werteerziehung und Formulierung schul- und klassenbezogener Regeln
3. Grundsätze der Leistungsbewertung

---

[256] In Anlehnung an eine nordrhein-westfälische Handreichung zum Schulprogramm (MSWWF 1998a, 13-21) können unter „Inhalte" hier wesentliche Elemente und Arbeitsfelder eines Schulprogramms gefasst werden. Während zum Beispiel Fragen der Bestandsaufnahme, der Entwicklung eines Schulleitbilds oder die schulische Fortbildungsplanung zu den „typischen Elementen" eines Schulprogramms gerechnet werden können, zählen beispielsweise Aussagen über die schulische Unterrichts- und Erziehungsarbeit zu „Arbeitsfeldern" eines Schulprogramms (vgl. a. a. O.). Die hier getroffene Unterscheidung hat sich allerdings in der einschlägigen Diskussion noch nicht durchgesetzt, sodass die Begriffe sehr verschieden gebraucht werden. Insofern werden im Folgenden die Termini „Elemente", „Bestandteile", „Bereiche", „Arbeitsfelder" und „Entwicklungsschwerpunkte" mehr oder weniger synonym zur Bezeichnung allgemeiner inhaltlicher Strukturierungsvorgaben für das Schulprogramm verwendet.

4. Differenzierung und Förderung besonderer (z. B. leistungsschwacher und leistungsstarker) Schülergruppen
5. Öffnung von Schule und Kooperation mit gesellschaftlichen Partnern
6. Berufs- und Arbeitsweltorientierung
7. Einbeziehung der Schüler- und Elternschaft und Zusammenarbeit mit dem Schulträger
8. Grundsätze der Klassenzusammensetzung und der Unterrichtsverteilung
9. Fortbildungsplanung (schulbezogenes Fortbildungskonzept)
10. Grundsätze zur Verwendung des Schulbudgets [...]"

(NIEDERSÄCHSISCHES KM 1998, 14-15).

Damit wird gewissermaßen ein ministerielles „Rahmenschulprogramm" geschaffen, das die eigendynamische Entwicklung von Schulen lenken und beeinträchtigen kann (vgl. HAENISCH 1998a, 83). Vor allem aber stellt es eine Form der behördlichen „Vorsteuerung" dar, die offenbar weit verbreitet ist (vgl. dazu ROLFF 1998c, 323). Den einzelnen Schulen werden zunächst erhebliche Gestaltungsfreiräume zur Ausbildung ihrer individuellen Schulprofile gewährt, die um der Vermeidung auseinander driftender Entwicklungen willen durch spezielle Bestimmungen wieder eingeengt werden. Schulen werden durch solche Formen der „Vorsteuerung" nicht nur verunsichert, sondern sie reagieren darauf nicht selten auch „mit offenem oder verdecktem Widerstand" (ROLFF 1998c, 323). Schulprogrammarbeit kann dann leicht zur reinen Pflichtübung verkommen.[257]

Gleichwohl lassen sich zumindest auf einer allgemeineren Ebene einige Elemente und Arbeitsfelder benennen, die in einem Schulprogramm berücksichtigt und zu denen – in individueller Auslegung der einzelnen Schule – Ausführungen gemacht werden sollten. Überblickt man verschiedene Praxisanregungen zur Schulprogrammarbeit in der schulpädagogischen Literatur[258], so konzentrieren sich die jeweiligen Vorschläge meist auf vier Bereiche: Ausführungen zu den Rahmenbedingungen der Schule, Erläuterungen zum Schulkonzept, Beschreibung des Arbeitsprogramms und der Entwicklungsschwerpunkte sowie Angaben zur Evalua-

---

[257] Vgl. ausführlicher zum Problem der Standardisierung von Schulprogrammen Kap. 3.6.
[258] Vgl. hierzu BROCKMEYER/RISSE (1998, 307-308), FLEISCHER-BICKMANN/MARITZEN (1996, 15; 1998, 10), HAENISCH (1997b, 140), HAMEYER (1998, 13), HOLTAPPELS (1999, 7-8), PHILIPP/ROLFF (1999, 18-19).

tion und Fortschreibung des Schulprogramms.[259] In diesem Sinne hat z. B. MEYER (1999a, 53) fünf Entwicklungsschwerpunkte aufgezeigt, die es im Schulprogramm zu berücksichtigen gilt. Dazu gehören die eng miteinander verknüpften Bereiche

- „Organisationsentwicklung" (u. a. Entwicklung der Teamarbeit und Streitkultur),
- „Personalentwicklung" (u. a. Fort- und Weiterbildungsplanung),
- „Lehrplanentwicklung" (u. a. Erstellung schuleigener Lehrpläne),
- „Unterrichtsentwicklung" (u. a. Entwicklung von Methodenvielfalt) und
- „Erziehungsarbeit" (u. a. Förderung der reflexiven Koedukation und des sozialen Lernens) (a. a. O.).

Griffiger erscheint allerdings der Vorschlag von BALZ/STIBBE (2003), die die Bereiche „Unterricht und Schulleben", „Lehrplangestaltung", „Schulorganisation" und „Personalentwicklung" als wünschenswerte Elemente des Schulprogramms nennen.

In der Praxis der Schulprogrammarbeit werden, wie die jüngsten Untersuchungen von BURKARD (2002) und KANDERS (2002) in Nordrhein-Westfalen zeigen, vornehmlich die Bereiche „Schulleben" und „Erziehungsarbeit" behandelt; Ausführungen zum Unterricht, zur Evaluation und zur Umsetzung des Schulprogramms werden dabei weit gehend vernachlässigt. Vielmehr erweist sich das Schulprogramm in vielen Schulen lediglich als zurückblickende Schuldokumentation, indem im Wesentlichen nur das beschrieben wird, „was an der Schule bereits vorhanden ist [...]. Der Charakter als Planungs- und Entwicklungsinstrument ist im Selbstverständnis der Schulen noch weniger weit ausgeprägt, als es in den bildungspolitischen Konzepten intendiert ist" (HAENISCH/BURKARD 2002, 196).

Was inhaltliche Ausführungen zu Bewegung, Spiel und Sport anbetrifft, so unterscheiden BALZ/NEUMANN (2002, 213) bei ihrer Analyse von Schulprogrammen zwischen „Nullprogrammen" ohne Anmerkungen zum Sportkonzept, „Pflichtprogrammen" mit unverbindlichen, wenig aussagekräftigen Hinweisen, „Perspektivprogrammen" mit der Darstellung des

---

[259] Unterschiedliche Auffassungen gibt es darüber, ob auch Aspekte der Personalentwicklung, der Fortbildungsplanung und des Schulbudgets in das Schulprogramm aufgenommen werden sollen. So schlagen FLEISCHER-BICKMANN/MARITZEN (1996, 15) und MARITZEN (1998, 630) vor, Aussagen zur Personalentwicklung und zum Schulhaushalt ins Schulprogramm aufzunehmen. Nach EIKENBUSCH (1998a, 195) und MEYER (1998, 16) ist es sinnvoll, auch die Fortbildungsplanung im Schulprogramm zu berücksichtigen.

Bestehenden und des Geplanten sowie „Modellprogrammen" mit gleichsam vorbildlichen, umfangreichen Erläuterungen.[260]

3.4 Methoden der Schulprogrammentwicklung

Es erweist sich als schwierig, verallgemeinernde Aussagen zu Methoden der Schulprogrammentwicklung zu treffen. Bereits die flüchtige Durchsicht von dokumentierten Schulprogrammen und Erfahrungsberichten verschiedener Schulen offenbart eine Vielzahl individueller Ansatzpunkte und Vorgehensweisen (vgl. z. B. BERTELSMANN STIFTUNG 1996; MBWFK o. J.; MSW 1995; 1996a), die auf die einzelschulische Tradition, die jeweiligen schulischen Bedingungen und die spezielle Arbeitssituation von Lehrkräften abgestimmt sind. Schulen gehen offenbar eigene Wege bei der Erarbeitung ihrer Schulprogramme (vgl. HAMEYER 1998, 25).

Dennoch werden in der bildungspolitischen und schulpädagogischen Diskussion über Verfahren der Schulprogrammarbeit verschiedene Strategien bei der Entwicklung eines Schulprogramms erörtert.[261] Solche Strategien können aber weder die Schulwirklichkeit abbilden noch Vollständigkeit erreichen, sondern sie sind lediglich als heuristischer Orientierungsrahmen zu verstehen (vgl. ähnlich HAMEYER 1998, 28). So werden im Wesentlichen zwei Strategien der Schulprogrammarbeit hervorgehoben, die näher erläutert werden sollen: Zum einen sind dies systematische Methoden der Organisationsentwicklung und zum anderen ein Verfahren, das in Schulen offensichtlich weit verbreitet ist und auf Grund seiner Vorgehensweise, in bestehenden Schulgremien mit überschaubaren

---

[260] In diesem Kontext lässt sich aus den Ergebnissen des landesweiten Evaluationsprojekts in Hessen nur wenig zu Bewegung, Spiel und Sport entnehmen. Hier wird lapidar festgestellt, dass Überlegungen zur täglichen Bewegungszeit, zu einer bewegten Pausengestaltung und zu sportlichen Aktivitäten Eingang in das Schulprogramm hessischer Projektschulen gefunden haben (vgl. HESSISCHES KM/HELP 2001, 15, 18 und 20). Auch die oben erwähnten, aufwändig angelegten Evaluationsstudien in Nordrhein-Westfalen geben keinen Aufschluss darüber, inwieweit und auf welche Weise Bewegung, Spiel und Sport im Schulprogramm berücksichtigt wurden. Diesbezügliche Angaben der befragten Schulen verbergen sich vermutlich hinter der Kategorie „Schulleben", die nicht weiter ausdifferenziert wurde (vgl. BURKARD 2002, 34-36; KANDERS 2002, 73 und 118).

[261] Zu Verfahren der Schulprogrammentwicklung vgl. die Ausführungen von BÖHM (1994a, 301-303), DALIN u. a. (1995, 108-112), DIEGELMANN u. a. (1997, 25-28), FLEISCHER-BICKMANN (1995, 18-22), FLEISCHER-BICKMANN/MARITZEN (1996, 14), HAENISCH (1997a, 141), HAMEYER (1998, 20-41), HOLTAPPELS (1998, 48-50; 1999, 11-14), HESSISCHES KM/HELP (1996b, 5-10), KRÜSMANN (1997, 10-12), LSW (1998a, 16-23), MSWWF (1998a, 24-26), MSW (1995, 14-15), NIEDERSÄCHSISCHES KM (1998, 15-21), PHILIPP (1995), PHILIPP/ROLFF (1999, 21-98), RISSE (1998b).

Entwicklungsschritten zu beginnen, als „Inseltaktik" bezeichnet werden kann.

Besonders FLEISCHER-BICKMANN (1994, 6f.) verweist auf die Verwandtschaft zwischen dem Konzept des Schulprogramms und dem „Institutionellen Schulentwicklungsprozess" (ISP) als einer Variante der Organisationsentwicklung.[262] Was die Prozessstruktur der Schulprogrammarbeit anbelangt, so seien die Ähnlichkeiten zwischen dem „ISP-Leitbild der Schule als lernende Organisation und als pädagogische Handlungseinheit" und dem Schulprogramm unübersehbar (vgl. auch DALIN u. a. 1995, 146). Ein Ansatz aus der Organisationsentwicklung, wie FLEISCHER-BICKMANN (1995, 21) an anderer Stelle ausführt, erweise sich für Schulentwicklungsprozesse insofern als „ideal, weil er gleichsam am Status quo ansetzt, pädagogische Konsensfähigkeit und Konsensfindung institutionalisiert, eine erkennbare methodische Struktur hat und eine breite Beteiligung fördert". Ferner wird betont, dass sich ein solches Vorgehen vor allem durch seine „Rationalität" (MSW 1995, 14) und Berücksichtigung des Gesamtzusammenhangs der Schule auszeichne (vgl. KRÜSMANN 1997, 11).

Versucht man nun, wesentliche Aspekte der Organisationsentwicklung im Sinne des „Institutionellen Schulentwicklungsprozesses" zusammenzufassen, so lassen sich in Anlehnung an BASTIAN (1997, 8-9) vier Thesen darlegen:

- Unter Bezugnahme auf pädagogisch-sozialpsychologische Konzepte werden Handelnde im systemischen Kontext der Organisation „Schule" betrachtet. Das Interesse gilt hier solchen Verfahren, die zu Veränderungen der institutionellen Rahmenbedingungen von Schule führen.

- Ausgangspunkt der Bemühungen der Organisationsentwicklung sind die „Bedingungskonstellationen der Organisation". Sie zielen darauf ab, allen an Schule Beteiligten zu helfen, in einer systematischen Prozessstruktur – Bestandsaufnahme, Diagnose, Zielvereinbarung, Umsetzung und Evaluation – den Schulentwicklungsprozess zu reflektieren und selbstorganisiert voranzutreiben.

---

[262] Vgl. zu den Grundlagen des „Institutionellen Schulentwicklungsprozesses" DALIN u. a. (1995). Einen guten Überblick über Theorien der Organisationsentwicklung gibt MEYER (1997, 123-148).

– Es werden dabei Methoden verwendet, die eine positive Veränderung der Bedingungskonstellationen im Blick auf Organisations-, Kommunikations- und Kooperationsstrukturen bewirken.
– Ausgebildete Schulentwicklungsberaterinnen/-berater, die auf der Basis einer Vereinbarung mit der Schule arbeiten, unterstützen als externe Moderatorinnen bzw. Moderatoren den schulischen Entwicklungsprozess.[263]

Vor diesem Hintergrund haben PHILIPP/ROLFF (1999, 23) nach einer Phase der Initiierung 12 Schritte zur Erarbeitung eines Schulprogramms vorgeschlagen: Beschluss des Lehrerkollegiums und der Schulkonferenz, Bildung einer Steuergruppe, Bestandsaufnahme, Stärken-Schwächen-Diagnose, Entwicklung einer gemeinsamen Vision, Formulieren von Leitsätzen, Auswahl von Entwicklungsschwerpunkten, Prioritätensetzung, Erstellung des Textes, Abstimmung und gegebenenfalls Genehmigung, Umsetzung und Evaluation. Sie erwähnen ausdrücklich, dass sie mit dieser Systematisierung eine didaktische Absicht verfolgen, weil nur „der Blick aufs Ganze" verhindern könne, „dass man sich in Methodenfragen und technischen Einzelheiten" verliere (a. a. O., 22). Die vorgelegte Schrittfolge stelle nur ein „Grundmodell" dar, das keineswegs als streng zu befolgender linearer Ablaufprozess missverstanden werden dürfe (vgl. a. a. O., 23-24). Dieser Prozessverlauf wird in seiner vereinfachten Grundstruktur – Bestandsaufnahme, Zielklärung, Arbeitsplanung, Umsetzung und Evaluation – auch in offiziellen Handreichungen zur Schulprogrammentwicklung empfohlen (vgl. z. B. SENATOR BREMEN 1996, 5-8; LSW 1998a, 16; MSWWF 1998a, 24-26).

Inzwischen mehren sich allerdings die Stimmen, die auf Schwierigkeiten und Probleme mit Verfahren der Organisationsentwicklung im Rahmen der Schulentwicklung hinweisen. Sie bemängeln vor allem den zeitaufwändigen, praxisfernen und anspruchsvollen Prozess der Organisationsentwicklung (vgl. BASTIAN 1997, 9; BÖHM 1994a, 303).[264] Pointiert formuliert EIKENBUSCH (1998b, 17) sein Unbehagen an einer unreflektierten Übernahme von Methoden der Organisationsentwicklung: „Schulpro-

---

[263] Vgl. zu diesem Konzept der Schulentwicklungsberatung ausführlich ROLFF u. a. (1998).
[264] So urteilt HINZ (1999, 24): „Nach meiner Beobachtung sind umfassende Prozesse der Organisationsentwicklung, die mit aufwendigen und langfristigen Planungen verbunden sind, eher die Ausnahme." Ungeschminkt beschreiben auch HAGEN-DÖVER u. a. (1998, 18) ihre Probleme mit der „Kartenabfrage" beim Versuch, eine „Stärken-Schwächen-Analyse" vorzunehmen (vgl. ähnlich BÖHM 1996, 11).

gramme, die so durchgezogen werden, sind 'eine Form institutioneller Tyrannei [...].' Schulprogrammarbeit folgt keiner festgelegten Schrittfolge. Es gibt keine allgemeingültigen Ablaufpläne für die Schulprogrammarbeit."[265] Kritisiert wird zudem, dass mit Verfahren der Organisationsentwicklung Fragen des Unterrichts nicht direkt berührt würden (vgl. BASTIAN 1997, 7). Anstelle eines organisationstheoretischen „Überbaus" sei es wichtiger, sich auf „Pädagogik" zu konzentrieren und „die pädagogischen Intentionen und Inhalte" zu akzentuieren (BÖNSCH 1998, 29).

In diesem Kontext sei angemerkt, dass besonders BASTIAN (1997) einen alternativen Ansatz der Schulentwicklung propagiert hat. Unter der Bezeichnung „pädagogische Schulentwicklung" fasst er ein Konzept, das sich als „Selbstbildungsprozess der Institutionsmitglieder" begreift, „in dem der Zusammenhang von gutem Unterricht, einer an Mündigkeit orientierten Subjektentwicklung und den dafür angemessenen institutionellen Bedingungen bearbeitet wird. Ausgangspunkt ist das Interesse an einer Erneuerung des Unterrichts und den daraus folgenden institutionellen und individuellen Veränderungen" (a. a. O., 8). Mittlerweile ist daraus eine kontroverse Auseinandersetzung zwischen Vertretern der „pädagogischen Schulentwicklung" und Anhängern des organisationstheoretischen Ansatzes entstanden, die über Methoden und Verfahren schulischer Entwicklungsprozesse streiten.[266]

Ungeachtet dieser Kontroverse scheint sich in der Schulpraxis ohnehin ein eher pragmatisches Vorgehen bei der Erarbeitung eines Schulprogramms durchgesetzt zu haben[267], das als „Inselbildung" bezeichnet wird (vgl. BÖHM 1994a, 303-304; FLEISCHER-BICKMANN 1995, 19; KRÜSMANN

---

[265] Ähnlich bemängelt auch MEYER (1999a, 23-25) diese Form der zweckrationalen „Programmierungslogik".

[266] Vgl. zu dieser Diskussion besonders die prominenten Vertreter der beiden Richtungen, BASTIAN (1997) bzw. BASTIAN/COMBE (1998) und ROLFF (1998c, 298-308; 1999). Der anfänglich eher moderate Ton in dieser Kontroverse hat sich inzwischen merklich verschärft. Zumindest im Blick auf die mangelnde Berücksichtigung des Unterrichts in Verfahren der Organisationsentwicklung scheint ROLFF (1999, 38) die kritischen Anmerkungen zu teilen, wenn er ausführt: „Unterrichtsentwicklung haben wir in den letzten Jahren ernster genommen als zuvor, wozu unsere Kritiker durchaus beigetragen haben."

[267] In diesem Sinne beschreibt MEYER (1999a, 25-28), der durchaus zu einem Vertreter der „pädagogischen Schulentwicklung" gerechnet werden kann, neben dem technologisch orientierten Typ der „zweckrationalen" Programmierung noch vier weitere Planungsstrategien für die Schulprogrammarbeit: „Aufgabenplanung" (Festlegung eines oder verschiedener Entwicklungsvorhaben), „offene Planung" („Sich Durchwursteln"), „Wenn-Dann-Planung" (Schulentwicklung auf Grund eines besonderen Ereignisses) und „mixed pickles" (Kombination aus den verschiedenen Planungsstrategien).

1997, 10-11). Auf der Ebene von Fach-, Klassen- oder Jahrgangskonferenzen werden vereinzelte, institutionalisierte Gremien der Schule genutzt, in denen Absprachen über pädagogische Fragestellungen getroffen und erste konzeptionelle Ansätze entworfen werden. Dieser Ansatz erweist sich in solchen Schulen als sinnvoll, die am Anfang des Schulentwicklungsprozesses stehen (FLEISCHER-BICKMANN 1995, 19). Der Vorteil dieser Vorgehensweise besteht darin, dass gewohnte Strukturen genutzt werden und dass durch die Anbindung an die Alltagsarbeit nur mit geringem Widerstand von Lehrkräften zu rechnen ist (vgl. BÖHM 1994a, 303-304). Der Nachteil liegt darin, dass sie im Grunde nicht den systemischen Zusammenhang der Schule berücksichtigt, denn Konsequenzen für die Schulentwicklung werden sich nur ergeben, wenn die auf verschiedenen Ebenen getroffenen Vereinbarungen vernetzt und auf die Schule als Ganze bezogen werden. Doch in vielen Schulen mag es sinnvoll sein, zunächst „in einem geschützten Rahmen Erfahrungen zu sammeln" (EIKENBUSCH 1998a, 215). In einem nächsten Schritt können dann zusätzliche Arbeits- oder Steuergruppen geschaffen werden, die die Koordinierung der verschiedenen Aktivitäten übernehmen und damit den eigentlichen Prozess der Schulprogrammarbeit einleiten. Wichtig ist dann vor allem, die Arbeitsergebnisse und Erfahrungen, die in den verschiedenen Arbeitsgruppen gemacht wurden, im Rahmen von „pädagogischen Konferenzen" bzw. Lehrerkonferenzen allen Kollegiumsmitgliedern vorzustellen und mit ihnen zu diskutieren.[268]

3.5 Evaluation des Schulprogramms und Schulqualität

Die Qualität der Gestaltung von Unterricht und Erziehung vollzieht sich zuallererst an der einzelnen Schule. Das Schulprogramm bildet eine verbindliche Basis für die „gemeinsamen Qualitätsvorstellungen" (SCHRATZ/IBY/RADNITZKY 2000, 9). Die im Schulprogramm festgelegten Ziele und Entwicklungsschwerpunkte stellen somit eine Qualitätsvereinbarung dar, die es kontinuierlich zu überprüfen und zu sichern gilt.[269]

---

[268] Ähnlich beschreibt auch HAENISCH (1998a, 41-42) diese Organisationsform als eine von drei „Konzeptionen" der Schulprogrammarbeit. Ein Hauptbestandteil besteht in der Etablierung einer Steuergruppe und der Inanspruchnahme der verschiedenen Gremien; als zweites Element dieser Konzeption werden besonders „pädagogische Konferenzen" oder Lehrerkonferenzen genutzt; schließlich werden als Ergebnis der Gesamtkonferenzen thematische Arbeitsgruppen eingerichtet.

[269] Vgl. zur Diskussion über die Qualitätsentwicklung von Schulen beispielsweise TERHART (2000), TILLMANN (2002) und – im Blick auf den Schulsport – BALZ (2002), KURZ (2002) und SCHIERZ/THIELE (2003).

Insofern ist auch die Evaluation untrennbar mit der Qualitätsentwicklung in der jeweiligen Einzelschule verbunden.

In diesem Zusammenhang hat jüngst der Begriff der Evaluation im Bildungsbereich erstaunlich an Popularität gewonnen (vgl. ALTRICHTER 1998. 263). Einhellig wird in der Fachdiskussion die Meinung vertreten, dass das Schulprogramm die Weiterentwicklung der Schule nur dann vorantreiben kann, wenn seine Wirkung regelmäßig kontrolliert wird.[270] Nach FISCHER/ROLFF (1997, 543) lässt sich die Effektivität des Schulprogramms insbesondere dadurch steigern, dass möglichst häufig „durch interne Evaluation als Form ‚pädagogischer Tatsachenforschung' festgestellt wird, ob und inwieweit sich die Schule auf dem Weg zur Realisierung ihres eigenen pädagogischen Selbstverständnisses befindet". Schulinterne Evaluation erweist sich damit als wesentlicher Bestandteil der Schulprogrammarbeit (vgl. EIKENBUSCH 1998b, 19; HOLTAPPELS 1999, 7-8).[271]

Im Kontext pädagogischer Zielsetzungen von Schulentwicklungsprozessen wird unter „Evaluation"[272] der beständige „Prozeß des systematischen Sammelns und Analysierens von Daten/Informationen" verstanden, „um Bewertungsurteile zu ermöglichen, die auf begründeter Evidenz beruhen" (PHILIPP/ROLFF 1999, 106). Es geht also im Rahmen der Evaluation im Wesentlichen um die gezielte Auswahl des zu untersuchenden Gegenstands, der Methoden, der Vorgehensweise und begründeter Ziel- und Bewertungskriterien, das systematische Zusammentragen von Infor-

---

[270] Vgl. hierzu u. a. HAENISCH (1998a, 72), HAMEYER (1998, 17), MARITZEN (1998, 631), MESSNER (1998, 119).

[271] Treffend wird der Zusammenhang von Schulprogramm und Evaluation in einer Handreichung der Bremer Schulbehörde formuliert: „Während das Schulprogramm den Weg vorzeichnet, überprüft die Evaluation die zurückgelegte Strecke" (SENATOR BREMEN o. J., 7).

[272] Ebenso wie das Schulprogramm wird auch die Evaluation von unterschiedlichen Interessen und Motiven geleitet. Sie befindet sich in einem Spannungsverhältnis zwischen eher pädagogischen Zielsetzungen – der Evaluation als Teil der Selbststeuerung und Entwicklung der Einzelschule – und eher bildungspolitischen Intentionen – der Evaluation als Rechenschaftslegung und Kontrolle durch die Schulverwaltung (vgl. BUHREN/KILLUS/MÜLLER 1998a, 13-17; 1998b, 240-242; zu verschiedenen Evaluationsperspektiven vgl. DALIN 1996, 312-317). Insbesondere aus bildungspolitischer Sicht ist die externe Evaluation als Basis für eine schulübergreifende Qualitätssicherung unabdingbar. Denn die Schule ist bei der Selbstevaluation geneigt, gegebenenfalls recht einseitig zu urteilen, sich in selbstgenügsamer Sicherheit zu wiegen und unangenehme Anforderungen von außen auszublenden (vgl. FISCHER/ROLFF 1997, 543; BURKARD 1997, 11-12; EIKENBUSCH 1998a, 176-177; PHILIPP/ROLFF 1999, 118; ROLFF 1998b, 67-68). Im Folgenden werden nur Aspekte der Selbstevaluation behandelt. Vgl. zu Problemen der externen Evaluation FLEISCHER-BICKMANN (1997, 20-22), ROLFF (1998a).

mationen und Daten über den Gegenstandsbereich, die Analyse und Diagnose der Daten und letztlich die Interpretation und Bewertung der Informationen auf der Grundlage der zuvor festgelegten Indikatoren bzw. Qualitätskriterien. Vor diesem Hintergrund ist eine solide Entscheidung über notwendige Veränderungen bzw. Weiterentwicklungen des Schulprogramms möglich.[273] Dieser systematische Evaluationsprozess hebt sich damit deutlich von bisher verbreiteten Formen der Evaluation und Reflexion in der Schule (z. B. Leistungsbewertung, Schülerbeobachtung, Lehrerbeurteilung durch Vorgesetzte) ab, die häufig unsystematisch, zufällig, individualisiert und nach unklaren Kriterien erfolgen (vgl. ALTRICHTER 1998, 269-270; MARITZEN 1996, 26).

Fasst man die vorliegenden Überlegungen zu den Funktionen der internen Evaluation des Schulprogramms in der Literatur zusammen, so werden vornehmlich folgende Argumente ins Feld geführt.[274]

– Die Selbstevaluation trägt dazu bei, die Wirksamkeit eines Schulprogramms zu vergegenwärtigen. Wenn dadurch die Vorteile der Schulprogrammarbeit und der positive Ertrag anfänglich umstrittener Schulentwicklungsprojekte sichtbar werden, könnte dies auch Skeptiker überzeugen.

– Die Selbstevaluation liefert Anregungen für eine Änderung und Weiterentwicklung des Schulprogramms. Sie stellt damit eine Hilfe zur selbstkritischen Überprüfung und Spiegelung schulischer Aktivitäten dar.

– Die Selbstevaluation eignet sich dazu, eine „Feedback-Kultur" innerhalb des Kollegiums, aber auch zwischen Lehrkräften, Schülern und Eltern aufzubauen. Es werden auch Probleme angesprochen, „über die man in der Schule sonst vielleicht nie geredet hätte" (BURKARD/EIKENBUSCH 1998, 272).

– Die Selbstevaluation vermag die Verbindlichkeit der im Schulprogramm festgelegten Ziele und Schwerpunkte zu unterstreichen und

---

[273] Vgl. zu diesen Kriterien BURKARD/EIKENBUSCH (1998, 268-269), EIKENBUSCH (1997, 7). Ähnlich kennzeichnen auch BURKARD (1996, 19-21), EIKENBUSCH (1998a, 154-157) und BUHREN u. a. (1998a, 86-88) die verschiedenen Evaluationsschritte.

[274] Zur folgenden Darstellung der Zielsetzungen der Evaluation vgl. BURKARD/EIKENBUSCH (1998, 271-273), LSW (1996, 20), ROLFF (1998b, 51), ROLFF u. a. (1998, 217-219), PHILIPP/ROLFF (1999, 106).

„schützt auch vor Vergessen des Vereinbarten und Gewollten" (ROLFF 1998b, 51).

- Die Selbstevaluation eröffnet die Möglichkeit, Erfahrungen systematisch aufzuarbeiten und daraus zu lernen.
- Die Selbstevaluation fungiert als Mittel der Qualitätssicherung und Rechenschaftslegung.

Wenn das Schulprogramm die Grundlage und Orientierung für die Evaluation liefert, müssen bereits zu Beginn der Schulprogrammarbeit die Ziele und Kriterien der Evaluation genau bedacht und geklärt werden. Dies kann – in positiver Hinsicht – dazu führen, das Anspruchsniveau der pädagogischen Aktivitäten insgesamt niedriger zu setzen und das Schulprogramm dadurch realistischer zu gestalten (vgl. PHILIPP/ROLFF 1999, 107-108; ROLFF 1998a, 54). Kritisch betrachtet, besteht hierbei jedoch die Gefahr, nur solche Entwicklungsschwerpunkte auszuwählen, die leicht umsetzbar bzw. evaluierbar erscheinen.

Die Entscheidung darüber, welche Qualitätsansprüche zur Evaluation des Schulprogramms herangezogen werden sollen, erweist sich in der Schulpraxis offenbar als ein schwieriger Prozess:

„Vage Themen oder das bloße Kopieren vorhandener Befragungsraster haben sich als wenig ergiebig erwiesen. Für die Erarbeitung konkreter, evaluierbarer Qualitätsstandards fehlen aber oft die pädagogischen und didaktischen Kompetenzen, fehlt zumindest die gemeinsame Sprache, häufig auch einfach die Zeit" (STRITTMATTER 1997b, 17-18; vgl. auch ALTRICHTER 1998, 289).

Solange sich das Schulprogramm an „klaren" Kriterien für die Überprüfung der Ziele orientiert, wie z. B. Reduzierung der Wiederholerquote, Erweiterung der Nachmittagsangebote oder Verringerung der Anzahl vorzeitiger Schulabgänger, scheint der Erfolg oder Misserfolg noch relativ leicht zu ermitteln (vgl. ROLFF 1998a, 54-55; PHILIPP/ROLFF 1999, 108-109). Eine Orientierung an solchen Kriterien ist pädagogisch jedoch fragwürdig.

In der Schulpraxis besteht das Problem überwiegend darin, dass sich komplexe Bildungs- und Erziehungsvorgänge bzw. abstrakte Zielbeschreibungen im Schulprogramm nur sehr schwer und annäherungsweise evaluieren lassen. Hierzu bedarf es handhabbarer, schulpädagogisch begründeter Evaluationsverfahren (vgl. FISCHER/ROLFF 1997, 543; BROCK-

MEYER/RISSE 1998, 301-302). Derlei Evaluationskonzepte liegen allerdings erst in Ansätzen vor.[275]

3.6 Probleme auf dem Weg zum Schulprogramm

Überblickt man die schulpädagogische Diskussion, so konzentrieren sich die kritischen Anmerkungen zur Schulprogrammarbeit vornehmlich auf zwei Aspekte: Zum einen auf das Problem der mangelnden bildungspolitischen Sensibilität, mit der Maßnahmen zur Schulprogrammentwicklung durchgeführt werden, zum anderen auf Schwierigkeiten, die aus der Diskrepanz zwischen theoretischen Ansprüchen und schulischer Wirklichkeit erwachsen.

Probleme erwachsen vor allem durch solche schuladministrativen Bestimmungen, die darauf abzielen, den schulinternen Entwicklungsprozess „von oben" zu beeinflussen und zu steuern.[276] BASTIAN (1998, 7) zufolge sind derartige Intentionen Ausdruck fehlender „Sensibilität" und „Glaubwürdigkeit" der Bildungspolitik, denn „Forderungen von außen, die nicht mit eigenen Entwicklungserfahrungen (der Schule, G. S.) in Verbindung zu bringen sind, fördern eine Erfüllungsmentalität, die wieder einmal ausführt, was andere sich ausgedacht haben". Die Idee der Schulprogrammarbeit werde durch diese „neue Steuerungspolitik" (a. a. O., 8) konterkariert, indem vorhandene Gestaltungsfreiräume um der einheitlichen Entwicklung von Schulen willen wieder eingeengt werden. Anstelle der notwendigen Beratung und Unterstützung von Schulen im Rahmen der Initiativen zur Schulprogrammentwicklung macht sich vielmehr traditionelles bildungspolitisches Handeln in Form von staatlicher Kontrolle und Skepsis breit. Aus der Sorge um die Qualitätssicherung wird sogar in einigen Bundesländern eine schulaufsichtliche Genehmigungspflicht für Schulprogramme eingeführt (vgl. dazu a. a. O.; G. BECKER 1998, 34). Damit ist die Gefahr einer Vereinheitlichung von Schulprogrammen gegeben, die nur wenig Raum für kreative

---

[275] Vgl. dazu die Zusammenstellung von Evaluationsmethoden bei BUHREN/KILLUS/MÜLLER (1998a), die im Rahmen des BLK-Modellprojekts „Selbstevaluation als Instrument einer höheren Selbständigkeit von Schulen" entstanden ist. Interessante Beispiele zur Evaluation qualitativer Merkmale finden sich auch bei ALTRICHTER (1998, 289-294), EIKENBUSCH (1998a, 163-175), ROLFF (1998a, 63-67), PHILIPP/ROLFF (1999, 114-117).

[276] Vgl. hierzu die kritischen Anmerkungen von BASTIAN (1998), G. BECKER (1998), EIKENBUSCH (1998a, 190-192; 194-195) und WARNKEN (1997). Vgl. zusammenfassend auch BALZ/STIBBE (2003).

Abweichungen und individuelle Profilbildungen zulässt (vgl. HAENISCH 1997a, 142; PHILIPP/ROLFF 1999, 20).

Allerdings wird darüber gestritten, ob durch eine administrative Verpflichtung der Schulen zur Schulprogrammarbeit pädagogische Innovationen und Schulentwicklungsprozesse gefördert oder eher behindert werden.[277] Die Befürworter verweisen darauf, dass sich auf Grund der behördlichen Vorgabe alle Schulen mit der Schulprogrammarbeit auseinander setzen müssen. Eine damit verbundene Genehmigungspflicht sei vornehmlich aus Gründen der Sicherung des staatlichen Erziehungsauftrags, der Einhaltung von Lehrplanvorgaben und vergleichbaren Qualitätsstandards sinnvoll. Dies gelte insbesondere in den Ländern, wo Schulen bereits über erweiterte Handlungs- und Entscheidungsfreiräume verfügen.

Im Blick auf die Qualitätssicherung teilautonomer Schulen hält es auch ROLFF (1996, 300) für unumgänglich, Schulen – wie in Großbritannien, in den Niederlanden, in Skandinavien oder Bremen – zur internen und externen Evaluation zu verpflichten. Das von ihm für die Selbst- und Fremdüberprüfung diagnostizierte „Motivations-Dilemma" der Schulen trifft in gleicher Weise für die Erstellung des Schulprogramms zu: Der Zwang zur Entwicklung eines Schulprogramms führt bei vielen Schulen dazu, ihn zu umgehen, indem „belanglose Berichte" angefertigt werden[278]; gibt es allerdings keine Verpflichtung, so werden sich einige Schulen wohl erst gar nicht auf den Weg machen (vgl. ROLFF 1995a, 51; 1996, 300; ähnlich PHILIPP/ROLFF 1999, 20).

Auch wenn die Schulverwaltung zu begründen versucht, dass das Schulprogramm eben „kein Verwaltungsinstrumentarium" sei, sondern im Interesse einer pädagogischen Schulentwicklung stehe (HESSISCHES KM 1995, 295), vermag dies Gegner einer Verpflichtung zur Schulprogrammarbeit nicht zu überzeugen. Auf Nordrhein-Westfalen bezogen, kritisiert zum Beispiel BÖNSCH (1998) die unzureichende pädagogische Überzeugungsarbeit des Schulministeriums im Rahmen der Schulprogrammde-

---

[277] Vgl. zur folgenden Diskussion HAENISCH (1997b, 142) und PHILIPP/ROLFF (1999, 20).
[278] Interessant sind hier auch die im Zusammenhang mit der obligatorischen Evaluation gemachten Erfahrungen in Schweden und in den Niederlanden. Nach ROLFF (1996, 299) fertigen die schwedischen Gesamtschulen Schulberichte an, an die sich jedoch die Mehrzahl der Schulen – bis zu 90 % – nicht orientiert. Und auch die so genannten „Schulwerkpläne" in den Niederlanden stellen oftmals nur Fassadenprogramme dar.

batte. Man habe hier versäumt, die spezifischen Chancen des Schulprogramms zu verdeutlichen und besonders die vielen Schulen zu ermutigen, die bereits mit großem Engagement an der Weiterentwicklung des Schulprogramms arbeiteten. Ähnlich bemängelt auch STARKEBAUM (1997, 10) an der niedersächsischen Diskussion, die obligatorische Schulprogrammarbeit werde als „Operationalisierungsinstrument für eine vermeintlich notwendige Qualitätssicherungskampagne im Bildungsbereich" missbraucht.

Für EIKENBUSCH (1998a, 196; 1998b, 15) liegt ein weiteres Problem darin, dass das Schulprogramm von offizieller Seite zu sehr als schriftliches Dokument angesehen werde, das zu einem bestimmten Zeitpunkt zur Genehmigung vorgelegt werden müsse.[279] Wenn die Erarbeitung eines Schulprogramms nur als „kurzfristige und sofort wirksame Reformstrategie" betrachtet werde, werde dadurch der für die einzelschulische Entwicklung bedeutendere Prozess seiner längerfristigen Entstehung aus den Augen verloren (EIKENBUSCH 1998a, 196). Die Fokussierung auf das schriftliche Produkt „Schulprogramm" kann dann leicht zur „verordneten Pflichtübung" geraten, die keine Auswirkungen mehr auf die reale Schulsituation, den schulischen Verständigungsprozess, zeitigt (VETTER 1998, 63; vgl. ähnlich BASTIAN 1998, 8).

Vor diesem Hintergrund sehen PHILIPP/ROLFF (1999, 20) einen Kompromiss darin, die Schulprogrammarbeit zwar verpflichtend vorzugeben, doch den Schulen zu überlassen, wie „sie diese Pflicht einlösen". Diese Form der Selbstverpflichtung sei der schulischen Entwicklung weitaus förderlicher als eine behördliche Fremdverpflichtung.

Weitere kritische Anmerkungen zur Idee des Schulprogramms beziehen sich gewöhnlich auf Probleme, die auf Disparitäten zwischen schulpädagogisch bzw. bildungspolitisch begründeten Ansprüchen an das Schulprogramm und seiner schulischen Umsetzung zurückzuführen sind. In diesem Zusammenhang wird darauf verwiesen, dass die Schulprogrammentwicklung eine Änderung des beruflichen Denkens und Handelns von Lehrkräften voraussetzt, die in deutlichem Widerspruch zum traditionellen Rollenverständnis von Lehrerinnen und Lehrern steht. Die Erarbeitung

---

[279] BASTIAN (1998, 8) weist in diesem Zusammenhang darauf hin, dass noch keine wissenschaftlich gesicherten Erkenntnisse über die Entwicklung von Schulprogrammen vorliegen. Vor diesem Hintergrund erscheint es äußerst fragwürdig, wenn seitens der Schulbehörden Kriterien und Zeiträume für die Arbeit am Schulprogramm vorgegeben werden.

eines Schulprogramms bedarf nämlich neben der bislang wenig entwickelten Fähigkeit der kollegial-kooperativen Zusammenarbeit auch einer Überwindung der „Einzelarbeit" und des Denkens in Fächerkategorien.[280] Solche ungewohnten beruflichen Anforderungen an Lehrerinnen und Lehrer werden häufig mit der Wendung von der Unterrichtsgestaltung, dem „Ich-und-mein-Fach-Denken", zur bewusst geplanten Schulgestaltung, dem „Wir-und-unsere-Schule-Denken", beschrieben.[281] Denn in den gemeinsamen pädagogischen Gesprächen gilt es, die prägenden Elemente der Unterrichts- und Erziehungsarbeit, besondere curriculare und extracurriculare Aktivitäten über traditionelle Fächergrenzen hinweg zu vereinbaren und zu verantworten. Ferner erfordert der notwendige – und in einigen Ländern vorgeschriebene – demokratische Mitbestimmungs- und Entscheidungsprozess über das Schulprogramm auch die Beteiligung von und Offenheit gegenüber der Schüler- und Elternschaft.

Allerdings bergen die pädagogischen Gespräche innerhalb des Lehrerkollegiums zur Verständigung auf ein Schulprogramm ein nicht zu unterschätzendes Konfliktpotenzial. Insofern ist KLEIN (1997, 43) zuzustimmen, der diesen Prozess der Konsensfindung als besonders „labil" charakterisiert. Für ihn stellt die Fähigkeit von Kollegiumsmitgliedern, zu gemeinsam getragenen Vereinbarungen zu gelangen, selbst eine wichtige Innovation dar.[282] Solange es nur um abstrakte pädagogische Zielsetzungen wie beispielsweise die Erziehung zur Mündigkeit gehe, sei ein Konsens relativ problemlos zu erzielen. Aber immer dann, wenn Fragen des Unterrichts berührt würden, könne mit Widerständen innerhalb des Kollegiums gerechnet werden. Unterricht werde gemeinhin als „individuell geschützter Handlungs- und Kompetenzbereich" gesehen, der „gegen 'unerlaubte' Eingriffe in die persönliche pädagogische Autonomie" verteidigt werden müsse (KLEIN 1998, 159). Somit kann die „auf Konsens zielende Programmgestaltung" auch zu einer Konfliktverschärfung innerhalb des Kollegiums einer Schule führen, weil das Schulprogramm „als für alle profes-

---

[280] PHILIPP/ROLFF (1999, 11) sehen aus Sicht der Organisationsentwicklung das Schulprogramm als eine hervorragende Möglichkeit an, „am Ganzen der Schule" und damit insbesondere auch am Kommunikations- und Kooperationsklima zu arbeiten.

[281] Vgl. u. a. ROLFF (1995b, 189), PHILIPP (1995, 21), SCHRATZ (1996, 27; 1998, 173).

[282] Zu dieser und der nachfolgenden Diskussion vgl. KLEIN (1997, 43-48; 1998, 158-159). Vgl. dazu auch die Ausführungen von SCHRATZ (1997, 15): „Die Irritation an der Schule besteht vor allem darin, daß die Schule nun ihren eigenen Sinn definieren muß. Das setzt bei allen Beteiligten eine hohe Kommunikationsbereitschaft und -fähigkeit voraus, die nicht von selbst gegeben ist. Dies zeigt sich [...] daran, daß das Aushandeln von Schwerpunkten bei der standortbezogenen Umsetzung autonomer Rahmenvorgaben zu Konflikten im Kollegium führen kann."

sionellen Akteure verbindlicher Rahmen auch Einschnitte in die Handlungsautonomie des Lehrers" beinhaltet und zum Gegenstand „von Kämpfen um die Definition schulischer Ziele werden kann" (HELSPER/BÖHME 1998, 71). Dies erklärt auch den Unmut mancher Lehrerinnen und Lehrer gegenüber den damit einhergehenden Prozessen der Selbstreflexion, wie er in Erfahrungsberichten über die Schulprogrammarbeit beschrieben wird (vgl. PILGRAM 1998, 24-25).

Aber der Zwang zur Konsensfindung darf nicht dazu führen, das Schulprogramm als Machtinstrument zu missbrauchen, das „die Vielfalt und Verschiedenheit der pädagogischen Stimmen" innerhalb des Kollegiums nicht mehr toleriert (FLEISCHER-BICKMANN/MARITZEN 1996, 14). In diesem Zusammenhang hält es SCHLÖMERKEMPER (1997, 264) für sinnvoll, im Schulprogramm auch den Umgang mit unterschiedlichen pädagogischen Konzeptionen innerhalb der Schule zuzulassen und zu verdeutlichen. Um die Schulprogrammentwicklung vom Konsenszwang zu entlasten, schlägt er vor, verschiedene Gestaltungsebenen in der Schule zu berücksichtigen (vgl. SCHLÖMERKEMPER 1997, 264). In diesem Sinne könnten zunächst zum Beispiel Klassen-, Jahrgangs- oder Stufenprogramme erarbeitet und zu Vorläufern des Schulprogramms werden (vgl. ähnlich HAENISCH 1998a, 17).

Darüber hinaus ist festzustellen, dass in manchen bildungspolitischen und schulpädagogischen Beiträgen der Blick für die Probleme der „Normalschule" verloren gegangen zu sein scheint.[283] Betrachtet man die komplexen Anforderungen an Lehrerinnen und Lehrer, die sich beispielsweise aus den Vorstellungen im Zusammenhang mit Methoden der Organisationsentwicklung oder der internen Evaluation im Rahmen der Schulprogrammarbeit ergeben, so ist die Frage berechtigt, ob der zeitliche Aufwand noch „in einem akzeptablen Verhältnis zum Gewinn für die Schule steht" (HAGEN-DÖVER u. a. 1998, 18). Doch selbst wenn man praktikablere Wege der Schulprogrammentwicklung zu beschreiben gedenkt, wird deutlich, dass Lehrkräfte zunächst einmal Zeit und Unterstützung benötigen, um sich die hierzu notwendigen Kompetenzen anzueignen.[284] Schu-

---

[283] Hierzu bemerken FLEISCHER-BICKMANN/MARITZEN (1998, 9) pessimistisch: „Wer immer noch den Mut hat, die frohe Botschaft vom Schulprogramm als Königsweg der Schulentwicklung zu verkünden, gerät leicht unter die Räder. Vollmundig vorgetragene Konzepte erweisen sich schnell als abstrakt und merkwürdig spröde." BASTIAN (1998, 7) und BÖNSCH (1998, 29) fordern vor allem die Schuladministration auf, die Probleme des Schulalltags ernster zu nehmen.

[284] Vgl. dazu zum Beispiel FRINGES (1999, 11), der klar ausspricht, dass Lehrern Kompetenzen und Zeit für die Entwicklung des Schulprogramms fehlen. HAENISCH

len, die sich der Aufgabe der Schulprogrammarbeit widmen, befinden sich daher nicht selten in einem Dilemma: Einerseits erwarten sowohl die Kollegiumsmitglieder als auch die Schulaufsicht schnelle Erfolge, andererseits nehmen Veränderungsprozesse und der Erwerb entsprechender Kompetenzen eine längere Zeit in Anspruch. Hinzu kommen Implementationsprobleme, die meist nach der Planungs- und Zielklärungsphase an Schulen zu beobachten sind (vgl. ROLFF 1998c, 308; SCHRATZ 1998, 169; ZECH 1998, 31).[285]

3.7 Bilanz

Die Diskussion schulpädagogischer Grundlagen des Schulprogramms hat einige Spannungsfelder, Widersprüche und Schwierigkeiten aufgezeigt, die sich in sechs Aspekten zusammenfassen lassen:

1. Der Schulprogrammbegriff hat in der deutschen Schulgeschichte Tradition. Insbesondere im 19. Jahrhundert zielte das Schulprogramm – bestehend aus einem wissenschaftlichen Beitrag und einem Bericht – darauf ab, Ideen weiterzugeben, die wissenschaftliche Reputation einer Schule zu dokumentieren und die Schulen zu kontrollieren. Die Verpflichtung zur Erstellung eines Schulprogramms führte aber bereits im 19. Jahrhundert zu einer intensiven Diskussion über ihren Nutzen. Als die Menge und Vielfalt der Schulprogramme kaum noch zu übersehen war, sah sich die preußische Schulverwaltung gezwungen, auf wissenschaftliche Abhandlungen zu verzichten und Kriterien für eine einheitliche Anfertigung der jährlichen Schulnachrichten vorzuschreiben. Heutige Schulprogramme unterscheiden sich zwar deutlich in ihrem theoretischen Anspruch als Instrument der schulischen Entwicklungsplanung von ihren Vorläufern, doch in der Alltagspraxis entpuppen sich aktuelle Schulprogramme nicht selten nur als „zurückblickende Schulberichte" (vgl. HAENISCH/BURKARD 2002).

2. Angesichts unterschiedlicher Erwartungen, die innerhalb des Lehrerkollegiums, von der Schulverwaltung sowie von Eltern und Schülern

---

(1996, 43) weist nachdrücklich darauf hin, dass „ohne Anreize durch offizielle Zeitanteile" für Lehrerinnen und Lehrer kaum gelingende Schulentwicklungsprozesse möglich sind. In anderem Zusammenhang plädiert auch HAMEYER (1998, 35) dafür, nicht in vorschnelle „Hektik" bei der Entwicklung von Schulprogrammen zu verfallen, sondern den „Zeithaushalt" der Schule realistisch einzuschätzen.

[285] Die Ursachen des Problems der „Implementations-Lücke" sind bislang kaum erforscht (vgl. ROLFF 1998c, 308-309).

an das Schulprogramm gestellt werden, erweist es sich als ambivalent. Es steht im Spannungsfeld von Selbst- und Fremdverpflichtung, Selbstvergewisserung und werbewirksamer Präsentation, innerschulischer Verständigung und administrativer Steuerung. Solche Spannungen können nicht aufgelöst, sondern nur durch schulindividuelle Bewältigungsstrategien überwunden werden (vgl. ARNOLD u. a. 2000; BALZ/STIBBE 2003).

3. Die Überlegungen zu inhaltlichen Dimensionen des Schulprogramms haben verdeutlicht, dass es keine einheitlichen Vorstellungen darüber gibt, was in ein Schulprogramm gehört. Dies ist insofern konsequent, als Auswahl und Festlegung der Schulprogrammelemente in der Verantwortung der jeweiligen Einzelschule liegen. Gleichwohl versuchen einige Schulverwaltungen, die einmal gewährten Gestaltungsfreiräume der Schulen wieder einzuengen, indem verbindliche Strukturierungsvorgaben für Schulprogramme gemacht werden.

4. Bemerkenswert ist es, dass Ausführungen zum Unterricht, zur Umsetzung und zur Evaluation von Entwicklungsschwerpunkten in der Praxis der Schulprogrammarbeit häufig zu kurz kommen (vgl. BURKARD 2002; KANDERS 2002). Vereinbarungen und Überprüfungen, die sich auf die unterrichtliche Arbeit des einzelnen Lehrers beziehen, werden offenbar als Verletzung der pädagogischen Autonomie gewertet, die es gegenüber dem kritischen Blick anderer zu schützen gilt (vgl. auch TILLMANN 2002). Die im Schulprogramm vereinbarten kollegialen Zielsetzungen können damit in Widerspruch zur pädagogischen „Freiheit" des Lehrers treten.

5. In jüngster Zeit sind Methoden der Schulprogrammarbeit, die sich vornehmlich an organisationstheoretischen Modellen und Ablaufstrukturen orientieren, wegen ihrer Praxisferne und der Vernachlässigung der eigentlichen pädagogischen Arbeit stark kritisiert worden. Unabhängig davon scheinen Schulen bei der Schulprogrammarbeit eher auf bestehende Gremienstrukturen und einfache Verfahren zurückzugreifen. Durch diese pragmatische Vorgehensweise mag zwar der systemische Zusammenhang der Schule aus dem Blickfeld geraten. Doch hieße es, Belastungen und Alltagsroutinen von Lehrkräften verkennen, wenn man glaubte, eine Schule könne nur mit wissenschaftlich fundierten, „umfassende[n], systematische[n] und ergiebige[n] Diagnose[n]" (ROLFF 1999, 38) weiterentwickelt werden. Bescheidene In-

novationen mithilfe der „Inseltaktik" scheinen allemal besser zu sein als gar keine.

6. Im Zuge der verstärkten Gewährung von Schulautonomie dienen das Schulprogramm und die Selbstevaluation als wesentliche Mittel der einzelschulischen Qualitätsentwicklung und -sicherung. Dabei wird häufig verkannt, dass es noch an alltagsgerechten Strategien der internen Evaluation mangelt (vgl. u. a. TILLMANN 2002). Die damit verknüpfte, notwendige Kompetenzentwicklung von Lehrkräften braucht Zeit. Anspruchvolle Erwartungen an das „Qualitätsmanagement" der einzelnen Schule geraten daher noch allzu sehr in Konflikt mit den Alltagsproblemen von Lehrkräften.

Wenn das Schulprogramm, das zweifellos ein bedeutendes Instrument für die innere Schulreform darstellt, nicht in die Phalanx unwirksamer Innovationsbemühungen eingereiht werden soll, sind sowohl in bildungspolitischen als auch in schulpädagogischen Überlegungen Alltagsprobleme von Lehrerinnen und Lehrern stärker als bisher zu berücksichtigen. Viele der aufgezeigten Widersprüche und Schwierigkeiten im Kontext der Schulprogrammarbeit könnten dadurch vermieden oder zumindest abgeschwächt werden. Dazu bedarf das Konzept des Schulprogramms aber einer intensiveren praxisbegleitenden Erforschung.

4 Gestaltungsformen der bewegungs- und sportbezogenen Profilbildung – fachdidaktische Überlegungen und pädagogische Konsequenzen

Im Zuge der sportpädagogischen Diskussion um die Entwicklung von Schulprogrammen seit Ende der 90er Jahre des 20. Jahrhunderts ist auch die Zahl praxisorientierter Darstellungen über und Empfehlungen für eine bewegungs- und sportfreundliche Schulgestaltung deutlich angestiegen (vgl. z. B. LAGING/SCHILLACK 2000; LSW 1999a; STIBBE 1998a). Solche Beispiele zielen in erster Linie darauf ab, Anregungen und Hilfen für die Schulpraxis zu geben. Theoretische Auseinandersetzungen darüber, wie Bewegung, Spiel und Sport konzeptionell unter Rückbezug auf das Schulleitbild in das Schulprogramm und Schulleben eingebunden werden können, sind eher selten (vgl. dazu Kap. 1.3.3.3).

Um nun zu einer stärkeren theoretischen Fundierung zu gelangen, in der Zusammenhänge zwischen der jeweils spezifischen Grundorientierung von Bewegung, Spiel und Sport und den daraus erwachsenden pädagogischen und schulorganisatorischen Implikationen aufgezeigt werden sollen, wird in folgenden Arbeitsschritten vorgegangen: In einem ersten Zugang gilt es, konzeptionelle Entwürfe der bewegungs- und sportbezogenen Profilbildung zu beschreiben (Kap. 4.1). Im Anschluss daran wird gefragt, welche schultheoretischen Folgerungen und Ansatzpunkte sich aus sport- und schulpädagogischer Perspektive für die Schulprogrammarbeit bzw. Profilbildung ergeben (Kap. 4.2). Auf dieser Folie werden in einem letzten Schritt die in der Analyse herausgefilterten wesentlichen Aspekte zur pädagogischen Verankerung von Bewegung, Spiel und Sport im Schulprogramm und Schulleben zusammengefasst (Kap. 4.3).

4.1 Konzeptionelle Entwürfe der bewegungs- und sportbezogenen Profilbildung

Überblickt man die einschlägige Literatur, so hat es den Anschein, als werde die Diskussion um das Schulprogramm weit gehend auf Konzepte der bewegten Schule eingeengt. Mit der Fülle an Veröffentlichungen zu dieser Thematik in Fachzeitschriften, Textsammlungen, Monografien und als praxisbezogene Handreichungen scheinen andere schulische Gestaltungsformen aus dem Blickfeld geraten zu sein. In diesem Kontext ist es erstaunlich, dass z. B. die Idee der „sportbetonten Schule", die von gesellschaftlicher Bedeutung und aus erzieherischer Perspektive nicht immer unproblematisch ist, kaum reflektiert wird (vgl. Kap. 1.3.3.3). Eine erfreuliche Ausnahme bilden die Ausführungen von FUNKE-WIENEKE/HINSCHING (1995). Sie unterscheiden bei der Schulprofilbildung zwischen einer „Schule als Bewegungsraum" und einer „Schule als Sportraum". Im erstgenannten Fall geht es ihnen um die schulische „Bewegungskultur", die „im Sinne eines fundamentalen Prinzips menschlichen Handelns" begriffen wird, im zweiten Fall um „Bewegungskultur", die „im Sinne eines fachlichen Themas [...] unterrichtlich und außerunterrichtlich aufgegriffen wird" (a. a. O., 215). Dieser Gedanke soll hier übernommen werden, indem in ähnlicher Weise zwischen Konzeptionen der „bewegten" und der „sportbetonten" Schule differenziert wird.

Vor diesem Hintergrund konzentrieren sich die nachfolgenden Überlegungen sowohl auf Ansätze der bewegten Schule (Kap. 4.1.1) als auch auf Entwürfe der sportbetonten Schule (Kap. 4.1.2), deren zentrale Begründungsfiguren und Merkmale vorgestellt werden.

4.1.1 Zur Idee der bewegten Schule

Gegenwärtig gibt es kaum ein Thema, das die Sportpädagogik derart beschäftigt wie die bewegte Schule.[286] Insbesondere im Zusammenhang mit der Diskussion um die Entwicklung von Schulprogrammen und Schulprofilen hat sich auch die Bildungspolitik dieser Frage angenommen. So gibt es inzwischen in allen Bundesländern staatliche Initiativen zum Aufbau einer „Schule als Bewegungsraum", einer „sport- und bewegungsfreundlichen", „bewegungsfreudigen", „bewegungsfreundlichen" oder „bewegten" Schule (vgl. KMK 2001). Bei aller Verschiedenheit der Bezeichnungen geht es doch überall darum, Unterricht aller Fächer und Schulleben bewegungsfreundlich(er) zu gestalten, d. h. Bewegung als Prinzip schulischen Lernens und Lebens zu etablieren (vgl. z. B. BALZ 2002, 40). Gemeinsam ist diesen Überlegungen eine prinzipiell schulkritische Haltung, die angesichts der bewegungsarmen Lebenswelt und der daraus resultierenden gesundheitlichen Probleme von Kindern und Jugendlichen in der Forderung nach Veränderung der traditionellen „Sitzschule" mündet (vgl. THIEL/TEUBERT/KLEINDIENST-CACHAY 2002a, 3-4; 2002b, 68).

---

[286] Vgl. hierzu z. B. den Überblick über den Forschungsstand bei THIEL/TEUBERT/KLEINDIENST-CACHAY (2002a, 2-10).

Die Leitvorstellung der bewegten Schule steht allerdings für eine Reihe sehr unterschiedlicher Entwürfe, bildungspolitischer Aktionen, praktischer Empfehlungen und schulischer Initiativen, die spätestens seit Anfang der 90er Jahre das uneinheitliche Bild der Fachdiskussion prägen (vgl. BALZ/KÖSSLER/NEUMANN 2001, 41). Ein Grund für diese Unübersichtlichkeit mag darin liegen, dass sich nicht nur Sportpädagogen zum Thema äußerten, sondern sich schon früh zahlreiche Lehrer, Schulpädagogen, Psychologen, Mediziner, Vertreter von Schulverwaltungen und Sportorganisationen in einschlägigen Fachzeitschriften zu Wort meldeten (vgl. REGENSBURGER PROJEKTGRUPPE 1999, 3). Darüber hinaus wurden Maßnahmen zur Förderung eines bewegten Schullebens z. B. auch von Krankenkassen, Gesundheitsämtern, Landesverkehrswachten, Trägern der gesetzlichen Schülerunfallversicherung, Sportverbänden und Wirtschaftsunternehmen angeregt und gefördert.[287] Ziel dieser Initiativen war es, hauptsächlich praktische Anregungen für die Schule bereitzustellen. Dabei ging es weniger um stringente theoretische Begründungen für die bewegte Schule als um allgemein überzeugende Erklärungsmuster und Hilfen (vgl. LAGING 1997c, 155; 1999b, 407-408: PÜHSE 2003, 154). Erst in jüngerer Zeit mehren sich Überblicksbeiträge, die Merkmale, Begründungen, Konzepte und Probleme der bewegten Schule grundsätzlicher analysieren und kritisch-konstruktiv reflektieren (vgl. insbesondere BALZ 1999; REGENSBURGER PROJEKTGRUPPE 2001; LAGING 2000a).

Insofern kann es nicht überraschen, dass sich unter dem Motto „Mehr Bewegung in die Schule" sehr heterogene Bauformen, disparate Argumentationen und unverbundene theoretische Bezüge der bewegten Schule finden und dass Auswahl und Ausprägung der verschiedenen Bewegungselemente mitunter wahllos erfolgen.[288] Insgesamt fehlt eine stimmige theoretische Einordnung: Die bewegte Schule muss stärker „schulpädagogisch orientiert, theoretisch auf den Begriff gebracht und konzeptionell formuliert werden. Zuviel Unterschiedliches verbirgt sich in den lokalen und internationalen Aktionen unter demselben Begriff und zuwenig ‚Theorie der Schule' ist da hineingedacht" (EHNI 1997, 90). Hierbei gilt es

---

[287] Vgl. dazu exemplarisch die in Zusammenarbeit mit dem nordrhein-westfälischen Sportministerium durchgeführten Initiativen zur „bewegungsfreudigen Schule" (MSWKS 2001, 14-15 und 32). EHNI (1997, 89-90) hat in diesem Kontext zu Recht darauf aufmerksam gemacht, dass mit der politischen, wirtschaftlichen und gesellschaftlichen Unterstützung der bewegten Schule auch die Umsetzungschancen dieses pädagogisch sinnvollen Anliegens gestiegen sind.

[288] Vgl. zur Kritik besonders BALZ (1999), REGENSBURGER PROJEKTGRUPPE (2001), NEUMANN (2004), THIEL/TEUBERT/KLEINDIENST-CACHAY (2002a).

zu bedenken, dass sich die Suche nach einer integrativen theoretischen Einbettung der bewegten Schule nicht nur auf ein pädagogisches Konzept, sondern auf verschiedene mögliche Schultheorien oder Schulleitbilder konzentriert (vgl. Kap. 2.2).

Um nicht der Gefahr der inhaltlichen Beliebigkeit und des vordergründigen Aktionismus zu erliegen, ist es notwendig, sich über die grundsätzliche konzeptionelle Ausrichtung und Einbindung von Bewegung, Spiel und Sport in den Schulalltag klar zu werden. Denn aus der jeweiligen Grundorientierung ergeben sich jeweils spezifische pädagogische und schulorganisatorische Implikationen, die bei der Konstruktion und Umsetzung der bewegten Schule berücksichtigt werden sollten. Es sei eben ein Unterschied, wie FUNKE-WIENEKE (1997, 111-113) ausführt, ob mit der bewegten Schule primär die Verbesserung der „innerschulischen Ausgleichs- und Erholungsfunktion", das Lernen mit allen Sinnen, die Kompensation der bewegungsarmen Lebenswelt von Kindern und Jugendlichen oder die Einschätzung des „Sich-Bewegens" als einer wesentlichen Bildungsaufgabe verfolgt werde.[289] Die „bloß eklektische Mischung verschiedener Elemente [und Zielsetzungen der bewegten Schule, G. S.] ohne Rückbezug zu der jeweiligen Grundposition" führe nämlich „zu einer schwierig zu handhabenden Gemengelage" und zu „unvermeidlichen Widersprüchen" (a.a.O., 113).

Betrachtet man in diesem Zusammenhang die sportpädagogische Theoriebildung, so lassen sich mittlerweile diverse Strömungen und Konzepte der bewegten Schule erkennen (vgl. u. a. REGENSBURGER PROJEKTGRUPPE 2001, 29-55). In ihren Ausführungen gehen z. B. LAGING (2000a) und LAGING/KLUPSCH-SAHLMANN (2001) von zwei Hauptrichtungen der bewegten Schule aus, die sich nach ihrer jeweils vorherrschenden Intention unterscheiden lassen: In der einen Ausprägung dient die bewegte Schule vornehmlich dem Ausgleich gesundheitlicher Defizite der Schüler; in der anderen wird die bewegte Schule vorwiegend als Element der Schulreform gesehen. STIBBE (2004) hat diese Interpretationen der bewegten Schule daher als „kompensatorische Position der Motorikschule" bzw. „reformpädagogische Position der Bewegungsraumschule" bezeich-

---

[289] Neben diesen Argumentationsfiguren findet sich noch eine Vielzahl weiterer Begründungen in der fachdidaktischen Literatur zur bewegten Schule. Vgl. zusammenfassend dazu REGENSBURGER PROJEKTGRUPPE (2001, 67-94) und THIEL/TEUBERT/KLEINDIENST-CACHAY (2002a, 12-30).

net.[290] Bei genauerer Analyse der Fachdiskussion lässt sich neben diesen beiden konträren Positionen zur Gestaltung von Bewegung, Spiel und Sport in der Schule aber noch eine weitere Richtung ausmachen. Sie ist dadurch gekennzeichnet, dass sie nicht von vornherein auf eine spezifische Ausprägung der bewegten Schule zielt, sondern die Alltagswirklichkeit der Schule im Blick hat und in pragmatischer Absicht Empfehlungen für die Schulpraxis zu geben versucht. Diese Orientierung soll deshalb „pragmatische Position" zur bewegten Schule genannt werden.[291]

Auf dieser Basis werden in der vorliegenden Studie drei grundlegende Positionen zur bewegten Schule differenziert, die das Spektrum gegenwärtiger konzeptioneller Auslegungen repräsentieren: die kompensatorische, die schulreformerische und die pragmatische Position. Diese verschiedenen Sichtweisen sollen in den folgenden Abschnitten dargestellt werden, indem zentrale Ausgangspunkte, Leitideen und Charakteristika im Rückgriff auf ausgewählte fachdidaktische Konzepte und Projekte zur bewegten Schule herausgearbeitet werden.

4.1.1.1 Die kompensatorische Position

Als Beispiel für diese Position können solche Entwürfe gelten, die angesichts der bewegungsarmen Lebenswelt von Kindern und Jugendlichen beim Krisenszenario motorisch auffälliger und haltungsschwacher Schülerinnen und Schüler ansetzen und bei der Konstruktion der bewegten Schule vor allem vom Gesundheitsproblem des Stillsitzens in der Schule ausgehen.

---

[290] LAGING ordnet die sportdidaktischen Ansätze der „sportergänzenden Bewegungserziehung" von MÜLLER und der „kompensatorischen Gesundheitserziehung" von ILLI und PÜHSE der ersten Position zu; die Entwürfe zu „Bewegung, Spiel und Sport im Schulprogramm" von KLUPSCH-SAHLMANN und zur „bewegungsorientierten Schulkultur" von HILDEBRANDT-STRAMANN und LAGING fasst er unter die zweite Richtung (vgl. LAGING 2000a).

[291] Es soll keineswegs übersehen werden, dass diese Abgrenzung verschiedener Positionen nicht ganz trennscharf ist. In gewisser Weise verfolgen alle Konzepte der bewegten Schule eine pragmatische Zielsetzung, wenn – wie z. B. beim schweizerischen Entwurf – explizit darauf hingewiesen wird, die bewegte Schule sei „eine aus praktischen Bedürfnissen und Erfordernissen" entwickelte Initiative, in deren Zentrum „die praktische Arbeit" mit Lehrkräften stehe (ILLI/PÜHSE 1997, 43). Dies gilt insbesondere auch für praxisnahe Handreichungen. Gleichwohl erfolgt die rein analytische Zuordnung einzelner Konzepte und Projekte zu bestimmten Positionen tendenziell nach der dominanten Argumentations- und Zielrichtung. Vgl. zur weiteren Begründung die Ausführungen im Zusammenhang mit der Darstellung der „pragmatischen Position".

In diesem Sinne äußert sich z. B. BREITHECKER besorgt über die hohe Anzahl haltungsgestörter Kinder und Jugendlicher, die vor allem in der Grundschule deutlich zugenommen habe. Motorische Aktivitäten würden in unserer heutigen Gesellschaft immer mehr „zugunsten abstrahierter und digitalisierter Inanspruchnahme – welche ausschließlich sitzend erledigt werden – aus dem Alltag herausgedrängt" (1996, 5). Die Folge seien Bewegungsmangel und durch Dauersitzen verursachte unfunktionelle Körperhaltungen (vgl. 1998a, 29). In diesem Zusammenhang erweist sich besonders die Schule für BREITHECKER als zusätzliches gesundheitliches Gefahrenpotenzial:

> „Das üblicherweise in der Schule geforderte ruhige Sitzen, als Ausdruck von Aufmerksamkeit und geistiger Konzentration, kommt neben anderen Belastungen im Lebensraum Schule als tragender Risikofaktor für zunehmende Haltungsstörungen und psychomotorische Auffälligkeiten in Betracht" (1997, 63).

Obgleich die gesundheitlichen Wirkungen von Bewegungsaktivitäten generell bekannt seien, wie BREITHECKER weiter erläutert, bleibe kognitives Lernen offenbar „untrennbar mit dem ruhigen, disziplinierten Sitzen" verknüpft (1998a, 31).

Aus diesem Grund setzt er sich für einen „bewegten Unterricht" ein, der sich gegen fachunterrichtliches Lernen im Stillsitzen wendet. Ziel des „bewegten Unterrichts", der die Elemente „bewegtes Lernen", „aktiv-dynamisches Sitzen", „ergonomisches Schulmobiliar", „Entlastungs- und Bewegungspausen" sowie „gesundheitsbezogener Sportunterricht" umfasst[292], ist es, zur Haltungsschulung und Gesundheitsprophylaxe von jungen Menschen beizutragen. Dazu sollen Schülerinnen und Schüler befähigt werden, „in unergonomischen, körperfeindlichen Rahmenbedingungen adäquat, d. h., selbstregulierend (‚körperfreundlich') zu handeln" (BREITHECKER 1998a, 34).

Die Effizienz seines Ansatzes des „bewegten Unterrichts" hat BREITHECKER (1995; 1998b) in einer Projektstudie ermittelt, die in den Jahren 1993/94 in einer Grundschulklasse in Rheinland-Pfalz durchgeführt wurde. Absicht der Studie war es zu überprüfen, ob der „bewegte Unterricht" positiven Einfluss auf die Entwicklung und Reifung des „neurophysiologische[n] System[s]" von Kindern hinsichtlich der Förderung

---

[292] Vgl. zu den Elementen des „bewegten Unterrichts" BREITHECKER (1997, 66-67; 1998a, 35-39).

koordinativer Fähigkeiten hat (1998b, 103). Als Ergebnis der bewegten Unterrichtsgestaltung konnte er – neben wenig verlässlichen, subjektiven Eindrücken der Steigerung von Motivation, Konzentration und Selbstständigkeit der Versuchsschüler – mithilfe mehrerer Testverfahren eine sichtbare Verbesserung der Wahrnehmungsfähigkeit und Bewegungskoordination feststellen (vgl. BREITHECKER 1995; 1998b). Begründung und Schwerpunktsetzung dieser Konzeption offenbaren, dass es im Wesentlichen um eine Optimierung der motorischen Leistungsfähigkeit der Schüler geht. In dieser Auslegung erfüllt der „bewegte Unterricht" gewissermaßen eine die kompensatorisch-gesundheitsfördernden Aufgaben des Fachs Sport ergänzende Funktion (vgl. kritisch REGENSBURGER PROJEKTGRUPPE 2001, 119).

Dieser „medizinisch-orthopädische" Argumentationsduktus (THIEL/TEUBERT/KLEINDIENST-CACHAY 2002a, 22) ist auch Ausgangspunkt der Entwürfe zur bewegten Schule des Schweizers ILLI (1995a/b). Mit dem „Kampf gegen ungesunde Sitzgewohnheiten" und dem „Haltungszerfall" von Kindern und Jugendlichen in der Schule könnten nach seiner Auffassung „Hunderttausende von Menschen vor chronischen Wirbelsäulenleiden geschützt und enorme Kosten eingespart werden" (ILLI 1995a, 407). Genauso wie BREITHECKER kritisiert er das stundenlange disziplinierte Sitzen in der Schule, das Heranwachsende in einer Phase treffe, in der „der altersspezifische Bewegungsdrang im Wachstumsprozeß für eine gesunde Ausreifung des Bewegungsapparates und des ganzen Organismus" eine entscheidende Rolle spiele (GAMPP/ILLI 1995, 145). Der „bewegte Unterricht" ist für ILLI eine geeignete Maßnahme, um dem Problem der Bewegungsauffälligkeiten und Haltungsdefizite junger Menschen zu begegnen. Vor diesem Hintergrund müsse Bewegung zum Unterrichtsprinzip avancieren und in den umfassenderen Kontext der bewegten Schule eingeordnet werden mit der Intention, ein „bewegtes Sein" als lebenslange Einstellung anzubahnen (1995a, 407-408; 1995b, 149).

In jüngeren Veröffentlichungen gelangt ILLI zu einer differenzierteren Begründung und Sichtweise der bewegten Schule (vgl. 1998; ILLI/PÜHSE 1997; ILLI/ZAHNER 1999). Die einseitige Argumentationsfigur des „Sitzens als Belastung" wird zu Gunsten weiterer Legitimationsaspekte relativiert (vgl. z. B. ILLI/PÜHSE 1997). Schule müsse demnach erstens eine ganzheitliche Erziehung im Sinne eines handlungsorientierten Lernens mit allen Sinnen ermöglichen, damit den natürlichen Bewegungsbedürfnissen von Kindern Rechnung getragen werden könne (vgl. a. a. O., 43-44).

Aus gesundheitlichen Gründen sollten zweitens Belastungsfaktoren, wie z. B. unangemessene Sitzhaltung, unergonomische Schulmöbel oder bewegungsfeindliche Räume und Pausenhöfe, verändert werden. Zudem könnte die bewegte Schule zur Stärkung psychosozialer Gesundheitsressourcen beitragen, weil Kinder sich in einer bewegungsfreundlichen Umgebung wohler fühlten und auch besser lernten (vgl. a. a. O., 44-45). Drittens erforderten veränderte sozialökologische Lebensbedingungen, dass die Schule Gelegenheiten für Bewegung, Spiel und Sport schaffe, die sonst im Alltag der Schüler nicht mehr oder kaum noch wahrgenommen würden (vgl. a. a. O., 45).

Besonders die letzten beiden Begründungsmuster, die hier angeführt werden, stehen eindeutig im Kontext einer defizitorientierten Argumentationsrichtung: In Anbetracht des angenommenen Bewegungsmangels, der vermuteten Haltungsschwächen und der daraus gefolgerten gesundheitlichen Probleme heutiger Kinder und Jugendlicher wird mit der bewegten Schule eine kompensatorische Gesundheitsförderung verfolgt (vgl. dazu LAGING 2000a, 22-23).[293] In diesem Sinne werden auch die Inhaltsbereiche der bewegten Schule – in Anlehnung an theoretische Bezüge der Gesundheitsforschung – verhaltens- und verhältnisorientierten Aspekten der gesundheitlichen Prävention zugeordnet (vgl. Abb. 4).

Bewegte Schule
Gesunde Schule

im Spannungsfeld von
Verhaltens- und Verhältnisprävention

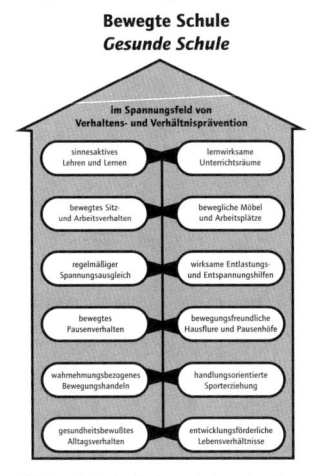

sinnesaktives Lehren und Lernen	lernwirksame Unterrichtsräume
bewegtes Sitz- und Arbeitsverhalten	bewegliche Möbel und Arbeitsplätze
regelmäßiger Spannungsausgleich	wirksame Entlastungs- und Entspannungshilfen
bewegtes Pausenverhalten	bewegungsfreundliche Hausflure und Pausenhöfe
wahrnehmungsbezogenes Bewegungshandeln	handlungsorientierte Sporterziehung
gesundheitsbewußtes Alltagsverhalten	entwicklungsförderliche Lebensverhältnisse

Abb. 4: *Inhaltsbereiche der bewegten Schule (ILLI/ZAHNER 1999, 25)*

---

[293] FUNKE-WIENEKE (1997, 109) kritisiert an vorliegenden Entwürfen zur bewegten Schule, dass kaum wissenschaftlich überprüfbare, verlässliche Daten über die behauptete Beeinträchtigung des Gesundheitszustandes von Kindern und Jugendlichen zur Verfügung stehen (vgl. hierzu auch REGENSBURGER PROJEKTGRUPPE 2001, 41).

So geht es beispielsweise beim Baustein „bewegtes Sitzen – bewegliche Möbel" u. a. darum, Kenntnisse über gesundheitliche Belastungen beim Sitzen zu vermitteln, Kompetenzen für körpergerechte Arbeitshaltungen und Sitzpositionen aufzubauen und das Schulmobiliar nach ergonomischen Gesichtspunkten zu verändern; die Elemente „bewegtes Pausenverhalten – bewegungsfreundliche Hausflure und Pausenhöfe" zielen z. B. auf die psychophysische Regeneration der Schüler nach kognitivem Lernen, die Rhythmisierung des Unterrichts durch tägliche Bewegungszeiten und die bewegungsfreundliche Raumgestaltung; durch „wahrnehmungsbezogenes Bewegungshandeln" im Rahmen einer „handlungsorientierten Sporterziehung" sollen u. a. die Sinne mithilfe psychomotorischer Inhalte und Geräte geschärft, der sensible Umgang mit dem eigenen Körper angebahnt und haltungsprophylaktische und gesundheitsbildende Fähigkeiten gefördert werden. Letztlich gilt es, Schülerinnen und Schüler zu einem „gesundheitsbewußten Alltagsverhalten" auch außerhalb der Schule zu erziehen und Entscheidungsträger anzuregen, „entwicklungsförderliche" und bewegungsfreundliche „Lebensverhältnisse" zu schaffen (vgl. ILLI 1998, 14-17; ILLI/ZAHNER 1999, 25-45).

Im Fahrwasser einer solchen kompensatorisch-gesundheitsfördernden Ausrichtung der bewegten Schule werden auch eine Reihe bildungspolitischer Initiativen gestartet und entsprechende Lehrerhandreichungen entwickelt. Ein typisches Beispiel dafür ist die Aktion „Bewegte Grundschule" in Bayern (vgl. KMK 2001, 9-11; REGENSBURGER PROJEKTGRUPPE 2001, 56-59). Ausgangspunkt des landesweiten Projekts, das in bewusstem Anschluss an ILLIS Konzept der bewegten Schule entworfen wurde (vgl. BSUK 1998a, 8), ist die veränderte Lebenswelt und „Sorge um den sich verschlechternden Gesundheitszustand" von Schülern (ebd., 2). Aus diesem Grund ist diese Aktion wesentlicher Teil der Gesundheitsvorsorge im Grundschulalter (vgl. a. a. O., 6). Unverkennbar liegt dabei der Schwerpunkt auf der Kompensation von Bewegungsmangelerscheinungen und der Erziehung zu einer körpergerechten Sitzhaltung. Insofern ist es konsequent, wenn z. B. aus orthopädischer Sicht zur „Prävention der Volkskrankheit Rückenschmerz" empfohlen wird, die „normale Sitzanordnung" im Unterricht „annähernd frontal" zu gestalten (a. a. O., 7; vgl. auch BSUK 1998b, 13). Aufschlussreich sind in diesem Zusammenhang aber besonders die Hinweise zum Sportunterricht. Hier gilt es, die gesundheitsorientierte Fitness, Körperwahrnehmung und Entspannungsfähigkeit der Kinder zu verbessern sowie Aspekte von Hygiene und Ernährung zu berücksichtigen (vgl. BSUK 1998b, 2). Da sich die tägliche Sportstunde nicht realisieren lasse, wird angeregt, die Sportstunden möglichst in Einzelstunden auf die Woche zu verteilen. Vor allem aber wird Sportlehrkräften empfohlen, die Bewegungszeiten im Sportunterricht zu intensivieren. Dazu sollen feste Aufstellungsformen eingeübt, Anweisungen klar, präzise und bündig formuliert, Zirkel- und Stationstraining sowie Spielformen nach Dauer- und Intervallmethode durchgeführt und konditionelle Zusatzaufgaben für Kinder vorgesehen werden (vgl. a. a. O., 27-28).[294] Hier scheint ein Konzept der Gesundheitsförderung auf, das bei konsequenter Anwendung zu einer Akzentverschiebung des Sportunterrichts in Richtung auf präventive Trainingsziele führt.

Zusammenfassend lässt sich über die kompensatorische Position zur bewegten Schule kritisch anmerken: Übereinstimmend gehen die beschriebenen Entwürfe davon aus, dass die bewegte Schule dem Ausgleich des schlechten Gesundheits- und Haltungszustandes von Kindern und Jugendlichen dienen soll. Die Kritik richtet sich vorwiegend gegen einseitige Sitzbelastungen in der Schule. In diesem Kontext wird die bewegte Schule weit gehend von der Sitzproblematik aus gedacht. Auch wenn diese Ansätze und Projekte inzwischen das aktiv-dynamische Sitzen im Unterricht bzw. die speziellen Bewegungsprogramme im Klassenzimmer in ein Gesamtkonzept der bewegten Schule mit weiteren Bewegungsangeboten einbinden und auf die Selbsttätigkeit von Schülerinnen und Schülern Wert legen, halten sie dennoch an einer Disziplinierung des Körpers fest. „Körperzensur" und „Körperkontrolle" werden somit zum Ansatzpunkt der bewegten Schule (vgl. zur Kritik LAGING 1999b, 406-407). Wenn diese Vorstellung der bewegten Schule, so LAGING, die „Behandlung des schädigenden Sitzens" in den Vordergrund rücke, stehe sie im Widerspruch zu „lebensweltlich orientierten Gesundheitsauffassungen", die im Sinne des salutogenetischen Modells einen ganzheitlichen Gesundheitsbegriff zu Grunde legen und nach den persönlichen Schutzfaktoren zur Gesunderhaltung fragen (a.a.O., 407).

---

[294] In diesen Zusammenhang können tendenziell auch einige der im Rahmen des baden-württembergischen Projekts „Die Schule bewegt sich" erstellten Lehrerhandreichungen (vgl. zusammenfassend REGENSBURGER PROJEKTGRUPPE 2001, 60-62), die mit Beginn des Schuljahres 2001 gestartete Initiative „Rückenschule in der Schule – Bewegte Grundschule" in Rheinland-Pfalz (vgl. KMK 2001, 36-37) und die österreichische Aktion „Bewegte Schule" (vgl. dazu MACHER-MEYENBURG 1997) eingeordnet werden.

Mit der Fokussierung auf kompensatorisch-gesundheitsorientierte Zielsetzungen wird darüber hinaus das Sich-Bewegen seiner vielfältigen Bedeutungsmöglichkeiten beraubt, indem es für die Gesundheitsförderung instrumentalisiert wird (vgl. LAGING 2000a, 23). In pointierter Form formuliert, bedeutet dies: Wenn in derartigen Konzeptionen der motorisch auffällige, koordinativ gestörte und haltungsschwache Schüler als Maßstab genommen wird, können Angebote der bewegten Schule leicht zu einer Art „Schulsonderturnen" mutieren (vgl. ähnlich KRÜGER 1999, 329).

4.1.1.2 Die schulreformerische Position

In der schulreformerischen Position wird Bewegung als anthropologische Konstante schulischer Bildungsprozesse anerkannt; sie soll im Rahmen eines bewegungspädagogischen Gesamtkonzepts als Medium einer innovativen Unterrichts- und Schulgestaltung dienen. Diese Position wird in zahlreichen Veröffentlichungen besonders von LAGING (u. a. 1997a/b; 1999a) und HILDEBRANDT-STRAMANN (u. a. 1999; 2000) als Konzept der „bewegten Schulkultur" entfaltet.[295]

Zur theoretischen Begründung seines Entwurfs wählt LAGING den Begriff der „Schulkultur", weil dieser Terminus in reformorientierter Absicht auf ein Problem heutiger Schulen verweist, das sich als „Mangel an Begegnungen, an gemeinsamen Aktivitäten" und an „Authentizität und Identifikation" fördernden Erfahrungsmöglichkeiten darstellt (1999a, 19). Im Rückgriff auf FAUSER soll mit dem Kulturbegriff betont werden, dass

> „Schule mehr ist als eine anstaltsförmige Bündelung oder Addition voneinander unabhängiger Funktionen und Angebote. Solche Funktionen werden vielmehr als Aspekte eines praktischen Gesamtzusammenhangs und seiner rationalen Qualität betrachtet. Dieser Zusammenhang ist es, der die pädagogische Kultur einer Schule ausmacht und den Kontext bildet, in dem einzelne Funktionen und

---

[295] In eine ähnliche Richtung weisen auch die Entwürfe von HINSCHING (1998; 2000). Auch er sieht eine wesentliche Zielsetzung der Schulgestaltung im Aufbau einer Schulkultur „als einer Lern-, Erziehungs- und Organisationskultur an der Schule" (2000, 101). Am konkreten Beispiel der Nexö-Schule in Greifswald wird aufgezeigt, wie das Entwicklungsprojekt „bewegte Schule" in die schulkulturellen Überlegungen eines „Hauses des Lernens" eingebunden werden kann. Seine theoretischen Ausführungen gehen allerdings nicht über die von LAGING und HILDEBRANDT-STRAMANN hinaus. Aus diesem Grunde wird hier auf eine eingehendere Darstellung des Konzepts der bewegten Schule von HINSCHING verzichtet.

Aspekte ihren Sinn erst gewinnen" (FAUSER zit. nach LAGING 1997a, 62).

Schule wird hier im Sinne einer schultheoretischen Kategorie als zusammenhängendes Ganzes verstanden, in dem Partizipation und Mitgestaltung der Beteiligten zu wesentlichen Prüfgrößen avancieren: „Kultur ist nicht gegeben, sie wird auch nicht allein tradiert, sondern sie wird immer durch die in dem jeweiligen Lebensraum handelnden Menschen neu geschaffen und gestaltet" (LAGING 2000a, 26). Schulkultur wird also interpretiert als ein Prozess der Auseinandersetzungen und Konfliktvereinbarungen der Betroffenen an der einzelnen Schule; insofern kann über die „bessere" oder „andere" Kultur nur vor Ort in der „Verständigung über das Neue" und der „normativen Auseinandersetzung mit dem Alten" entschieden werden (LAGING 1999a, 21; vgl. auch 1997b, 364). Die Verständigung erfolgt dabei entlang bestimmter „Grenzlinien des Konflikts", die u. a. zwischen konträren Auffassungen über den Stellenwert von Fach- versus Lernbereichsgliederung, unterrichtliche versus außerunterrichtliche Aktivitäten oder soziales versus sachorientiertes Lernen verlaufen (LAGING 1997b, 364; 1999a, 22).

Im Interesse einer eigenständigen Begründung von Bewegung, Spiel und Sport im Rahmen einer bewegten Schulkultur kann nach LAGING nicht allein auf (für sich genommen sinnvolle) sozialökologische und gesundheitliche Argumente zurückgegriffen werden. Vielmehr müsse eine sportpädagogisch tragfähige Legitimation über eine kompensatorische Gesundheitsförderung oder eine Optimierung des kognitiven Lernens hinausweisen und das Sichbewegen „als grundlegendes leibbezogenes Erfahrungsfeld von Schule insgesamt" sehen (LAGING 1999b, 411). Diese Einschätzung stützt er auf Erkenntnisse der Phänomenologie, nach denen Lernen im Gegensatz zum herkömmlichen Verständnis als „Umlernen" begriffen wird, das an sinnlich-leibliche Erfahrungen gebunden ist (a. a. O., 412; vgl. hierzu ausführlich LAGING 1999c). Auf dieser Grundlage stellen Körpererfahrung und Bewegungserziehung essenzielle Bestandteile schulischer Bildung dar und werden zu fundamentalen Strukturierungsprinzipien des gesamten Schullebens, die „erst im Kontext einer mitgestalteten Kultur ihren schulischen Sinn [gewinnen]" (LAGING 2000a, 26).

Wenn aber Bildung und Lernen auf das Leibliche bezogen werden und Schule in einem weiten Sinne als Bewegungsraum Bedeutung gewinnt, hat dies auch Konsequenzen für die Gestaltung von Unterricht und

Schulleben. Mit Blick auf die von der BILDUNGSKOMMISSION NRW (1995) dargelegte Gewichtung schulischer Aufgaben sind Körpererfahrung und Bewegungserziehung für LAGING „nicht von vornherein auf ein Fach begrenzt, sondern [sie sind, G. S.] unabhängig davon als Grundlage schulischen Lernens und Lebens" zu bestimmen (1999a, 31; 1999b, 414). Dies hat Auswirkungen auf das Selbstverständnis von Sportlehrkräften, die als „Bewegungslehrer" verantwortlich für die bewegungs- und sportbezogenen Anteile im gesamten Schulleben sind: „Die Übergänge zwischen streng unterrichtlichem Sport und außerunterrichtlichen Bewegungsaktivitäten würden dann fließend werden" (LAGING 1999b, 414). Auch könne der traditionelle Sportunterricht, wie er an anderer Stelle anführt, in reformerischer Absicht unter einem eigenständigen leiblich-sinnlichen Lernbereich mit musischen, künstlerischen und bewegungsbezogenen Elementen gefasst werden (vgl. LAGING 1997a, 65; 1997b, 369). Zumindest aber müsse sich der Sportunterricht in überfachliche Zusammenhänge einbringen und in Abkehr einer einseitig sportiven Ausrichtung als „Bewegungsunterricht" ausgelegt werden (vgl. LAGING 1999b). Neben dieser Umorientierung des Sportunterrichts nennt LAGING noch vier weitere Folgerungen, die sich aus der Interpretation der „Schule als Bewegungsraum" ergeben: Es gilt, vielfältige Bewegungsgelegenheiten im unterrichtlichen, außerunterrichtlichen und räumlichen Schulbereich zu schaffen, indem neu gestaltete Bewegungsräume eingerichtet, die Eigenaktivität von Schülern gefördert und ein „bewegter Unterricht" in einem „bewegten Klassenraum" ermöglicht werden (1999a, 32-34; 1999b, 416).

Vorrangige Intention der bewegten Schulkultur ist der Aufbau einer „leibliche[n] Bildung durch Bewegungskompetenz" (LAGING 1997a, 65). In diesem Zusammenhang ist es wichtig zu klären, welche Rolle den verschiedenen Bewegungsangeboten im Rahmen einer bewegten Schulkultur zukommt und was an ihnen bildend ist (vgl. a. a. O.).

HILDEBRANDT-STRAMANN (1999) greift die pädagogischen Grundgedanken des Konzepts „bewegte Schulkultur" auf und führt sie im Rahmen eines Schulentwicklungsprojekts an der Liobaschule Vechta konsequent weiter.[296] Ebenso wie LAGING fragt er nach dem Beitrag der leiblichen Bildung zur Allgemeinbildung und den Konsequenzen für eine Neuorientierung der Schule (vgl. a. a. O., 6). Im Vordergrund des Entwick-

---

[296] LAGING (2000a, 27) selbst sieht das Schulentwicklungsprojekt von HILDEBRANDT-STRAMANN als den „weitestgehende[n] Versuch" an, die bewegte Schule „schulpädagogisch als Schulentwicklungsaufgabe" zu legitimieren und „dabei das Ziel einer bewegten Schulkultur" zu konkretisieren.

lungsprozesses an der Liobaschule steht die Ausbildung eines Schulprofils im Sinne der Idee einer „bewegten Schulkultur".

Mit der Übernahme des Kulturbegriffs werden auch hier Mitbestimmung und Partizipation der Beteiligten zu leitenden Prinzipien des schulischen Gestaltungsprozesses. So sieht z. B. das pädagogische Konzept der Liobaschule vor, die Kinder „zu eigenen Initiativen, zur Beteiligung an der Entwicklung einer Schule als Lebens- und Lernort herauszufordern" (HILDEBRANDT-STRAMANN 2000, 89). Dazu gehören u. a. die Einführung von Klassen- und Kinderräten, die Öffnung des Unterrichts und die Durchführung fächerübergreifender Projekte. Dadurch sollen Schülerinnen und Schüler erkennen, dass „die Schule und die Gestaltung schulischen Lebens auch ihre Sache ist" (a. a. O.).

Als Fazit bleibt festzuhalten: LAGING und HILDEBRANDT-STRAMANN legen mit dem Konzept der „bewegten Schulkultur" eine schulpädagogische und anthropologisch-bildungstheoretische Begründung der bewegten Schule vor. In ihren konzeptionellen Überlegungen stimmen sie darin überein, dass *erstens* die schulische Bewegungskultur in einem weiten Verständnis die Thematisierung von Körper und Bewegung allgemein über die traditionellen unterrichtlichen und außerunterrichtlichen Angebote des Fachs Sport hinaus umfassen soll, *zweitens* Bewegung, Spiel und Sport in ein pädagogisches Gesamtkonzept von Schule integriert und auf ein reformorientiertes Schulleitbild bezogen werden und dies *drittens* eine Umorientierung im pädagogischen Handeln von Sportlehrkräften erfordert, bei der die gemeinsame Gestaltung des Schulprofils und die Verantwortung für bewegungs- und sportbezogene Anteile in der Schule eine besondere Bedeutung erfährt. Schule als Bewegungsraum zu interpretieren heißt daher, Schule aus der Bewegungsperspektive als Lebens- und Erfahrungsraum zu deuten und zu gestalten. Bewegung wird somit zu einem grundlegenden Element der Schulentwicklung. Gesundheitliche und sozialökologische Theoriebezüge ergänzen hierbei die Argumentation für eine bewegte Schulkultur; kompensatorische Legitimationsmuster spielen nur eine untergeordnete Rolle.

Gewiss kann der Terminus „Schulkultur" helfen, einen integrativen theoretischen Orientierungsrahmen für die bewegte Schule zu finden (vgl. BALZ 1999, 421). Dazu ist es jedoch erforderlich, ihn begrifflich genauer zu fassen. Denn allzu häufig erscheinen die Vorstellungen von „Kultur" und „Schulkultur" in der schulpädagogischen Literatur noch als „terminologische Nebelbomben" (SCHÖNIG 2002, 818). Und auch bei LAGING und HILDEBRANDT-STRAMANN ist nicht immer klar, ob „Schulkultur" als deskriptiv-inhaltsneutraler oder normativ-konzeptioneller Begriff verwendet wird.[297] So wird einerseits der Kulturbegriff mit Schulqualität assoziiert, wenn hervorgehoben wird, dass die pädagogische Wirksamkeit der einzelnen Schule auf die Gesamtheit schulischer Aktivitäten und Interaktionsformen zurückzuführen ist. „Schulkultur" ist dann mehr oder weniger ein Synonym für „Schulethos" oder „Schulklima" und verweist ohne weitergehende inhaltlich-konzeptionelle Füllung auf einen Grundkonsens, d. h. die gemeinsame Verständigung der Beteiligten über pädagogische Werte und Normen. Der Schulkulturbegriff stellt sich somit als formale Kategorie der Schulentwicklung dar. Auf der anderen Seite wird „Schulkultur" konzeptionell ausgelegt, indem diese Bezeichnung mit einem bestimmten Schulleitbild verbunden wird. „Schulkultur" steht danach für eine innovative Schulentwicklung, die sich zum Ziel setzt, Schule als „Haus des Lernens" bzw. als Lebens- und Erfahrungsraum zu entwickeln.

Ungeachtet dessen wird mit der „bewegten Schulkultur" ein anspruchsvoller Ansatz präsentiert, wie Unterricht und Schule neu zu entwerfen sind. Im Unterschied zu Konzepten im Rahmen der kompensatorischen Position begnügen sich LAGING und HILDEBRANDT-STRAMANN nicht mit einer defizitorientierten Legitimation, bei der die bewegte Schule vorrangig zum Ausgleich der innerschulischen Belastungen und der bewegungsrestriktiven Lebenssituation von Kindern und Jugendlichen beitragen soll. Vielmehr wird hier aus einer schulpädagogischen Perspektive gedacht, die das Sichbewegen und die leibliche Bildung in das schulische Gesamtkonzept einbindet und als Motoren des Schulentwicklungsprozesses begreift. Damit zeigen sie zugleich pädagogische Kriterien auf, an denen überprüft werden kann, welche Ausprägung und Qualität von Bewegungsaktivitäten in einer bewegten Schule realisiert werden sollen. Ein weiteres Verdienst von ihnen ist es, mit ihren pädagogischen Normvorstellungen nicht nur auf einer theoretischen Ebene zu verbleiben, sondern diese an der Widerspenstigkeit praktischer Schulentwicklungsvorhaben zu messen. Dabei stellen sie selbstkritisch fest, dass „die Praxis zur Zeit noch weit von den genannten Prüfkriterien entfernt ist" (LAGING 2000a, 27) und aus der Liobaschule „keine Bielefelder Laborschule" geworden ist (HILDEBRANDT-STRAMANN 1999, 188).

---

[297] Vgl. zur folgenden Diskussion die schulpädagogischen Überlegungen von SCHÖNIG (2002) zu den Begriffen „Kultur" und „Schulkultur".

4.1.1.3 Die pragmatische Position

Zu dieser Position können solche Entwürfe der bewegten Schule gerechnet werden, die die schulische Alltagswirklichkeit ernst nehmen, in pragmatischer Absicht auf bestehende Ansätze und Initiativen zurückgreifen, zentrale Begründungs- und Kompositionsmuster herausfiltern und daraus Interventionsmöglichkeiten für die Praxis ableiten. Vertretern der pragmatischen Richtung geht es dabei nicht um eine Neukonzeption der bewegten Schule. Vielmehr versuchen sie, im Sinne einer sportpädagogisch akzentuierten Schulentwicklungsberatung, überhöhte Ansprüche zu vermeiden und Orientierungshilfen für eine unsichere Praxis bereitzustellen. Damit nehmen sie insofern eine mittlere Position zwischen der kompensatorischen und der schulreformerischen Auffassung zur bewegten Schule ein, als sie Aspekte beider Positionen mit Blick auf die Schulrealität zu verbinden trachten.

So verstehen sich beispielsweise die Autoren der REGENSBURGER PROJEKTGRUPPE (1999; 2001) als wissenschaftlich-konstruktive Begleiter der Theorie und Praxis zur bewegten Schule (vgl. auch BALZ/KÖSSLER/NEUMANN 2001). Sie sehen in ihr einen zukunftsfähigen Ansatz, der „den obligatorischen Sportunterricht durch weitergehende Bewegungsangebote in sinnvoller Weise ergänzen, das Lernen unterstützen und das Schulleben bereichern kann" (REGENSBURGER PROJEKTGRUPPE 2001, 26). Angesichts schwieriger Rahmenbedingungen an Schulen plädieren die Regensburger Sportpädagogen allerdings dafür, „programmatische Ansprüche nicht zu überhöhen und im Hinblick auf das Konzept der bewegten Schule eine realistische, alltagstaugliche Position" zu vertreten (a. a. O.). Obgleich es nicht die primäre Aufgabe ihrer empirisch angelegten Studie ist, eine Theorie der bewegten Schule zu entwickeln, wollen sie dennoch einen kleinen Beitrag zur Diskussion um eine integrative schultheoretische Argumentation leisten (a. a. O., 20).[298] In diesem Sinne gehen sie auf aktuelle schulpädagogische Tendenzen ein und verorten die bewegte Schule in den schulreformerischen Kontext der Schule als Lern- und Lebensraum (vgl. zur Diskussion a. a. O., 21-27). In Anlehnung an die Darlegungen der BILDUNGSKOMMISSION NRW (1995) halten sie eine schulpädagogische Konzeption für möglich, die Bewegung als

---

[298] Selbstkritisch vermerken sie jedoch nach Darstellung ihrer Forschungsergebnisse, dass „die Entwicklung einer integrativen Theorie der bewegten Schule weiterhin als ein zentrales Desiderat erscheint" (REGENSBURGER PROJEKTGRUPPE 2001, 189).

integratives Element einbindet und folgendermaßen umschrieben werden kann: Im Zusammenhang der Schule

> „sind Vorstellungen von der Welt und dem Leben in ihr zu entfalten. Angesichts der gesellschaftlichen Funktionen dieser Institution geht es vor allem darum, die individuelle Entwicklung der Schülerinnen und Schüler zu fördern und ihre Handlungsfähigkeit durch lebensnahe Lerngelegenheiten zu stärken. Dies erfordert eine Verknüpfung unterrichtlicher und erzieherischer Aufgaben" (BALZ/KÖSSLER/NEUMANN 2001, 43-44).

Dabei seien auch Qualitätskriterien für gute Schulen festzulegen, Schulentwicklungsprozesse als „Eintreten für eine offene, vielfältige und profilierte Schulkultur" auszulegen und Bewegungsaktivitäten der bewegten Schule im Schulprogramm zu verankern (a. a. O., 44).[299]

In kritischer Rezeption ausgewählter fachdidaktischer Konzepte und bildungspolitischer Aktionen arbeiten die Regensburger Pädagogen zunächst 10 vorherrschende Argumentationsmuster der bewegten Schule heraus (vgl. Tab. 6).

---

[299] In ihren Überlegungen übernehmen BALZ/KÖSSLER/NEUMANN den Begriff der „Schulkultur" offenbar von HOLTAPPELS (1995a) (vgl. REGENSBURGER PROJEKTGRUPPE 2001, 23-24). Wenn es um den Entwurf einer integrativen Theorie der bewegten Schule geht, erweist sich die Verwendung des Schulkulturbegriffs von HOLTAPPELS m. E. als untauglich. Denn HOLTAPPELS differenziert drei Dimensionen von „Schulkultur": „Lernkultur", „Erziehungskultur" und „Organisationskultur". Damit jedoch „werden in analytischer Absicht drei relativ selbständige Bereiche abgehandelt, die aber tatsächlich in einem wechselseitigen Wirkungszusammenhang stehen. Der integrative Charakter, die Sinnperspektive und die Kohärenz von ‚Schulkultur' geraten aus dem Blick; die additive Betrachtung führt zu einer künstlichen Aufspaltung und behindert die Sicht auf die konfigurative Gestaltung der Schule auf dem Hintergrund einer umfassenden gemeinsamen Orientierung" (SCHÖNIG 2002, 820-821).

Tab. 6: *Argumente für die bewegte Schule (REGENSBURGER PROJEKTGRUPPE 2001, 19)*

(1)	Mehr Bewegung wirkt dem dauernden Sitzen und den dadurch verursachten Rückenbeschwerden am Arbeitsplatz entgegen (ergonomisches Argument).
(2)	Mehr Bewegung kann den unerwünschten Bewegungsmangelkrankheiten mithilfe gezielter Bewegungsangebote vorbeugen (physiologisches Argument).
(3)	Mehr Bewegung ist ein zentrales Element ganzheitlicher Gesundheitsführung und kann einen wichtigen Beitrag zur gesunden Lebensführung leisten (gesundheitspädagogisches Argument).
(4)	Mehr Bewegung stärkt die Bewegungssicherheit und hilft, Schulunfälle zu verhüten (sicherheitserzieherisches Argument).
(5)	Mehr Bewegung begünstigt eine aktive Auseinandersetzung mit der Umwelt und auf diese Weise den individuellen Entwicklungsprozess (entwicklungspsychologisches Argument).
(6)	Mehr Bewegung kann sowohl die geistige Leistungsfähigkeit und den Lernerfolg als auch die Lernbereitschaft und das Lernklima fördern (lernpsychologisches Argument).
(7)	Mehr Bewegung kann der Körperentfremdung, den Erfahrungsverlusten und alltäglichen Bewegungseinschränkungen entgegentreten (lebensweltliches Argument).
(8)	Mehr Bewegung befriedigt ein grundlegendes Bedürfnis des heranwachsenden Menschen und differenziert seinen Zugang zur Welt (anthropologisches Argument).
(9)	Mehr Bewegung kann das Leben in der durchorganisierten Leistungsschule humaner machen (schulökologisches Argument).
(10)	Mehr Bewegung ist als Quelle leiblicher Selbsterfahrung ein unverzichtbarer Bestandteil der Bildung des Menschen (bildungstheoretisches Argument).

Eine überzeugende Legitimation kann ihrer Ansicht nach kaum einen dieser Begründungsstränge unberücksichtigt lassen, weil jeder „auf seine Weise überzeugend" ist (2001, 20); jedoch ist es schwierig, diese unterschiedlichen Begründungsfiguren in einem stringenten theoretischen Bezugsrahmen zu vereinen (vgl. BALZ/KÖSSLER/NEUMANN 2001, 43). Insofern schlagen sie vor, bei der Legitimation der bewegten Schule Akzentuierungen in Richtung auf eine kompensatorische, lernpsychologische oder bewegungspädagogische Zielsetzung vorzunehmen (REGENSBURGER PROJEKTGRUPPE 2001, 20).

Auf der Grundlage ihrer sportdidaktischen Literaturanalyse gelangen sie ferner zu einem „Modell der bewegten Schule", das in heuristischer Absicht die aus der Diskussion gewonnenen wesentlichen Strukturmomente überblicksartig zusammenfasst (vgl. Abb. 5).

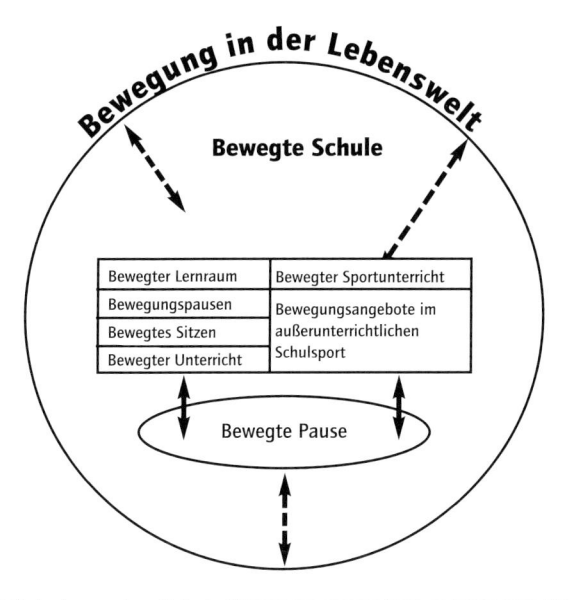

Abb. 5: *Modell der bewegten Schule (REGENSBURGER PROJEKTGRUPPE 2001, 107)*

Obgleich die Verwendung des Begriffs „Modell" ein auf Vollständigkeit angelegtes Theoriegebilde signalisiert[300], enthält es keinerlei Aussagen über die Notwendigkeit, die Qualität, den Stellenwert und die Stufenspezifik einzelner Elemente. Dadurch wird der Eindruck erweckt, als handele es sich bei der Idee der bewegten Schule um ein einheitliches, alle Schulstufen und Schulformen umfassendes Modell. Die mit der Modellbildung einhergehenden Probleme sind den Forschern aber keineswegs fremd. Ähnlich wie diese Probleme werden nämlich auch die additiven Auflistungen verschiedener „Aspekte"[301] der bewegten Schule um der differenz-

---

[300] Ob die Bezeichnung „Modell" hier bewusst oder unbewusst gewählt wird, mag dahingestellt bleiben. Auffällig ist jedoch, dass zu Beginn der Untersuchung auf den synonymen Gebrauch der Termini „Entwurf" und „Konzept(ion)" hingewiesen wird, jedoch auf Erläuterungen zum Begriff „Modell" verzichtet wird (vgl. REGENSBURGER PROJEKTGRUPPE 2001, 30). Zumindest kann in der allgemeindidaktischen Diskussion zwischen einem „Modell" und einem „Konzept" unterschieden werden. Während z. B. bei JANK/MEYER unter einem didaktischen Modell „ein auf Vollständigkeit zielendes Theoriegebäude zur Analyse und Planung didaktischen Handelns [...]" verstanden wird, wird von einem didaktischen Konzept gesprochen, „wenn die strengen Ansprüche auf Vollständigkeit und Allgemeingültigkeit der Theorie nicht erfüllt oder gar nicht gestellt werden" (1991, 17).

[301] Die REGENSBURGER PROJEKTGRUPPE differenziert zwischen „Elementen" und „Aspekten" der bewegten Schule. Als „Elemente" werden die in Abbildung 5 dargestellten Strukturmerkmale der bewegten Schule gefasst. „Aspekte" hingegen sind Ansprüche, die jedem einzelnen Element zugeordnet werden können (vgl. REGENSBURGER PROJEKTGRUPPE 2001, 95-96).

analytischen, empirischen Vorgehensweise willen bewusst in Kauf genommen. Bei der Betrachtung der aufgeführten Ansprüche an die bewegte Schule, so die Regensburger Pädagogen, wird erkennbar, dass einzelne, in den Aspekten festgehaltene Forderungen auf Grund ihrer unterschiedlichen fachdidaktischen Herkunft „nicht präzise genug, zum Teil auch recht verschieden", mitunter „sogar widersprüchlich" sind (REGENSBURGER PROJEKTGRUPPE 2001, 176). Deshalb empfehlen die Regensburger Forscher beim Umgang mit Differenzen, u. a. die Erwartungen an die bewegte Schule genau zu bestimmen und dabei das Bewegungs- und Sportverständnis offen zu legen (vgl. a. a. O., 176-177).

Versucht man nun, das der bewegten Schule unterlegte Bewegungs- und Sportverständnis der Regensburger Arbeitsgruppe selbst zu ergründen, so gibt es nur wenige explizite Hinweise dazu. Deutlich wird lediglich, dass sie sich gegen die Tendenz wenden, die „bewegte Schule als Alternative zum Sport in der Schule zu sehen, also Bewegung gegen Sport auszuspielen und das Fach Sportunterricht durch das Prinzip Bewegungserziehung zu ersetzen". Die bewegte Schule wird vielmehr als eine Chance begriffen, Unterricht und Schulleben „durch verschiedene Bewegungsangebote zu bereichern" und somit „den Sportunterricht sinnvoll zu ergänzen" (REGENSBURGER PROJEKTGRUPPE 2001, 190). Ein bewegungspädagogisches Gesamtkonzept, wie es beispielsweise bei LAGING und HILDEBRANDT-STRAMANN in mehr oder weniger innovativer Form vertreten wird, wird offenbar auch aus pragmatischen Erwägungen heraus abgelehnt.[302]

Pragmatisch ist auch das Vorgehen der Projektgruppe zu nennen, wenn konkrete Empfehlungen für den Umgang mit fachlichen Ansprüchen gegeben und Interventionsmaßnahmen zur Verbesserung der Schulpraxis aufgezeigt werden. So verfolgen die Regensburger Sportpädagogen ein schulnahes Entwicklungskonzept, das „pragmatische Grenzen" der Intervention erkennt: Machbar erscheinen ihnen lediglich solche Verbesserungsvorschläge, die „ohne allzu großen organisatorischen, finanziellen

---

[302] In diesem Sinne lässt sich auch die Kritik der Regensburger Sportpädagogen an LAGING (1997a) deuten, wenn sie ihm vorwerfen: Bei seinem Plädoyer für einen „Bewegungslehrer" im Rahmen der bewegten Schulkultur habe LAGING vergessen, etwas über die erforderlichen Qualifikationen eines solchen Bewegungslehrers auszuführen. Auch müsse die Frage gestellt werden, „ob man dann Sportlehrer mit der bisherigen Ausbildung überhaupt noch braucht" (REGENSBURGER PROJEKTGRUPPE 2001, 54).

und zeitlichen Aufwand" bewältigt werden können (REGENSBURGER PROJEKTGRUPPE 2001, 184).

Mit Blick auf die pragmatische Position zur bewegten Schule lässt sich resümierend feststellen: Auch wenn es sich bei der dargestellten Untersuchung der Regensburger Sportpädagogen in erster Linie um eine qualitativ-empirische Arbeit handelt, die darauf abzielt, Unterschiede zwischen fachlichem Anspruch und praktischer Wirklichkeit hinsichtlich der bewegten Schule zu bestimmen, werden doch die vielschichtigen fachlichen Grundlagen aufgearbeitet und in einer eigenständigen Modellvorstellung zusammengefasst. Die bewegte Schule wird zwar explizit in den schulreformerischen Kontext der Schule als „Haus des Lernens" eingeordnet, jedoch treten BALZ u. a. für behutsame pädagogische Innovationen an der herkömmlichen „Unterrichtsschule" ein, um Lehrkräfte nicht zu überfordern. Somit lässt sich das hier im Zusammenhang mit der bewegten Schule vertretene Schulleitbild auf einer mittleren Position zwischen „Unterrichtsschule" und „Schule als Lern- und Lebensraum" verorten. Diese Position kann auch deshalb als „pragmatisch" bezeichnet werden, weil sie zwischen pädagogischer Anspruchslosigkeit und erzieherischer Überhöhung der bewegten Schule zu vermitteln sucht.

4.1.2 Zur Idee der sportbetonten Schule

Wer heute von einer „sportbetonten Schule" spricht, verwendet eine Bezeichnung jüngeren Datums. Sieht man einmal von den etwa seit Ende der 60er Jahre in der Bundesrepublik Deutschland geläufigen Einrichtungen wie dem Sportgymnasium oder dem Sportinternat ab[303], so wird der Terminus „sportbetonte Schule" erst Anfang der 90er Jahre im Zusammenhang mit der bildungs- und sportpolitischen Diskussion um die Zukunft der 25 Kinder- und Jugendsportschulen der ehemaligen DDR geprägt. Hier stand die Frage im Vordergrund, wie die einstigen sportlichen Spezialschulen der DDR (vgl. dazu Kap. 2.1.5) als „sportbetonte Schulen" in das demokratische Schulsystem der neuen Länder überführt werden können.[304] Inzwischen scheint dieser Ausdruck aber nicht mehr allein für die Nachfolgeeinrichtungen der Kinder- und Jugendsportschulen in den östlichen Bundesländern zu gelten (vgl. z. B. BRETTSCHNEIDER/KLIMEK 1998), sondern er wird allgemein für Schulen mit besonderen Sportklas-

---

[303] Vgl. zur Problematik der begrifflichen Unschärfe besonders DRENKOW (1995).
[304] Vgl. hierzu z. B. die Berichte auf der 5. (17.) und 6. (18.) Konferenz der Sportminister der Länder 1993 bzw. 1995 in Berlin. Vgl. MBJS (o. J., 153 und 179-180).

sen oder Sportzügen gebraucht, die im Rahmen der Förderung des Nachwuchsleistungssports in Ost und West etabliert wurden (vgl. z. B. KMK 2000, 6; SENATSVERWALTUNG BERLIN 1995).

Im Gegensatz dazu wird in dieser Studie die sportbetonte Schule in einem weiteren Sinne interpretiert. Nimmt man nämlich Schule vornehmlich als „Sportraum" in den Blick, so lassen sich rein analytisch zwei Konzeptionslinien differenzieren: „Das Spektrum der Möglichkeiten reicht hier von einer entschiedenen leistungssportlichen bis zu einer ebenso entschiedenen freizeitsportlichen Auffassung" (FUNKE-WIENEKE/HINSCHING 1995, 216). Mit der Idee der sportbetonten Schule sollen somit konzeptionelle Überlegungen zu Schulen mit erweiterten unterrichtlichen *und* außerunterrichtlichen Sportgelegenheiten in eher breiten- oder leistungssportorientierter Ausrichtung[305] verbunden werden. Ansätze der sportbetonten Schule können in heuristischer Absicht von denen der bewegten Schule dadurch abgehoben werden, dass auf einen bewegten Unterricht der Fächer verzichtet wird und der außerschulische Sport – in einem möglichen Spektrum von einer abbildhaft-engen bis zu einer alternativweiten Auslegung – zum entscheidenden Bezugspunkt der Schulgestaltung avanciert. Aus diesem Grund kann nicht von einer einheitlichen breiten- bzw. leistungssportorientierten Position zur sportbetonten Schule ausgegangen werden. Vielmehr sind innerhalb der einzelnen Auffassungen noch jeweils weitere Ausprägungen auszumachen, die in den folgenden Kapiteln dargelegt werden sollen.

4.1.2.1 Die breitensportorientierte Position

Eine breitensportorientierte Position kann insbesondere aus solchen sportdidaktischen Entwürfen abgeleitet werden, die sich in programmatischer Absicht um eine pädagogische Legitimation des Schulsports in seinen unterrichtlichen und außerunterrichtlichen Realisierungsformen bemühen, indem sie dessen erzieherische Bedeutung in seiner Gesamtheit

---

[305] Selbstverständlich ist auch ein Schulprofil denkbar, dass sowohl breiten- als auch leistungssportliche Elemente enthält. Die Unterscheidung von breiten- und leistungssportorientierter Schulgestaltung geschieht hier aus analytischen Gründen. Anders als bei FUNKE-WIENEKE/HINSCHING (1995), die von einer „freizeitsportlichen" Ausrichtung sprechen, wird im Folgenden der Begriff „breitensportliche" Orientierung verwendet. Die Bezeichnung „Breitensport", die sich inzwischen offenbar gegenüber anderen Termini wie „Massen-" oder „Freizeitsport" durchgesetzt hat, wird dabei in einer weiten Auslegung im Sinne KUHLMANNS (2001) gebraucht.

für alle Schülerinnen und Schüler in den Blick nehmen.[306] Diese Position wird – in je spezifischer Denkweise – in konzeptionellen Entwürfen von FUNKE (1974; 1985), GRUPE (2000a/b) und KRETSCHMER (2000) entfaltet, die als Beispiele für die einschlägige Diskussion in der jüngeren Fachgeschichte herangezogen werden sollen. Interessant für die vorliegende Problemstellung ist vor allem die Frage, welche normative Orientierung dem nichtunterrichtlichen Schulsport hier zu Grunde gelegt wird; um diese zu bestimmen, muss geklärt werden, welche pädagogischen Aufgaben dem außerunterrichtlichen Schulsport jeweils im Verhältnis zum Sportunterricht, zur außerschulischen Bewegungs- und Sportwelt sowie zum Schulleben zugewiesen werden.[307]

Obgleich außerunterrichtliche Angebote von Bewegung, Spiel und Sport in der deutschen Schulgeschichte eine lange Tradition haben[308], ist es erstaunlich, dass nichtunterrichtliche Aktionsformen des Schulsports in der bundesrepublikanischen Fachliteratur erst in den 70er Jahren zum Gegenstand der Reflexion gemacht werden (vgl. BRODTMANN 1984, 18-19).[309] Abgesehen von vereinzelten Forderungen, über den Sportunterricht hinaus „auch Möglichkeiten außerunterrichtlicher sportlicher Betätigung" in der Schule anzubieten (BRODTMANN 1973, 140; vgl. auch SÖLL 1973), und von Beschreibungen des „freiwilligen Schulsports" (F. BALZ

---

[306] Vgl. zu Formen und pädagogischen Möglichkeiten des außerunterrichtlichen Schulsports u. a. BALZ (1996b), BRODTMANN (1984), KRETSCHMER (2000), KÜPPER (1987). Daneben gibt es zahlreiche Beiträge, die sich mit der pädagogischen Begründung einzelner Angebote des außerunterrichtlichen Schulsports beschäftigen. Vgl. exemplarisch BALZ (1988); vgl. auch die Textsammlungen von BALZ (1996b) und KOTTMANN/KÖPPE (1991).

[307] Zu diesen grundlegenden Bezügen des außerunterrichtlichen Schulsports vgl. z. B. auch FUNKE (1985) und KRETSCHMER (2000).

[308] Einen kurzen Überblick über die Geschichte einzelner Formen des außerunterrichtlichen Schulsports gibt z. B. BALZ (1996b, 2). Vgl. hierzu auch Kap. 2.1.

[309] Auch in der ehemaligen DDR-Einheitsschule waren organisierte außerunterrichtliche Freizeitsportangebote, meist in Form der Schulsportgemeinschaften, verbreitet (vgl. z. B. GÄRTNER/MORITZ/SIKORA 1986; vgl. zusammenfassend SASS/VOGT 1997. Dabei wurde jedoch eine enge Verbindung zwischen den Zielen des Sportunterrichts und des außerunterrichtlichen Schulsports, d. h. eine Einheit zwischen unterrichtlichem und außerunterrichtlichem Sport angestrebt (vgl. hierzu BRODTMANN 1984, 24-26; FUNKE-WIENEKE/HINSCHING 1995, 211). Seit Mitte der 70er Jahre etablierte sich dann in der DDR-Pädagogik der Begriff des „sportlichen Klimas" zur Bezeichnung einer „schullebensähnlich übergreifende[n]", systemkonformen Ausrichtung des Schulsports (FUNKE-WIENEKE/HINSCHING 1995, 212): „Ein gutes sportliches Klima einer Schule – das bedeutete in der Regel eine gut arbeitende Schulsportgemeinschaft, die vom Hauptsportlehrer geleitet wurde und die in sportartspezifische Sektionen und sportartangebundene allgemeine Sportgruppen strukturiert war. Es gehörten aber in der Regel auch ein System von Schulmeisterschaften, die Schulrekordtafel und nicht zuletzt Schülerübungsleiter als aktive Mitgestalter dazu" (a. a. O., 212).

1976)³¹⁰ ist es vor allem VON HENTIG (1972), der mit seinen schulkritischen Überlegungen zur „Entschulung" und „Entprofessionalisierung" des Sportunterrichts die fachdidaktische Diskussion anregt. In seinem Konzept für den Sport in der Schule plädiert er für offene Lerngelegenheiten im schulischen Umfeld, um durch Verschulungstendenzen verstellte lebensweltliche Erfahrungspotenziale des Sports zu nutzen (vgl. ausführlicher Kap. 2.2.3).

Diesem Grundanliegen folgend, entwickelt FUNKE (1974) als Schulprojekt der Bielefelder Laborschule eine curriculare Konzeption für „Körpererziehung, Sport und Spiel" (vgl. ähnlich FUNKE 1973; 1975).³¹¹ Als Ausgangspunkt seiner Überlegungen formuliert er drei Prinzipien, die für die Reform des Schulsports leitend sein sollen. Im Sinne einer emanzipatorischen Erziehungsabsicht ist es erstens das Ziel der „kritischen Schule", Schülerinnen und Schüler nicht lediglich darauf vorzubereiten, den Status quo gesellschaftlicher Verhältnisse zu erhalten, sondern ihnen zum kritischen Durchschauen und zur mündigen Veränderung eben dieser Verhältnisse zu verhelfen (FUNKE 1974, 167). Dabei geht es vor allem um „Chancengleichheit" für Kinder und Jugendliche aus sozial benachteiligten Schichten: „Chancengleichheit heißt in diesem Sinne auch, daß die Schule allen Kindern gegenüber jenen materiellen und pädagogischen Reichtum repräsentiert, der in dieser Gesellschaft sonst vorwiegend privilegierten Schichten zur Verfügung steht" (a. a. O., 170).

In diesem Zusammenhang gelangt FUNKE in Anlehnung an VON HENTIG (1972) zum zweiten Prinzip, zur „Entschulung der Schule". Unter Berücksichtigung der Erfahrungen von Schülerinnen und Schülern gilt es, „das wirkliche gelebte Leben" zum Gegenstand des Lernens zu machen (FUNKE 1974, 171). Gesellschaftlich-politisches Handeln könne somit im „Schonraum" der Schule erprobt werden (a. a. O., 171-172). Dabei dürfe jedoch „die Aufgabe der körperlichen Erziehung […] nicht einfach mit dem Sportlernen" gleichgesetzt werden (a. a. O., 171).

Eng damit verbindet FUNKE das dritte Prinzip der „Entsportung des Schulsports" (a. a. O., 173). Mit diesem Aspekt geht er über die VON HENTIGsche Konzeption (1972) insofern hinaus, als er nicht nur die Verschulung des Sports für pädagogisch problematisch erklärt. Er ist

---

[310] Vgl. zur Idee, Bewegungs- und Spielmöglichkeiten als Ergänzung des Sportunterrichts vorzusehen, bereits MESTER (1962, 178-193).
[311] Vgl. zur folgenden Darlegung des Curriculumentwurfs von FUNKE auch die Beschreibungen des Konzepts bei LANGE (1975, 231-232) und BLOSS (1975).

vielmehr der Auffassung, dass „Sport selbst auch dann, wenn er in entschulter, sozusagen realistischer Form Eingang in die Schule findet, erzieherisch bedenkliche Strukturen" zeigt (a. a. O.). Negative Auswüchse des gesellschaftlichen Phänomens Sport, wie FUNKE (1985) auch in einem jüngeren Beitrag verdeutlicht, machten es erforderlich, dass das außerschulische Sportleben nicht ungebrochen im Schulleben abgebildet werden dürfe, sondern die Auswahl sportlicher Aktivitäten nach pädagogischen Kriterien erfolgen müsse:

> „Der Gedanke der Überbrückung des Abstandes zwischen dem Leben draußen und dem Leben in der Schule gibt für diese Wahl [was als Sport in die Schule geholt wird, G. S.] noch zu wenig Argumente. Dafür ist alles recht, was als gesellschaftliche Wirklichkeit den Sport auszeichnet: Geldwetten ebenso wie ‚clevere' Fouls, Reklame für Alkoholfabriken, Chauvinismen, Zuschauerexzesse und Invalidität" (a. a. O., 24).

Aus diesem Grund könne Sport in der Schule nur in pädagogisch gefilterter Weise angeboten werden, indem „Sport als menschlich wertvolle *Leibesübung* bestimmt und gegen derartige Verzerrungen verteidigt wird" (a. a. O.; Hervorhebung im Original). So wendet sich FUNKE gegen die auf Konkurrenz, Leistungsoptimierung und Institutionalisierung gerichtete „bürgerliche[n] Körperkultur" (1974, 178-179). Folgerichtig fordert er eine „neue Qualität" des Sports, die sich an veränderten Bedürfnissen der Menschen nach „sportlicher" Betätigung wie beispielsweise „Trimmaktionen", „Jedermann-Sport", „Breitensport", „FKK", „Sauna", „Pantomime" oder „Yoga" orientiert (a. a. O., 164 und 180-181). Sportaktivitäten im Schulleben, so FUNKE, müssten sich an einem Sportverständnis ausrichten, das Sport als freiwilliges Angebot, selbstbestimmtes Spiel, fröhliche Geselligkeit und individuelles Gestaltungsmittel begreift (vgl. 1985, 25; 1974, 156-157).

Die kritische Distanz zum institutionalisierten, wettkampforientierten Sport in der Schule darf nach FUNKE jedoch nicht dazu führen, eine „pädagogische Scheinrealität", d. h. eine Gegenwelt zum außerschulischen Sport aufzubauen: „Die Schule soll eben nicht harmonisieren und verkleistern, nicht ideologisch verbrämen, was in der Realität widersprüchlich, unharmonisch, brutal ist" (FUNKE 1974, 174). Eine wesentliche Aufgabe des Schulsports besteht für ihn deshalb auch darin, die ambivalente, konfliktträchtige Sportwirklichkeit zu thematisieren und kritisch zu reflektieren (a. a. O.).

Vor diesem Hintergrund gelangt FUNKE (1974) zu fünf „Rahmenbedingungen" einer innovativen Unterrichtspraxis für den Schulsport: das Einrichten von förderlichen Umgebungsbedingungen für das Lernen, das Schaffen flexibler, schülerorientierter Organisationsformen, die Initiierung vielfältiger Spiel- und Sportangebote in der Schule, die Teilnahme von Freunden und Eltern an den schulischen Sportaktivitäten sowie die Fortsetzung bisheriger „guter" Schulsportpraxis mit der Förderung motorischer Fertigkeiten, konditioneller Eigenschaften und sozialer Verhaltensweisen, dem Ausleben körperlicher Fähigkeiten, der Verringerung „motorische[r] Bedürfnisspannungen" und dem Bezug zur Sportwirklichkeit (a.a.O., 183-185).

Für die Umsetzung dieses Schulsportkonzepts in der Laborschule Bielefeld wird vorgeschlagen, den Unterrichtsbereich „Körpererziehung, Sport und Spiel" in 12 unterschiedliche Veranstaltungsarten von „Unterricht und Nichtunterricht" zu gliedern: Diese „organisierten Formen des Schullebens" (a. a. O., 138) reichen von täglichen Bewegungszeiten, Kursen zum Erlernen bestimmter sportlicher Fertigkeiten (Grundkurs) bzw. Sportarten (Allgemeinkurs) und speziellen Förderkursen für Schüler mit motorischen Defiziten, Verhaltensauffälligkeiten oder körperlichen Beeinträchtigungen über fächerübergreifende Projekte, von Schülern organisierte Schülerklubs, Sportwettkämpfe und -feste, gemeinsame Besuche und Auswertungen von Sportveranstaltungen sowie die Berücksichtigung von Sporttheorie bis zu Sportangeboten für Lehrer und Schüler oder Eltern, Schüler und Lehrer, Fahrten mit sportlichem Schwerpunkt, gesonderten Trainingsgruppen und informellen Sportaktivitäten in der Pause oder im Schulumfeld (vgl. a. a. O., 138-146).

Diese koedukativ durchzuführenden Veranstaltungsformen werden von FUNKE drei Unterrichtsarten zugeordnet, dem „general"[312] (Basissportunterricht in der Stammgruppe), dem Wahlunterricht (Neigungsgruppen) und dem unterrichtsergänzenden Bereich (außerhalb des regulären Stundendeputats), die je nach Altersgruppe[313] verschieden gewichtet und mit einem jeweils spezifischen inhaltlichen Angebot verbunden werden

---

[312] „General" steht für das englische „general physical education". Dieser Begriff soll darauf hinweisen, dass „es sich hierbei um einen Unterricht handelt, der verschiedene Disziplinen der Körpererziehung und des Sports umschließt" (FUNKE 1974, 191).

[313] Die Altersgruppen der 5-7 Jährigen werden dem Altersblock I, die 8-11 Jährigen dem Block II und die älteren Schüler bis Klasse 10 dem Block III zugeordnet (vgl. FUNKE 1974, 145-146).

(vgl. a. a. O., 145-146 und 155-163; vgl. Tab. 7). Teilnahmekontrollen und Sportnoten werden dabei für überflüssig gehalten (vgl. a. a. O., 151-154).

Tab. 7: *Veranstaltungsformen, Unterrichtsarten und Inhalte (modifiziert nach* FUNKE *1974)*

Block	General	Wahlunterricht	Unterrichts-ergänzende Aktivitäten	Inhalte
I	Tägliche Bewegungszeit; Beratung, Diagnose, Therapie; Theorie; Kurs G (Schwimmenlernen); wenig formalisierte Aktivitäten			Psychomotorische Übungen; Baden u. Schwimmen; Hindernisturnen, Trampolinspringen; Tanzen; Rollen-, Fantasie-, Verkehrs-, Ballspiele; Bauen u. Konstruieren; Rollschuhlaufen; Umgehen mit Bewegungsspielzeugen; Theorie
II	Tägliche Bewegungszeit; Beratung, Diagnose, Therapie; Theorie; G-Kurse; Projekt; Veranstaltungsbesuche; Sportfest; wenig formalisierte Aktivitäten; Reise	A-Kurse	Wenig formalisierte Aktivitäten; Eltern-Kindergruppe	Schwimmen; Turnen u. Trampolinspringen; psychomotor. Übungen; Sportspiele; Bewegungs- u. Abenteuerspiele; Tanzen; Schlittschuh- u. Rollschuhlaufen; Leichtathletik; Judo; Theorie; interdisziplinäre Projekte
III	Tägliche Bewegungszeit; Beratung, Diagnose, Therapie; Theorie; G-Kurse; wenig formalisierte Aktivitäten	G-Kurse; A-Kurse; Reise; Sportfest; Theorie; Projekt	Wenig formalisierte Aktivitäten; Abendgruppen; Schülerklub; Schülerwettkämpfe	Sportspiele, Turnen u. Trampolinspringen, Skifahren, Konditionstraining, autogenes Training, Sauna, Körperübungen für bestimmte präventive od. therapeutische Zwecke, Schwimmen, Judo, Leichtathletik, psychomotor. Übungen, Yoga, Massage, Baden, Tanzen, interdisziplinäre Projekte, Theorie

Konstitutiv für FUNKEs Konzeption ist das Bemühen um eine Öffnung des Schulsports nach innen und außen. Sie zielt darauf ab, soziale Lebensvollzüge im Schulumfeld kritisch in den Blick zu nehmen, um die Diskrepanz zwischen „Schule" und „Leben", zwischen innerschulischen und außerschulischen Sportaktivitäten zu minimieren. Die Grenzen zwischen unterrichtlichen und nichtunterrichtlichen Sportformen sind konsequenterweise fließend und folgen einer „Didaktik der Angebote", bei der Schulsport weder Abbild noch Gegenbild des außerschulischen Sports sein soll. Gleichwohl ist in FUNKEs Konzeption unverkennbar, dass der lokale Vereinssport und die dort agierenden Vereinsübungsleiter aus der Schule fern gehalten werden; Schulsport wird bewusst nur für Lehrer, Schulangestellte, Freunde und Eltern geöffnet. Gepaart mit dem aus damaliger Sicht sehr weiten Inhalts- und Sportverständnis und der Abwendung vom organisierten Sport der Vereine und Verbände gerät die FUNKEsche Körpererziehung zu einer Art „Eigenwelt", in der mit dem „entsporteten" Schulsport beabsichtigten Reform des außerschulischen Sports tendiert sie sogar zu einer „Gegenwelt".[314]

FUNKEs Entwurf liegt in der Spur der Idee eines Schulsports in der „Nachbarschaftsschule", deren Konturen in jüngerer Zeit beispielsweise von KRETSCHMER (2000) als Möglichkeit zur Überwindung von Verschulungstendenzen skizziert werden.[315] Ein „entschulter Schulsport" ist für ihn nur in einer Schule zu realisieren, „die ihre Strukturen so verändert, daß Sportunterricht eine bessere Chance hat, dem starren Fachkorsett zu entkommen, und in der der außerunterrichtliche Sport weder nur Gegenbild noch Abbild, sondern Vorbild ist" (2000, 85). In der „gemeinwesenorientierten Schule", die sich nach innen und außen öffnet, erleichtert die Einrichtung von „Profilklassen" oder „Profilkursen" mit einem überfachlichen Aufgabenschwerpunkt die Umsetzung interdisziplinärer Sportprojekte. Sport in einer solchen Schule kann sich dabei „zum bewegungskulturellen Zentrum einer Gemeinde oder eines Stadtteils" entwickeln (a. a. O., 86), wenn u. a. Schulgelände und Schulhaus für nachmittägliche Sportaktiväten der Stadtteilbewohner zur Verfügung gestellt und Schulsportvereine gegründet werden sowie die Kooperation mit Organisationen der Jugend- und Sozialarbeit angestrebt wird (a. a. O., 86-87).

---

[314] Zur Kritik am Schulsport als „Eigen-", „Doppel-" und „Gegenwelt" vgl. SCHIERZ (1993) und SCHERLER (2000a). Vgl. allgemein kritisch gegenüber FUNKEs Ansatz SCHIERZ (1997b).

[315] Vgl. zur Idee des Sports in der „Nachbarschaftsschule" auch SCHIERZ (1995).

Während der Lernbereich „Körpererziehung, Sport und Spiel" bei FUNKE als Alternative zum herkömmlichen Sportunterricht und zum außerschulisch institutionalisierten Wettkampfsport gedacht ist, sieht KRETSCHMER den außerunterrichtlichen Schulsport vornehmlich als Bewährungsfeld, Ergänzung und Erweiterung des Sportunterrichts.[316] Außerunterrichtliche Sportaktivitäten dienen hier als Ausgleich und Muße zu den kognitiven Belastungen der Schulfächer. Mit außerunterrichtlichen Sportangeboten jenseits institutioneller und organisatorischer Zwänge soll ein gegenwartserfüllendes Sporttreiben ermöglicht werden, mit der das Schulleben bereichert und belebt werden kann (vgl. KRETSCHMER 2000, 74-76). Angeboten des außerunterrichtlichen Schulsports komme in diesem Kontext, so KRETSCHMER (2000, 84), eine „Brückenfunktion" zwischen Sportunterricht und außerschulischem Sport zu. Diese „Brücke" müsse aber pädagogisch vertretbar gestaltet werden: Sie „darf keine Einbahnstraße sein, die Schüler geradewegs in den außerunterrichtlichen Sport [sic!, gemeint ist der „außerschulische Sport", G. S.] überführt, sie darf aber auch keine Sackgasse sein", die keine Verbindung mehr zu ihm aufweist (a. a. O.). Als Beispiele für Abbilder nennt er Sportfahrten, die von kommerziellen Unternehmen konzipiert werden, und den Wettbewerb „Jugend trainiert für Olympia"; als Beispiel für ein Gegenbild führt er die Bundesjugendspiele an: „Abbild und Gegenbild bedürfen der Reflexion und müssen aufklärerisch in den Horizont der Schüler gebracht werden [...]" (a. a. O.).

Anders als bei FUNKE werden also pädagogisch fragwürdige außerschulische Erscheinungsformen des Sports nicht von vornherein aus der Schule verbannt, sondern in kritisch-konstruktiver Weise aufbereitet und thematisiert (a. a. O., 86).[317] Die pädagogische Verantwortung für den Sport in der Schule erstreckt sich dabei keineswegs nur auf den Sportunterricht, sondern sie gilt grundsätzlich auch für alle Handlungsformen des nichtunterrichtlichen Schulsports (vgl. a. a. O., 75-76).

---

[316] Was das Verhältnis zwischen Sportunterricht und außerunterrichtlichen Angeboten des Schulsports anbelangt, hat BRODTMANN (1984) insgesamt fünf Perspektiven unterschieden: Schulsport als „Rahmenbedingung des Sportunterrichts", als „Diagnose- und Erprobungsfeld", als „Ergänzung des unterrichtlichen Angebots", als „zielgerichtetes Weiterführen der Intentionen des Sportunterrichts" und als „Alternative zum Sportunterricht" (19). Vgl. zu den Bezügen zwischen Sportunterricht und außerunterrichtlichem Schulsport auch STIBBE (1999).

[317] Als Beispiel für eine solche kritische Aufbereitung verweist KRETSCHMER (2000, 84) auf die von EHNI (1977) dargestellten „Bloom-Spiele".

Auch GRUPE vertritt die Ansicht, dass die „Schulsportkultur im Ganzen" einer „allgemein-erzieherische[n] Grundausrichtung" folgen muss, die aus dem gesellschaftlich definierten Bildungs- und Erziehungsauftrag der Schule erwächst (2000a, 140; 2000b, 18). Ausgangspunkt seines sportkulturellen Ansatzes ist der Gedanke, „Sport als Kultur" pädagogisch zu legitimieren (vgl. GRUPE 1987; vgl. zusammenfassend PROHL 1999, 135-137). Sport werde, wie GRUPE ausführt, in der Schule nicht nur wegen seiner anthropologischen Notwendigkeit vermittelt; Sport zähle heute vielmehr zu den „Kulturgütern", „die in der Schule erhalten, gepflegt, weitergegeben und möglichst verbessert werden sollten" (2000a, 115). Dies sei nicht immer so gewesen. Inzwischen sei jedoch an die Stelle eines normativen ein deskriptives Kulturverständnis getreten: Kultur meint

> „nun nicht mehr nur großes Theater und anspruchsvolles Konzert, Oper und Kunstausstellung, gute Literatur. Kultur beschreibt etwas, was ist: allgemeine Vorlieben und Ideale, vorherrschende Lebensstile und ästhetische Präferenzen, moralische Wertungen und bevorzugte Moden, verbreitete Geschmacksrichtungen und Konventionen [...]. Dazu gehört nun auch der Sport mit allen seinen Varianten und in allen seinen Formen" (GRUPE 1987, 26-27).

Allerdings führt die beschreibende Auslegung des Kulturbegriffs nach GRUPE dazu, dass mittlerweile so ziemlich alles zur „Kultur" gerechnet wird, von der Freizeit-, Pop-, Jugend- und Schulkultur bis eben zur Sport- und Schulsportkultur. Das Kulturverständnis zerfällt „in lauter wichtige und auch unwichtige Teilkulturen" (GRUPE 2000a, 115). Es gibt keine einheitliche Sinnmitte mehr mit normativen kulturellen Bewertungsmaßstäben (vgl. a. a. O.).

Orientierungsschwierigkeiten für die Schule ergeben sich für GRUPE aber nicht allein durch die Nivellierung des Kulturbegriffs, sondern auch durch die gravierenden Entwicklungen des außerschulischen Sports, der nicht mehr vom einstmals übergreifenden traditionellen Verständnis des Vereins- und Verbandssports dominiert wird (2000b, 16-17). Hält man daran fest, dass der außerschulische Sport immer noch einen wesentlichen Bezugspunkt des Schulsports darstellt, ist es im Blick auf eine überzeugende Begründung notwendig zu fragen, wie angesichts der Ausdifferenzierung und Entsportung des Sports, der Veränderungen

> „seiner Formen und seiner Sinnmuster mit ihren Beliebigkeiten, Banalitäten und Oberflächlichkeiten ein besserer Sport von einem weniger wertvollen unterschieden werden kann? Ist alles – auch für die

Schule – gleichermaßen wertvoller Sport, und darf alles, was sich Sport nennt, deshalb auch in sie hinein?" (a. a. O., 17)

Die Frage nach der Auswahl schulischer Sportangebote beantwortet GRUPE zunächst mit dem Hinweis auf einen pädagogisch ausgerichteten Schulsport: Der besondere schulpädagogische Gehalt des Sports könne nur aus „der Idee schulischer Bildung" erschlossen werden; das Ergebnis sei dann daran zu messen, „wieweit es gelingt, ausgewählte sportliche Aktivitäten mit dieser Idee schulischer Bildung zu verknüpfen und beides zusammen in der Schule auf möglichst anspruchsvolle Weise zur Darstellung zu bringen" (a. a. O.).

Die dafür erforderlichen Bewertungskriterien müssen, wie GRUPE fortfährt, aus der Eigenstruktur des Sports, aus der „pädagogische[n] Sinnmitte sportlichen Handelns" gewonnen werden (2000a, 136). Zwar gelte es, Entwicklungen wie der „Pluralisierung" und „Individualisierung im Sport" Rechnung zu tragen, doch müsse in Anbetracht der „neuen Vielfalt des Sports" und der Abkehr von eindeutigen sportlichen Werten von der „Ganzheit" der Heranwachsenden ausgegangen und „sie zum Maßstab schulischer Prioritätensetzung" gemacht werden (a. a. O., 135-136). Vor diesem Hintergrund erklärt er „Vielfalt" und „Können" bzw. „Leistung" zur Grundlage sportlicher Bildung in der Schule, denn „beides ist wichtig: Bewegungsvielfalt auf der einen, sportliches Können, sportliche Leistung und die Entwicklung sozialer Kompetenz auf der anderen Seite [erweisen sich] als Orientierungspunkte der schulischen Sportkultur" (a. a. O., 137).

Zum einen hofft GRUPE, Kindern und Jugendlichen durch ein vielfältiges sportliches Angebot in der Schule den Zugang zu den verschiedenen Sinnintentionen des Sports zu erleichtern (vgl. a. a. O., 138). Zum anderen macht nach seiner Einschätzung das „Prinzip des Könnens", das sich an leistungs- und wettbewerbsbezogenen Kriterien des Sports ausrichten muss und das in den nach ihrem „pädagogischen Wert" ausgewählten Sportarten zum Tragen kommt, die „Anziehungskraft", „Ausstrahlung" und kulturelle „Tradition" des Sports aus (a. a. O., 137): „Sportliches Können und sportliche Leistung sind dabei weltweit verbreitete Kulturmuster, und sie sind zugleich Beispiel und Ansporn für viele junge Menschen, beugen damit pädagogischer Belanglosigkeit vor" (a. a. O.). Im fairen und regelgerechten sportlichen Handeln erkennt GRUPE darüber hinaus ein Modell für selbstbestimmte Entscheidungen und soziales Verhalten (vgl. a. a. O., 137-138).

Um Vielfalt und sportliches Können in sozialer Verantwortung zur Geltung zu bringen und miteinander zu verzahnen, müssen über den eigentlichen Sportunterricht hinaus Bewegung, Spiel und Sport zum festen Bestandteil des Schullebens werden (vgl. a. a. O., 138). Schulsportkultur in einer neu zu schaffenden „Schule als Lebensraum" umfasse daher unterrichtliche (mit einem verbindlichen „Fundamentum" und einem wahlpflichtfreien „Additum") und freiwillige außerunterrichtliche Angebote des Schulsports (vgl. a. a. O., 140-141). Während der Sportunterricht „eher den Kriterien des geplanten Unterrichts" verpflichtet sei, komme der außerunterrichtliche Sport vornehmlich „als Teil des Schullebens" in den Blick (a. a. O., 140). Mit dem außerunterrichtlichen Schulsport geht es GRUPE aber nicht nur um eine „Ergänzung und Bereicherung schulischen Lebens" (a. a. O., 140) oder um die Erweiterung des Sportunterrichts, sondern er verfolgt mit den unterrichtlichen und nichtunterrichtlichen Sportformen jeweils „eigenständige erzieherische Aufgaben und Ziele" (ebd., 141). Was außerunterrichtliche Sportaktivitäten anbelangt, so empfiehlt er, die pädagogischen Möglichkeiten der Selbsttätigkeit, des sozialen Lernens, des Übens und Trainierens zu nutzen, homogene und inhomogene Gruppierungen zuzulassen, Sporttalente und Schwache gleichermaßen zu fördern, selbstverwaltete Schülersportvereine als Chance der Demokratieerziehung zu gründen sowie auch Schülermentoren, Vereinsübungsleiter und Eltern einzusetzen (vgl. a. a. O., 140-141). Außerunterrichtliche Sportangebote sollten aber nicht nur die sportlich besonders interessierten Schüler und Sportlehrer ansprechen, „sondern möglichst viele Lehrer und Schüler, damit sichtbar wird, was unter einer ganzheitlichen Bildung in der Schule zu verstehen ist" (a. a. O., 141). Im außerunterrichtlichen Bereich sieht GRUPE auch die Möglichkeit, neue Bewegungs- und Spielformen zu erproben und fächerübergreifende Projekte durchzuführen (vgl. a. a. O., 141-142).

Insgesamt bleibt als Fazit festzustellen: Die dargestellten Überlegungen zur breitensportorientierten Position versuchen, den Anspruch einzulösen, den Verschulungstendenzen des Fachs entgegenzuwirken und Sport in der Schule als lebensweltliches Erfahrungsfeld zu offerieren. Als Gemeinsamkeit weisen alle Vorschläge die Forderung nach vermehrten Schulsportaktivitäten (im Sinne verbindlicher, wahlfreier und freiwilliger Angebote) und nach einer Schule als Lebensraum bzw. als gemeinwesenorientiertes Begegnungszentrum auf, die allerdings in unterschiedlicher Weise ausgelegt werden. Während FUNKE tendenziell die strikte Trennung zwischen unterrichtlichen und nichtunterrichtlichen Aktionsformen des Sports in Richtung auf ein freiwilliges, alternatives Sporttreiben im Rahmen eines übergreifenden Lernbereichs „Körpererziehung, Sport und Spiel" aufzuheben sucht, bemühen sich KRETSCHMER und GRUPE um die Begründung eines pädagogisch eigenständigen außerunterrichtlichen Schulsports, der als Lebensform der Schulform des verbindlichen Sportunterrichts gegenübergestellt wird.

FUNKE entwirft sein Modell eines entschulten und entsporteten Schulsports im Blick auf den reformerischen Schulversuch der Laborschule Bielefeld, der auf der Grundlage der von HENTIGschen Idee der Schule als Lebens- und Erfahrungsraum entwickelt wurde (vgl. dazu Kap. 2.2.3). In dieser Konzeption öffnet sich die Schule zwar für die Lebenswirklichkeit des außerschulischen Sports, doch werden nur solche Sportformen in die Schule geholt, die mehr oder weniger eine Alternative zum herkömmlichen wettkampforientierten Sportverständnis und zum Vereinssport darstellen. Diese in den 70er Jahren entstandenen Vorstellungen vom Schulsport waren ihrer Zeit weit voraus; auf Grund ihres visionär-reformerischen Charakters schien es unmöglich zu sein, FUNKEs Schulsportmodell auf Regelschulen zu übertragen (vgl. zur Kritik u. a. BLOSS 1975, 418). Insbesondere die Etablierung eines allgemeinen Lernbereichs „Körpererziehung, Sport und Spiel" mit interdisziplinären Projekten, das weite Sportverständnis mit der Abkehr von einseitigen Gütekriterien der Leistungsoptimierung, Überbietung und Konkurrenzorientierung und den an den Interessen der Kinder und Jugendlichen ausgerichteten „Breitensportinhalten", die Einrichtung einer täglichen Bewegungszeit, die Berücksichtigung zahlreicher Angebote zum „Nichtlernen" und „Spielen" sowie die Betonung der relativen Freiwilligkeit der Teilnahme an schulsportlichen Aktivitäten können auch heute noch als innovativ angesehen werden. Insofern ist es wenig überraschend, dass hier bereits eine gewisse Nähe zu gegenwärtigen Ansätzen der schulreformerischen Position der bewegten Schule auszumachen ist (vgl. Kap. 4.1.1.2). In diesem Sinne kann FUNKEs Schulsportkonzept auch als „schulreformerisch-breitensportorientierte Position" bezeichnet werden.

KRETSCHMERs Überlegungen zu einem „entschulten Schulsport" setzen hingegen bei der herkömmlichen Unterrichtsschule an, deren fehlende Lebensnähe, starke Fächerorientierung und geringe Möglichkeiten eines ganzheitlich akzentuierten Erfahrungslernens mit der Umsetzung der Projektmethode und der Belebung des außerunterrichtlichen Schulsports überwunden werden sollen. Fragwürdige gesellschaftliche Erscheinungsweisen des Sports werden nicht von vornherein aus der Schule ausgegrenzt, sondern sie sollen durch didaktische Verfremdung und theoretische Aufarbeitung auf Distanz gebracht werden.[318] Außerunterrichtliche Schulsportangebote erfüllen hierbei eine Brückenfunktion zum außerschulischen Sport, indem ihnen im Wesentlichen die Aufgaben als Anwendungsfeld, Erweiterung und Vertiefung des Sportunterrichts sowie als Bereicherung und Belebung des Schullebens zukommen.

Die vorgeschlagenen Entschulungskonzepte zur Projektorientierung und zum Schulleben erweisen sich für KRETSCHMER jedoch als wenig geeignet, die Reform der Schule voranzubringen. Obgleich kein Mangel an Entschulungskonzepten bestehe, stoße die Schulreform auf Grund der „resistenten Strukturen der Verschulung" an Grenzen. Aus diesem Grund dürfe „man nicht nur nach geeigneten Konzepten suchen", sondern müsse auch an eine Neuorientierung der Schule denken (KRETSCHMER 2000, 85). Ob sich allerdings mit der von ihm favorisierten Idee der gemeinwesenorientierten Schule das Entschulungsproblem zufrieden stellend lösen lässt, bleibt fraglich. Ihr wesentlicher Gedanke, die institutionelle Öffnung zum außerschulischen sozialen Leben im Stadtteil oder in der Gemeinde, gleicht, wie SCHERLER (2000a, 59) in ähnlichem Zusammenhang formuliert, einer „Flucht", die nicht unbedingt mit einer Unterrichts- und Schulreform verbunden ist. Dennoch weisen KRETSCHMERs Überlegungen in Richtung auf eine Erneuerung der Schule, sodass sie – mit gewissen Abstrichen im Vergleich zu FUNKE – durchaus der schulreformerisch-breitensportorientierten Richtung zugeordnet werden können.

In seinem sportkulturellen Entwurf geht auch GRUPE von der bestehenden Unterrichtsschule aus. Im Gegensatz zu FUNKE und KRETSCHMER sieht er allerdings in den institutionell-organisatorischen Zwängen des schulischen Sportunterrichts kein Problem.[319] Seine Vorschläge zielen daher in erster Linie auf eine Verbesserung der Schulsportkultur durch den Ausbau des außerunterrichtlichen Schulsports, die „noch keine Reform der Schulen" bedeutet, aber zu einem „Teil dieser Reformen" werden kann (GRUPE 2000a, 142).

---

[318] Diese Vorgehensweise wird aus KRETSCHMERs Verweis auf EHNI gefolgert.
[319] So schreibt er: „Im Sportunterricht ist heute vieles lehrplanmäßig geregelt; er hat seine pädagogische Ordnung, seine didaktische Theorien, seine Lehrpläne und Curricula, seine vergleichsweise klaren Ziele, seine Vorschriften [...] – wir haben es also alles in allem mit einem Fach zu tun, das sich schwerlich noch grundlegend verändern läßt, dies auch nicht muß, abgesehen von notwendigen quantitativen und personellen Verbesserungen" (GRUPE 2000a, 138-139).

Wenngleich GRUPE in seiner Konzeption von einem beschreibenden Kulturbegriff ausgeht, scheint doch ein Kulturverständnis auf, das zwischen „wertvollen" und „weniger wertvollen" Formen des Sports unterscheidet. Dies ist insofern fragwürdig, als versucht wird, traditionelle Sportaktivitäten als uneingeschränkt pädagogisch anspruchsvoll zu verteidigen und innovative Bewegungstrends als eher lustvoll-anspruchslos abzulehnen. Auf diese Weise wird Kultur „als ‚Erbe' betrachtet, d. h. als etwas, das es so unverfälscht wie möglich zu bewahren und zu tradieren gilt" (BRODTMANN 1992, 6). Dabei wird übersehen, dass Kultur von innovativen Entwicklungen lebt, bei denen „jeweils solche kulturellen Inhalte und Betätigungsformen in den Vordergrund [rücken], die dem dominierenden Lebensgefühl und den damit verbundenen Lebenszielen und Lebensweisen entsprechen", gleichgültig, ob die Schule dies fördert oder nicht (a. a. O.). Dass solche Veränderungen nicht aufzuhalten sind, gesteht auch GRUPE ein, wenn er Inhalte neuerer Bewegungs- und Sporttrends in den außerunterrichtlichen Schulsport verweist, gleichsam als „Oasen" für die aktuellen Interessen der Schüler. Gleichwohl scheint er an der wertehierarchischen Überlegenheit eines gängigen Kanons an Sportarten festzuhalten, der im Sportunterricht vermittelt werden soll. Mit dieser kulturpädagogischen Setzung kann GRUPE jedoch dem selbst erhobenen Prinzip der sportlichen Vielfalt kaum gerecht werden, weil mit freiwilligen außerunterrichtlichen Sportangeboten nicht alle Kinder und Jugendlichen erreicht werden. Vor diesem Hintergrund kann seine Position als eher „traditionell-breitensportorientiert" charakterisiert werden.

4.1.2.2 Die leistungssportorientierte Position

Die sportpädagogische Diskussion um den Leistungssport im Kindes- und Jugendlichenalter ist geprägt durch widersprüchliche Meinungen, die von totaler Ablehnung bis zur unkritischen Zustimmung reichen (vgl. dazu z. B. BRETTSCHNEIDER u. a. 1993, 373-378; EMRICH 1997, 15-18). Diese „merkwürdig unabgeschlossen[e]" Debatte in der (westdeutschen) Sportpädagogik hat mit der Überführung der Kinder- und Jugendsportschulen der vormaligen DDR in so genannte „Schulen mit sportlichem Schwerpunkt", „sportbetonte Schulen"[320] oder „Sportgymnasien" neue Impulse erhalten (BRETTSCHNEIDER u. a. 1993, 372). Im Vordergrund der Überlegungen der Befürworter des Nachwuchsleistungssports, so BRETTSCHNEIDER/HEIM, stehe nun nicht mehr die Suche nach einzelnen sinn-

---

[320] Vgl. zum Begriff „sportbetonte Schule" die Anmerkungen in Kap. 4.1.2.

vollen Fördermodellen wie in den 70er und 80er Jahren[321], sondern es gehe „um einen strukturell im Bildungssystem verankerten praktischen Lösungsversuch zur Begabtenförderung im Bereich des Sports, an dem Tausende von Heranwachsenden partizipieren" (1993, 371). Auf der Grundlage eines neu erwachten Interesses an der Begabtenförderung sei inzwischen die Frage virulent, wie der Leistungssport in der Schule pädagogisch vertretbar unterstützt werden könne (a. a. O.).

Obschon die in diesem Zusammenhang entstandenen, sportpädagogisch motivierten empirischen Studien (vgl. z. B. BRETTSCHNEIDER/KLIMEK 1998; RICHARTZ/BRETTSCHNEIDER 1996) eine Reihe interessanter Ergebnisse zum Vorschein bringen, fehlt ihnen dennoch eine normative Bezugsgrundlage, um daraus pädagogische Folgerungen zu ziehen (vgl. zu dieser Kritik PROHL 1999, 293). Auch die Mehrzahl der Vorträge, die im Rahmen überregionaler Tagungen zum Thema „Schulen mit sportlichem Schwerpunkt" gehalten wurden, befassen sich weitestgehend nur mit strukturell-organisatorischen Fragen und Problemen zur Gewährung schulischer Freiräume, um die Doppelbelastung von Heranwachsenden im Spannungsfeld von Schule und Leistungssport zu bewältigen (vgl. z. B. SENATSVERWALTUNG BERLIN 1994; 1995).[322] Pädagogische Aspekte spielen hierbei nur eine untergeordnete Rolle. Ein pädagogisch begründeter Entwurf für eine leistungssportliche Talentförderung und Ausrichtung der Schule stellt daher immer noch ein Desiderat dar[323], wenn man

---

[321] Vgl. hierzu u. a. die Studien von BERGNER/GABLER (1976) und BETTE/NEIDHARDT (1985).

[322] Allerdings gibt es auch nachdenkliche Stimmen, die, wie beispielsweise SENF, darauf hinweisen, dass es nicht Aufgabe von Lehrkräften sei, zu überlegen, wie jugendliche Leistungssportler in der Schule zeitlich entlastet werden könnten. Lehrerinnen und Lehrer „haben zuallererst den Bildungsanspruch des Kindes auf möglichst hohem Niveau und unter Beachtung der Vollwertigkeit und Vergleichbarkeit von Bildungsabschlüssen zu sichern. Die durch den Sport entstehende Spitzenbelastung durch einen Sonderweg zu honorieren, würde den Sportler in eine festgeschriebene Sonderrolle zwängen, die der gesellschaftlichen Akzeptanz nicht förderlich wäre, zumal auch außerhalb des Sports viele Hobbys und Sonderbegabungen vorstellbar sind, die von Schülern einen erheblich höheren Zeitaufwand erfordern als üblich. Vergessen darf man jedoch nicht, daß es sich in jedem Fall um eine freiwillige individuelle Entscheidung handelt, diesen Zeitaufwand zu betreiben" (1994, 14). SENF setzt sich zwar für eine möglichst großzügige Auslegung gesetzlicher Regelungen ein, um jugendlichen Leistungssportlern Freiräume zu gewähren, aber weitergehende, pädagogisch begründete Unterstützungsmöglichkeiten der Schule, die über den Förderunterricht hinausgehen, werden auch von ihm nicht diskutiert, weil sie seiner Ansicht nach nicht zu den Aufgaben der Schule gehören.

[323] Dies liegt nach Einschätzung von PROHL aber weniger am „Desinteresse" von Sportpädagogen, als „in der Praxis der finanziellen Förderung sportwissenschaftlicher Forschung begründet, die vorrangig auf technologisches Verwendungsinte-

– wie in der vorliegenden Studie – davon ausgeht, dass Leistungssport nun einmal zur gesellschaftlichen Wirklichkeit gehört, „die nicht einfach ignoriert werden kann, sondern im Interesse der betroffenen Kinder und Jugendlichen als pädagogische Herausforderung zu akzeptieren ist" (PROHL 1999, 293; vgl. ähnlich NAUL 1991, 238). Dies gilt umso mehr, als es zu einer wesentlichen Aufgabe der Sportpädagogik zählt, im Sinne eines „humanen Interesses" Verantwortung für die Entwicklung und Lebensgestaltung von Kindern und Jugendlichen zu übernehmen.[324] Deshalb konzentrieren sich die weiteren Ausführungen auf erste Ansätze einer pädagogisch orientierten Förderung des Leistungssports in der Schule. Damit bleiben Überlegungen, die mehr oder weniger nur auf eine Optimierung des Systems des Nachwuchsleistungssports zielen, ohne (normative) erzieherische Maßstäbe heranzuziehen, außer Betracht.[325]

Einen beachtenswerten Versuch, pädagogische Ansatzpunkte für die Talentförderung im Leistungssport aus einer bildungstheoretischen Perspektive zu entwerfen, haben in jüngerer Zeit PROHL (1999, 291-307) und PROHL/ELFLEIN (1996; 1997) vorgelegt.[326] In Abhebung von einer „statischen" Auffassung eines sportlichen Talents wird ein „dynamischer" Talentbegriff zu Grunde gelegt, der den prinzipiell offenen Entwicklungsprozess und die ganze Persönlichkeit junger Menschen berücksichtigt. Dadurch könne an das pädagogische Prinzip der „Bildsamkeit" im Sinne BENNERS angeknüpft und die sportliche Sonderbegabung in den Kontext

---

resse der sportlichen Leistungsoptimierung abgestellt ist" (1999, 292). MEINBERG (1996) führt die Tatsache, dass sportpädagogische Reflexionen im Bereich des Leistungssports insgesamt rar sind, auch auf die Entwicklung der Sportpädagogik als „ein Zentralfach der Sportlehrerausbildung" (180) und das mangelnde Interesse von Trainern und Aktiven an sportpädagogischem Wissen (181) zurück.

[324] Vgl. zu dieser Auffassung z. B. auch BALZ/KUHLMANN (2003, 20), KURZ (1982), MEINBERG (1996, 180-213).

[325] Vgl. exemplarisch zu einer solchen Sichtweise MARTIN, der lediglich „die Anforderungen aus dem Trainingssystem" als „Stellgrößen für die strukturell-organisatorischen Schulabläufe" ansieht (1995, 23; vgl. auch MARTIN u. a. 1998, 45), und NEUMES, wenn er formuliert: „Die an der Werner-Seelenbinder-Schule praktizierte Verbindung von Schule und Training bietet leistungssportlich talentierten Schülern die Chance, Meisterschaften und Medaillen zu gewinnen" (1993, 393). Vgl. auch den Wunsch von NEUMES, individuelle schulische Lösungen für einzelne Leistungssportler(-innen) zu ermöglichen, um z. B. eine „zeitlich begrenzte Reduzierung des Unterrichts auf Kernfächer" oder spezifische Anforderungen „für Auswahl, Rekrutierung und auch Verbleib" an der „Eliteschule des Sports" durchsetzen zu können (2002, 118).

[326] Vgl. hierzu auch die Darstellung des Forschungsprojekts bei ELFLEIN (2000, 88-92).

der individuellen Persönlichkeitsentwicklung und einer lebensweltlichen Sichtweise eingebettet werden.[327]

PROHL und PROHL/ELFLEIN gehen bei ihrer Argumentation von den gegensätzlichen Kategorien „Systemvertrauen und -mißtrauen", „Integration und Konflikt", „Selbst- und Fremdbestimmung", „Zentralisierung und Dezentralisierung" sowie „Selektion und Förderung" aus, die „als Analyseraster und pädagogische Bewertungsfolie" für leistungssportliche Nachwuchsfördermaßnahmen im schulischen Zusammenhang dienen (PROHL 1999, 298; PROHL/ELFLEIN 1997, 284). Auf der Basis einer sozialökologischen Betrachtungsweise, bei der verschiedene Systemebenen unterschieden werden, bezeichnet das Begriffspaar „Systemvertrauen vs. Systemmißtrauen" im Rückgriff auf BETTE das Verhältnis zwischen individuellen und gesellschaftlichen Funktionserfordernissen des Leistungssports. Im Blick auf die Talentförderung sei eine

> „konfliktarme Passung von Individuum und sozialer Umwelt [...] dann wahrscheinlich, wenn das System ‚Hochleistungssport' ein Gleichgewicht zwischen persönlicher Investition und zu erwartendem Gewinn, vor allem in schulischer und beruflicher Hinsicht, in Aussicht stelle (‚Systemgerechtigkeit') und es darüber hinaus gelänge, bei den Sportlern Vertrauen in diese Gerechtigkeit aufzubauen" (PROHL 1999, 296).

In diesem Sinne erhofft die talentierte Sportlerin bzw. der talentierte Sportler, später eine Gegenleistung für das zu bekommen, was sie bzw. er gegenwärtig in den Leistungssport investiert. Im Gegensatz zur sozialen Absicherung erfolgreicher Leistungssportler(-innen) in der ehemaligen DDR bedeutet die Entscheidung talentierter Nachwuchsathletinnen und -athleten in einer demokratisch-pluralistischen Gesellschaft, einer Leistungssportkarriere nachzugehen, „sich auf riskante Chancen einzulassen und dabei weitgehend auf sich selber gestellt zu sein" (BRETTSCHNEIDER/KLIMEK 1998, 22).

PROHL und PROHL/ELFLEIN fühlen sich auch bei ihren pädagogischen Überlegungen zur leistungssportlichen Talententwicklung dem regulativen Prinzip der „Überführung gesellschaftlicher in pädagogische Determination" nach BENNER verpflichtet. Im Vergleich zu einer „pädagogisch-naiven" Position werden bei diesem Prinzip „die auf die pädagogische Praxis einwirkenden gesellschaftlichen Einflüsse", d. h. die gesellschaftliche

---

[327] Die weitere Diskussion erfolgt in Anlehnung an die Darstellungen von PROHL (1999) und PROHL/ELFLEIN (1996; 1997).

Wirklichkeit des Hochleistungssports, anerkannt; anders als in einer pragmatisch-affirmativen Sichtweise geht es bei diesem bildungstheoretischen Prinzip jedoch darum, gesellschaftliche Einflüsse nicht einfach zu bejahen, sondern sie pädagogisch zu brechen (PROHL/ELFLEIN 1997, 283). Dabei spielen das anthropologische Merkmal der „Bildsamkeit" des jungen Menschen und das pädagogische Prinzip der „Aufforderung zur Selbsttätigkeit" eine bedeutende Rolle (vgl. a. a. O.). In Bezug auf den Leistungssport erkennen sie im zuletzt genannten Prinzip eine große Nähe zu dem bereits von LENK formulierten Leitbild des „mündigen Athleten" (1973, 35). Auch diese Leitidee sei antinomisch als „Fremdbestimmung" gegenüber „Selbstbestimmung" zu interpretieren. Der Aspekt der „Selbstbestimmungsfähigkeit" gilt hierbei als zentrales Element „einer bildungsorientierten Konzeption der Talentförderung, die eine Verbindung personaler pädagogischer Orientierungen mit fachlichen Zielen und Inhalten des leistungssportlichen Trainings intendiert" (PROHL/ELFLEIN 1997, 283-284).

Neben dieser für die leistungssportliche Talentförderung wesentlichen pädagogischen Kategorie der „Fremdaufforderung zur Selbsttätigkeit"[328] nennen PROHL (1999, 298) und PROHL/ELFLEIN (1997, 284) noch weitere Problembereiche, die sie mit den polaren Begriffspaaren „Zentralisierung" und „Dezentralisierung" (was die Lebensführung hinsichtlich der Koordination der Bereiche Schule, Training/Wettkampf und Freizeit anbelangt) sowie „Selektion" und „Förderung" (im Blick auf die Fluktuation im Leistungssport) beschreiben.

Was bedeuten nun diese bislang eher formal erscheinenden Prinzipien für unsere Problemstellung? Die im bildungsorientierten Ansatz von PROHL und PROHL/ELFLEIN vertretenen Bestimmungsmerkmale der „Bildsamkeit" des Subjekts und der „Selbstbestimmungsfähigkeit" weisen auf ein Menschenbild hin, das den jugendlichen Leistungssportler als „mündigen Athleten" sieht, der in seinem Verhalten dem Leistungssportsystem durchaus selbstbewusst und kritisch gegenübersteht. Der mündige Nachwuchsleistungssportler

---

[328] Dazu bemerkt BENNER: „Daß pädagogische Praxis, an die Bildsamkeit des Zu-Erziehenden anknüpfend, zur Selbsttätigkeit auffordert, besagt gerade, daß der Zu-Erziehende ohne eine entsprechende Aufforderung noch nicht selbsttätig sein kann, daß er dies auch nicht aufgrund einer solchen Aufforderung wird, sondern nur vermittels seiner eigenen Mitwirkung werden kann" (1991, 71).

- „bestimmt seine sportlichen Ziele und Zwischenstationen selbst", indem er an der Trainings- und Wettkampfgestaltung beteiligt ist.
- ist sich darüber im Klaren, dass er seine beruflichen Ziele nicht aus den Augen verlieren darf, da „seine sportliche Karriere in seinem Leben insgesamt voraussichtlich nur eine Episode ist".
- ist für sein Leben selbst verantwortlich und lässt sich nicht „durch finanzielle Förderung oder Unterstützungen anderer Art [...] unter Erfolgsdruck bringen oder abhängig machen" (KURZ 1988, 119).

Um die Idealvorstellung des „mündigen Athleten"[329] zu verwirklichen, hat eine Schule mit leistungssportlichem Profil vor allem eine „korrektive Funktion" (WIDMER 1982, 219-220) gegenüber fremdbestimmten Anforderungen des Sportsystems zu übernehmen. Das erzieherische Bemühen der Schule ist dann vornehmlich darauf gerichtet, die Entwicklung zur Selbst- und Mitbestimmungsfähigkeit der jungen Athleten zu unterstützen, mit der Konsequenz, dass dies auch zum Ausstieg aus dem Leistungssport führen kann (vgl. PROHL 1999, 304; vgl. ähnlich BRETTSCHNEIDER u. a. 1993, 382).[330] Dies kann insbesondere der Fall sein, wenn schulische Leistungen durch Trainings- und Wettkampfbelastungen längerfristig entscheidend beeinträchtigt werden; hier ist „nicht die Schule, sondern der Sport zu ändern" (KURZ 1982, 194).[331]

Als Resümee kann festgehalten werden: Analytisch lassen sich im Wesentlichen zwei Positionen zur leistungssportlich ausgerichteten Profil-

---

[329] Vgl. zu dieser Leitvorstellung des „mündigen Athleten" auch die aufschlussreichen Anmerkungen von MEINBERG (1996, 190-197), der zu Recht vermerkt, dass bei der Umsetzung dieser Zielsetzung „die Strukturen des Hochleistungssports und deren Wirklichkeit" nicht völlig außer Acht gelassen werden können (ebd., 194).

[330] Die Unterstützungsleistungen der Schule werden hier in einem weiteren Sinne verstanden als gemeinhin üblich. So weist BRETTSCHNEIDER (1998a) in anderem Zusammenhang darauf hin, dass die Schule für Nachwuchsleistungssportler nicht nur als „Ort der Belastung", sondern auch als Unterstützungsquelle bei der Bewältigung der Doppelbelastung von Schule und Leistungssport angesehen werden kann. Dabei konzentrieren sich die in den Blick genommenen Hilfen der Schule aber weit gehend nur auf die Tatsache, dass sich die jugendlichen Athleten bei Problemen der Doppelbelastung an den Klassenlehrer oder den Sportkoordinator (je nachdem, wer als vertrauenswürdige Bezugsperson in Frage kommt) mit der Bitte um Unterstützung wenden (vgl. RICHARTZ/BRETTSCHNEIDER 1996, 172-177). In der hier vertretenen Position werden schulische Unterstützungsleistungen hingegen interpretiert als Hilfe zur Selbstbestimmungsfähigkeit, um zu eigenständigen Entscheidungen bezüglich der Lebensgestaltung zu gelangen. Auch sei angemerkt, dass PROHL (1999) diese Form der Unterstützung nicht nur auf die Schule begrenzen will.

[331] Diese Aussage macht KURZ im Zusammenhang mit pädagogischen Überlegungen zum Leistungssport im Kindesalter.

bildung der Schule erkennen. Dies ist zum einen die an fremdbestimmten Maßstäben des Leistungssportsystems orientierte „instrumentell-affirmative Position", nach der die Schule nur eine instrumentell-unterstützende Funktion im Rahmen der Leistungssportförderung verfolgt und sich tendenziell an den strukturell-organisatorischen Bedingungen von außerschulischem Training und Wettkampf orientiert. Diese Position dominiert in der gesellschaftlichen Realität. Da pädagogischen Überlegungen hierbei nur eine untergeordnete Bedeutung zukommen, ist diese Position nicht näher dargelegt worden.

Zum anderen ist in Anlehnung an PROHL (1999) und PROHL/ELFLEIN (1996; 1997) eine „pädagogisch-kritische Position" nachgezeichnet worden. Sie stellt ein real-utopisches Ideal dar. Im Unterschied zur instrumentell-affirmativen Sichtweise wird die Schule nicht „ihres allgemeinbildenden und prinzipiell auf alle bezogenen Auftrags enthoben" (SCHMIDT-MILLARD 1993, 124), sondern versucht, in pädagogischer Verantwortung für die Entwicklung von Kindern und Jugendlichen korrektiv und kritisch-unterstützend gegenüber der leistungssportlichen Nachwuchsförderung zu wirken. Dabei wird keineswegs übersehen, dass sich das leistungssportliche Profil einer Schule nur in der Zusammenarbeit mit dem außerschulischen Leistungssportsystem, d. h. in der Kooperation mit Olympiastützpunkten, Vereinen und Verbänden ergeben kann. Die Erfordernisse des hier betriebenen Leistungssporttrainings haben Einfluss auf die Gestaltung des Schulprofils. Diesen Einfluss pädagogisch verantwortbar zu halten und zu regulieren, ist bei dieser Position eine wichtige Aufgabe der Schule. Dazu ist es erforderlich, die Selbst- und Mitbestimmungsfähigkeit talentierter Nachwuchsathletinnen und -athleten zu entwickeln und den allgemein bildenden Ansprüchen vor den leistungssportlichen Anforderungen Vorrang zu verschaffen.

4.2 Inszenierungsformen der bewegungs- und sportbezogenen Profilbildung

Zu Beginn der Studie wurden unterschiedliche Vorstellungen von Schule erläutert, die als Zielpunkte der Schulentwicklung gelten können (vgl. Kap. 2.2). So konnte dargelegt werden, wie die Gestaltung des Schulsports davon abhängt, welchem Konzept von Schule gefolgt wird. Auch wenn sich in aktuellen erziehungswissenschaftlichen Schulleitbildern insgesamt nur spärliche Ausführungen zum Schulsport finden, können sie doch grobe Wegmarken setzen. Die Beantwortung der Frage, wohin sich Bewegung, Spiel und Sport in der Schule konkret entwickeln sollen, ist allerdings das Geschäft der Sportdidaktik.

Bei der Betrachtung der fachdidaktischen Literatur der letzten Jahre konnte diese Frage dahingehend beantwortet werden, dass es verschiedene Konzeptionen einer bewegungs- und sportbezogenen Profilbildung gibt, die unter die Idee der bewegten Schule bzw. der sportbetonten Schule gefasst werden können (vgl. Kap. 4.1). Sie stellen gewissermaßen die fachlichen Leitbilder der Schulentwicklung dar.

In den weiteren Überlegungen sollen nun auf der Grundlage der beschriebenen erziehungswissenschaftlichen und fachlichen Schulleitbilder spezielle Gestaltungsmöglichkeiten für die Einbindung von Bewegung, Spiel und Sport in das Schulkonzept vorgestellt werden. Solche Inszenierungsformen sind als Entwicklungsideale anzusehen; ihre Bedeutung besteht vor allem darin, dass sie Lehrkräften bei der Erstellung des Schulprogramms und der damit verknüpften Suche nach dem passenden Schulprofil als normative Orientierungsgrundlage dienen können.[332]

Vor diesem Hintergrund können zwei wesentliche Ansatzpunkte unterschieden werden. Zum einen geht es in einem fachinternen (sportpädagogischen) Zugang um Gestaltungsformen einer bewegungs- und sportbezogenen Schulprogrammarbeit und deren Realisierung, bei der Bewegung, Spiel und Sport gewissermaßen Leitfunktionen im Rahmen des Schulentwicklungsprozesses übernehmen (Kap. 4.2.1). Zum anderen soll aber auch nicht übersehen werden, dass für viele Lehrkräfte und Schulen bewegungs- und sportbezogenen Akzentuierungen, im Vergleich zu anderen, pädagogisch sinnvollen Profilierungsmöglichkeiten, keine herausragende Bedeutung zukommt. Allerdings gilt auch in Schulen, die sich für nichtbewegungs- und sportbezogene Schwerpunktsetzungen entscheiden, das besondere pädagogische Potenzial des Schulsports im Zusammenhang mit fächerübergreifenden Zielvorstellungen zu berücksichtigen. Daher wird in einem zweiten Argumentationsschritt aus einer fachexternen (schulpädagogischen) Sichtweise an einem ausgewählten Beispiel aufgezeigt, wie der Schulsport zur Erfüllung überfachlicher Aufgaben der Schule beitragen kann (Kap. 4.2.2). Gemeinsam

---

[332] Vgl. zur Bedeutung von Leitbildern für die Schulprogrammarbeit auch die Diskussion in Kap. 1.2 und 1.3.

ist beiden Zugangsweisen, dass Bewegung, Spiel und Sport im Blick auf die Schule als Ganze betrachtet werden.

4.2.1 Sportpädagogische Innensicht

Aus einer sportpädagogischen Innensicht gilt es im Folgenden, in einer idealtypischen Annäherung fünf Inszenierungsformen einer bewegungs- und sportbezogenen Profilbildung zu skizzieren. Im Einzelnen handelt es sich um Interpretationen von Schule im Sinne der „Motorikschule", der „Bewegungsraumschule", der „Bewegungslebenschule", der „sportfreundlichen Schule" und der „leistungssportbetonten Schule", deren Ziele und Ausrichtung im Anschluss an die im vorigen Kapitel entfalteten fachlichen Konzeptionen entwickelt werden. Diese Schulprofile werden in ihren wesentlichen Konturen in Bezug auf ihre Hauptfunktion, ihre inhaltlichen Schwerpunkte und ihren schultheoretischen Standort dargestellt. Dabei gilt es zu berücksichtigen, dass sie aus analytischem Interesse getrennt voneinander behandelt werden. Prinzipiell sind auch „Mischformen" denkbar, auf die im Rahmen dieser Studie jedoch nicht näher eingegangen werden kann.

4.2.1.1 Motorikschule

Die „Motorikschule" wendet sich vor allem gegen einseitige Sitzbelastungen in der Schule, durch die die gesundheitlichen Probleme von Kindern und Jugendlichen angesichts der heutigen bewegungsrestriktiven Lebensbedingungen noch verstärkt werden.[333] Aus diesem Grund soll ein bewegtes Schulprofil dem Ausgleich des allgemein schlechten Haltungs- und Gesundheitszustandes von Schülerinnen und Schülern dienen.

Was bedeutet nun diese Vorstellung für die praktische Ausrichtung der „Motorikschule"? Wenn sich die Schule hauptsächlich auf enge kompensatorisch-gesundheitsfördernde Zielsetzungen konzentriert, wird der haltungsabnorme, motorisch defizitäre Schüler zum Ausgangs- und Bezugspunkt der gesamten Schulgestaltung. Es gilt dann, im schulischen Alltag möglichst viele Bewegungsgelegenheiten zur Haltungsschulung und Förderung der motorischen Leistungsfähigkeit von Kindern und Jugendlichen

---

[333] Vgl. ausführlich zu den Ideen der „Motorikschule" die Ausführungen zur kompensatorischen Position der bewegten Schule in Kap. 4.1.1.1.

zu schaffen. In diesem Sinne ist es bei einer konsequenten Profilierung als „Motorikschule" notwendig, beispielsweise

- auf tägliche Belastungsreize im Stundenplan zu achten, d. h. Sportunterricht in Einzelstunden an verschiedenen Tagen zu unterrichten und weitere Sportangebote möglichst gleichmäßig auf die Woche zu verteilen.

- im Sportunterricht insbesondere trainingswissenschaftliche Prinzipien in Richtung auf eine Intensivierung des Unterrichts zu berücksichtigen sowie vermehrt Fitnesstraining und psychomotorische Förderinhalte aufzunehmen.

- regelmäßige Tests über die motorische Leistungsfähigkeit der Schülerinnen und Schüler durchzuführen und entsprechende individuelle Bewegungsprogramme für Schule und Freizeit aufzustellen.

- Ausdauerläufe, Triathlonwettbewerbe, Sportabzeichenprüfungen, Winter- und Sommerbundesjugendspiele o. Ä. fest im Jahresplan aller Klassen zu verankern und gezielt dafür zu trainieren.

- den motorischen Schwächen von Schülerinnen und Schülern im obligatorischen Sportförderunterricht und in besonderen Sportgemeinschaften entgegenzuwirken.

- Bewegungspausen im Unterricht für eine gezielte Konditionsgymnastik und Sitzschulung zu nutzen.

- ergonomisches Schulmobiliar, Sitzbälle, Sitzkeile oder Stehpulte anzuschaffen und einen Kraftraum einzurichten.

- ein reichhaltiges Sportangebot im außerunterrichtlichen Bereich vorzusehen, das u. a. auch Konditions- und Wirbelsäulengymnastik umfasst.

- verstärkt die Zusammenarbeit mit Krankenkassen, Unfallversicherungsverbänden, Gesundheitsämtern und Ärzten zu suchen.

Zieht man die erziehungswissenschaftlichen Schulleitbilder heran, so ist hierbei die besondere schultheoretische Nähe der „Motorikschule" zur „Schulleben-Schule" erkennbar (vgl. Kap. 2.2.2). In der konzeptionellen Auslegung von STRUCK besteht eine wichtige Funktion der „Schulleben-Schule" darin, gesellschaftliche Missstände bzw. Fehlentwicklungen durch geeignete, sozialpädagogisch orientierte Interventionsmaßnahmen auszugleichen. Dazu zählen auch tägliche Bewegungs- und Sportaktivitäten, die aber, wie vor allem der Sportunterricht und der Sportförderunterricht, auf kompensatorisch-gesundheitsfördernde Aufgaben begrenzt werden. Absicht dieser Spielart der „Motorikschule" ist es, die „Unterrichtsfähigkeit" motorisch und koordinativ gestörter Schülerinnen und Schüler durch gezielte wahrnehmungsfördernde Bewegungsangebote wiederherzustellen, um kognitives Lernen zu ermöglichen und zu fördern. In gewissem Widerspruch zu einer solchen elementaren Bewegungsförderung der „Motorikschule" ist jedoch STRUCK der Ansicht, dass es im Schulsport dabei nicht vorrangig um die Förderung der konditionellen Leistungsfähigkeit von Kindern und Jugendlichen gehen soll (vgl. Kap. 2.2.2).

In einer anders akzentuierten Ausprägung der „Motorikschule" kann aber auch eine schultheoretische Affinität zur „Unterrichtsschule" in der Version von WILHELM hergestellt werden (vgl. Kap. 2.2.1). Während sich die „Motorikschule" mit konzeptioneller Nähe zur „Schulleben-Schule" auf psychomotorische Angebote im Sinne einer wahrnehmungsfördernden Gesundheitserziehung konzentriert und dabei weit gehend auf Trainingsprogramme zur Steigerung der konditionellen Leistungsfähigkeit von Kindern und Jugendlichen verzichtet, zielt der Schulsport in der „Motorikschule" in konzeptioneller Nähe zur „Unterrichtsschule" auf eine bewusste trainingsorientierte Gesundheitsförderung ab: Im Vordergrund stehen die Durchführung von und Aufklärung über präventive Wirkungen von Bewegungs- und Fitnessprogrammen.

Damit können zwei Nuancierungen der „Motorikschule" ausgemacht werden, die sich durch ihre inhaltlichen Schwerpunktsetzungen in Richtung auf eine eher psychomotorisch-wahrnehmungsbezogene oder eher fitnessorientierte Gesundheitsförderung im konzeptionellen Umfeld der „Schulleben-Schule" bzw. der „Unterrichtsschule" voneinander unterscheiden.

In beiden Fällen geht es allerdings bei der Einbindung von Bewegungs- und Sportaktivitäten in das Schulkonzept nicht oder nicht primär um eine grundsätzliche Veränderung des Lernens und Lebens in der Schule. So stellen zwar vermehrte Bewegungsangebote der „Motorikschule" in konzeptioneller Nähe zur „Unterrichtsschule" sicherlich eine Bereicherung des Schullebens dar, doch kann an den traditionellen Zielsetzungen einer stofforientierten Instruktionsanstalt mehr oder weniger festgehalten werden. Aber auch in der „Motorikschule" in der Affinität zur „Schulleben-

Schule" bleiben Bewegung, Spiel und Sport in erster Linie der engen sozialpädagogisch-kompensatorischen Leitidee verpflichtet, obgleich die Bewegungsbedürfnisse von Kindern und Jugendlichen explizit als anthropologische Notwendigkeit anerkannt werden.

4.2.1.2 Bewegungsraumschule

In der „Bewegungsraumschule" gehören Körpererfahrung und Bewegungserziehung zu wesentlichen Gestaltungsprinzipien des gesamten Schullebens.[334] Bewegung soll hier als Mittel eines reformorientierten Lernens und Lebens in der Schule fungieren, in der Verständigung und Mitgestaltung der Beteiligten an der Tagesordnung sind.

Die Folgerungen, die sich aus dieser Leitvorstellung für die konkrete Schulgestaltung der „Bewegungsraumschule" ergeben, können am Beispiel eines von HILDEBRANDT-STRAMANN (1999) an einer Regelschule durchgeführten Schulentwicklungsprojekts veranschaulicht werden. Die von ihm durchgeführten Teilprojekte an der Liobaschule Vechta stellen wichtige Konstituenten der „Bewegungsraumschule" dar (vgl. Abb. 6):

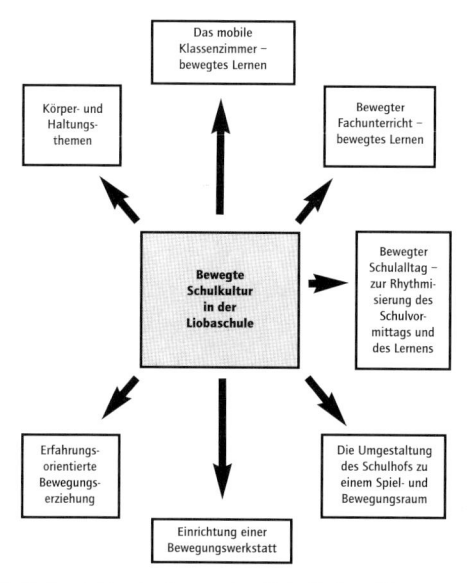

Abb. 6: *Teilprojekte der bewegten Schulkultur (HILDEBRANDT-STRAMANN 1999, 35)*

---

[334] Die Grundlagen der „Bewegungsraumschule" werden in Anlehnung an die schulreformerische Position der bewegten Schule entwickelt (vgl. Kap. 4.1.1.2).

- Um Bewegung tatsächlich als rhythmisierendes Element des Schulvormittags etablieren zu können, ist es nötig, (zumindest zeitweise) von der rigiden Stundenplanstruktur der 45-Minuten-Einheiten abzugehen. So können ein gleitender Unterrichtsbeginn, verschiedene freie Bewegungs- und Spielphasen, Stille- und Entspannungszeiten, Freiarbeit und Wochenplanarbeit in den Schulalltag aufgenommen werden.
- Sportunterricht wird als „erfahrungsorientierte" Bewegungserziehung konzipiert, die sich auf der Grundlage eines „dialogischen Bewegungskonzepts" bewusst vom einseitigen Sinnmuster der Leistungs- und Wettkampforientierung abhebt.
- Der Einsatz mobiler Sitzmöbel, die zu einem aktiv-dynamischen Sitzen herausfordern, ermöglicht die leichte Veränderbarkeit der Sitzorganisation und Lernumgebung. Diese Sitzmöbel können als „Requisiten" in eine innovative Unterrichtsgestaltung eingebunden werden.
- Auch spezielle Körper- und Haltungsthemen (z. B. „Meine Stuhllehne ist weg – wie halte ich mich?", „Wir entdecken und erleben unsere Füße") haben in dieser Schule ihren Platz. Sie werden allerdings handlungsorientiert und fächerübergreifend bearbeitet.
- Lernen im Fachunterricht findet überwiegend projektorientiert statt und geht von einem lernbereichsübergreifenden Schulkonzept aus.
- Der Schulhof wird zu einem Bewegungs-, Begegnungs-, Erfahrungs- und Lernraum umgestaltet. Dazu wird ein Gesamtkonzept erarbeitet, an dem die Schülerinnen und Schüler mitwirken. Auf Spielmöglichkeiten in der Pause und die Nutzung der Pausenspieltonne wird im Sportunterricht gezielt vorbereitet.
- Die Bewegungswerkstatt dient zugleich als „Bewegungsbaustelle" für Heranwachsende und als Lernort für Studierende und Lehrkräfte. Sie ist ein Indiz für die Bereitschaft der Schule, sich gegenüber der sozialen Lebensumwelt zu öffnen.

Die Praxisbeispiele machen deutlich, dass mit der „Bewegungsraumschule" grundsätzlich der reformpädagogische Anspruch erhoben wird, Schule als „Erfahrungsschule" (vgl. Kap. 2.2.3) zu entwerfen. HILDEBRANDT-STRAMANN selbst erklärt, dass als pädagogisches Ziel des Schulentwicklungsprozesses an der Liobaschule mit den teilnehmenden Lehrkräften vereinbart wurde, sie in Anlehnung an das „Haus des Lernens" der BILDUNGSKOMMISSION NRW und die von HENTIGsche Vorstellung von

Schule als „Lebens- und Erfahrungsraum" zu einem Aufenthaltsort zu entwickeln, „in dem Kinder und Erwachsene leben mögen und leben können", in dem alle füreinander da sind und fühlen, dass „es sich zu leben und zu lernen lohnt" (1999, 31). Dies bedeutet für die Schulgestaltung, stärker als bisher auf die veränderten Lebensbedingungen der Schülerinnen und Schüler einzugehen und dabei vor allem auch deren Bewegungsbedürfnisse im Schulalltag zu berücksichtigen.

Wesentliches Kennzeichen der „Bewegungsraumschule" im Kontext der „Erfahrungsschule" ist die Kritik am außerschulisch institutionalisierten Wettkampfsport.[335] Sportunterricht – oder in der weiterentwickelten idealtypischen Form der „Bewegungsraumschule" ein lernbereichsübergreifend angelegter Erfahrungsbereich „Körper und Bewegung" mit musisch-ästhetischen Anteilen (vgl. dazu z. B. LAGING 1997a, 65) – unterscheidet sich grundsätzlich von einem einseitig an etablierten Schulsportarten unter der Prämisse der Leistungsoptimierung orientierten Lehrgang. Er versteht sich vielmehr als erfahrungsbezogene allgemeine Körper- und Bewegungserziehung. Im Zentrum stehen Aufgaben zur Körpererfahrung und Wahrnehmungsförderung, Lerngelegenheiten zur explorativen Aneignung vielfältiger Bewegungen (u. a. durch angemessene Berücksichtigung nichtsportiver Bewegungsformen und psychomotorischer Inhalte), Inszenierungen eigenständig erarbeiteter Bewegungsgestaltungen, Freiräume für das sportliche Handeln (z. B. im Rahmen von Initiativstunden) sowie die Durchführung von Bewegungsprojekten und -vorhaben (vgl. LAGING 2000b, 155-160).

4.2.1.3 Bewegungslebenschule

Die „Bewegungslebenschule" nimmt eine mittlere Position zwischen „Motorikschule" und „Bewegungsraumschule" ein.[336] Vorrangige Intention ist es, insbesondere aus Gründen der Kompensation lebensweltlicher Bewegungsrestriktionen, der Unterstützung individueller Lernprozesse und der Verwirklichung einer ganzheitlichen Bildung den Unterricht in den

---

[335] Vgl. zu den folgenden Überlegungen auch die Konzeption von FAUST-SIEHL u. a. (1996), die im Zusammenhang mit dem Leitbild der „Erfahrungsschule" in Kap. 2.2.3 erläutert wurde.

[336] Die grundsätzlichen Ideen der „Bewegungslebenschule" orientieren sich an den Vorstellungen, die im Zusammenhang mit der pragmatischen Position der bewegten Schule erläutert wurden (vgl. Kap. 4.1.1.3).

Fächern und das Schulleben durch vielfältige Bewegungsangebote zu bereichern. Damit sollen die Aufgaben des Sportunterrichts ergänzt werden.

So bemüht sich die „Bewegungslebenschule" darum, kompensatorisch-gesundheitliche Zielsetzungen mit dem Anspruch einer behutsamen Weiterentwicklung von Unterricht und Schule zu verbinden. Dies schlägt sich auch bei den inhaltlichen Akzentsetzungen der „Bewegungslebenschule" nieder, wie an ausgewählten Beispielen gezeigt werden soll:[337]

– Im Sportunterricht geht es einerseits darum, das Körperbewusstsein, die Wahrnehmung und die Haltungsentwicklung von Kindern und Jugendlichen gezielt zu verbessern. Andererseits wird aber auch Wert darauf gelegt, interdisziplinäre Sportprojekte und Freiarbeitsphasen vorzusehen und die Schülerinnen und Schüler altersangemessen an der Gestaltung eines mehrperspektivischen Sportunterrichts zu beteiligen.

– Auch im Unterricht der übrigen Fächer, der in einem „wohnlich" eingerichteten Klassenraum stattfindet, werden fächerübergreifende, projektartige und handlungsorientierte Lernformen unter Berücksichtigung der Bewegungsbedürfnisse von Schülerinnen und Schülern realisiert. Zugleich wird der Sitzschulung besondere Aufmerksamkeit gewidmet, indem das „richtige" Sitzen bewusst gemacht wird, spezifische Haltungsübungen durchgeführt sowie Bewegungspausen und aktiv-dynamisches Sitzen gefördert werden. Die Anschaffung von ergonomischem Schulmobiliar, Sitzbällen, Tischaufsätzen oder Stehpulten geschieht dabei vorwiegend aus gesundheitlichen Erwägungen; im Vergleich zur „Bewegungsraumschule" werden sie nur vereinzelt als „Requisiten" einer reformorientierten Lernkultur eingesetzt.

– Der Umbau des Schulumfeldes und Pausenhofs zu einem bewegungsanregenden Gelände ist grundsätzlich vorgesehen. Es sind bereits spezielle Zonen für unterschiedliche Bewegungsaktivitäten auf dem Schulhof eingerichtet, Ausleihmöglichkeiten für Spiel- und Sportgeräte etabliert und Verhaltensregeln für eine aktive Pause entwickelt.

– Der außerunterrichtliche Schulsport der „Bewegungslebenschule" umfasst zahlreiche Bewegungs- und Sportangebote, deren Zielsetzungen jedoch weiter als in der „Motorikschule" gefasst sind. Sie folgen einer

---

[337] Vgl. zu den hier entwickelten inhaltlichen Schwerpunkten der „Bewegungslebenschule" auch die REGENSBURGER PROJEKTGRUPPE (2001, 95-111).

vielsinnigen Ausrichtung, mit der möglichst viele Kinder und Jugendliche erreicht werden sollen.

– Sportunterricht und außerunterrichtlicher Schulsport stehen allerdings weit gehend unverbunden nebeneinander; eine Einbettung unterrichtlicher und nichtunterrichtlicher Sportangebote in ein bewegungspädagogisches Gesamtkonzept, wie z. B. bei der „Bewegungsraumschule", ist nicht beabsichtigt. Die Öffnung des Schulsports nach innen und außen erfolgt eher sporadisch, sie ist kein durchgängiges Programm.

Schultheoretisch steht die „Bewegungslebenschule" einer deutlich weiterentwickelten „Unterrichtsschule" nahe. Sie wird zwar immer noch als eine Institution gesehen, in der der Fokus auf die Sachorientierung, d. h. die effektive Vermittlung von Sachwissen im Unterricht gerichtet ist, doch wird in Abhebung von Konzepten der „Unterrichtsschule" bei GIESECKE und WILHELM (vgl. Kap. 2.2.1) erkannt, dass angesichts veränderter Lebensbedingungen erzieherische Ansprüche und eine dem Lernen förderliche, humane Schulatmosphäre weitaus stärker berücksichtigt werden müssen. Vor diesem Hintergrund werden Bewegung, Spiel und Sport gleichsam zu Hebeln einer pragmatischen Erneuerung der Schule. Sie ist insofern pragmatisch, als sie an der herkömmlichen „Unterrichtsschule" ansetzt und versucht, Bewegung und Sport über die bisherigen kompensatorisch-gesundheitsfördernden Aufgaben hinaus als unentbehrliche Bestandteile des Lernens und Lebens in der Schule zu profilieren. Die damit einhergehenden innovativen Ideen stellen zwar eine Erweiterung der Aufgaben und des Methodenrepertoires der „Unterrichtsschule" dar; sie können jedoch nicht als Instrumente einer grundsätzlichen Unterrichts- und Schulreform gelten. Aus diesem Grund kann das hier zu Grunde liegende Schulleitbild als eine „Mischform" charakterisiert werden, das auf einem Kontinuum annähernd in der Mitte zwischen der extremen Ausprägung der „Unterrichtsschule" und der „Erfahrungsschule" anzusiedeln ist: Es ist eine „Unterrichtsschule", die reformorientierte Elemente in Richtung „Erfahrungsschule" aufgenommen hat.

4.2.1.4 Sportfreundliche Schule

Die „sportfreundliche Schule" geht von der Vorstellung aus, dass vermehrte außerunterrichtliche Sportaktivitäten, die zusätzlich zum Sportunterricht angeboten werden, entscheidend zur Entschulung der Schule und zur Bereicherung des Schullebens beitragen.[338] Wesentlicher Referenzpunkt für die Schulgestaltung ist dabei der außerschulische Sport, der jedoch sehr unterschiedlich, d. h. in eher abbildhaft-affirmativer oder eher kritisch-distanzierender Weise interpretiert werden kann. Im Vergleich zu den zuvor dargestellten Inszenierungsformen wird bewusst auf einen bewegten Unterricht der Fächer verzichtet.

Bei allen Spielarten der „sportfreundlichen Schule" kann das umfangreiche Angebot an außerunterrichtlichen Schulsportaktivitäten als charakteristisch für das inhaltliche Profil angesehen werden. Im Einzelnen lassen sich folgende Bausteine der „sportfreundlichen Schule" herausfiltern:

– Die Stellung des Sportunterrichts im Ensemble der Schulfächer kann als verhältnismäßig hoch eingeschätzt werden. So wird darauf geachtet, dass möglichst viele Sportstunden erteilt werden. Zudem besteht in der Sekundarstufe I die Chance, Sport als Wahlpflichtfach zu belegen; in der gymnasialen Oberstufe wird Sport auch als Leistungskurs angeboten. Bei fächerübergreifenden Projekten und Projektwochen werden sportliche Themen berücksichtigt.

– Die anregende Gestaltung des Schulgeländes und Schulhofs lädt Schülerinnen und Schüler zu selbstbestimmten Bewegungs-, Spiel- und Sportaktivitäten in der Pause ein; sie bietet aber auch ausreichende Möglichkeiten, sich zu entspannen, auszuruhen und zu kommunizieren. Die Sporthalle steht darüber hinaus auch in den Mittagspausen für Sportaktivitäten zur Verfügung. Notwendige Spiel- und Sportgeräte für den Pausensport können nach einem von der Schülerverwaltung bzw. von Schülerinnen und Schülern selbst organisierten Verfahren ausgeliehen werden.

– Es gibt ein vielfältiges sportartenbezogenes, sportartenübergreifendes und themenspezifisches Angebot an Sportgemeinschaften, die von Schülermentoren, Lehrkräften, Vereinsübungsleitern, Sozialpädagogen oder Eltern geleitet werden. In organisatorischer Hinsicht werden sie altersspezifisch oder jahrgangsübergreifend, geschlechtshomogen oder -heterogen, schulbezogen oder schulübergreifend zusammengesetzt.

---

[338] Ziele und Inhalte der „sportfreundlichen Schule" werden in Anlehnung an die im Rahmen der breitensportorientierten Position der sportbetonten Schule dargestellten Konzeptionen entwickelt (vgl. Kap. 4.1.2.1).

- Sport- und Spielfeste, zu denen auch Sporttage, Schulsportwettkämpfe und Sportaufführungen im Rahmen von Schulfesten zählen, sind regelmäßige festliche Veranstaltungen im Schulleben, mit denen verschiedene Zielsetzungen verfolgt werden. In diesem Sinne werden beispielsweise Bundesjugendspiele und kreative Spielfeste, Schulturniere, Klassenspiele und Klassenmeisterschaften in verschiedenen Sportarten, Veranstaltungen im Rahmen des Wettbewerbs „Jugend trainiert für Olympia", Sponsorenläufe, Sportabzeichenwettbewerbe, Fitness- und Gesundheitstage durchgeführt sowie Tanz- und Turndarbietungen für das Schulfest eingeübt.

- Da Schulfahrten mit sportlichem Schwerpunkt zum Fahrtenprogramm der „sportfreundlichen Schule" gehören, ist gewährleistet, dass Schülerinnen und Schüler zumindest einmal in ihrer Schulkarriere daran teilnehmen. Solche Schulfahrten werden meist als Kompaktkurse für Sportaktivitäten in der Natur genutzt, durch die Heranwachsende pädagogisch wertvolle Erfahrungen machen und Einblicke in ökologische Zusammenhänge gewinnen können.

- Informelle Sporttreffs an oder in der Schule, die z. B. dem gemeinsamen Laufen, Inlineskaten oder Fußballspielen von Schülern, Lehrern, Freunden, Geschwistern und Eltern dienen, und selbstorganisierte Schülersportvereine, bei denen ehemalige Schülerinnen und Schüler willkommen sind, komplettieren das außerunterrichtliche Sportprogramm.

- Die „sportfreundliche Schule" öffnet sich prinzipiell nach innen und außen: Außerunterrichtliche Sportaktivitäten werden für Schülerinnen und Schüler verschiedener Alters- und Jahrgangsstufen sowie teilweise auch für Ehemalige, Lehrkräfte, Geschwister, Eltern und Freunde angeboten; die Kooperation mit Sportvereinen und außerschulischen Partnern wird dabei angestrebt. Überdies bleibt der Schulhof auch nachmittags, am Wochenende und in den Ferien für Bewegungs- und Sportaktivitäten im Stadtteil bzw. in der Gemeinde geöffnet.

Die spezielle Ausformung der beschriebenen Bausteine ist jedoch abhängig vom jeweiligen schultheoretischen Standort der „sportfreundlichen Schule". Bei idealtypischer Auslegung der schulreformerischen Variante, die eine besondere Verwandtschaft zur „Erfahrungsschule" offenbart, werden die festen Grenzen zwischen unterrichtlichen und nichtunterrichtlichen Sportangeboten zu Gunsten eines übergreifenden Lernbereichs im Sinne einer allgemeinen Bewegungserziehung aufgelöst.

Zwar ist auch hier die außerschulische Bewegungs- und Sportwelt ein wichtiger Bezugspunkt für die Schulgestaltung, doch geschieht dies in pädagogisch gefilterter Weise und betont kritischer Distanz zum institutionalisierten Wettkampfsport der Vereine und Verbände. Die reformorientierte Form der „sportfreundlichen Schule" lässt somit eine gewisse Nähe zur „Bewegungsraumschule" erkennen (vgl. Kap. 4.2.1.2).

Wenn sich die „sportfreundlichen Schule" in der Spur der „Erfahrungsschule" als ein Lern- und Lebensort erweisen soll, an dem sich alle Kinder und Jugendlichen mit ihren verschiedenen Begabungen wohl fühlen (vgl. hierzu Kap. 2.2.3), ist es notwendig, dass die Sportaktivitäten auch die je spezifischen Interessen und Neigungen möglichst vieler Kinder und Jugendlicher ansprechen. Dies bedeutet konkret, z. B. Sportgemeinschaften für Mädchen und Jungen, für Sporttalentierte und solche Heranwachsende, die dem Sport eher distanziert gegenüberstehen oder motorische bzw. gesundheitliche Auffälligkeiten aufweisen, sowie für jüngere und ältere Schülerinnen und Schüler anzubieten. Um den individuellen Bedürfnissen gerecht zu werden, verfolgen sie unterschiedliche Zielsetzungen. Dementsprechend werden sie als Schnupper-, Förder-, Einführungs-, Aufbau-, Ausbildungs- oder Trainingskurse durchgeführt.

Im Zentrum der pädagogischen Bemühungen steht eine mehrperspektivisch angelegte Didaktik vielfältiger Lerngelegenheiten, die sich deutlich vom einseitig lehrerzentrierten „Sportartenlernen" unter der Maxime der Leistungsoptimierung abhebt. In inhaltlicher Hinsicht wird sowohl im Sportunterricht als auch im außerunterrichtlichen Schulsport ein sehr weites Sportverständnis zu Grunde gelegt, bei dem nicht nach vermeintlich „wertvollen Sportarten" und „weniger wertvollen Bewegungs- und Sportformen" differenziert wird. Vielmehr gilt es, die Entwicklung von Schülerinnen und Schülern zu fördern, indem ihnen die Vielfalt von Bewegungsgrundformen und Sportarten in exemplarischer Weise erschlossen wird. Dazu gehören u. a. auch Trendsportarten, gauklerische Bewegungskünste, Körpererfahrungs- und Entspannungsübungen oder Spiele aus vergangenen Zeiten und fremden Kulturen. Die Lernprozesse verlaufen dabei – so weit möglich – selbstbestimmt und erfahrungsorientiert; fächerübergreifende Vorhaben und Projekte sind auch im Sportunterricht an der Tagesordnung.

Als Beitrag zur Demokratieerziehung im „Schonraum" Schule werden Schülerinnen und Schüler zudem früh auf die Übernahme von Verantwortung im Sport vorbereitet und an der Gestaltung der „sportfreundlichen Schule" beteiligt, wie z. B. bei der Bereitstellung von Spielmaterialien für den Pausensport, der Leitung von Übungsgruppen oder der Organisation von Schulturnieren, Sportfesten und Schülersportvereinen.

Die schulreformerisch orientierte „sportfreundliche Schule" versteht sich als offener Lern- und Erfahrungsraum, in dem die Chancen, die das soziale Umfeld bietet, für das Lernen fruchtbar gemacht werden. In diesem Sinne eröffnet auch der „Sport" in seinen außerschulischen Kontexten zahlreiche Möglichkeiten für Kinder und Jugendliche, in lebenspraktischen Alltagssituationen zu lernen, Interessenskonflikte zu erfahren und Mechanismen gesellschaftlicher Entscheidungsprozesse zu reflektieren. Daher werden gezielt außerschulische Lernorte aufgesucht und Expertinnen und Experten – z. B. Sportfunktionäre, Angestellte von Fitnessstudios, Sportjournalisten oder Mitarbeiter der Jugend- und Sozialhilfe – befragt. Auch wird die Zusammenarbeit mit Nachbarschulen, Sportvereinen, Eltern, kommunalen Einrichtungen o. Ä. gesucht. Die pädagogische Aufbereitung und Reflexion dieser Kontakte in der Schule ist Voraussetzung dafür, die notwendige Distanz zur Alltagswirklichkeit herzustellen und systematisches Lernen zu ermöglichen.

Im Gegensatz dazu stehen bei der traditionellen Spielart der „sportfreundlichen Schule", die in der Nähe der „Unterrichtsschule" angesiedelt werden kann, obligatorischer Sportunterricht und außerunterrichtlicher Schulsport mehr oder weniger unverbunden nebeneinander. Der außerschulische wettkampforientierte Vereinssport gilt gewissermaßen als Leitlinie für die Ausgestaltung des Schulsports. So zielt der Sportunterricht in einer solchen Konzeption in erster Linie darauf ab, sportliche Leistung und sportliches Können in ausgewählten „klassischen" Sportarten erfahrbar zu machen. Außerunterrichtliche Sportaktivitäten werden als Ausgleich zum übrigen Fachunterricht und als Belebung des Schullebens gesehen. Sie dienen vornehmlich dazu, durch ein umfangreiches Angebot an Sportarten in die Vielfalt des Sports einzuführen und dabei die eigene Leistungsfähigkeit zu verbessern. Insofern öffnet sich der Schulsport hier weit gehend nur in seinen außerunterrichtlichen Bestandteilen. Die Öffnungstendenzen sind allerdings im Vergleich mit der reformorientierten Ausprägung der „sportfreundlichen Schule" in organisatorischer, thematischer, inhaltlicher und methodischer Hinsicht als begrenzt einzuschätzen.

Neben den beiden dargestellten Formen ist aber noch eine weitere Variante der „sportfreundlichen Schule" vorstellbar. Im Zusammenhang mit der „Schulleben-Schule" geht es dann vor allem darum, sozialisationsbedingten Benachteiligungen von Kindern und Jugendlichen durch adäquate Interventionsmaßnahmen entgegenzuwirken. Da soziale Differenzen nach wie vor besonders im Sportengagement unterprivilegierter Schichten und bei Mädchen sichtbar werden (vgl. u. a. KURZ/SACK/BRINKHOFF 1996), bedeutet dies für die Ausgestaltung der „sportfreundlichen Schule", Bewegungs- und Sportformen anzubieten, die den besonderen Neigungen eben dieser Schülerinnen und Schüler entsprechen. Anders als im Kontext der „Erfahrungsschule", in der versucht wird, auf solche bestehenden gesellschaftlichen Ungleichheiten im Sportsystem aufmerksam zu machen und diese durch die pädagogische Arbeit zu verändern, beschränkt sich die „sportfreundliche Schule" im Horizont der „Schulleben-Schule" – zumindest in der Interpretation von STRUCK (vgl. Kap. 2.2.2) – weit gehend darauf, Heranwachsenden durch ein attraktives außerunterrichtliches Sportprogramm die Schulunlust zu nehmen. Damit ist die sozialpädagogische Hoffnung verbunden, Schülerinnen und Schüler auch für das systematische Lernen in der Schule zu gewinnen.

4.2.1.5 Leistungssportbetonte Schule

Im Sinne einer pädagogisch-kritischen Position verfolgt die „leistungssportbetonte Schule" das Ziel, die Selbst- und Mitbestimmungsfähigkeit junger Leistungssportlerinnen und -sportler zu stärken.[339] Sie versucht, die Anforderungen der Nachwuchsleistungsförderung pädagogisch verantwortbar zu regulieren und die allgemein bildenden Zielsetzungen der Schule gegenüber fremdbestimmten Ansprüchen des Leistungssportsystems zu vertreten.

Dabei kommt dem Sportunterricht als dem zentralen Verbindungsglied zwischen Schule und Leistungssport eine besondere Bedeutung zu.[340] Auch bei einer leistungssportlichen Ausrichtung der Schule kann aus pädagogischen Erwägungen nicht teilweise oder gänzlich auf den verbindlichen Sportunterricht verzichtet werden: „Das sportliche Training

---

[339] Die wesentlichen Ideen der „leistungssportbetonten Schule" basieren auf Überlegungen, die im Rahmen der leistungssportorientierten Position der sportbetonten Schule dargelegt wurden (vgl. Kap. 4.1.2.2).

[340] In diesem Sinne spricht ELFLEIN (1998) auch von einem zwischen Bildungs- und Trainingszielen „vermittelnden" Sportunterricht.

im Spezialgebiet darf den Schulsport nicht ersetzen wollen oder ihn auch nur in den Augen des Kindes [und des Jugendlichen, G. S.] unwichtig erscheinen lassen" (KURZ 1982, 195).[341] Nimmt man eine wichtige Zielsetzung des Fachs Sport ernst, zur allgemeinen Entwicklungsförderung von Kindern und Jugendlichen durch ein vielseitiges Bewegungs-, Spiel- und Sportangebot beizutragen, so ist es problematisch, wenn der Sportunterricht insgesamt oder einzelne Teile für das Training in der jeweils betriebenen Spezialsportart in Anspruch genommen werden. Denn die verschiedenen pädagogischen Aufgaben des Sportunterrichts können nicht durch eine einzelne Sportart und das Leistungssporttraining erfüllt werden (vgl. a. a. O., 193). Zudem erscheint es bedenklich, wie KURZ weiter ausführt, talentierte Leistungssportler(-innen) von sozialen Erfahrungen im Sportunterricht auszuschließen, die durch das gemeinsame Sporttreiben mit Leistungsschwächeren gemacht werden können; dies helfe ihnen auch, zumindest zeitweise eine kritische Distanz zum eigenen Engagement im Leistungssport aufzubauen (vgl. a. a. O.). Voraussetzung dafür ist allerdings, dass an „leistungssportbetonten Schulen" auch Schülerinnen und Schüler mit breitensportlichen Interessen aufgenommen werden.

Darüber hinaus kann der schulische Sportunterricht aber auch in anderer Hinsicht als Korrektiv wirken. Da die sportlichen Erfahrungen jugendlicher Athleten meist nur auf die Sinndimension von Leistung und Wettkampf zentriert sind, stellt der Sportunterricht die einzige Möglichkeit dar, die Mehrperspektivität von Bewegung, Spiel und Sport kennen zu lernen (vgl. PROHL 1999, 306).[342] Vor allem aber geht es im Blick auf die Entwicklung einer verantwortungsbewussten Selbst- und Mitbestimmungsfähigkeit der jungen Sportler(-innen) im Sportunterricht auch darum zu lernen, die eigenen Grenzen der sportlichen Leistungsfähigkeit an individuellen Bewertungsmaßstäben zu messen und einzuschätzen (vgl. MEINBERG 1996, 212; PROHL 1999, 306):

> „Schulsport und Sportunterricht müssen einen Eindruck vermitteln, wie auf die ganze Lebensspanne bezogenes, für die positive Entwicklung der eigenen Körperlichkeit verantwortliches Sporttreiben

---

[341] KURZ (1982) hat die hier zitierten Prüfkriterien im Zusammenhang mit der Beurteilung des Leistungssports im Kindesalter entwickelt. Sie können m. E. aber auch für den Leistungssport von älteren Schülerinnen und Schülern Geltung beanspruchen.

[342] In diesem Zusammenhang schlägt beispielsweise ELFLEIN (1998) vor, zur Förderung der Mitbestimmungs-, Solidaritäts- und Wahrnehmungsfähigkeit von Kindern und Jugendlichen im Sportunterricht Aspekte des offenen Unterrichts sowie Konzepte des sozialen Lernens und der Körpererfahrung zu berücksichtigen.

und humaner Leistungssport aussehen können. Fairnesserziehung (bzw. soziales Lernen im Sport), verbunden mit dem Aufbau von Wertbewusstsein und moralischer Kompetenz, sollte eine zentrale Aufgabe des Sportunterrichts werden" (SINGLER/TREUTLEIN 2001, 225).

Hierbei sollten die erzieherischen Anstrengungen auch darauf zielen, dass talentierte Nachwuchssportlerinnen und -sportler die Problematik des Einsatzes pharmakologischer Substanzen und deren gesundheitliche Folgen kennen und beurteilen können (vgl. PROHL 1999, 306). Dazu ist „eine eindeutige Haltung des Lehrers gegen Medikamentenmissbrauch" und gegen die „Missachtung von Regeln" notwendig (SINGLER/TREUTLEIN 2001, 225).

Zur sportlichen Förderung der jungen Talente kann es in einer leistungssportlich orientierten Schule auch sinnvoll sein, besondere Trainingsstunden im außerunterrichtlichen Bereich vorzusehen. Dies wird lediglich dann zum Problem, wenn dadurch die Sportangebote der nichtleistungssportlich engagierten Schülerinnen und Schüler – z. B. durch die entsprechende Inspruchnahme der Sportanlagen durch trainierende Athleten oder der Deputatsstunden von Lehrkräften – entscheidend eingeschränkt werden müssen.

Es wird hier, wie bereits deutlich geworden sein dürfte, einer „leistungssportbetonten Schule" das Wort geredet, die nicht nur für besonders Sportbegabte offen steht.[343] Dabei wird im Einklang mit neueren empirischen Untersuchungen davon ausgegangen, dass für Leistungssport treibende Athleten eine heterogene Zusammensetzung der Klassen mit leistungs- und breitensportlich orientierten Schülerinnen und Schülern kein Problem darstellt (vgl. BRETTSCHNEIDER 1998a, 107). Ein solches Plädoyer erfolgt in dieser Studie aber vornehmlich aus pädagogischen Gründen. Zum einen gilt es, breitensportlich und leistungssportlich engagierte Schülerinnen und Schüler im Blick auf sozialerzieherische Zielsetzungen gemeinsam zu unterrichten, damit insbesondere leistungssportlich aktive Kinder und Jugendliche ein breiteres Spektrum an unterschiedlichen Begabungen und Interessen sowie an Möglichkeiten der individuellen Freizeit- und Lebensgestaltung erfahren können. Zum anderen erweist sich im Anschluss an PROHL (1999, 305) und

---

[343] Vgl. hierzu z. B. die Darstellung von U. BECKER (1998) zur leistungssportlichen Förderung am Heinrich-Heine-Gymnasium in Kaiserslautern und zur Zielsetzung, sich „vom Sportzweig zur sportlichen Schule für alle" zu entwickeln (97).

PROHL/ELFLEIN (1997, 290) die Aufnahme von breitensportorientierten Kindern und Jugendlichen in eine „leistungssportbetonte Schule" auch deshalb als sinnvoll, weil dadurch die aus dem Leistungssport ausscheidenden Schülerinnen und Schüler leichter eingegliedert werden können.

Darüber hinaus ist das pädagogische Konzept auch dadurch gekennzeichnet, dass sich die „leistungssportbetonte Schule" den Anforderungen und Problemen des Leistungssporttrainings junger Talente – allerdings in kritisch-konstruktiver Weise – nach innen und außen öffnet (vgl. dazu PROHL/ELFLEIN 1996, 170-171). Konkret heißt dies: Lehrkräfte aller Fächer und nicht lediglich nur einige wenige, dem Leistungssport gegenüber prinzipiell positiv eingestellte Pädagogen sollten sich mit dem speziellen Schulprofil identifizieren und den Bedürfnissen ihrer Schülerschaft gerecht werden. Damit wird zugleich eine Konfliktlinie zwischen den Ansprüchen von Nachwuchsathleten, Trainern, Eltern und Funktionären einerseits und Zielvorstellungen einer auf Selbst-, Mitbestimmungs- und Kritikfähigkeit beruhenden Pädagogik andererseits evident. Es ist nicht zu übersehen, dass sich Lehrkräfte einer pädagogisch-kritisch ausgerichteten „leistungssportbetonten Schule" in einem nur schwer auflösbaren Dilemma befinden.

Umso wichtiger ist es, im Schulprogramm das Amt von Sportkoordinatoren in schulischer Verantwortung zu verankern. Ihre Funktion besteht nicht nur darin, als Ansprechpartner zur Verfügung zu stehen, um organisatorische Vermittlungsaufgaben im Spannungsfeld von Schule und Leistungssport wahrzunehmen.[344] Vielmehr ist es notwendig, dass sich Sportkoordinatoren bewusst auch als „Schulpädagogen" begreifen, die „das (systematische) Gespräch mit den Kollegen der verschiedenen Fachunterrichtsgruppen [...] suchen" und sich für die Belange der Leistungssporttalente stark machen (PROHL/ELFLEIN 1996, 170-171). Überdies kommt ihnen die schwierige Aufgabe zu, in Informations-, Diskussions- und Fortbildungsveranstaltungen gemeinsam mit Lehrkräften und Trainern (sowie ggf. mit Erziehern, Eltern und Funktionären) brisante Probleme im Zusammenhang mit dem Leistungssporttraining anzusprechen und die kritisch-konstruktive Position der Schule zu vertreten.

Was den schultheoretischen Standort der „leistungssportbetonten Schule" anbelangt, so kann sie am ehesten der „Unterrichtsschule" zugeordnet

---

[344] Vgl. zu den organisatorischen Aufgaben eines Sportkoordinators RICHARTZ/BRETTSCHNEIDER (1996, 173-175).

werden.[345] Selbst GIESECKE, der als prominenter Vertreter der „Unterrichtsschule" dem Sport nicht gerade aufgeschlossen gegenübersteht, kann sich eine „Eliteschule des Sports" vorstellen (vgl. Kap. 2.2.1). In seiner engen Auslegung des Schulleitbilds ist jedoch nur die instrumentell-affirmative Spielart der „leistungssportbetonten Schule" denkbar (vgl. dazu Kap. 4.1.1.1).

Das hier vorgestellte Idealmodell einer pädagogisch-kritisch orientierten „leistungssportbetonten Schule" setzt zwingend die Weiterentwicklung der in Kap. 2.2.1 beschriebenen „Unterrichtsschule" voraus; sie weist bereits erste reformerische Elemente auf. Die gesellschaftstheoretische Funktion dieser weiterentwickelten „Unterrichtsschule" bleibt insofern affirmativ, als sie die gesellschaftliche Realität des Leistungssports als gegeben anerkennt; kritisch ist sie aber insofern, als sie das Leistungssporttraining von Kindern und Jugendlichen im Sinne eines pädagogischen Korrektivs begleitet. Vor diesem Hintergrund lässt sich diese Variante der „leistungssportbetonten Schule" in gesellschaftstheoretischer Hinsicht als pragmatisch-korrektiv charakterisieren.

4.2.2 Schulpädagogische Außensicht

Gewiss wäre es aus sportpädagogischer Sicht wünschenswert, wenn möglichst viele Schulen eine der im vorigen Kapitel beschriebenen bewegungs- und sportbezogenen Inszenierungsformen bzw. eine entsprechende „Mischform" als Ziel der Schulentwicklung verfolgten. Ein solches Ansinnen ist jedoch gleichermaßen unrealistisch wie problematisch. Es würde andere gesellschaftspolitisch und pädagogisch hoch bewertete Aufgaben der Schule, wie z. B. Gesundheitsförderung, interkulturelle Erziehung oder Medienerziehung, zumindest tendenziell für weniger wichtig erachten. Damit könnte zugleich der mit der Schulprogrammarbeit eingeschlagene Weg aus fachlicher Isolation verstellt werden.[346]

---

[345] Angesichts ihrer grundlegend gesellschaftskritischen Haltung kommt die „Erfahrungsschule" für eine leistungssportliche Ausprägung nicht in Frage. Und auch in der „Schulleben-Schule" wird die Leistungssportorientierung kaum Platz greifen, weil sie – zumindest in der Version von STRUCK – in erster Linie für Kinder und Jugendliche an Schulen in sozialen Brennpunkten entwickelt wurde. Ein leistungssportliches Engagement dieser Schülerinnen und Schüler, die vermutlich eher aus weniger privilegierten Schichten stammen, wird dabei wohl die Ausnahme bleiben.

[346] Vgl. dazu die Diskussionen in Kap. 1.1 und 1.3.3.1.

Aus diesem Grund geht es in den weiteren Ausführungen darum, von einem schulpädagogischen Standpunkt auf das Fach Sport zu schauen und zu fragen, zu welchen überfachlichen schulischen Aufgabenbereichen der Schulsport eigentlich beitragen soll.[347] In diesem Zusammenhang ist einsichtig, dass die Beteiligungsmöglichkeiten des Schulsports auch davon abhängen, welche Aufgaben der Schule überhaupt zugewiesen werden. Da es, wie gezeigt wurde, verschiedene Vorstellungen von Schule gibt, kann nämlich nicht von einem einheitlichen Aufgabenverständnis ausgegangen werden. Denn je nachdem, welchem Schulleitbild gefolgt wird, ergeben sich auch unterschiedliche Auffassungen über den Auftrag der Schule.[348]

So wird sich eine Schule, die sich – wie die „Unterrichtsschule" – auf ihren Qualifikationsauftrag konzentriert, erzieherischen Aufgaben gegenüber weniger aufgeschlossen zeigen als eine Schule, die sich – wie die „Erfahrungsschule" – bewusst als Erziehungs- und Lebensstätte für Kinder und Jugendliche begreift. In der „Erfahrungsschule" werden die veränderten Lebensbedingungen von Kindern und Jugendlichen zum Anlass genommen, erzieherischen Ansprüchen – und damit der Entwicklung von Human- und Sozialkompetenz des Einzelnen – mehr Gewicht zu verleihen. Anders als die „Unterrichtsschule" will sie „Erziehungsaufgaben parallel und komplementär zur sie umgebenden Gesellschaft bewältigen" (BILDUNGSKOMMISSION NRW 1995, XIII).[349] Gleichwohl wird von Vertretern der „Unterrichtsschule" keineswegs bestritten, dass im Fachunterricht, der durchaus *fach*übergreifend ausgerichtet sein kann, auch erzieherische Aufgaben bei der Vermittlung von Sachwissen wahrgenommen werden. Allerdings dürfte ein eher funktionales Erziehungsverständnis leitend sein.

Vor diesem Hintergrund soll in einem ersten Zugang der Frage nachgegangen werden, welche grundsätzlichen Möglichkeiten sich für die Teilhabe des Schulsports an überfachlichen pädagogischen Schwerpunktthemen bieten (Kap. 4.2.2.1). In einem zweiten Schritt gilt es, am Beispiel der fächerübergreifenden Aufgabe der geschlechtssensiblen Erziehung

---

[347] Anders als bei den aus sportpädagogischer Innensicht dargelegten Gestaltungsformen kommt dem Schulsport hier im Idealfall lediglich eine gleichberechtigte Rolle im Schulentwicklungsprozess zu.
[348] Vgl. zu dieser Diskussion die Analysen in Kap. 2.2.
[349] Tendenziell gilt die Akzentuierung erzieherischer Aufgaben auch für die „Schulleben-Schule". Weit mehr als die „Erfahrungsschule" vertraut sie aber auf kompensatorische Erziehungswirkungen, um gesellschaftlichen Missständen entgegenzutreten.

zu verdeutlichen, wie seine praktische Mitwirkung im Rahmen der Schulprogrammarbeit bzw. Profilbildung aussehen kann (Kap. 4.2.2.2).

4.2.2.1 Beteiligungsmöglichkeiten an überfachlichen Aufgaben der Schule

Eine geeignete Quelle auf der Suche nach Beteiligungsmöglichkeiten des Schulsports an überfachlichen schulischen Aufgaben stellen sicherlich aktuelle Richtlinien und Lehrpläne für den Sport dar, denn Lehrpläne haben Orientierungs- und Legitimationsfunktion und sind der Ort, an dem in gedrängter Form die politisch gewollte Vorstellung vom „guten" Schulsport und von der gewünschten Schule aufscheint. In solche curricularen Texte fließen zugleich die jeweils zeitgemäßen fachdidaktischen und pädagogischen Theorien ein, die nach einem gesellschaftlichen Diskurs für eine bestimmte Zeit bildungspolitisch verantwortet werden können (vgl. TILLMANN 1996, 7).

Bei der Betrachtung neuerer Curricula fällt auf, dass es gegenwärtig kaum einen Sportlehrplan gibt, in dem nicht die Bedeutung fächerübergreifender Aufgaben zur Einlösung des allgemeinen Bildungs- und Erziehungsauftrags der Schule hervorgehoben wird (vgl. ASCHEBROCK 1999a; 2001; ASCHEBROCK/STIBBE 2004). So werden z. B. im brandenburgischen Stufenplan für die Sekundarstufe I „übergreifende Themenkomplexe" formuliert, die als „Bezugsrahmen für die schulische Bildung" in allen Schulfächern gelten (MBJS 2002, 10-11; vgl. ähnlich KM SACHSEN-ANHALT 1999, 22 und 151-158). Diese Themenbereiche sollen vor allem durch eine fach- und fächerübergreifende Ausrichtung des Unterrichts umgesetzt werden. In diesem Kontext wird auch vom Sportunterricht gefordert, sich insbesondere für die Themenschwerpunkte „Gesundheit und jugendliche Lebenswelt", „ökologische Nachhaltigkeit und Zukunftsfähigkeit" sowie „Friedenssicherung, Globalisierung und Interkulturelles" verantwortlich zu zeigen (MBJS 2002, 61; vgl. Tab. 8).[350]

---

[350] Vgl. ähnlich den Sportlehrplan für die Regelschule in Thüringen, bei dem die übergeordneten Aufgabenfelder „Gesundheitserziehung", „Umwelterziehung", „Sicherheits- und Verkehrserziehung" sowie „musisch-ästhetische Erziehung" als besonders bedeutsam für das Fach Sport herausgestellt werden (vgl. THÜRINGER KM 1999, 12-13). Vgl. auch den rheinland-pfälzischen Sportlehrplan für die Sekundarstufe I, der in einem eigenen Kapitel Ziele und Formen fächerübergreifenden Lernens im Blick auf den Sportunterricht darstellt (vgl. MBWW 1998). Darüber hinaus finden sich im Anhang dieses Lehrplans zahlreiche Vorschläge, wie überfachliche

Tab. 8: *Anregungen zur Mitwirkung des Sports an übergreifenden Themenschwerpunkten (MBJS 2002, 61)*

Übergreifende Themenkomplexe	Themenfelder
Gesundheit und jugendliche Lebenswelt	Freizeit und Fitness, gesunde Ernährung, Sucht und Drogen, funktionelle Gymnastik und meditative Bewegungstechniken (z. B. Tai-Chi, Yoga, Stretching)
Ökologische Nachhaltigkeit und Zukunftsfähigkeit	Erlebnisräume nutzen und schützen, Sport im natürlichen Umfeld ressourcenschonend betreiben, Belastungen/Nutzen der Regionen durch den Sport, Erkundungen, Mobilität und Verkehrswege bzw. Infrastrukturen (z. B. Orientierungsläufe, Wassersport, Wintersport, Mobilität und Sport, Radsport im Wandel, Rollsport, Klettern und Wandern)
Friedenssicherung, Globalisierung, Interkulturelles	Sport und Jugendkultur („Szene und Trend"), Gewaltprävention mit Sport, Angst und Vertrauen, Fairplay, Spiele aus aller Welt, Mehrkämpfe
Recht im Alltag	Sport und Menschenrechte, Berufe im Sport, Professionalisierung im Sport
Wirtschaft	„Olympische Spiele", Wettkampf- und Freizeitsport als Wirtschaftsfaktor, Sport mit Risiko sicher betreiben, Kommerzialisierung im Sport
Medien und Informationsgesellschaft	Elemente aus dem Bereich der Darstellung und Inszenierung (Zirkus, Akrobatik, Tanzen), Elemente aus Bewegungskünsten (Theater, Zirkus, Pantomime, Tanzformen, Feste und Feiern ausstatten), Elemente neuer Freizeitkultur und Medien (z. B. Trendsportarten)
Geschlechterbeziehungen und Lebensformen	Spiele mit unterschiedlichen Rollen (z. B. Fußball für Jungen und Tanzen mit Mädchen – Sport und seine Rollenklischees)
Fremdenfeindlichkeit, Rechtsextremismus und Gewalt	Sport, Spiele und Tänze anderer Länder und Regionen, Spiele im Wandel der Zeit

Aufgaben von der „Umwelt- und Gesundheitserziehung" über die „Suchtprävention" bis zum „interkulturellen Lernen" und zur Problematisierung des „Verhältnisses der Geschlechter" realisiert werden können. Dabei werden Zielsetzungen, Lehrplanbezüge verschiedener Fächer und mögliche Projektthemen skizziert (vgl. a. a. O.). Und auch in den Richtlinien und Lehrplänen Sport für die Realschule in Nordrhein-Westfalen werden recht ausführlich Beteiligungsmöglichkeiten verschiedener Fächer an den übergeordneten Erziehungsaufgaben „Gesundheitserziehung", „Umwelterziehung", „Interkulturelles Lernen" und „Berufswahlorientierung" vorgestellt (vgl. MSWF 2001a, 133-179).

Ähnlich werden auch in Schleswig-Holstein auf der Grundlage des Allgemeinbildungskonzepts von KLAFKI so genannte „Kernprobleme" als Orientierungsrahmen für den gesamten Bildungsgang festgelegt. Die zu Grunde gelegten fünf Kernprobleme – „Grundwerte", „Erhalt der natürlichen Lebensgrundlagen", „Strukturwandel", „Gleichstellung" und „Partizipation" – beschreiben „Herausforderungen und Aufgaben, wie sie sich sowohl in der Lebensgestaltung des einzelnen als auch im gesellschaftlichen Handeln stellen" (MBWFK 1997, 5-6). Im Umgang mit diesen „Kernproblemen" soll auch der Sportunterricht dazu beitragen, u. a. das Selbstwertgefühl von Kindern und Jugendlichen zu stärken, demokratische Partizipationsmöglichkeiten erfahrbar zu machen, für eine gesundheits- und umweltbewusste Lebensführung zu sensibilisieren sowie zu Friedfertigkeit und Toleranz zu erziehen (vgl. MBWFK 1997, 25ff.).

Mit konkretem Bezug auf die Schulprogrammarbeit betont auch der NRW-Sportlehrplan für die Gesamtschule die Notwendigkeit der Mitwirkung des Schulsports an überfachlichen Erziehungsaufgaben, wie z. B. „Gesundheitsförderung, Sicherheitserziehung, Verkehrserziehung, reflexive Koedukation, gemeinsamer Unterricht, interkulturelle Erziehung, Umwelterziehung, politische Bildung, ästhetische Erziehung, Medienerziehung oder Gewaltprävention" (MSWF 2001b, 108). Denn „über Körper und Bewegung" können authentische „Erfahrungen gewonnen und Kompetenzen entwickelt werden, die [...] Schülerinnen und Schüler tief und nachhaltig berühren" (a. a. O., 108). Am Beispiel der „Umwelterziehung" wird verdeutlicht, dass der Schulsport bei vielen fächerübergreifenden Aufgaben nicht nur Wesentliches, sondern mitunter sogar Einzigartiges, d. h. mehr als andere Fächer leisten kann. Hinsichtlich der Umwelterziehung gehe es nämlich im Schulsport nicht nur darum, Schülerinnen und Schüler für Umweltfragen zu sensibilisieren und Gefahren für die Natur, die durch sportliche Aktivitäten entstehen können, zu reflektieren. Vielmehr könnten Umweltprobleme im Sport auch unmittelbar praktisch erfahren werden, indem Kinder und Jugendliche angeleitet würden, Prinzipien eines umweltverträglichen Sporttreibens zu entwickeln und anzuwenden (vgl. a. a. O., 108-109).[351]

---

[351] Erwähnenswert ist in diesem Zusammenhang auch eine nordrhein-westfälische Handreichung, in der konkrete Beispiele für Beiträge des Fachs Sport zum fächerübergreifenden Unterricht in der Sekundarstufe I entfaltet werden (vgl. LSW 1998b). Dabei werden die von der BILDUNGSKOMMISSION NRW (1995) vorgeschla-

Nun muss das Plädoyer für eine Beteiligung des Fachs Sport an überfachlichen Erziehungsaufgaben und fächerverbindenden Vorhaben nicht notwendigerweise mit einem reformorientierten Anspruch an den Unterricht korrelieren. So werden die Aufgaben des Sportunterrichts in manch einem Sportlehrplan – trotz fachüberschreitender Sichtweise und anderweitiger Beteuerungen auf der Zielebene – zumindest tendenziell im Sinne einer „Erziehung zum Sport" auf die rein sportlichen Zielvorstellungen, d. h. auf die Vermittlung fachbezogener Handlungsfähigkeit, begrenzt. Sporadische fächerübergreifende Projekte und sportartübergreifende Themen stellen dabei lediglich dekorative Zugaben dar. Dies sei an einem Beispiel erläutert.

Im Thüringer Sportlehrplan für die Regelschule wird beispielsweise zu Recht die Gesundheitserziehung als eine wichtige übergeordnete Aufgabenstellung des Sportunterrichts angesehen:

„Sportunterricht soll dem zunehmenden Bewegungsmangel entgegenwirken, notwendige Bewegungsreize für die körperliche Entwicklung setzen und somit zur Gesunderhaltung, zum individuellen und sozialen Wohlbefinden beitragen und zu lebenslangem Sporttreiben anregen. [...] Von besonderer Bedeutung sind Maßnahmen zur Optimierung des Herz-Kreislauf-Atemsystems. Die Schüler erwerben Kenntnisse, Fähigkeiten, Fertigkeiten und Einstellungen für eine gesunde Lebensführung, wodurch der besondere Bezug zum Fach *Biologie* [...] hergestellt wird. [...] Kenntnisse zu funktionalen Belastungswirkungen auf das Stütz- und Bindegewebesystem werden praktisch umgesetzt [...]. Das Ziel besteht darin, über den Unterricht hinaus Schädigungen gegenwärtig und im nachfolgenden Berufsleben vermeiden zu helfen" (THÜRINGER KM 1999, 12).

Obgleich hier zu Beginn Ansätze eines ganzheitlichen Gesundheitsverständnisses erkennbar sind, weisen doch die weiteren Ausführungen auf eine enge Auslegung der gesundheitspädagogischen Aufgabe hin.[352] Gesundheitserziehung im Sportunterricht nimmt hier nur die

---

    genen Lerndimensionen modifiziert und vier Bereiche des Lernens – Identität/soziale Beziehungen, Ökologie/Umgang mit der Welt, Darstellen/Verändern/Gestalten, Gesundheit/Wohlbefinden – beschrieben, zu denen der Sportunterricht Wesentliches beitragen kann (vgl. dazu ausführlicher ASCHEBROCK 1999a, 51-55).

[352] Diese Tendenz lässt sich auch beim rheinland-pfälzischen Sportlehrplan für die Sekundarstufe I feststellen, wenn die obere Zielebene verlassen wird (vgl. MBWW 1998). Für manche Sportpädagogen erweist sich auch die Formulierung der Gesundheitsperspektive in den neuen Richtlinien und Lehrplänen für den Sport in Nordrhein-Westfalen als zu eng (vgl. z. B. BRODTMANN 2001, 46), obgleich sich der Lehrplan explizit um die Begründung eines mehrperspektivischen, erziehenden Sportunterrichts bemüht. Die Auslegung der Perspektive „Gesundheit fördern, Ge-

körperlichen Fitnessfaktoren des Menschen in den Blick: Oberstes gesundheitserzieherisches Ziel ist es, die konditionellen Fähigkeiten im Bereich Ausdauer und Kraft zu fördern, um präventiv gegenüber Zivilisationskrankheiten zu wirken.[353] Konsequenterweise geht es auch im Lernbereich „Gesundheit und Fitness" hauptsächlich um die Verbesserung der aeroben Ausdauer, Haltungsschulung, Überprüfung der konditionellen Leistungsfähigkeit mit Hilfe von Fitnesstests und eine adäquate Trainingsgestaltung (vgl. THÜRINGER KM 1999, 46-48).

Diese Interpretation von Gesundheitserziehung im Schulsport hat eine gewisse schultheoretische Nähe zur „Motorikschule" im Umfeld der „Unterrichtsschule" (vgl. Kap. 4.2.1.1).[354] Nach diesem Verständnis kann der Sportunterricht auch oder gerade als traditioneller „Sportartenlehrgang" einen wesentlichen Beitrag zu einer trainingsorientierten Gesundheitsförderung in einer „gesunden (Unterrichts-)Schule" leisten.

Wenn Gesundheitsförderung hingegen im Sinne neuerer gesundheitswissenschaftlicher Erkenntnisse als „Salutogenese" interpretiert wird, kommen Konditions- und Fitnesstraining nur eine untergeordnete Rolle im Schulsport zu (vgl. BRODTMANN 1999). Es gilt vielmehr, die „persönlichen Ressourcen" von Kindern und Jugendlichen zu stärken und weitergehend auch allgemeine Fragen gesunder Lebensführung im Rückgriff auf das eigene sportliche Handeln anzusprechen (vgl. BALZ 1995). Damit ist zugleich ein auf Kooperation und Verständigung der Beteiligten angelegtes Schulsportkonzept verbunden, „in dem das Entwickeln und Fördern der Fähigkeiten zum selbständigen [...] Handeln, der sozialen Beziehungs- und Handlungsfähigkeit und der Urteilsfähigkeit zentrale Zielkategorien darstellen" (BRODTMANN 1999, 127). Die Affinität dieses Schulsportkonzepts zu den pädagogischen Leitideen der „Erfahrungsschule" ist unübersehbar.

---

sundheitsbewusstsein entwickeln" (MSWF 2001b, 31) erfolgt allerdings auf den weiteren Lehrplanebenen in einem weiten Verständnis.

[353] Vgl. kritisch zu unterschiedlichen fachdidaktischen Ansätzen der Gesundheitserziehung die umfassende Studie von BALZ (1995, 41-63) und der Überblicksbeitrag von KOTTMANN/KÜPPER (1999).

[354] Sie steht damit im Widerspruch zur oberen Lehrplanebene, auf der ausdrücklich hervorgehoben wird: „Die Thüringer Schule ist ein Lern- und Erfahrungsraum. Sie verbindet fachliches mit fächerübergreifendem Arbeiten [...] und stärkt die Individualität der Kinder und Jugendlichen" (THÜRINGER KM 1999, 5). GEßMANN (2000) hat dieses Problem treffend als „Lehrplanfalle" (83) bezeichnet und in diesem Sinne Divergenzen zwischen den einzelnen curricularen Teilen der neuen Thüringer Sportlehrpläne aufgezeigt.

4.2.2.2 Inszenierungsbeispiel: Geschlechtssensibler Schulsport als Bestandteil des Schulprogramms

Im vorangehenden Kapitel wurde bereits angedeutet, dass die geschlechtssensible Erziehung zu einer wichtigen Aufgabe der Schule gerechnet werden kann. Die Einführung der koedukativen Schule im Zuge der Bildungsreformen der 60er und 70er Jahre des 20. Jahrhunderts gründete auf der Annahme, Geschlechterhierarchien durch den gemeinsamen Unterricht von Mädchen und Jungen abbauen zu können. Erneute Aktualität hat das Geschlechterproblem Mitte der 90er Jahre durch die Denkschrift der BILDUNGSKOMMISSION NRW zur „Zukunft der Bildung – Schule der Zukunft" (1995) erfahren. Die Expertenkommission schlägt hier vor, „reflexive Koedukation"[355] als schulisches „Gestaltungsprinzip" zu etablieren, um eine „Veränderung des Geschlechterverhältnisses zugunsten eines gleichberechtigten Zusammenlebens" zu erreichen (a. a. O., 126). Mit der Idee der „reflexiven Koedukation" wird eine „Beibehaltung und bewußte Verbesserung koedukativen Unterrichts" angestrebt, bei dem auch ein phasenweise geschlechtshomogener Unterricht möglich ist (a. a. O., 132). Die „unreflektierte" Trennung von Mädchen und Jungen im Unterricht, so die Expertinnen und Experten, könne das Geschlechterproblem nicht lösen, weil damit „nicht ohne weiteres Einstellungen und Vorstellungen" verändert würden (a. a. O., 130).

Dass der Sportunterricht zu jenen Fächern gehört, in denen die Geschlechterfrage besonders virulent ist, ist offensichtlich.[356] In keinem anderen Fach ist das Lehren und Lernen so auf die Körperlichkeit von Kindern und Jugendlichen ausgerichtet wie im Sport: Körperliche Leistungsfähigkeit, physische Voraussetzungen und sozialisationsbedingte geschlechtsspezifische Verhaltensweisen werden im sportlichen Handeln unmittelbar erfahrbar. Die Bedeutung des Sportunterrichts für die Geschlechterproblematik wird noch dadurch unterstrichen, dass die Wahrnehmung des eigenen Körpers, das Körperkonzept, erhebliche Auswirkungen auf die Identität und das Selbstkonzept von Heranwachsenden im Jugendalter hat (vgl. u. a. BRINKHOFF 1998, 113-114). Insofern besteht die Hoffnung, durch die unmittelbare Verknüpfung von praktischer Erfahrung und Reflexion im Sport einen wesentlichen Bei-

---

[355] Vgl. zur Kritik am Begriff „reflexive Koedukation" KÜPPER/STIBBE 2004.
[356] Vgl. in diesem Kontext zur wechselvollen Geschichte der fachspezifischen Koedukationsdiskussion KUGELMANN (1996) und PFISTER (1998).

trag zum Abbau von Geschlechterhierarchien und geschlechtsstereotypen Zuweisungen leisten zu können.

Überblickt man die fachdidaktische Literatur und einschlägige Praxisberichte über die Schulprogrammarbeit, so liegen inzwischen zahlreiche Beispiele vor, wie Sportlehrerinnen und Sportlehrer an einer geschlechterbewussten Gestaltung der Schule mitwirken können.[357] Als leitende Zielperspektive geht es dabei vor allem darum, alle pädagogischen Veranstaltungen und Inszenierungen daraufhin zu beleuchten,

> „ob sie bestehende Geschlechterverhältnisse eher stabilisieren, oder ob sie eine kritische Auseinandersetzung und damit ihre Veränderung fördern. Getrennte Gruppen sind dabei keineswegs ausgeschlossen. Ihren Stellenwert erhalten sie jedoch nur dann, wenn eine Stärkung des Selbstbewusstseins von Mädchen und jungen Frauen bzw. eine antisexistische Entwicklung von Jungen tatsächlich erreicht werden. Beides stellt sich aber nicht von selbst her […] durch das schlichte Zusammensein von nur Mädchen oder nur Jungen" (HORSTKEMPER/FAULSTICH-WIELAND zit. nach FAULSTICH-WIELAND 1998, 35).

Schulsport mit seinen unterrichtlichen und außerunterrichtlichen Angeboten ist dementsprechend so zu gestalten, dass die Neigung zur „Selbstbeschränkung und Anpassung" von Mädchen überwunden und der Überlegenheitsanspruch von Jungen abgebaut werden (LSW 2001, 14).

In diesem Zusammenhang beschreiben z. B. SPIRI/SCHMALING/SCHUMANN (1998) am Beispiel der Gesamtschule Hagen-Eilpe, welche (komplexen) Schritte erforderlich sind, um einen geschlechterbewussten Schulsport im Programm einer Schule zu verankern, die sich gezielt um die Mädchenförderung und Jungenarbeit bemüht. Nach ihren Erfahrungen sollte zunächst eine Diskussion auf vier eng miteinander verbundenen Handlungsebenen im Fachkollegium stattfinden, um zu einem konsensfähigen fachspezifischen Orientierungsrahmen zu gelangen. Als konkrete Handlungsperspektiven werden genannt:

> „a) Sensibilisierung der Handelnden
> […] Im Schulsport stellt sich die Koedukationsfrage sinnfälliger als in anderen Unterrichtsfächern […]. Deshalb bietet das Fach auch zahl-

---

[357] Vgl. z. B. LSW (1998c), OSTERMANN/SCHOLZ/ZACHRAU (1999), SCHEFFEL (2003) oder SCHMERBITZ/SEIDENSTICKER (1998). Stellvertretend für die Fülle an Veröffentlichungen zu einem geschlechtssensiblen Sportunterricht KUGELMANN (1996; 1999), KUGELMANN/ZIPPRICH (2002), KÜPPER/STIBBE (2004) und LSW (2001).

reiche Ansatzpunkte zur Sensibilisierung aller Beteiligten (Schülerinnen/Schüler/Lehrerinnen/Lehrer/Eltern) für die Beziehungen zwischen den Geschlechtern. [...]

b) Veränderung der Interaktionsstrukturen

[...] Das Fach kann wesentlich dazu beitragen, eine neue Interaktionskultur zu entwickeln. Individualisierende Methoden können hier in vielfacher Weise erprobt werden. Ob in geschlechtsgemischten oder getrennten Gruppen gearbeitet werden soll, muß unter Berücksichtigung der Lebensphase der Schülerinnen/Schüler, des situativen Kontextes und fachspezifischer Besonderheiten entschieden werden. Auch die Modellfunktion von Lehrerinnen und Lehrern muß dabei verstärkt reflektiert werden. [...] s

c) Erweiterung des curricularen Angebots

[...] Die Dominanz der oft an den Teilinteressen der Jungen orientierten [...] Inhalte sollte korrigiert bzw. um andere inhaltliche Spektren erweitert werden. Zielperspektiven sind hier z. B. die erhöhte Akzeptanz ästhetisch-kreativer Aktivitäten und die Berücksichtigung aller individuellen Fähigkeiten von Mädchen und Jungen. Dabei ist für die Jungen v. a. die soziale Kompetenz zu akzentuieren.

d) Schaffung institutioneller und struktureller Rahmenbedingungen

[...] Als institutionelle Rahmenbedingungen müssen Möglichkeiten geschaffen werden, im Sportunterricht zumindest phasenweise geschlechtsgetrennt zu arbeiten. Hierzu gehört auch der entsprechend stundenparallele Einsatz von Kolleginnen und Kollegen, der Austausch und Zusammenarbeit ermöglicht. Reflexionsebenen bis hin zur Supervision sind wünschenswert. [...]" (SPIRI/SCHMALING/SCHUMANN 1998, 199-201).

Auf dieser Grundlage sollten dann die in der Fachkonferenz Sport vereinbarten Perspektiven als konkrete Ansatzpunkte für eine veränderte Mädchenförderung und Jungenarbeit im Schulsport formuliert und in das Schulprogramm aufgenommen werden. So findet man im Schulprogramm der Gesamtschule Hagen-Eilpe folgende Konkretisierung:

„**Perspektive Sportunterricht**

Weitere wichtige Ansatzpunkte für eine neue koedukative Perspektive bietet auch das Fach Sport, in dem das traditionell stark leistungsorientierte Angebot nach wie vor überwiegt. Hier sollen in Zukunft stark kooperationsfördernde Impulse (new games etc.) bzw. das eigene Körpererleben ermöglichende Übungen (Meditation, Pantomime ...) einbezogen werden. Gerade bei den Jungen, die solchen Angeboten in der Regel recht scheu begegnen, wird dies phasenweise in geschlechtshomogenen Gruppen geschehen müssen.

> Geschlechtsspezifische Aspekte des Sportunterrichts kommen entwicklungspsychologisch v. a. in der Pubertät zum Tragen, d. h. in der schulischen Organisation besonders in den Jahrgangsstufen 7 und 8. Hier erproben wir an der GE Eilpe seit 1995/96 den geschlechtsgetrennten Sportunterricht, wobei die jeweiligen Mädchen- bzw. Jungengruppen parallel unterrichtet werden, um in späteren, koedukativen Unterrichtsphasen wieder zusammengeführt werden zu können.
>
> In diesem Zusammenhang ist auch an die Einbeziehung der im Stadtteil vorhandenen Sportvereine gedacht, die jetzt schon mit einzelnen Angeboten am Schulleben (AG-Bereich) mitwirken. So existiert z. B. eine ursprünglich ausschließlich von Jungen stark nachgefragte Rugby-AG, die inzwischen vom Übungsleiter mit großem Erfolg auch koedukativ durchgeführt wird" (DREHER/ECKERVOGT 1996, 79-80).

Der angeführte Auszug aus dem Schulprogramm der Gesamtschule Hagen-Eilpe illustriert, dass der pädagogische Schwerpunkt eines geschlechterbewussten Schulsports als Element der „koedukativen Perspektive" in die schulische Gesamtkonzeption eingebunden ist. Bereits in diesem frühen Entwicklungsstadium hat die Beschäftigung mit diesem Aufgabenschwerpunkt Auswirkungen auf das inhaltliche Angebot des außerunterrichtlichen Schulsports (koedukative Rugby-AG), die Unterrichtskonzeption (geschlechterbezogene Ziel-, Inhalts- und Methodenwahl), die Kooperationsstrukturen im Kollegium (Absprachen) und die Schulorganisation (geschlechtergetrennter Unterricht in einigen Jahrgängen). Die konsequente Fortsetzung dieses Entwicklungsvorhabens wird letztlich zu einem veränderten Schulsportkonzept führen, das in der Spur der „Erfahrungsschule" liegt.[358]

4.3 Zusammenfassung

Angesichts einzelschulischer Besonderheiten und der Vielfalt von Profilierungsmöglichkeiten ist es nicht möglich, allgemein gültige Aussagen für die Auswahl bewegungs- und sportbezogener Schwerpunktsetzungen zu machen. Denn wenn man die Gestaltungsautonomie von Schulen als Voraussetzung für die Schulprogrammentwicklung und Profilbildung ernst nimmt (vgl. Kap. 1.3), so bedeutet dies auch, dass die einzelne Schule

---

[358] Vgl. zum Konzept eines geschlechtssensiblen Schulsports in einer „Erfahrungsschule", der Laborschule Bielefeld, z. B. den Beitrag von SCHMERBITZ/SEIDENSTICKER (1998).

selbst darüber entscheidet, welche pädagogischen Akzente und Aufgaben in welcher Ausprägung von Schule Eingang finden.

Vor diesem Hintergrund stellen die zuvor in ihren Konturen ausgeführten Inszenierungsmuster – die „Motorikschule", die „Bewegungslebenschule", die „Bewegungsraumschule", die „sportfreundliche Schule", die „leistungssportbetonte Schule" sowie deren Varianten und die Beteiligung des Schulsports an überfachlichen pädagogischen Zielvorstellungen der Schule – lediglich idealtypische Beispiele für eine bewegungs- und sportbezogene Profilbildung dar, die als normative Zielrichtung der Schulentwicklung angesteuert werden können (vgl. Tab. 9).

Die Behandlung der verschiedenen Gestaltungsformen aus zwei unterschiedlichen Perspektiven, d. h. aus einer fachinternen und einer fachexternen Sichtweise, ist dabei einmal mehr aus analytischen Gründen vorgenommen worden. Selbstverständlich ist es möglich, mehrere Schwerpunkte im Rahmen der Schulprogrammarbeit und Profilbildung zu verfolgen. In diesem Sinne kann sich z. B. eine „Bewegungslebenschule" explizit als „gesundheitsfördernde Schule", eine „sportfreundliche Schule" als „interkulturelle Schule" mit bilingualem Zweig oder eine „Bewegungsraumschule" zugleich als „Stadtteilschule", „umweltfreundliche Schule" und „geschlechterbewusste Schule" verstehen. Zudem werden unter dem Dach des etikettierenden Profils meist noch weitere fächerübergreifende Entwicklungsvorhaben, die zur Einlösung des in Schulgesetzen, Richtlinien und Lehrplänen beschriebenen Allgemeinbildungsauftrags der Schule unerlässlich sind, als systematische Schwerpunkte des Schulprogramms aufgenommen. Auch sind „Mischformen", wie z. B. zwischen der traditionellen Spielart der „sportfreundlichen Schule" und der „leistungssportbetonten Schule" oder zwischen der wahrnehmungsbezogenen Ausprägung der „Motorikschule" und der sozialpädagogisch-kompensatorisch ausgerichteten „sportfreundlichen Schule" (vgl. Tab. 5), durchaus denkbar.

Die Analysen in den vorangehenden Kapiteln haben darüber hinaus Zusammenhänge zwischen der pädagogischen Grundorientierung der Bewegungs- und Sportaktivitäten und dem zu Grunde gelegten schultheoretischen Leitbild aufgezeigt. Die daraus erwachsenden pädagogischen und schulorganisatorischen Konsequenzen sollten im Rahmen der Schulprogrammarbeit deutlicher als bisher reflektiert werden, um eine eklektische Vermengung erzieherischer Leitideen zu vermeiden und eine stringente Einbindung in das schulische Gesamtkonzept zu ermöglichen.

Tab. 9: *Inszenierungsformen der bewegungs- und sportbezogenen Profilbildung im Überblick*

Inszenierungs-form	Motorikschule	Bewegungsleben-schule	Bewegungsraum-schule	Sportfreundliche Schule	Leistungssport-betonte Schule
Varianten	(1) Wahrnehmungsbezogen (2) Fitnessorientiert			(1) Schulreformerisch (2) Traditionell (3) Sozialpädagogisch-kompensatorisch	(1) Instrumentell-affirmativ (2) Pädagogisch-kritisch
Leitidee/Hauptfunktion	Kompensation von Haltungsdefiziten und gesundheitlichen Schwächen	Behutsame Verknüpfung kompensatorisch-gesundheitlicher Ziele mit innovativen Elementen	Bewegung als Medium der Unterrichts- und Schulreform	(1) Schulsport als Beitrag zur Entschulung und Entsportung der Schule (2) Schulsport als Bereicherung des Schullebens (3) Schulsport als sozialpädagogische Hilfe	(1) Unterstützung durch Anpassung an fremdbestimmte Bedingungen des Leistungssportsystems (2) Pädagogische Regulierung der leistungssportlichen Ansprüche
Schultheoretische Nähe	(1) Schulleben-Schule (2) Unterrichtsschule	Mischform zwischen Unterrichts- und Erfahrungsschule	Erfahrungsschule	(1) Erfahrungsschule (2) Unterrichtsschule (3) Schulleben-Schule	Unterrichtsschule
Gesellschafts-theoretischer Standort	Affirmativ	Pragmatisch	Kritisch	(1) Kritisch (2) Affirmativ (3) Affirmativ	(1) Affirmativ (2) Pragmatisch-korrektiv
Fachkon-zeptionelle Nähe/Vertreter (Beispiele)	(1) BREITHECKER (u. a. 1998a); ILLI (u. a. 1998) (2) BSUK (1998a/b)	BALZ/KÖSSLER/NEUMANN (2001); REGENSBURGER PROJEKTGRUPPE (2001)	HILDEBRANDT-STRAMANN (u. a. 1999; 2000); LAGING (u. a. 1997a/b)	(1) FUNKE (1974; 1985); KRETSCHMER (2000) (2) GRUPE (2000a/b)	(1) MARTIN (1995); NEUMES (2002) (2) PROHL (1999); PROHL/ELFLEIN (1996; 1997)

5 Schlussbetrachtung

Diese abschließende Zusammenschau zielt darauf ab, den Ertrag der Studie unter drei Gesichtspunkten zu bilanzieren: Erstens geht es darum, den wesentlichen Argumentationsgang nachzuzeichnen und Leitgedanken der Untersuchung zu resümieren (Kap. 5.1); zweitens wird versucht, die Schulprogrammarbeit im Blick auf den Schulsport zu fokussieren (Kap. 5.2); drittens sollen die Grenzen der Studie aufgezeigt werden, indem die Ergebnisse relativiert und offene Fragestellungen diskutiert werden (Kap. 5.3).

5.1 Zusammenfassung

Das Schulprogramm kann gegenwärtig als wichtiges Instrument einer systematischen Schulentwicklung angesehen werden. Mit ihm ist die Erwartung verknüpft, durch eine zielgerichtete Profilbildung die Qualität der einzelnen Schule zu verbessern. Angesichts eines in Begründungsnot geratenen Fachs Sport bietet der Ansatz des Schulprogramms die Chance, die Stellung des Sportunterrichts im Kanon der Schulfächer zu stärken. Vor diesem Hintergrund wurde in der vorliegenden Arbeit der Frage nachgegangen, wie der Schulsport bzw. Bewegung, Spiel und Sport mithilfe des Schulprogramms in das pädagogische Konzept der Schule eingebunden werden können (vgl. S. 59-64).

Ausgehend von der Darstellung isolationistischer Tendenzen in der jüngeren sportpädagogischen Diskussion zum Schulsport und der daraus erwachsenden Notwendigkeit eines Perspektivenwechsels (vgl. S. 11-19), wurde der Arbeitsansatz der Studie entwickelt. Dazu wurden zunächst die Begriffe „Leitbild", „Schulprogramm" und „Schulprofil" erläutert (vgl. S. 20-25). Das Schulprogramm wurde als schriftlich dokumentiertes Handlungs- und Verfahrenskonzept zur intentionalen Gestaltung des (zukünftigen) Schulprofils umschrieben, in dem vor allem die pädagogische Ausrichtung der Schule sowie wichtige Entwicklungsvorhaben und Umsetzungsschritte entfaltet wurden. Besondere Bedeutung kommt hier dem Schulleitbild als dem konzeptionellen Gesamtentwurf von Schule zu. Die Beschreibung des aktuellen Diskussionsstandes zum Schulprogramm hat verdeutlicht (vgl. S. 25-59), dass das Schulprogramm derzeit als bildungspolitischer Hoffnungsträger zur Qualitätsentwicklung von Schulen gilt, denn fast alle Bundesländer fördern Initiativen und Aktivitäten zur Schulprogrammarbeit. Die Erwartungen der Schulverwaltung stützen sich auf zwei schulpädagogische Erkenntnisse: Dies ist einerseits die Überzeugung, dass Schulen gestaltungsfähige Einheiten sind, die von den Beteiligten selbst verändert werden können; andererseits ist es der empirisch nachgewiesene Befund, nach dem sich „gute" Schulen durch einen gemeinsam getragenen Grundkonsens in Erziehungs- und Wertfragen auszeichnen. In der Sportpädagogik wird die bildungspolitische und schulpädagogische Diskussion zum Schulprogramm erst mit einiger zeitlicher Verzögerung gegen Ende der 90er Jahre des 20. Jahrhunderts rezipiert. Dabei wird allerdings der Zusammenhang zwischen dem zu Grunde gelegten Schulleitbild und dem Schulsport kaum reflektiert.

Die problemgeschichtliche Analyse zeigte am Beispiel historischer und aktueller Schulmodelle auf, dass die Rolle, die den Leibesübungen bzw. dem Schulsport in unterschiedlichen Schulleitbildern zukommt, vom jeweiligen Schulverständnis bestimmt wird (vgl. S. 65-148). So lassen sich bei der speziellen Betrachtung des Verhältnisses von Bewegung, Spiel und Sport zu den anderen Fächern und zum Schulleben idealtypisch drei Modellvorstellungen herauskristallisieren: das „Zusatz-Modell", das „Bezugs-Modell" und das „Integrations-Modell". Das „Zusatz-Modell" ist dadurch charakterisiert, dass ein auf den Geist begrenzter Bildungsbegriff dominiert und Bewegung, Spiel und Sport mehr oder weniger nur als additive Elemente des Schullebens in Erscheinung treten. Als Beispiele hierfür sind FRANCKEs pietistische Lernschule (vgl. S. 69-73), GIESECKEs Entwurf der „Unterrichtsschule" (vgl. S. 126-131) und – mit umgekehrten Vorzeichen – die Kinder- und Jugendsportschulen in der Spätphase der DDR (vgl. S. 107-121) zu nennen. Die herbartianischen Übungsschulen von STOY, ZILLER und REIN (vgl. S. 80-97) und die „Schulleben-Schule" in der Version von STRUCK (vgl. S. 131-135) stehen für das „Bezugs-Modell". In diesem Modell gibt es bereits deutliche inhaltliche Bezüge zwischen dem Schulsport und den übrigen schulischen Angeboten; Leibesübungen und Sport werden zumindest partiell in das pädagogische Konzept der Schule integriert.

Wesentliches Kennzeichen des „Integrations-Modells" ist es, dass Bewegung, Spiel und Sport vollwertig in das Schulkonzept aufgenommen werden, weil ihnen ein unentbehrlicher Bildungswert zuerkannt wird. Als Beispiele konnten die philanthropischen Internate (vgl. S. 73-80), die Lietz-Schulen Anfang des 20. Jahrhunderts (vgl. S. 98-107), WILHELMS

Konzeption der „Unterrichtsschule" (S. 126-131) und die verschiedenen Varianten der „Erfahrungsschule" (VON HENTIG, BILDUNGSKOMMISSION NRW, FAUST-SIEHL u. a.; vgl. S. 135-140) angeführt werden.

Bei der Diskussion um Grundlagen des Schulprogramms wurden einige Spannungsfelder und Probleme ausgeführt (vgl. S. 149-178). Im Unterschied zu Vorläufern im 19. und 20. Jahrhundert (vgl. S. 149-156) verstehen sich heutige Schulprogramme als Medium einer innovativen und selbstverantworteten Schulentwicklungsplanung der Einzelschule. Dabei erweisen sich Schulprogramme als ambivalent: Sie stehen im Spannungsfeld von Selbst- und Fremdverpflichtung, Alltagsproblemen und Wirksamkeitserwartungen, pädagogischer Autonomie und kollegialer Zielvereinbarung, Selbstvergewisserung und Außendarstellung, innerschulischer Verständigung und schulaufsichtlicher Steuerung (vgl. S. 156-160). Solche Spannungen werden teilweise auch durch die Schuladministration hervorgerufen, die versucht, mit einengenden Vorgaben die einmal gewährten Gestaltungsspielräume der Schulen wieder einzuschränken (S. 171-176). Für den Erfolg des Schulprogramms ist es aber vor allem notwendig, in bildungspolitischen und schulpädagogischen Überlegungen stärker als bisher Alltagsprobleme von Lehrerinnen und Lehrern im Zusammenhang mit der Schulprogrammarbeit zu berücksichtigen.

In den weiteren Ausführungen wurde schließlich auf pädagogische Implikationen unterschiedlicher Grundorientierungen von Bewegung, Spiel und Sport bzw. des Schulsports eingegangen (vgl. S. 179-250). Dazu wurden zunächst fachliche Entwürfe zur Idee der bewegten und sportbetonten Schule untersucht und verschiedene konzeptionelle Positionen analysiert: Die Positionen einer kompensatorischen, einer schulreformerischen und einer pragmatischen Ausrichtung der bewegten Schule sowie die Positionen einer breitensportlichen und einer leistungssportlichen Orientierung der sportbetonten Schule (vgl. 179-219). Auf dieser Folie wurden aus einer sportpädagogischen Innensicht fünf Inszenierungsformen der bewegungs- und sportbezogenen Profilbildung entwickelt. Die „Motorikschule" in ihrer wahrnehmungsbezogenen und fitnessorientierten Ausprägung zielt in erster Linie auf den Ausgleich von Haltungsauffälligkeiten und gesundheitlichen Schwächen von Kindern und Jugendlichen. Sie hat damit eine schultheoretische Nähe zur „Schulleben-Schule" einerseits und zur „Unterrichtsschule" andererseits (vgl. S. 221-214). Die „Bewegungslebenschule" kann in schultheoretischer Hinsicht als Mischform zwischen „Unterrichtsschule" und „Erfahrungsschule" gelten. Im Wesentlichen geht es ihr um eine pragmatische Verknüpfung kompensatorisch-gesundheitlicher Ziele mit schulreformerischen Elementen (vgl. S. 226-228). In der „Bewegungsraumschule", die in schultheoretischer Affinität zur „Erfahrungsschule" steht, dient Bewegung als Medium der Unterrichts- und Schulreform (vgl. S. 224-226). Die „sportfreundliche Schule" weist prinzipiell drei Spielarten auf: In der schulreformerischen Ausrichtung leistet der Schulsport vornehmlich einen Beitrag zur Entschulung und Entsportung der Schule und kann in konzeptioneller Nähe zur „Bewegungsraumschule" und „Erfahrungsschule" angesiedelt werden. Die traditionelle Variante, die eine schultheoretische Affinität zur „Unterrichtsschule" aufweist, ist dadurch geprägt, dass die Angebote des außerunterrichtlichen Schulsports das Schulleben mehr oder minder nur bereichern sollen. Die sozialpädagogisch-kompensatorische Richtung der „sportfreundlichen Schule" steht schultheoretisch der „Schulleben-Schule" nahe. Nach diesem Verständnis fungiert der Schulsport primär als sozialpädagogische Interventionshilfe, um Schülerinnen und Schüler „unterrichtsfähig" zu machen (vgl. S. 228-233). Bei der „leistungssportbetonten Schule" lassen sich wiederum zwei Varianten differenzieren: In der instrumentell-affirmativen Form werden die fremdbestimmten Anforderungen des Leistungssporttrainings in unkritischer Weise unterstützt. Hingegen versucht die pädagogisch-kritische Ausrichtung als Korrektiv gegenüber dem Leistungssportsystem zu wirken, indem leistungssportliche Ansprüche an die Schule in pädagogischer Verantwortung reguliert werden. Beide Spielarten der „leistungssportbetonten Schule" können konzeptionell unterschiedlichen Ausprägungen der „Unterrichtsschule" zugeordnet werden (vgl. S. 233-237).

Aus schulpädagogischer Außensicht wurde ferner darauf hingewiesen, dass die dargestellten bewegungs- und sportbezogenen Inszenierungsformen nicht für jede Schule als Ziel der Schulentwicklung in Frage kommen (vgl. 237-239). Ungeachtet dessen ist es aber sinnvoll, dass sich der Schulsport im Rahmen der Schulprogrammarbeit bzw. der Profilbildung an überfachlichen Aufgaben der Schule beteiligt. Bereits ein Blick in aktuelle Sportlehrpläne illustriert: Auf Grund der unmittelbaren Verflechtung von praktischer Erfahrung und Reflexion im Schulsport ergeben sich zahlreiche, pädagogisch wertvolle Mitwirkungsmöglichkeiten an der Einlösung des allgemeinen Bildungs- und Erziehungsauftrags der Schule. Auch hier sind diverse pädagogische Ausrichtungen des Schulsports denkbar (vgl. S. 239-243). Wie in diesem Kontext eine Beteiligung des Schulsports an der Schulprogrammarbeit konkret erfolgen kann, ist am Beispiel des „geschlechterbewussten Schulsports" veranschaulicht worden (vgl. S. 244-247).

5.2 Fokussierung

Die bislang geführte Diskussion soll nunmehr prägnant auf ihre sportpädagogische Bedeutung für die Schule fokussiert werden. Dazu werden thesenartig drei allgemeine Handlungsempfehlungen für Sportlehrerinnen und Sportlehrer formuliert:

1. Schulprogrammarbeit als Aufgabe für den Schulsport

Das Schulprogramm kann sich, sofern es vorrangig schuleigenen Zielsetzungen dient, als ein wichtiges und pragmatisches Instrument der Schulentwicklungsplanung erweisen. Die Arbeit am Schulprogramm bietet die Gelegenheit, den Schulsport im Konzept der Schule zu verankern und ihm eine schärfere pädagogische Kontur zu verleihen. Dazu ist es erforderlich, dass Sportlehrerinnen und Sportlehrer aktiv am schulischen Entwicklungsprozess mitwirken, indem sie auf das pädagogische Potenzial von Bewegung, Spiel und Sport im Blick auf den Gesamtauftrag von Schule aufmerksam machen und sich für ihre Berücksichtigung im Schulprogramm einsetzen. Dabei wird aber für eine gewisse Bescheidenheit plädiert: Angesichts einzelschulischer Traditionen und Besonderheiten kann der Schulsport nicht überall eine Führungsrolle innerhalb der Schulentwicklung beanspruchen. Auch dürfen die pädagogischen Möglichkeiten des Schulsports nicht überschätzt werden; er muss nicht zu allen fächerübergreifenden Aufgaben und Schwerpunkten der Schule einen besonderen Beitrag leisten. Allerdings sollten sich Sportlehrkräfte dort, wo es angebracht erscheint, auch nicht scheuen zu erläutern, was der Schulsport Einzigartiges oder teilweise sogar Besseres als andere Fächer leisten kann.

2. Orientierung des Schulsports am Schulleitbild

Grundlegend für die Schulprogrammarbeit ist die Verständigung auf ein Schulleitbild. Ein solches Leitbild fungiert als normativer Orientierungsrahmen, der die Zielrichtung der Schulentwicklung beschreibt. Als Ansatzpunkt der schulinternen Diskussion über das Schulleitbild können schulpädagogische Konzepte der „Unterrichtsschule", der „Erfahrungsschule" und der „Schulleben-Schule" hilfreich sein; sie repräsentieren das vielfältige Spektrum an Schulleitbildern in der erziehungswissenschaftlichen Literatur. Dabei stellen die „Unterrichtsschule" und die „Schulleben-Schule" gleichsam die beiden Pole eines Kontinuums dar, auf dem sich verschiedene „Mischformen" ausbilden können. Die „Erfahrungsschule" nimmt auf diesem Kontinuum etwa eine Mittelstellung ein.

Um nicht in konzeptionelle Widersprüche zu geraten, sollten sich die schulischen Entwicklungsvorhaben und Aktivitäten an dem im Schulprogramm festgelegten Schulleitbild orientieren. Dies hat auch Auswirkungen auf die Gestaltung des Schulsports. Es ist nämlich ein Unterschied, ob sich der Schulsport vorwiegend als Ausgleich kognitiver Belastungen, als Kompensation sozialisationsbedingter Defizite von Kindern und Jugendlichen oder als essenzieller Bestandteil der schulischen Bildung versteht. Daher ist es notwendig, dass sich Sportlehrerinnen und Sportlehrer nicht nur an der innerschulischen Diskussion um das Schulleitbild beteiligen, sondern auch darauf achten, dass der Schulsport in keinen grundsätzlichen Widerspruch zum Schulleitbild gerät.

3. Verständigung auf ein fachliches Leitbild für eine bewegungs- und sportbezogene Inszenierung

Wenn der Schulsport eine Leitfunktion im Rahmen des schulischen Entwicklungsprozesses übernehmen kann, ist es vor allem die Aufgabe von Sportlehrerinnen und Sportlehrern, ein fachliches Leitbild für die Schulprogrammarbeit zu entwickeln. Als Orientierung können die in dieser Studie vorgestellten Inszenierungsformen einer bewegungs- und sportbezogenen Profilbildung herangezogen werden. Wichtig ist es, dass sich die Verständigung auf eines dieser Gestaltungsmuster oder eine entsprechende Mischform in Übereinstimmung mit dem zu Grunde gelegten Schulleitbild erfolgt. Das fachliche Leitbild zeigt jedoch lediglich die längerfristig anzustrebende pädagogische Grundausrichtung der Schule an; es muss selbstverständlich an die jeweiligen Bedingungen und Möglichkeiten der einzelnen Schule angepasst und in kurzfristig realisierbare Entwicklungsprojekte umgesetzt werden.

Der Grad der Einbettung des Schulsports in das Schulkonzept ist allerdings nicht unbedingt ein Indiz für seine Qualität. So hat insbesondere die Rekonstruktion von historischen und aktuellen Schulleitbildern in dieser Studie (vgl. Kap. 2) deutlich werden lassen, dass sich die Leibesübungen bzw. der Sport im Bemühen um formelle Gleichwertigkeit stets im Spannungsfeld zwischen Anpassungsdruck an die übrigen Fächer und Bewahrung eines „eigenständigen" Charakters befinden (vgl. GEßMANN 2002). Die Integration des Fachs Sport in das Schulkonzept kann eben auch zu Akzentverschiebungen führen, die der Aufgabenvielfalt und Besonderheit des Sportunterrichts zuwiderlaufen. In diesem Sinne kann die stringente Einbindung in ein Schulleitbild auch – wie z. B. in WILHELMs Konzeption der „Unterrichtsschule" (vgl. Kap. 2.2.1) – zu einer fragwürdigen „Kopflastigkeit" des Schulsports oder – wie z. B. in STRUCKs „Schulleben-Schule" (vgl. Kap. 2.2.2) – zu einer Beschränkung auf sozialpädagogisch-kompensatorische Zielsetzungen führen. Der Preis für die Integration des Sports in das Schulkonzept sind Zugeständnisse an schulpädagogische Anforderungen, die sich – wie besonders im Falle der „Erfahrungsschule" (vgl. Kap. 2.2.3) – auch positiv im Sinne einer Aufwertung der pädagogischen Stellung von Bewegung, Spiel und Sport im Schulleben auswirken können.

Diese Überlegungen verweisen auf eine wichtige Frage, die bislang noch nicht eindeutig geklärt wurde: Wohin sollen sich letztlich Schulen mithilfe des Schulprogramms entwickeln? Die Frage nach der Qualität und „Güte" von Schule und Schulsport berührt ein normatives pädagogisches Problem, das in einer pluralistischen Gesellschaft kontrovers diskutiert und unterschiedlich beantwortet wird. Auch aus diesem Grund wird in der vorliegenden Arbeit – trotz einiger kritischer Einwände – zunächst von der prinzipiellen Gleichwertigkeit der jeweiligen schultheoretischen und fachlichen Leitbilder ausgegangen. Dies ist weniger als Plädoyer für eine postmoderne Vielfalt zu interpretieren als vielmehr für Teilautonomie und Profilbildung von Schulen. Wenn man für Gestaltungsspielräume und Vielfalt der Schulen eintritt, bedeutet dies für die Schulentwicklung, dass sich die einzelne Schule ihr eigenes Profil setzt und folglich auch selbst darüber entscheidet, welcher Sport in welcher Ausprägung von Schule Eingang findet. Dies entspricht auch dem Charakter des Schulprogramms als eines formalen Instruments der Schulentwicklung, mit dem sich grundsätzlich alle Leitbilder verbinden lassen.

Gleichwohl soll im letzten Teil der Studie der Standort des Verfassers nicht unerwähnt bleiben. Als real-utopisches Ziel der Schulentwicklung stelle ich mir die „Erfahrungsschule" und die damit einhergehenden fachlichen Leitbilder der „Bewegungsraumschule" und – insbesondere im Blick auf ältere Schülerinnen und Schüler der weiterführenden Schulen – der reformorientierten Ausprägung der „sportfreundlichen Schule" vor. Die „Erfahrungsschule" ist nämlich das einzige Schulkonzept, das in ausgewogenem Maße die schulischen Aufgaben von Qualifikation, Integration und Erziehung zu erfüllen und damit Vereinseitigungen in der einen oder anderen Richtung zu vermeiden versucht. In Ansehung der Komplexität solcher Leitbilder und der bestehenden Schulpraxis scheint es mir auf dem Weg dorthin allerdings sinnvoll zu sein, wenn Schulen ihre Ansprüche nicht von vornherein zu hoch setzen. Insofern kann sich zunächst die „Bewegungslebenschule" als ein pragmatisches, eher realisierbares schulisches Entwicklungsziel erweisen.

Dabei soll keineswegs übersehen werden, dass z. B. die Umsetzung der „Motorikschule" oder der traditionell ausgerichteten „sportfreundlichen Schule" vielerorts bereits als immenser Entwicklungsfortschritt bewertet werden kann. Im Glauben an einen langfristig angelegten, stetig voranschreitenden Schulentwicklungsprozess können solche Inszenierungsformen der bewegungs- und sportbezogenen Profilbildung gewissermaßen als notwendige Zwischenstationen auf dem schwierigen Weg zum idealtypischen Ziel der „Erfahrungsschule" gesehen werden.

5.3 Ausblick

Ausgangspunkt der Analyse war die Feststellung, dass sich eine theoretisch begründete Analyse von Grundlagen und Möglichkeiten der Einbindung des Schulsports in das Schulkonzept mithilfe des Schulprogramms als ein sportpädagogisches Desiderat erweist. Dazu wurden bildungspolitische, schulpädagogische und sportpädagogische Argumentationen zum Schulprogramm und Schulprofil systematisch aufgearbeitet, historische und neuere Schulleitbilder untersucht und Inszenierungsformen einer bewegungs- und sportfreundlichen Schulgestaltung entwickelt. Obgleich auf dieser Grundlage die Bedeutung des Schulprogramms für die Schulsportentwicklung in einem neuen Licht erscheint, bedürfen die vorgelegten Ergebnisse der Relativierung. In diesem Sinne bleibt auch im Blick auf weitere Forschungsarbeiten selbstkritisch festzustellen:

– Die Studie geht von der Annahme aus, dass Schulen im Zuge bildungspolitischer Bestrebungen in den 90er Jahren des 20. Jahrhunderts mehr Entscheidungsspielräume erhalten, um ihnen eine individuelle Profilbildung zu ermöglichen. Mit der zunehmenden Selbstständigkeit von Schulen sind jedoch auch Risiken verbunden. Wenn Entscheidungen über das zukünftige Schulprofil an die einzelne Schule delegiert werden, könnte das Bewegungs-, Spiel- und Sportangebot zu Gunsten anderer Aufgaben auf ein Minimum reduziert werden. Überdies lässt sich ein Verdacht nicht von der Hand weisen: Größere Gestaltungsspielräume von Schulen können angesichts der angespannten Haushaltslage der Länder auch dazu dienen, bildungspolitische Probleme zu verschleiern und auf die einzelne Schule zu verschieben (vgl. BALZ/STIBBE 2003, 8). Zudem scheinen derzeit durch die Auswirkungen der Ergebnisse von TIMSS, PISA sowie in Erwartung anstehender Folgestudien administrative Steuerungsbemühungen (vgl. Kap. 3.6) verstärkt zu werden, durch die die zugestandenen Entscheidungsfreiräume von Schulen wieder eingeengt werden (vgl. SCHIERZ/THIELE 2003, 231). Der bildungspolitische Fokus liegt zunehmend mehr „auf der Qualitätssicherung und Steuerung des Schulwesens im Ganzen" (SCHÖNIG 2002, 815). Damit ist die Gefahr verbunden, dass in bildungspolitischen Überlegungen die Ebene der Einzelschule an Bedeutung verliert, d. h. auf die „Dezentralisierung" die „Rezentralisierung" folgt (SCHIERZ/THIELE 2003, 231). Schulprogramme könnten dann mehr als bisher zu reinen schulaufsichtlichen Rechenschaftsberichten degenerieren.

– Die geschichtliche Rekonstruktion der Stellung der Leibesübungen bzw. des Sports in unterschiedlichen Schulmodellen beschränkt sich auf eine Auswahl. Dabei sind aus arbeitsökonomischen Gründen Schulleitbilder aus der Phase der Weimarer Republik und des Nationalsozialismus unberücksichtigt geblieben. Auch könnten die Schulmodelle z. B. weit stärker aus einer sozialgeschichtlichen Sichtweise betrachtet werden, um Vertiefungen, Ergänzungen oder Korrekturen darzulegen. In diesem Zusammenhang wäre es für Folgestudien interessant, die hier angedeutete Tradition von Leibesübungen und Sport im Schulkonzept von Reform- bzw. Versuchsschulen weiter zu verfolgen.

– Forschungsbedarf ergibt sich vor allem hinsichtlich empirischer Analysen zur Schulprogrammentwicklung (vgl. Kap. 1.3.2.3 und 1.4). Sportpädagogische Arbeiten beschäftigen sich zwar inzwischen mit der Differenz von fachdidaktischem Anspruch und schulischer Wirklichkeit der bewegten Schule (vgl. REGENSBURGER PROJEKTGRUPPE 2001), mit der Verankerung von Elementen der bewegten Schule im Schulprogramm an Grundschulen (vgl. THIEL/TEUBERT/KLEINDIENST-CACHAY 2002) oder mit einer interpretativen Auswertung von Schulsportprogrammen (vgl. BALZ/NEUMANN 2002; WUPPERTALER ARBEITSGRUPPE 2004), doch fehlen im Bereich der Sportpädagogik nach wie vor Studien, die sich aus der besonderen Perspektive des Sports mit der schulischen Wirklichkeit, d. h. dem konkreten Prozess der Schulprogrammarbeit auseinander setzen. Insofern kann z. B. eine Längsschnittstudie lohnend sein, die einen mithilfe des Schulprogramms initiierten Schulentwicklungsprozess, der auf eine individuelle bewegungs- und sportbezogene Profilbildung zielt, an Schulen begleitet, dokumentiert und durch gewünschte Interventionen im Sinne einer praktischen Schulsportberatung unterstützt.

– Vor diesem Horizont sind auch die vorgelegten normativen Aussagen zur Schulprogrammarbeit und zu Möglichkeiten der bewegungs- und sportbezogenen Profilbildung zu bewerten. Sie können Sportlehrerinnen und Sportlehrern lediglich Hinweise und Orientierungshilfen bei der Suche nach dem passenden Schulprofil geben. Die vorgestellten bewegungs- und sportbezogenen Inszenierungsformen bleiben theoretisch; sie müssen daher an der Schulpraxis gespiegelt werden. Hierzu ist einmal mehr eine empirische Schul(sport)entwicklungsforschung notwendig.

Literatur

ADL-AMINI, B., OELKERS, J. & NEUMANN, D. (1979a). Grundlinien des pädagogischen Herbartianismus (Einführung). In B. ADL-AMINI, J. OELKERS & D. NEUMANN (Hrsg.), Pädagogische Theorie und erzieherische Praxis. Grundlegung und Auswirkungen von Herbarts Theorie der Pädagogik und Didaktik (S. 11-48). Bern: Haupt.

ADL-AMINI, B., OELKERS, J. & NEUMANN, D. (Hrsg.). (1979b). Didaktik in der Unterrichtspraxis. Grundlegung und Auswirkungen der Theorie der Formalstufen in Erziehung und Unterricht. Bern: Haupt.

AHRENS, J.-R. (1996). Schulautonomie – Zwischenbilanz und Ausblick. Die Deutsche Schule, 88 (1), 10-21.

ALTRICHTER, H. (1998). Reflexion und Evaluation in Schulentwicklungsprozessen. In H. ALTRICHTER, W., SCHLEY & M. SCHRATZ (Hrsg.), Handbuch zur Schulentwicklung (S. 263-335). Innsbruck: Studien-Verlag.

ANDREESEN, A (1934). Hermann Lietz. Der Schöpfer der Landerziehungsheime. München: J. F. Lehmanns.

ARNOLD, E. & THIELE, K. (2000). Schulleitung, Schulaufsicht und Schulbehörde. In E. ARNOLD u. a., Schulentwicklung und Wandel der pädagogischen Arbeit (S. 143-176). Hamburg: Bergmann & Helbig.

ARNOLD, E., BASTIAN, J. & REH, S. (2000). Spannungsfelder der Schulprogrammarbeit. Erfahrungen bei der Einführung eines neuen Instruments der Schulentwicklung. Die Deutsche Schule, 92 (4), 414-429.

ASCHEBROCK, H. (1995). Schulsport in Bewegung. In A. ZEUNER, G. SENF & S. HOFMANN (Hrsg.), Sport unterrichten. Anspruch und Wirklichkeit. Kongreßbericht (S. 301-304). St. Augustin: Academia.

ASCHEBROCK, H. (1996). Tägliche Bewegungszeiten im Unterricht im Kontext eines bewegungsfreudigen Schulprofils. In W. SCHMIDT (Hrsg.), Kindheit und Sport – gestern und heute (S. 131-138). Hamburg: Czwalina.

ASCHEBROCK, H. (1996a). Bewegte Grundschule – Vom Profil zum Programm. In LANDESINSTITUT FÜR SCHULE UND WEITERBILDUNG (Hrsg.), Schule auf neuen Wegen. Anstöße, Konzepte, Beispiele (S. 175-188). Bönen: Kettler.

ASCHEBROCK, H. (1996b). Curriculare Entwicklungen. In MINISTERIUM FÜR STADTENTWICKLUNG, KULTUR UND SPORT DES LANDES NORDRHEIN-WESTFALEN (Hrsg.), Schulsport in Nordrhein-Westfalen (Band 27, Schuljahr 1996/97) (S. 26-28). Oberhausen: Plitt.

ASCHEBROCK, H. (1997a). Bewegung in der Schulentwicklung! Schulentwicklung ohne Bewegung? sportpädagogik, 21 (4), 9-12.

ASCHEBROCK, H. (1997b). Neue pädagogische Leitideen in den Sportcurricula. In E. BALZ & P. NEUMANN (Hrsg.), Wie pädagogisch soll der Schulsport sein? (S. 63-78). Schorndorf: Hofmann.

ASCHEBROCK, H. (1998). Auf dem Weg zum Schulprogramm – Fragen und Antworten. In G. STIBBE (Hrsg.), Bewegung, Spiel und Sport als Elemente des Schulprogramms. Grundlagen, Ansätze, Beispiele (S. 23-33). Baltmannsweiler: Schneider.

ASCHEBROCK, H. (1999a). Schulsportcurricula im Kontext zukünftiger Schulentwicklung. In L. KOTTMANN, H.-J. SCHALLER & G. STIBBE (Hrsg.), Sportpädagogik zwischen Kontinuität und Innovation (S. 48-59). Schorndorf: Hofmann.

ASCHEBROCK, H. (1999b). Bewegung: Ein Thema für das Schulprogramm. In R. KLUPSCH-SAHLMANN (Hrsg.), Mehr Bewegung in der Grundschule. Grundlagen – Bewegungschancen im Schulleben – Beispiele für alle Fächer (S. 35-40). Berlin: Cornelsen Scriptor.

ASCHEBROCK, H. (2001). Neue Richtlinien und Lehrpläne – Chancen für eine schulpädagogische Offensive des Schulsports. In H. ALTENBERGER u. a. (Hrsg.), Im Sport lernen – mit Sport leben (S. 53-62). Augsburg: Ziel.

ASCHEBROCK, H. & STIBBE, G. (2004). Tendenzen der Lehrplanforschung und Lehrplanentwicklung. In E. BALZ (Hrsg.), Schulsport verstehen und gestalten. Beiträge zur fachdidaktischen Standortbestimmung (S. 89-102). Aachen: Meyer & Meyer.

AURIN, K. (1989). Strukturelemente und Merkmale guter Schulen – Worauf beruht ihre Qualität? In K. AURIN (Hrsg.), Gute Schulen – Worauf beruht ihre Wirksamkeit? Bad Heilbrunn: Klinkhardt.

AVENARIUS, H. (1995). Verfassungsrechtliche Grenzen und Möglichkeiten schulischer Selbstverwaltung. In P. DASCHNER, H.-G. ROLFF & T. STRYCK (Hrsg.), Schulautonomie – Chancen und Grenzen. Impulse für die Schulentwicklung (S. 253-274). Weinheim: Juventa.

AVENARIUS, H. u. a. (1998). Einleitung. In H. AVENARIUS u. a. (Hrsg.), Schule in erweiterter Verantwortung. Positionsbestimmungen aus erziehungswissenschaftlicher, bildungspolitischer und verfassungsrechtlicher Sicht (S. 9-22). Neuwied: Luchterhand.

BAEDEKER, H. J. (1999). Bewegung, Spiel und Sport im Schulprogramm. Chancen für den Schulsport. In LANDESINSTITUT FÜR SCHULE UND WEITERBILDUNG (Hrsg.), Bewegung, Spiel und Sport im Schulprogramm. Drittes Schulsport-Symposion Nordrhein-Westfalen. Dokumentation (S. 9 -17). Bönen: Kettler.

BAHRDT, C. F. (1776). Philanthropischer Erziehungsplan oder vollständige Nachricht von dem ersten wirklichen Philanthropin zu Marschlins. Frankfurt/M.

BALZ, E. (1988). Aufgaben des Sports im Schullandheim. Begründung, Darstellung und Realisierung einer Konzeption. Hamburg.

BALZ, E. (1988). Leibesübungen im Schullandheim und Landerziehungsheim in der Zeit der Reformpädagogik. In H.-G. JOHN & R. NAUL (Red.), Jugendsport im ersten Drittel des 20. Jahrhunderts (S. 171-189). Clausthal-Zellerfeld: dvs.

BALZ, E. (1992). Fachdidaktische Konzepte oder: Woran soll sich Schulsport orientieren? sportpädagogik, 16 (2), 13-22.

BALZ, E. (1995). Gesundheitserziehung im Schulsport. Grundlagen und Möglichkeiten einer diätetischen Praxis. Schorndorf: Hofmann.

BALZ, E. (1996a). Sport und Gesundheit an unserer Schule – Fachüberschreitende Entwicklungen. In L. KOTTMANN & D. KÜPPER (Hrsg.), Gesundheitserziehung. Gewohnheiten, Einstellungen, Kompetenzen entwickeln (S. 41-50). Baltmannsweiler: Schneider.

BALZ, E. (1996b). Außerunterrichtliche Angebote im Schulsport. In E. Balz (Hrsg.), Außerunterrichtliche Sportangebote. Sonderheft der Zeitschrift „sportpädagogik" (S. 2-4). Seelze: Friedrich.

BALZ, E. (1997a). Schulsport ohne Zukunft? sportpädagogik, 21 (6), 3-5.

BALZ, E. (1997b). Schulsportmisere, Unterrichtsforschung und die bewegte Schule. In W. BREHM u. a. (Red.), Leistung im Sport – Fitness im Leben (S. 150-151). Hamburg: Czwalina.

BALZ, E. (1997c). Zur Entwicklung der sportwissenschaftlichen Unterrichtsforschung in Westdeutschland. Sportwissenschaft, 27, 249- 267.
BALZ, E. (1999). Die bewegte Schule – Konzept und Kritik. sportunterricht, 48 (10), 417-424.
BALZ, E. (2000). Zur Bedeutung der sportdidaktischen Entwicklung für die Sekundarstufe I. In LANDESINSTITUT FÜR SCHULE UND WEITERBILDUNG (Hrsg.), Erziehender Schulsport. Pädagogische Grundlagen der Curriculumrevision in Nordrhein-Westfalen (S. 160-176). Bönen: Kettler.
BALZ, E. (2002). Zur Qualität des außerunterrichtlichen Schulsports und der bewegten Schule. In LANDESINSTITUT FÜR SCHULE (Hrsg.), Qualität von Bewegung, Spiel und Sport in der Schule (S. 37-49). Bönen: Kettler.
BALZ, E. u. a. (1997). Schulsport – wohin? Sportpädagogische Grundfragen. sportpädagogik, 21 (1), 14-28.
BALZ, E., BRINKHOFF, K.-P. & WEGNER, U. (1994). Neue Sportarten in der Schule. sportpädagogik, 18 (2), 17-24.
BALZ, E., KÖSSLER, C. & NEUMANN, P. (2001). Bewegte Schule – ein Programm auf dem Prüfstand. Spectrum der Sportwissenschaften, 13 (1), 41-53.
BALZ, E. & KUHLMANN, D. (2003). Sportpädagogik. Ein Lehrbuch in 14 Lektionen. Aachen: Meyer & Meyer.
BALZ, E. & NEUMANN, P. (2002). Schulsportprogramme zwischen Anspruch und Wirklichkeit: Projektskizze. In G. FRIEDRICH (Hrsg.), Sportpädagogische Forschung. Konzepte – Ergebnisse – Perspektiven (S. 211-214). Hamburg: Czwalina.
BALZ, E. & STIBBE, G. (2003). Bewegung, Spiel und Sport im Schulprogramm. sportpädagogik, 27 (1), 4-9.
BALZ, F. (1976). Der freiwillige Schulsport in der Bundesrepublik. In K. EGGER (Red.), Sport in der Schule – Sport fürs Leben? (S. 184-191). Basel: Birkhäuser.
BASEDOW, J. B. (1768/1893). Vorstellung an Menschenfreunde und vermögende Männer über Schulen, Studien und ihren Einfluß in die öffentliche Wohlfahrt. Mit einem Plane eines Elementarbuchs der menschlichen Erkenntnis. Hrsg. v. H. LORENZ. Leipzig.
BASEDOW, J. B. (1770/1979). Das Methodenbuch für Väter und Mütter der Familien und Völker. Unveränderter Neudruck der Ausgabe Altona und Bremen. Vaduz/Liechtenstein.
BASEDOW, J. B (1774/1965). Das in Dessau errichtete Philanthropinum. Eine Schule der Menschenfreundschaft und guter Kenntnisse für Lernende und junge Lehrer, arme und reiche; ein Fidei-Commiß des Publicums zur Vervollkommnung des Erziehungswesens aller Orten nach dem Plane des Elementarwerks. In J. B. BASEDOW, Ausgewählte pädagogische Schriften (S. 215-238). (Hrsg. v. A. REBLE). Paderborn: Schöningh.
BASEDOW, J. B. (1785/1972). Elementarwerk. Bände 1-3. Nachdruck (1909). Hrsg. v. T. FRITSCH (Leipzig 1909). Hildesheim/New York.
BASTIAN, J. (1995). Autonomie konkret. Reformdiskussion von unten oder Reformdruck von oben? Hamburg macht Schule, 7 (1), 6-8.
BASTIAN, J. (1996). Autonomie konkret. Vier Thesen zu einer neuen Balance von Schulreform und Bildungspolitik. Pädagogik, 48 (1), 6-10.
BASTIAN, J. (1997). Pädagogische Schulentwicklung. Von der Unterrichtsreform zur Entwicklung der Einzelschule. Pädagogik, 49 (2), 6-11.
BASTIAN, J. (1998). Auf dem Weg zum Schulprogramm. Schulpädagogische und bildungspolitische Anmerkungen. Pädagogik, 50 (2), 6-8.

BASTIAN, J. (1999). In Schulentwicklungsprozessen lernen. Oder: Was hilft bei der Entwicklung der eigenen Schule? Pädagogik, 51 (2), 6-7.
BASTIAN, J. & COMBE, A. (1998). Pädagogische Schulentwicklung. Gemeinsam an der Entwicklung der Lernkultur arbeiten. Pädagogik, 50 (11), 6-9.
BASTIAN, J. & OTTO, G. (1995). Schule gestalten – Zur Einführung in den Dialog zwischen Unterrichtsreform, Schulreform und Bildungsreform. In J. BASTIAN & G. OTTO (Hrsg.), Schule gestalten. Dialog zwischen Unterrichtsreform, Schulreform und Bildungsreform (S. 7-12). Hamburg: Bergmann & Helbig.
BASTIAN, J. u. a. (2000). Schulprogrammarbeit und Strukturierung von Schulentwicklungsprozessen. In E. ARNOLD u. a., Schulentwicklung und Wandel der pädagogischen Arbeit (S. 101-142). Hamburg: Bergmann & Helbig.
BAUER, H. (1961). Zur Theorie und Praxis der ersten deutschen Landerziehungsheime. Erfahrungen zur Internats- und Ganztagserziehung aus den Hermann-Lietz-Schulen. Berlin (Ost): Volk und Wissen.
BAUMANN, N. (1993). Nicht kürzen, sondern ausbauen! – Aber zeitgemäß! Sportpädagogisch Denken bei der Flexibilisierung der Stundentafeln. sportpädagogik, 17 (1), 5-7.
BAUMANN, N. (1996). 10 Fragen an die zukünftige Entwicklung des Schulsports. Olympische Jugend, 41 (1), 6-9.
BAUR, J. (1997). Staatliche Bildungspolitik für den Schulsport. Ein Statement zur Position des Deutschen Sportbundes. sportunterricht, 46 (1) 24-32.
BECKER, G. (1998). Wie man Züge zum Entgleisen bringt. Oder: Warum das Projekt „Schulprogramm und Evaluation" wirkungslos zu werden droht, noch bevor es richtig begonnen hat. Pädagogik, 50 (2), 33-35.
BECKER, U. (1998). Die schulische und sportliche Förderung jugendlicher Leistungssportler als prägendes Element des Schulprogramms – Das Staatliche Heinrich-Heine-Gymnasium in Kaiserslautern. In G. STIBBE (Hrsg.), Bewegung, Spiel und Sport als Elemente des Schulprogramms (S. 87-99). Baltmannsweiler: Schneider.
BECKERS, O. (1911). Das „Absterben" der Programm-Abhandlungen. Blätter für höheres Schulwesen, 28 (29), 278-279.
BECKERS, E. (1991). Die Unfähigkeit zur Gegenwart. Zum Verhältnis von Pädagogik und Geschichte. In A. LUH & E. BECKERS (Hrsg.), Umbruch und Kontinuität im Sport – Reflexionen im Umfeld der Sportgeschichte (S. 62-82). Bochum: Brockmeyer.
BECKERS, E. & RICHTER, E. (1979). Kommentierte Bibliographie zur Reformpädagogik. St. Augustin: Richarz.
BEGOV, F. (1970). Zum Problem einer Sporthisteriographie. Die Leibeserziehung, 19 (6), 181-185.
BEHLER, G. (1998). Evaluation und Schulentwicklung in Nordrhein-Westfalen. In MINISTERIUM FÜR SCHULE UND WEITERBILDUNG, WISSENSCHAFT UND FORSCHUNG DES LANDES NORDRHEIN-WESTFALEN (Hrsg.), Evaluation in der Schulpraxis. Beiträge zur Qualitätsentwicklung und Qualitätssicherung von Schule (S. 7-13). Frechen: Ritterbach.
BEIER, A. (1909). Die höheren Schulen in Preußen (für die männliche Jugend) und ihre Lehrer. Sammlung der hierauf bezüglichen Gesetze, Verordnungen, Verfügungen und Erlasse, nach amtlichen Quellen (3. Aufl.). Halle a. d. S.

BENNER, D. (1991). Allgemeine Pädagogik. Eine systematisch-problemgeschichtliche Einführung in die Grundstruktur pädagogischen Denkens und Handelns. Weinheim: Juventa.

BERENDONK, B & FRANKE, W. (1997). Hormondoping als Regierungsprogramm. Mit Virilisierung von Mädchen und Frauen zum Erfolg. In G. HARTMANN, Goldkinder. Die DDR im Spiegel ihres Spitzensports (S. 166-187). Leipzig: Forum.

BERGNER, K. & GABLER, H. (1976). Modelle und Maßnahmen zur Förderung des Schul- und Leistungssports. In H. GABLER (Hrsg.), Schulsportmodelle in Theorie und Praxis. Schorndorf: Hofmann.

BERNETT, H. (1965). Die pädagogische Neugestaltung der bürgerlichen Leibesübungen durch die Philanthropen (2. Aufl.). Schorndorf: Hofmann.

BERNETT, H. (1980). Johann Christoph Friedrich GutsMuths. In H. UEBERHORST (Hrsg.), Geschichte der Leibesübungen. Band 3/1 (S. 177-214). Berlin: Bartels und Wernitz.

BERNETT, H. (1984). Der Beitrag der Sportgeschichte zur Bewußtseinsbildung von Sportpädagogen. In Sonderheft der Zeitschrift sportunterricht, Trendberichte aus der Sportwissenschaft (S. 20-27). Schorndorf: Hofmann.

BERNETT, H. (1994). Körperkultur und Sport in der DDR. Dokumentation eines geschlossenen Systems. Schorndorf: Hofmann.

BERTELSMANN STIFTUNG (Hrsg.). (1996). Schule neu gestalten. Dokumentation zum Sonderpreis „Innovative Schulen". Gütersloh: Verlag Bertelsmann-Stiftung.

BETTE, K. H. & NEIDHARDT, F. (1985). Fördereinrichtungen im Hochleistungssport. Schorndorf: Hofmann.

BEYER, O. W. (1897). Zur Geschichte des Zillerschen Seminars. Langensalza: Beyer & Söhne.

BEYER, O. W. (1910). Ziller, Tuiskon. In W. Rein (Hrsg.), Encyklopädisches Handbuch der Pädagogik. 10. Band, Zweite Hälfte (2. Aufl.) (S. 501-543). Langensalza: Beyer & Söhne.

BIL BERLIN [Berliner Institut für Lehrerfort- und -weiterbildung und Schulentwicklung] (1999). Schulprogrammentwicklung und Evaluation in den Bundesländern. Berlin: Eigendruck.

BILDUNGSKOMMISSION NRW (1995). Zukunft der Bildung – Schule der Zukunft. Denkschrift der Kommission „Zukunft der Bildung – Schule der Zukunft" beim Ministerpräsidenten des Landes Nordrhein-Westfalen. Neuwied/Kriftel/Berlin: Luchterhand.

BLANKERTZ, H. (1982). Die Geschichte der Pädagogik. Von der Aufklärung bis zur Gegenwart. Wetzlar: Buechse der Pandora.

BLIEDNER, A. (1886). Karl Volkmar Stoy und das pädagogische Universitätsseminar. Langensalza: Beyer & Söhne.

BLIEDNER, A. (1908). Stoy, Karl Volkmar. In W. REIN (Hrsg.), Encyclopädisches Handbuch der Pädagogik. 8. Band (2. Aufl.) (S. 909-937). Langensalza: Beyer & Söhne.

BLOSS, H. (Rez.) (1975). Jürgen Funke: Körpererziehung, Sport und Spiel in der Bielefelder Laborschule (ein Curriculumrahmen). Sportwissenschaft, 5 (3-4), 414-418.

BLUMENTHAL, A. u. a. (Hrsg.) (1961). Handbuch für Lehrer. Band 2: Die Praxis der Unterrichtsgestaltung. Gütersloh: Bertelsmann.

BÖHLMANN, D. (1966). Warum kein Sport-Gymnasium? Die Leibeserziehung, 15, 413-415.

BÖHM, G. (1994a). Das Schulprogramm als Impuls zur Veränderung des Gymnasiums. SchulVerwaltung NRW, 5, 301-304.
BÖHM, G. (1994b). „Schulprogramm" – Von der gymnasialen Programmschrift zum pädagogischen Konzept eines Gymnasiums. SchulVerwaltung NRW, 5, 272-274.
BÖHM, G. (1995). Schulprogramme als Weg zur Erneuerung des Gymnasiums. Aufgaben und Chancen für das Schulfach Erziehungswissenschaft/Pädagogik. Pädagogik Unterricht, 15 (4), 2-13.
BÖHM, G. (1996). Behutsamkeit behalten, aber Entschlossenheit steigern. Zwischenbilanz der Arbeit an gymnasialen Schulprogrammen. SchulVerwaltung NRW, 7 (1), 10-12.
BÖHM, G. (1996). Das Konzept des Schulprogramms – auch ein lohnendes Angebot für Schulen in freier Trägerschaft? SchulVerwaltung NRW, 7, 367-368.
BOLLNOW, O. F. (1950). Comenius und Basedow. Die Sammlung, 5, 141-153.
BÖNSCH, M. (1998). Schulprogramm – neue Beschäftigungsmethode oder sinnvoller Ansatz? Auf dem Weg zu einer guten Schule. nds, 50 (9), 29.
BRÄUER, B. (1990). Abschied von den Kinder- und Jugendsportschulen? sportpädagogik, 14 (3), 5-9.
BRAUN, H. (1991). Zur Geschichte des Schulsports in Rheinhessen – dargestellt am Beispiel des Gymnasiums Alzey. Sozial- und Zeitgeschichte des Sports, 5 (3), 76-92.
BREITHECKER, D. (1995). Haltungsentlastung und Gesundheitsvorsorge in einem „bewegten Unterricht" – ein Projektbericht. Lehrhilfen für den Sportunterricht, 44 (10), 153-157.
BREITHECKER, D. (1996). In die Schule kommt Bewegung: Haltungs- und Gesundheitsvorsorge in einem „bewegten Unterricht". Dissertation. Potsdam.
BREITHECKER, D. (1997). In die Schule kommt Bewegung. Sinnes- und bewegungsaktives Lehren und Lernen im Lebensraum Schule. In F. DANNENMANN, J. HANNIG-SCHOSSER & R. ULLMANN (Hrsg.), Schule als Bewegungsraum. Konzeptionen – Positionen – Konkretionen (S. 61-70). Stuttgart: Bräuer.
BREITHECKER, D. (1998a). In die Schule kommt Bewegung. In U. ILLI, D. BREITHECKER & S. MUNDIGLER (Hrsg.), Bewegte Schule – Gesunde Schule. Aufsätze zur Theorie (S. 29-41). Zürich/Wiesbaden/Graz: Eigenverlag.
BREITHECKER, D. (1998b). Erkundungsstudie zur Effizienz des „bewegten Unterrichts". In U. ILLI, D. BREITHECKER & S. MUNDIGLER (Hrsg.), Bewegte Schule – Gesunde Schule. Aufsätze zur Theorie (S. 103-116). Zürich/Wiesbaden/Graz: Eigenverlag.
BRETTSCHNEIDER, W.-D. (1998). Jammern hilft nicht, Visionen sind gefragt. sportunterricht, 47 (6), 220-221.
BRETTSCHNEIDER, W.-D. (1998a). „Weltmeister werden und die Schule schaffen" – Zur Doppelbelastung jugendlicher Leistungssportler und -sportlerinnen. In R. DAUGS, E. EMRICH & C. IGEL (Hrsg.), Kinder und Jugendliche im Leistungssport (S. 100-111). Schorndorf: Hofmann.
BRETTSCHNEIDER, W.-D. u. a. (1993). Schule und Leistungssport – Chancen und Probleme. sportunterricht, 42 (9), 372-382.
BRETTSCHNEIDER, W.-D. & HEIM, R. (1993). Schulen mit sportlichem Schwerpunkt – wünschenswert oder überflüssig? sportunterricht 42 (9), 371.

BRETTSCHNEIDER, W.-D. & KLIMEK, G. (1998). Sportbetonte Schulen. Ein Königsweg zur Förderung sportlicher Talente? Aachen: Meyer & Meyer.
BRINKHOFF, K.-P. (1998). Sport und Sozialisation im Jugendalter. Entwicklung, soziale Unterstützung und Gesundheit. Weinheim/München: Juventa.
BROCKMEYER, R. (1995). Bewegung und Sport im Kontext schulischer Bildung und Erziehung – Statements. In LANDESINSTITUT FÜR SCHULE UND WEITERBILDUNG (Hrsg.), Schulsport in Bewegung. Erstes Schulsport-Symposion Nordrhein-Westfalen. Dokumentation (S. 21-28). Bönen: Kettler.
BROCKMEYER, R. (1998). Pädagogische Kultur und Managementkultur. In E. RISSE (Hrsg.), Schulprogramm. Entwicklung und Evaluation (S. 87-104). Neuwied: Luchterhand.
BROCKMEYER, R. (1999). Gutachten zum Programm „Qualitätsverbesserung in Schulen und Schulsystemen" (BLK-Materialien zur Bildungsplanung und zur Forschungsförderung, Heft 71). Bonn: BLK.
BROCKMEYER, R. & EDELSTEIN, W. (Hrsg.). (1997). Selbstwirksame Schulen. Wege pädagogischer Innovation. Oberhausen: Laufen.
BROCKMEYER, R. & RISSE, E. (1998). Indikatoren für Schulprogramme. In E. RISSE (Hrsg.), Schulprogramm. Entwicklung und Evaluation (S. 300-309). Neuwied: Luchterhand.
BRODTMANN, D. (1973). Sportliche Sozialisation als Bezugsfeld eines Sportcurriculums. In E. JOST (Hrsg.), Sportcurriculum. Entwürfe – Aspekte – Argumente (S. 132-147). Schorndorf: Hofmann.
BRODTMANN, D. (1984). Sportunterricht und Schulsport (2. Aufl.). Bad Heilbrunn/Obb: Klinkhardt.
BRODTMANN, D. (1992). Schulsport für das Jahr 2022. sportpädagogik, 16 (6), 5-7.
BRODTMANN, D. (1999). Fitness erhalten und fördern – ein vorrangiger Auftrag des Schulsports? In L. KOTTMANN, H-J. SCHALLER & G. STIBBE (Hrsg.), Sportpädagogik zwischen Kontinuität und Innovation (S. 119-129). Schorndorf: Hofmann.
BRODTMANN, D. (2001). Sportdidaktisches Standardwerk. Rezension von Landesinstitut für Schule und Weiterbildung (Hrsg.), Erziehender Schulsport. sportpädagogik, 25 (5), 45-46.
BRÖGEL, K. (1967). Die Kinder- und Jugendsportschulen der DDR. Ein kritischer Beitrag zu einer aktuellen Frage. Die Leibeserziehung, 16, 377-383.
BRUX, A. & WELTER, M. (1988). Höher, schneller, weiter. Leistungsprinzip und Schulsport. In G. HELWIG (Hrsg.), Schule in der DDR (S. 138-162). Köln: Verlag Wissenschaft und Politik.
BSJB [Behörde für Schule, Jugend und Berufsbildung Hamburg] (1998). Schulprogramme an Hamburger Schulen. Leitfaden zur Erarbeitung eines Schulprogramms. Hamburg.
BSUK [Bayerisches Staatsministerium für Unterricht und Kultus] (Hrsg.) (1998a). Bewegte Grundschule. Bd. 1: Bewegung macht Schule – Fetzi macht fit! (2. Auflage). München.
BSUK [Bayerisches Staatsministerium für Unterricht und Kultus] (Hrsg.) (1998b). Bewegte Grundschule. Bd. 2: Bewegung macht Schule – und fit fürs Leben. München.
BSUK [Bayerisches Staatsministerium für Unterricht und Kultus] (Hrsg.) (2000). Die 12 Augsburger Thesen zur inneren Schulentwicklung. schulreport, 2, 7.

BUHREN, C. G., KILLUS, D. & MÜLLER, S. (1998a). Wege und Methoden der Selbstevaluation. Ein praktischer Leitfaden für Schulen. Dortmund: IFS-Verlag.
BUHREN, C. G., KILLUS, D. & MÜLLER, S. (1998b). Selbstevaluation von Schule – und wie Lehrerinnen und Lehrer sie sehen. In H.-G. ROLFF u. a. (Hrsg.), Jahrbuch der Schulentwicklung (Band 10) (S. 235-269). Weinheim: Juventa.
BUHREN, C. G., LINDAU-BANK, D. & MÜLLER, S. (1997). Lernkultur und Schulentwicklung. Ansätze und Perspektiven zu einer Weiterentwicklung von Schule. Dortmund: IFS-Verlag.
BURKARDT, C. (1996). Selbstevaluation – ein Beitrag zur Qualitätsentwicklung von Einzelschulen? Hrsg. v. Landesinstitut für Schule und Weiterbildung (2. Aufl.). Bönen: Kettler.
BURKARDT, C. (1997). Externe Evaluation: Rückenwind oder Motivationskiller? Pädagogik, 49 (5), 10-14.
BURKARDT, C. (2002). Inhalte – Schwerpunkte und Funktionen der Schulprogramme. Landesweite Auswertung der Erhebungsbögen der Schulaufsicht zum Schulprogramm. In MINISTERIUM FÜR SCHULE, WISSENSCHAFT UND FORSCHUNG & LANDESINSTITUT FÜR SCHULE UND WEITERBILDUNG (Hrsg.), Schulprogrammarbeit in Nordrhein-Westfalen. Ergebnisse der wissenschaftlichen Evaluationsstudien (S. 25-54). Bönen: Kettler.
BURKARDT, C. & EIKENBUSCH, G. (1998). Das Schulprogramm intern evaluieren. In E. RISSE (Hrsg.), Schulprogramm. Entwicklung und Evaluation (S. 267-283). Neuwied: Luchterhand.
BUSCHMANN, J. & LENNARTZ, K. (1987). Der Kampf um die tägliche Turnstunde. In R. GEßMANN (Hrsg.), Schulische Leibesübungen zur Zeit der Weimarer Republik (S. 161-208). Köln: Sport und Buch Strauß.
CACHAY, K. (1988). Sport und Gesellschaft. Schorndorf: Hofmann.
CAMPE, J. H. (1889). Werke. Bearb. v. C. CASSAU. In Die Klassiker der Pädagogik. Bd. VII. Langensalza: Greßler.
CAPAUL, R. & SEITZ, H. (1998). Schulleitbilder. schul-management, 29 (6), 21-25.
CORIAND, R. & WINKLER, M. (1998). „Vorbesprechung". In R. CORIAND & M. WINKLER (Hrsg.), Der Herbartianismus – die vergessene Wissenschaftsgeschichte (S. 7-12). Weinheim: Deutscher Studien-Verlag.
DALIN, P. (1996). Ansätze schulinterner Evaluation im internationalen Vergleich. In LANDESINSTITUT FÜR SCHULE UND WEITERBILDUNG (Hrsg.), Evaluation und Schulentwicklung. Ansätze, Beispiele und Perspektiven aus der Fortbildungsmaßnahme Schulentwicklung und Schulaufsicht (2. Aufl.) (S. 311-335). Bönen: Kettler.
DALIN, P., ROLFF, H.-G. & BUCHEN, H. (1995). Institutioneller Schulentwicklungs-Prozeß. Ein Handbuch. Hrsg. v. Landesinstitut für Schule und Weiterbildung (2. Aufl.). Bönen: Kettler.
DANNENMANN, F. (1997). Schule als Bewegungsraum. In F. DANNENMANN, J. HANNIG-SCHOSSER & R. ULLMANN (Hrsg.), Schule als Bewegungsraum. Konzeptionen – Positionen – Konkretionen (S. 19-30). Stuttgart: Bräuer.
DASCHNER, P. (1995). Verführung von oben oder Bedürfnis von unten? Zur Diskussion von Schulautonomie in Hamburg. In P. DASCHNER, H.-G. ROLFF & T. STRYCK (Hrsg.), Schulautonomie – Chancen und Grenzen. Impulse für die Schulentwicklung (S. 169-184). Weinheim: Juventa.
DEUTSCHER BUNDESTAG (Hrsg.) (1995). Materialien der Enquete-Kommission „Aufarbeitung von Geschichte und Folgen der SED-Diktatur in

Deutschland" (12. Wahlperiode des Deutschen Bundestages). Bd. III/I: Rolle und Bedeutung der Ideologie, integrativer Faktoren und disziplinierender Praktiken in Staat und Gesellschaft der DDR. Baden-Baden: Nomos.

DIEGELMANN, E., ELFNER, M. & FROMMELT, B. (1997). Schulprogramm und Evaluation. schul-management, 28 (2), 21-40.

DIEGELMANN, E. & PORZELLE, K. (1998). Schulprogramm und Evaluation. Aktivitäten, Materialien und Programme der Bundesländer. Pädagogik, 50 (2), 36-40.

DIEGELMANN, E. & PORZELLE, K. (1999). Schulprogramm und Evaluation. Aktivitäten, Materialien und Programme der Bundesländer – eine Aktualisierung. Pädagogik, 51 (11), 32-36.

DIETRICH, T. (Hrsg.). (1967). Die Landerziehungsheimbewegung. Bad Heilbrunn/Obb: Klinkhardt.

DIETRICH, T. (1970). Geschichte der Pädagogik in Beispielen. Bad Heilbrunn/Obb: Klinkhardt.

DIETRICH, J. & NICOLAI, M. (1998). Ein Lern- und Lebensraum. sportpädagogik, 22 (6), 51-56.

DIRSCHAU & KILLMANN (1908). Schulprogramm. In W. REIN (Hrsg.), Encyklopädisches Handbuch der Pädagogik. 8. Band (2. Aufl.) (S. 250-262). Langensalza: Beyer & Söhne.

DREHER, U. & ECKERVOGT, J. (Hrsg.) (1996). Gesamtschule Hagen-Eilpe – Sekundarstufe I und II. Auf dem Weg zu einem Schulprogramm. Hagen: Eigendruck.

DRENCKHAN, J. & HINSCHING, J. (1995). Schule in Bewegung. sportpädagogik, 19 (6), 53-56.

DRENKOW, E. (1995). Sportinternate und Schulen. Identifikation oder Differenzierung? Leistungssport, (4), 37-40.

DSB (Hrsg.) (1979). Sportlehrerausbildung. Analyse und Reform. Frankfurt/M.: Hugo Haßmüller.

DSB (2000). Orientierungsrahmen des Deutschen Sportbundes zum Schulsport. sportunterricht, 49 (5), 162-164.

DSB PRESSE (1997). Schulsport als gesellschaftlicher Auftrag. Resolution der Anhörung des Deutschen Sportbundes, Nr. 25 (S. 3-5).

DTSB DER DDR & MINISTERIUM FÜR VOLKSBILDUNG (1981). Direktive zur Arbeit mit Kindern der Klassen 1-4 an den Kinder- und Jugendsportschulen der DDR. In W. HELFRITSCH & U. BECKER (1993), Dokumentationsstudie Pädagogische KJS-Forschung (S. 179-185). Köln.

DÜCHTING, R. (1998). Schulprogramme an Hauptschulen. Ein Beispiel aus NRW: Hauptschule Am Stoppenberg Essen. In E. RISSE (Hrsg.), Schulprogramm. Entwicklung und Evaluation (S. 321-331). Neuwied: Luchterhand.

DVS (1992). dvs-Informationen. Hamburg.

EHNI, H. (1977). Sport und Schulsport. Schorndorf: Hofmann.

EHNI, H. (1997). Kindliches Bewegungsleben und schulische Bewegungserziehung. In F. DANNENMANN, J. HANNIG-SCHOSSER & R. ULLMANN (Hrsg.), Schule als Bewegungsraum. Konzeptionen – Positionen – Konkretionen (S. 87-107). Stuttgart: Bräuer.

EIKENBUSCH, G. (1997). Schulinterne Evaluation. Ein Weg zur gemeinsamen Schulentwicklung. Pädagogik, 49 (5), 6-9.

EIKENBUSCH, G. (1998a). Praxishandbuch Schulentwicklung. Berlin: Cornelsen Scriptor.
EIKENBUSCH, G. (1998b). Schulprogramm – warum funktioniert's denn nur? nds, 50 (10), 14-20.
ELFLEIN, P. (1998). Überlegungen zur Konzeptionierung eines „vermittelnden" Sportunterrichts an sportbetonten Schulen. In R. DAUGS, E. EMRICH & C. IGEL (Hrsg.), Kinder und Jugendliche im Leistungssport (S. 148-156). Schorndorf: Hofmann.
ELFLEIN, P. (2000). Sportpädagogik und Sportdidaktik. Baltmannsweiler: Schneider.
EMRICH, E. (1997). Aspekte der Hinführung von Kindern und Jugendlichen zum Leistungssport. In E. EMRICH, V. PAPATHANASSIOU & W. PITSCH, Wie kommen Kinder zum Leistungssport? (S. 14-21). Niedernhausen: Schors-Verlags-Gesellschaft.
ENGELHARDT, G. (1965). Die Leibeserziehung an den Schulen in der Sowjetischen Besatzungszone. Bonn: Deutscher Bundes-Verlag.
ERBACH, G. u. a. (Herausgeberkollegium) (1963). Kleine Enzyklopädie Körperkultur und Sport (2. Aufl.). Leipzig: Enzyklopädie.
ERLER (1885). Programm. In K. A. SCHMIDT, Encyklopädie des gesamten Erziehungs- und Unterrichtswesens. 6. Band (2. Aufl.) (S. 448-453). Leipzig: Fues.
ERLINGER, H. D. (1988). Muttersprachlicher Unterricht in Schulprogrammen in Preußen (1800-1850). Diskussion Deutsch, 19, 515-525.
FALKNER, G. (1992). Der Aufbau der Kinder- und Jugendsportschulen (KJS) in der DDR und einige Aspekte ihrer frühen Entwicklungsgeschichte. In K. ZIESCHANG & W. BUCHMEIER (Hrsg.), Sport zwischen Tradition und Zukunft (S. 106-108). Schorndorf: Hofmann.
FAULSTICH-WIELAND, H. (1998). Wo steht die koedukative Schule heute? – Ergebnisse der Koedukationsforschung. In LANDESINSTITUT FÜR SCHULE UND WEITERBILDUNG (Hrsg.), Neue Wege zur Gestaltung der koedukativen Schule (S. 22-42). Bönen: Kettler.
FAUST-SIEHL, G. u. a. (1996). Die Zukunft beginnt in der Grundschule. Empfehlungen zur Neugestaltung der Primarstufe. Reinbek: Rowohlt.
FEND, H. (1986). „Gute Schulen – schlechte Schulen". Die einzelne Schule als pädagogische Handlungseinheit. Die Deutsche Schule, (3), 275-293.
FEND, H. (1996). Schulkultur und Schulqualität (Beiheft). Zeitschrift für Pädagogik, 34, 85-97.
FISCHER, D. & ROLFF, H.-G. (1997). Autonomie, Qualität von Schulen und staatliche Steuerung. Chancen und Risiken von Schulautonomie. Zeitschrift für Pädagogik, 49, 537-549.
FLEISCHER-BICKMANN, W. (1994). Rahmenplan und Schulcurriculum. In H. BUCHEN, L. HORSTER & H.-G. ROLFF (Hrsg.), Schulleitung und Schulentwicklung. Stuttgart: Raabe.
FLEISCHER-BICKMANN, W. (1995). Schulprofil und Schulprogramm. Pädagogik Unterricht, 6 (4), 14-23.
FLEISCHER-BICKMANN, W. (1997). Profil zeigen reicht nicht! Kritische Bemerkungen zu theoretischen und praktischen Entwicklungen von Schulprogrammen. Journal für Schulentwicklung, 1 (2), 13-23.
FLEISCHER-BICKMANN, W. & MARITZEN, N. (1996). Schulprogramm. Anspruch und Wirklichkeit eines Instruments der Schulentwicklung. Pädagogik, 48 (1), 12-17.

FLEISCHER-BICKMANN, W. & MARITZEN, N. (1998). Das Schulprogramm im Schulalltag. Sieben Praxistips als Wegweiser. Pädagogik, 50 (2), 9-14.
FRANCKE, A. H. (1885). Pädagogische Schriften. Hrsg. v. D. G. KRAMER (2. Aufl.). Langensalza: Beyer & Söhne.
FRANCKE, A. H. (1702/1885). Kurzer und einfältiger Unterricht, wie die Kinder zur wahren Gottseligkeit und christlichen Klugheit anzuführen sind. In A. H. FRANCKE, Pädagogische Schriften (2. Auflage). Hrsg. v. D. G. KRAMER. Langensalza: Beyer & Söhne.
FRANCKE, A. H. (1721/1885). Verbesserte Methode des Paedagogii Regii zu Glaucha vor Halle. In A. H. FRANCKE, Pädagogische Schriften (2. Auflage). Hrsg. v. D. G. KRAMER. Langensalza: Beyer & Söhne.
FRANCKE, A. H. (o. J./1885). Ordnung und Lehrart der Waisenhausschulen. In A. H. FRANCKE, Pädagogische Schriften (2. Auflage). Hrsg. v. D. G. KRAMER. Langensalza: Beyer & Söhne.
FRANCKE, A. H. (o. J./1885). Instruction oder Regeln für die Praeceptores der Waisenkinder. In A. H. FRANCKE, Pädagogische Schriften (2. Auflage). Hrsg. v. D. G. KRAMER. Langensalza: Beyer & Söhne.
FRANZEN, G. (1997). Gesundheitserziehung als Jahresprogramm unserer Schule. sportunterricht, 46 (3), 108-114.
FREI, W. (1902). Landerziehungsheime. Darstellung und Kritik einer modernen Reformschule. Leipzig.
FRIEDRICH, G. (2000). Schulsportforschung – Zur Konzeption eines ausbaubedürftigen Bereichs der Sportwissenschaft. dvs-Informationen, 15 (1), 7-11.
FRINGES, P. (1999). Schulprogramm und Schulwirklichkeit. Kritische Anmerkungen zu einem schwierigen Verhältnis. SchulVerwaltung NRW, 10, 11-13.
FRÖHLICH, G. (1899). Die deutsche Erziehungsschule, ihr Unterricht, ihre Zucht und Regierung, sowie ihre Verbindung mit dem Elternhause und das Schulleben nach den Forderungen der wissenschaftlichen Pädagogik. Dresden: Bleyl und Kaemmerer.
FRÖHLICH, G. (1901). Die wissenschaftliche Pädagogik Herbart-Ziller-Stoys in ihren Grundlehren gemeinfaßlich dargestellt und an Beispielen erläutert (7. Aufl.). Wien: Pichler.
FROMMELT, B. (1995). Auf dem Weg von der Lernschule zur Lebensschule. Das hessische Autonomiekonzept. In P. DASCHNER, H.-G. ROLFF & T. STRYCK (Hrsg.), Schulautonomie – Chancen und Grenzen. Impulse für die Schulentwicklung (S. 185-206). Weinheim: Juventa.
FUNKE, J. (1973). Sport in der Schule? Zur Kritik eines curricularen Teilbereichs. Neue Sammlung, 13, 590-606.
FUNKE, J. (1974). Körpererziehung, Sport und Spiel in der Bielefelder Laborschule (ein Curriculumrahmen). In Schulprojekte der Universität Bielefeld. Heft 4 (S. 133-195). Stuttgart: Klett.
FUNKE, J. (1975). Alter Sport in neuen Schulen? Sportwissenschaft, 5 (3-4), 298-312.
FUNKE, J. (1985). Schule, Leben, Sport. sportpädagogik, 9 (2), 18-25.
FUNKE-WIENEKE, J. (1992). Schulsportkonzepte – ein Plädoyer für das gemeinsam Tragbare. sportpädagogik, 16 (2), 23-28.
FUNKE-WIENEKE, J. & HINSCHING, J. (1995). Bewegung und Sport in der Schulkultur – Sportpädagogische Reflexionen und gestaltete Praxis. In A.

Zeuner, G. Senf & S. Hofmann (Hrsg.), Sport unterrichten. Anspruch und Wirklichkeit. Kongreßbericht (S. 211-220). St. Augustin: Academia.
Gampp, C. & Illi, U. (1995). Aktiv-dynamisches bzw. bewegtes Sitzen. Lehrhilfen für den Sportunterricht, 44 (10), 145-152.
Gärtner, H., Moritz, H. & Sikora, W. (1986). Körpererziehung in der ganztägigen Bildung und Erziehung. Berlin: Volk und Wissen.
Geiger, H. (1995). Sport und Staatssicherheit: Überwachung, Verfolgung und Außendarstellung. In Deutscher Bundestag (Hrsg.), Materialien der Enquete-Kommission „Aufarbeitung von Geschichte und Folgen der SED-Diktatur in Deutschland" (12. Wahlperiode des Deutschen Bundestages). Bd. III/I: Rolle und Bedeutung der Ideologie, integrativer Faktoren und disziplinierender Praktiken in Staat und Gesellschaft der DDR. Baden-Baden: Nomos.
Geldbach, E. (1975). Sport und Protestantismus. Geschichte einer Begegnung. Wuppertal: Brockhaus.
Geldbach, E. (1980). Die Philanthropen als Wegbereiter moderner Leibeskultur. In H. Ueberhorst (Hrsg.), Geschichte der Leibesübungen. Bd. 3/1 (S. 165-196). Berlin: Bartels und Wernitz.
Gemeinsame Erklärung des Präsidenten der Kultusministerkonferenz, des Präsidenten des Deutsche Sportbundes und des Vorsitzenden der Sportministerkonferenz (2001). Die Bedeutung des Schulsports für lebenslanges Sporttreiben. sportunterricht, 50 (1), 22.
Geßmann, R. (2000). Überlegungen zu den Thüringer Sportlehrplänen. Körpererziehung, 50 (2), 79-84.
Geßmann, R. (2002). Andersartig und gleichwertig? Das Schulfach Sport zwischen Konformitätsstreben, Anpassungsdruck und Bewahrung seiner Besonderheit. In W. Borgers u. a. (Red.), Tempel und Ringe zwischen Hochschule und Olympischer Bewegung. Festschrift für Dietrich R. Quanz (S. 149-166). Köln: Carl und Liselott Diem-Archiv.
Giesecke, H. (1996). Wozu ist die Schule da? Die neue Rolle von Eltern und Lehrern. Stuttgart: Klett-Cotta.
Giesecke, H. (1998). Pädagogische Illusionen. Lehren aus 30 Jahren Bildungspolitik. Stuttgart: Klett-Cotta.
Gieseler, K. (1983). Das Leitungs- und Leistungs-System der Körperkultur in der DDR. Sportwissenschaft, 13, 113-133.
Gissel, N. (2000). Wozu noch Sportgeschichte? Gedanken zur Legitimation und Funktion sporthistorischer Forschung. Sportwissenschaft, 30, 311-325.
Groll, H. (1955). Die Systematiker der Leibesübungen. Wien: Österreichischer Bundesverlag.
Größing, S. (1993). Bewegungskultur und Bewegungserziehung. Grundlagen einer sinnorientierten Bewegungspädagogik. Schorndorf: Hofmann.
Grupe, O. (1982). Bewegung, Spiel und Leistung im Sport. Schorndorf: Hofmann.
Grupe, O. (1987). Sport als Kultur. Osnabrück: Fromm.
Grupe, O. (2000a). Vom Sinn des Sports. Kulturelle, pädagogische und ethische Aspekte. Schorndorf: Hofmann.
Grupe, O. (2000b). Sporterziehung und Schulsportkultur. sportunterricht, 49 (1), 14-19.
Gudjons, H. (1993): Pädagogisches Grundwissen. Überblick – Kompendium – Studienbuch. Bad Heilbrunn: Klinkhardt.

GUTSMUTHS, J. C. F. (1793/O. J.). Gymnastik für die Jugend. In M. SCHWARZE & W. LIMPERT (Hrsg.), Quellenbücher der Leibesübungen (Bd. 1). Dresden: Limpert.

GUTSMUTHS, J. C. F. (1804/1999). Gymnastik für die Jugend, enthaltend eine praktische Anweisung zu Leibesübungen (Schnepfenthal, 2. Aufl., Faksimile-Druck). Rudolfstadt/Jena: Hain.

GUTSMUTHS, J. C. F. (1796/1959). Spiele zur Übung und Erholung des Körpers und Geistes. In DEUTSCHE HOCHSCHULE FÜR KÖRPERKULTUR LEIPZIG (Hrsg.), Quellenbücher der deutschen Körperkultur. Berlin: Sportverlag.

HAENISCH, H. (1996). Bausteine für die Entwicklung und die Profilbildung von Schulen. In LANDESINSTITUT FÜR SCHULE UND WEITERBILDUNG (Hrsg.), Schule auf neuen Wegen. Anstöße, Konzepte, Beispiele (S. 21-52). Bönen: Kettler.

HAENISCH, H. (1997a). Schulen sind so frei. Erkenntnisse aus einer Schrift mit Praxisbeispielen zur Schulentwicklung. SchulVerwaltung NRW, 8, 35-37.

HAENISCH, H. (1997b). Schulprogramm als Instrument der Schulentwicklung. SchulVerwaltung NRW, 8, 139-143.

HAENISCH, H. (1998a). Wie Schulen ihr Schulprogramm entwickeln. Eine Erkundungsstudie an ausgewählten Schulen aller Schulformen. Hrsg. v. Landesinstitut für Schule und Weiterbildung des Landes NRW. Bönen: Kettler.

HAENISCH, H. (1998b). Wie die Schulprogrammarbeit gelingen kann. SchulVerwaltung NRW, 9, 323-326.

HAENISCH, H. (1999). Wie entwickeln Schulen ihr Schulprogramm? Erfahrungen aus Nordrhein-Westfalen. In LANDESINSTITUT FÜR SCHULE UND WEITERBILDUNG (Hrsg.), Bewegung, Spiel und Sport im Schulprogramm, Drittes Schulsport-Symposion Nordrhein-Westfalen (S. 37-49). Bönen: Kettler.

HAENISCH, H. & BURKARDT, C. (2002). Schulprogrammarbeit erfolgreich gestalten. Ergebnisse einer qualitativen Studie zu den Gelingensbedingungen der Entwicklung und Umsetzung des Schulprogramms. In MINISTERIUM FÜR SCHULE, WISSENSCHAFT UND FORSCHUNG & LANDESINSTITUT FÜR SCHULE UND WEITERBILDUNG (Hrsg.), Schulprogrammarbeit in Nordrhein-Westfalen. Ergebnisse der wissenschaftlichen Evaluationsstudien (S. 123-197). Bönen: Kettler.

HAENISCH, H. & SCHULDT, W. (1994). Schulentwicklung. Zur Wechselwirkung zwischen curricularen Rahmenbedingungen und inneren Gestaltungskräften von Grundschulen. Soest : Eigendruck.

HAGEN-DÖVER, S. u. a. (1998). Hindernislauf auf dem Weg zum Schulprogramm. Pädagogik, 50 (2), 15-18.

HAMEYER, U. (1998). Orientierungspunkte für die Entwicklung von Schulprogrammen. In MINISTERIUM FÜR BILDUNG, WISSENSCHAFT, FORSCHUNG UND KULTUR DES LANDES SCHLESWIG-HOLSTEIN (Hrsg.), Wege zum Schulprogramm (S. 6-41). Kiel: Ehlers.

HAMEYER, U. & SCHRATZ, M. (1997). Planungswerkstatt Schule – Schritte zum eigenen Programm. Journal für Schulentwicklung, 1 (2), 6-12.

HAMEYER, U. & SCHRATZ, M. (1998). Schulprogramme – Wegweiser von der Vision zur Gestaltung von Schule. In H. ALTRICHTER, W. SCHLEY & M. SCHRATZ (Hrsg.), Handbuch zur Schulentwicklung (S. 86-110). Innsbruck: Studien-Verlag.

HANNEMANN, U. (1998). Mit Schulprogrammen „Gute Schule" machen? Ein Plädoyer für einen lehrerorientierten Ansatz zur Schulprogrammentwicklung. schul-management, 29 (5), 14-17.
HARTMANN, G. (1997). Goldkinder. Die DDR im Spiegel ihres Spitzensports. Leipzig.
HEINRICH-VOGEL, R. (1981). Mein Lebensweg vom sportbegeisterten Kind zur Hochleistungssportlerin der DDR. In D. EHRICH, R. HEINRICH-VOGEL & G. WINKLER, Die DDR. Breiten- und Spitzensport (S. 49-59). München.
HELFRITSCH, W. (1989). Einige Überlegungen zur Weiterentwicklung der KJS-Forschung nach dem IX. Pädagogischen Kongreß. Theorie und Praxis des Leistungssports, 27 (8/9), 122-130.
HELFRITSCH, W. (1997). Die Kinder- und Jugendsportschulen – Schulen ohne Schulsport. Altlasten oder Beispieleinrichtungen für die Nachwuchsförderung im Leistungssport? In J. HINSCHING & A. HUMMEL (Hrsg.), Schulsport und Schulsportforschung in Ostdeutschland 1945-1990 (S. 112-128). Aachen: Meyer & Meyer.
HELFRITSCH, W. & BECKER, U. (1993). Dokumentationsstudie Pädagogische KJS-Forschung. Köln.
HELMKE, C., NAUL, R. & RODE, J. (1991). Zur Lehrplanentwicklung und Lehrplanreform des Sportunterrichts in der ehemaligen DDR und in den neuen Bundesländern. sportunterricht, 40 (10), 382-394.
HELSPER, W. & BÖHME, J. (1998). Schulmythos und Schulkultur. In E. RISSE (Hrsg.), Schulprogramm. Entwicklung und Evaluation (S. 54-86). Neuwied: Luchterhand.
HENTIG, H., VON (1972). Lerngelegenheiten für den Sport. Sportwissenschaft, 2, 239-257.
HENTIG, H., VON (1973). Schule als Erfahrungsraum? Eine Übung im Konkretisieren einer pädagogischen Idee. Stuttgart: Klett.
HENTIG, H., VON (1980). Einführung zur deutschen Ausgabe. In M. RUTTER u. a., Fünfzehntausend Stunden – Schulen und ihre Wirkung auf die Kinder (S. 9-24). Weinheim: Beltz.
HENTIG, H., VON (1993). Die Schule neu denken. München/Wien: Hanser.
HENTIG, H., VON (1995). Die Bielefelder Laborschule. Aufgaben, Prinzipien, Einrichtungen. Eine empirische Antwort auf die veränderte Funktion der Schule. (Impuls: Informationen, Materialien, Projekte, Unterrichtseinheiten aus der Laborschule Bielefeld, Band 7). (4. Auflage). Bielefeld: Eigendruck.
HENTIG, H., VON (1996). Bildung. Ein Essay. München/Wien: Hanser.
HERING, D. (1986). So leben wir alle Tage. Pädagogisches Profil im Schulprogramm. Heinsberg.
HERZ, O. u. a. (1999). Programmierte Schule? Schule mit Programm! Diskussion zum Thema. Lernende Schule, 2 (6), 10-15.
HESSISCHES KM [Hessisches Kultusministerium] (1995). Rahmenplan Grundschule. Gießen.
HESSISCHES KM & HELP [Hessisches Kultusministerium & Hessisches Landesinstitut für Pädagogik] (1996a). Schulprogramme und Evaluation in Hessen. Ein Einstieg in die Thematik, Heft 1. Wiesbaden.
HESSISCHES KM & HELP [Hessisches Kultusministerium/Hessisches Landesinstitut für Pädagogik] (1996b). Schulprogramme und Evaluation in Hessen. Entwicklung und Realisierung eines Schulprogramms. Heft 2. Wiesbaden.

HESSISCHES KM & HELP [Hessisches Kultusministerium/Hessisches Landesinstitut für Pädagogik] (1997). Schulprogramme und Evaluation in Hessen. Heft 3. Wiesbaden.
HESSISCHES KM & HELP [Hessisches Kultusministerium/Hessisches Landesinstitut für Pädagogik] (2001). Schulprogramme und Evaluation in Hessen. Heft 13. Abschlußbericht zum Projekt „Schulprogramme und Evaluation" der Pilotschulen und der Unterstützungssysteme in Hessen. Wiesbaden.
HESSISCHES KULTUSMINISTERIUM (2000). Jahr des Schulsports. sportunterricht, 49 (11), 356.
HILDEBRANDT, R. (1993). Lebensweltbezug – Leitmotiv für eine Neuorientierung der Bewegungserziehung in der Grundschule. Sportwissenschaft, 23 (3), 259-275.
HILDEBRANDT, R. (1994). Neuere Entwicklungen in der Sportpädagogik und ihre Auswirkungen auf Gestaltung von Spiel- und Bewegungsräumen. sportunterricht, 43 (5), 195-202.
HILDEBRANDT-STRAMANN, R. (1999). Bewegte Schulkultur. Schulentwicklung in Bewegung. Butzbach-Griedel: Afra.
HILDEBRANDT-STRAMANN, R. (2000). Schule als Lern- und Lebensort. In R. LAGING & G. SCHILLACK (Hrsg.), Die Schule kommt in Bewegung (S. 78-95). Baltmannsweiler: Schneider.
HINSCHING, J. (1995). Bewegung und Sport im Lebensraum Schule. Körpererziehung, 45 (12), 410-417.
HINSCHING, J. (1997). Bewegung und Sport in einem Konzept zukünftiger Schule. Körpererziehung, 47 (11), 362.
HINSCHING, J. (1998). Bewegung und Sport im Lebensraum Schule – Zur Neuorientierung von Schule und Schulsport in den neuen Bundesländern. In G. STIBBE, G. (Hrsg.), Bewegung, Spiel und Sport als Elemente des Schulprogramms. Grundlagen, Ansätze, Beispiele (S. 43-53). Baltmannsweiler: Schneider.
HINSCHING, J. (2000). Schulprofil und Entwicklungskonzept der Martin-Andersen-Nexö-Schule Greifswald für den Zeitraum 1998-2000. Ein Beispiel für bewegte Schulkultur und für die reformpädagogische Arbeit an Schulen in den neuen Bundesländern. In R. LAGING & G. SCHILLACK (Hrsg.), Die Schule kommt in Bewegung (S. 96-109). Baltmannsweiler: Schneider.
HINSCHING, J. & LAGING, R. (1997). Schule als Lebens- und Bewegungsraum – Schultheoretische Überlegungen. In W. BREHM u. a. (Red.), Leistung im Sport – Fitness im Leben (S. 156-158). Hamburg: Czwalina.
HINZ, H. (1999). Hilfen für Arbeitsgruppen in Schulentwicklungsprozessen. Pädagogik, 51 (2), 24-26.
HOF, U. (1997). Ein Wort stiftet Verwirrung. nds, (12), 37.
HOFFMANN, E., REISSMANN, J. & SCHITTKO, K. (1999). Schulprogramm – Mode oder Chance? (Editorial). SchulVerwaltung spezial, (1), 3.
HOFFMANN, R. (1993a). Für eine stärkere Autonomie der Schule. Thesen zur pädagogischen Schulentwicklung. In H.-P. DE LORENT & G. ZIMDAHL (Hrsg.), Autonomie der Schulen (S. 135-144). Hamburg: Bergmann & Helbig.
HOFFMANN, R. (1993b). Für eine stärkere Autonomie der Schule. Thesen zur pädagogischen Schulentwicklung. Die Deutsche Schule, 85 (1), 12-22.

HOFFMANN, R. (1995). Autonomie und Systementwicklung. Erfahrungen aus Bremen. In P. DASCHNER, H.-G. ROLFF & T. STRYCK (Hrsg.), Schulautonomie – Chancen und Grenzen. Impulse für die Schulentwicklung (S. 227-251). Weinheim/München: Juventa.

HOHLMEIER, M. (2000). Kongress „Schulinnovation 2000 – Schulen auf dem Weg". schulreport, (2), 6-9.

HOLTAPPELS, H. G. (1995a). Schulkultur und Innovation – Ansätze, Trends und Perspektiven der Schulentwicklung. In H. G. HOLTAPPELS (Hrsg.), Entwicklung von Schulkultur. Ansätze und Wege schulischer Erneuerung (S. 6-36). Neuwied/Kriftel/Berlin: Luchterhand.

HOLTAPPELS, H. G. (1995b). Innere Schulentwicklung: Innovationsprozesse und Organisationsentwicklung. In H.-G. ROLFF (Hrsg.), Zukunftsfelder von Schulforschung (S. 327-354). Weinheim: Beltz.

HOLTAPPELS, H. G. (1998). Gestaltungsautonomie und Schulprogramm – Perspektiven für die Schulentwicklung. In E. RISSE (Hrsg.), Schulprogramm. Entwicklung und Evaluation (S. 27-53). Neuwied: Luchterhand.

HOLTAPPELS, H. G. (1999). Pädagogische Konzepte und Schulprogramme als Instrumente der Schulentwicklung. schul-management, 30 (1), 6-14.

HOLZWEIßIG, G. (1988). Sport und Politik in der DDR. Berlin.

HUMMEL, A. (1995). Historische und gegenwärtige Modelle zum Schulsport in der Diskussion. Auf dem Weg zu einer fachdidaktischen Landkarte. Körpererziehung, 45 (3), 83-88, und (4), 123-129.

HUMMEL, A. (2000). Schulsportkonzepte zwischen totaler Rationalisierung und postmoderner Beliebigkeit. sportunterricht, 49 (1), 9-13.

HUMMEL, A. & BALZ, E. (1995). Sportpädagogische Strömungen – Fachdidaktische Modelle – Unterrichtskonzepte. Auf dem Weg zu einer fachdidaktischen Landkarte. In A. ZEUNER, G. SENF & S. HOFMANN (Hrsg.), Sport unterrichten. Anspruch und Wirklichkeit. Kongreßbericht (S. 28-40). St. Augustin: Academia.

ILLI, U. (1995a). Bewegte Schule. Die Bedeutung und Funktion der Bewegung als Beitrag zu einer ganzheitlichen Gesundheitsbildung im Lebensraum Schule. sportunterricht, 44 (10), 404-415.

ILLI, U. (1995b). Projektskizze: Bewegte Schule – Bewegtes Leben. motorik, 18 (4), 149-155.

ILLI, U. (1998). Bewegte Schule – Gesunde Schule. Zur Einleitung. Von der Informationskampagne „Sitzen als Belastung" zum Projekt „Bewegte Schule – Gesunde Schule". In U. ILLI, D. BREITHECKER & S. MUNDLIGER (Hrsg.), Bewegte Schule – Gesunde Schule. Aufsätze zur Theorie (S. 1-19). Zürich/Wiesbaden/Graz: Eigenverlag.

ILLI, U. & PÜHSE, U. (1997). Bewegte Schule – Das schweizerische Beispiel. In F. DANNENMANN, J. HANNIG-SCHOSSER & R. ULLMANN (Hrsg.), Schule als Bewegungsraum. Konzeptionen – Positionen – Konkretionen (S. 43-51). Stuttgart: Bräuer.

ILLI, U. & ZAHNER, L. (1999). Bewegte Schule – Gesunde Schule. In U. PÜHSE & U. ILLI (Hrsg.), Bewegung und Sport im Lebensraum Schule (S. 23-49). Schorndorf: Hofmann.

ILSEMANN, C. VON & SCHNACK, J. (1995). Wir verändern unsere Oberstufe. Die Profiloberstufe in der Hamburger Max-Brauer-Schule. In J. BASTIAN & G. OTTO (Hrsg.), Schule gestalten. Dialog zwischen Unterrichtsreform, Schulreform und Bildungsreform (S. 95-117). Hamburg: Bergmann & Helbig.

JACH, F.-R. (1993). Rechtsgutachten zur gesetzlichen Verankerung des Grundsatzes der „Autonomie von Schule" im Schulgesetz und im Schulverfassungsgesetz der Freien Hansestadt Hamburg. In H.-P. DE LORENT, H.-P. & G. ZIMDAHL (Hrsg.), Autonomie der Schulen (S. 184-210). Hamburg: Bergmann & Helbig.

JANK, W. & MEYER, H. (1991). Didaktische Modelle. Frankfurt/M.: Cornelsen.

JÜRGENS, E. (1998). Schulen auf dem Weg zur Eigenständigkeit? Zur Diskussion von Schulprogramm und Autonomie. Schulmagazin 5 bis 10, (9), 53-56.

KALÄHNE, K. (Red.) (1961). Verzeichnis der wichtigsten gültigen Bestimmungen und Beschlüsse für die Tätigkeit auf dem Gebiete der Körperkultur und des Sportes in der Deutschen Demokratischen Republik. Hrsg. v. Staatlichen Komitee für Körperkultur und Sport beim Ministerrat der Deutschen Demokratischen Republik. Theorie und Praxis der Körperkultur (2. Auflage). Sonderheft.

KANDERS, M. (2002). Was nützt Schulprogrammarbeit den Schulen? Ergebnisse einer schriftlichen Befragung von Lehrerinnen und Lehrern. In MINISTERIUM FÜR SCHULE, WISSENSCHAFT UND FORSCHUNG & LANDESINSTITUT FÜR SCHULE UND WEITERBILDUNG (Hrsg.), Schulprogrammarbeit in Nordrhein-Westfalen. Ergebnisse der wissenschaftlichen Evaluationsstudien (S. 55-104). Bönen: Kettler.

KARSEN, F. (1923). Deutsche Versuchsschulen der Gegenwart und ihre Probleme. Leipzig.

KLAFKI, W. (1991). Perspektiven einer humanen und demokratischen Schule. In H. C. BERG & U. STEFFENS (Hrsg.), Schulqualität und Schulvielfalt. Das Saarbrücker Schulgütesymposion '88. (Hessisches Institut für Bildungsplanung und Schulentwicklung: Beiträge aus dem Arbeitskreis „Qualität von Schule", Heft 5) (S. 31-41). Wiesbaden.

KLAFKI, W. (1995). Schule und Unterricht gestalten. „Autonomie", „Partizipation" und „politische Verantwortung" als schultheoretische und didaktische Kategorien. In J. BASTIAN & G. OTTO (Hrsg.), Schule gestalten. Dialog zwischen Unterrichtsreform, Schulreform und Bildungsreform (S. 35-46). Hamburg: Bergmann & Helbig.

KLEIN, G. (1997). Schulen brauchen Beratung. Kollegiumsorientierte Innovationsberatung als Beitrag zur Schulentwicklung. Grundlagen – Ansätze – Perspektiven. Marquartstein.

KLEIN, G. (1998). Wege zur erneuerungsfähigen Schule. Bedingungen und Perspektiven pädagogischer Innovation. Die Deutsche Schule, 90 (2), 155-173.

KLEINDIENST-CACHAY, C. (1980). Die Verschulung des Turnens. Schorndorf: Hofmann.

KLEINDIENST-CACHAY, C. (1998). Verschläft die Fachdidaktik die Zukunft der Grundschule? Anstöße zur fachdidaktischen Diskussion aus grundschulpädagogischer Sicht. sportunterricht, 48 (6), 231-242.

KLEINE-HUSTER, R. (1999). Auf dem Weg zur Bewegten Schule. Ein Beitrag zur Schul(programm)entwicklung. In NIEDERSÄCHSISCHES KULTUSMINISTERIUM & TECHNIKER KRANKENKASSE NIEDERSACHSEN (Hrsg.), Bewegte Schule. Teil I (Kap. 5, S. 3-14). Hannover.

KLIEBISCH, U. W., SCHMITZ, P. A. & BASTEN, K. H. (1999). Vom Profil zum Programm ... wie man ein Schulprogramm entwickelt. Baltmannsweiler: Schneider.

KLUPSCH-SAHLMANN, R. (1995). Bewegte Schule. sportpädagogik, 19 (6), 14-22.
KLUPSCH-SAHLMANN, R. (1997a). Zum pädagogischen Ansatz einer Bewegten Schule. In F. DANNENMANN, J. HANNIG-SCHOSSER & R. ULLMANN (Hrsg.), Schule als Bewegungsraum. Konzeptionen – Positionen – Konkretionen (S. 31-41). Stuttgart: Bräuer.
KLUPSCH-SAHLMANN, R. (1997b). Bewegte Grundschule. Die Grundschulzeitschrift, 11 (109), 6-13.
KLUPSCH-SAHLMANN, R. (1999). Mehr Bewegung in die Schule – grundlegende Gedanken zur pädagogischen Konzeption. In R. KLUPSCH-SAHLMANN (Hrsg.), Mehr Bewegung in der Grundschule. Grundlagen – Bewegungschancen im Schulleben – Beispiele für alle Fächer (S. 7-24). Berlin: Cornelsen.
KLUSSMANN, R. (1889). Systematisches Verzeichnis der Abhandlungen, welche in den Schulschriften sämtlicher an dem Programmtausche teilnehmenden Lehranstalten vom Jahre 1876-1885 erschienen sind. Leipzig.
KM NRW [Der Kultusminister des Landes Nordrhein-Westfalen] (Hrsg.) (1985). Richtlinien und Lehrpläne für die Grundschule in Nordrhein-Westfalen. Sachunterricht. Frechen: Ritterbach.
KM NRW [Der Kultusminister des Landes Nordrhein-Westfalen] (Hrsg.) (1989). Richtlinien und Lehrpläne für die Hauptschule in Nordrhein-Westfalen. Deutsch. Frechen: Ritterbach.
KM NRW [Der Kultusminister des Landes Nordrhein-Westfalen] (Hrsg.) (1993a). Richtlinien und Lehrpläne für die Realschule in Nordrhein-Westfalen. Deutsch. Frechen: Ritterbach.
KM NRW [Der Kultusminister des Landes Nordrhein-Westfalen] (Hrsg.) (1993b). Richtlinien und Lehrpläne für das Gymnasium – Sekundarstufe I – in Nordrhein-Westfalen. Chemie. Frechen: Ritterbach.
KM SACHSEN-ANHALT [Kultusministerium Sachsen-Anhalt] (1999). Rahmenrichtlinien Sekundarschule. Schuljahrgänge 7-10. Sport. Halle: Druckerei John.
KMK [Sekretariat der Ständigen Konferenz der Kultusminister der Länder in der Bundesrepublik Deutschland] (Hrsg.) (1992). Zur Anzahl der Sportstunden an den Allgemeinbildenden Schulen in der Bundesrepublik Deutschland. Zusammenfassung einer Expertenbefragung. Bonn: Eigendruck.
KMK [Sekretariat der Ständigen Konferenz der Kultusminister der Länder in der Bundesrepublik Deutschland] (Hrsg.) (2000). Schule und Leistungssport – Verbundsysteme in den Ländern. Bericht über den Entwicklungsstand der pädagogischen Betreuungsmaßnahmen für jugendliche Leistungssportlerinnen und Leistungssportler im Rahmen der Kooperationsprojekte „Sportbetonte Schule" und „Partnerschule des Leistungssports" in den Ländern. Berlin: Eigendruck.
KMK [Sekretariat der Ständigen Konferenz der Kultusminister der Länder in der Bundesrepublik Deutschland] (Hrsg.) (2001). Bewegungsfreundliche Schule. Bericht über den Entwicklungsstand in den Ländern. Beschluss der Kultusministerkonferenz vom 11.12.2001. Berlin: Eigendruck.
KOERRENZ, R. (1992). Landerziehungsheime in der Weimarer Republik. Frankfurt/M.: Lang.
KOFINK, H. (1999). Ist Sportpädagogik kein „Pädagogischer Grundbegriff". sportunterricht, 48 (8), 312-313.

KÖSSLER, F. (1987). Verzeichnis von Programm-Abhandlungen deutscher, österreichischer und schweizerischer Schulen der Jahre 1825-1918. 4 Bände. München.
KÖSSLER, F. (1991). Verzeichnis von Programm-Abhandlungen deutscher, österreichischer und schweizerischer Schulen der Jahre 1825-1918. Band 5. Ergänzungsband. München.
KÖSTER, R. (1998). Bewegung, Spiel und Sport als Begleiter von der Orientierungsstufe bis zum Abitur – Überlegungen zur Einbindung des Fachbereichs Sport in das Schulprogramm eines Gymnasiums. In G. STIBBE (Hrsg.), Bewegung, Spiel und Sport als Elemente des Schulprogramms. Grundlagen, Ansätze, Beispiele (S. 76-86). Baltmannsweiler: Schneider.
KOTTMANN, L. & KÖPPE, G. (1991). Schulleben. Mit Sport Bewegung in die Schule bringen. Baltmannsweiler: Schneider.
KOTTMANN, L. & KÜPPER, D. (1999). Gesundheitserziehung. In W. GÜNZEL/R. LAGING (Hrsg.), Neues Taschenbuch des Sportunterrichts. Band 1. Grundlagen und pädagogische Orientierungen (S. 235-252). Baltmannsweiler: Schneider.
KOTTMANN, L., KÜPPER, D. & PACK, R.-P. (1992). Mehr Bewegung in der Schule! SchulVerwaltung NRW, (7/8), 179-181.
KOTTMANN, L., KÜPPER, D. & PACK, R.-P. (1997a). Bewegungsfreudige Schule – Pädagogische Perspektiven und Realisierungschancen. In SCHMIDTBLEICHER, BÖS & MÜLLER (Hrsg.), Sport im Lebenslauf (S. 211-218). Hamburg: Cwalina.
KOTTMANN, L., KÜPPER, D. & PACK, R.-P. (1997b). Bewegungsfreudige Schule. Band I: Grundlagen. Hrsg. vom Bundesverband der Unfallversicherungsträger der öffentlichen Hand e.V. – BAGUV. München: Eigenverlag.
KRAMER, D. G. (1885). A. H. Francke und seine Stiftungen in Halle. In A. H. FRANCKE, Pädagogische Schriften (2. Auflage). Hrsg. v. D. G. KRAMER (S. III-LXXXV). Langensalza.
KRAMPE, W. (1891). Leibesübungen und Jugendspiele in deutschen Schulen früherer Jahrhunderte. Deutsche Turn-Zeitung, 37 (30), 527-531; 37 (31), 549-553; 37 (50), 877-881; 37 (51), 895-899.
KRETSCHMER, J. (2000). Entschulter Schulsport. In P. WOLTERS u. a. (Hrsg.), Didaktik des Schulsports (S. 61-89). Schorndorf: Hofmann.
KRÜGER, M. (1993). Einführung in die Geschichte der Leibeserziehung und des Sports. Teil 2: Leibeserziehung im 19. Jahrhundert. Turnen fürs Vaterland. Schorndorf: Hofmann.
KRÜGER, M. (1999). Wieviel Bewegung bringt die „Bewegte Schule"? sportunterricht, 48 (8), 324-329.
KRÜSMANN, G. (1997). Wegweiser zur Schulentwicklung. nds, (11), 8-12.
KUGELMANN, C. (1996). Koedukation im Sportunterricht – 20 Jahre Diskussion und kein Ende abzusehen. Sportwissenschaft, 26 (3), 272-289.
KUGELMANN, C. (1999). Koedukation im Sportunterricht oder: Mädchen und Jungen gemeinsam in Spiel, Sport und Bewegung unterrichten – ein altes Thema neu betrachtet. In W. GÜNZEL & R. LAGING (Hrsg.), Neues Taschenbuch des Sportunterrichts. Band 1: Grundlagen und pädagogische Orientierungen (S. 297-322). Baltmannsweiler: Schneider.
KUGELMANN, C. & ZIPPRICH, C. (Hrsg.) (2002). Mädchen und Jungen im Sportunterricht. Beiträge zum geschlechtssensiblen Unterrichten. Hamburg: Czwalina.

KUHLMANN, D. (2000). Welche Rolle spielt der Deutsche Sportbund als Lobbyist für den Schulsport? sportpädagogik, (4), 50-52.
KUHLMANN, D. (2001). Breitensport. In O. GRUPE & D. MIETH (Hrsg.), Lexikon der Ethik im Sport (S. 76-80). Schorndorf: Hofmann.
KÜHNST, P. (1982). Der mißbrauchte Sport. Die politische Instrumentalisierung des Sports in der SBZ und DDR 1945-1957. Köln.
KÜPPER, D. (1987). Außerunterrichtliche Angebote des Schulsports. sportunterricht, 36 (1), 5-9.
KÜPPER, D. (1991). Sportartübergreifende Ansätze – eine Bereicherung für den Schulsport? sportunterricht, 40 (11), 421-424.
KÜPPER, D. (1993). Gesundheitserziehung in der Schule durch Sport – ein Anstoß zur Neubesinnung über den Schulsport in der Grundschule. In KULTUSMINISTERIUM DES LANDES NORDRHEIN-WESTFALEN (Hrsg.), Schulsport in Nordrhein-Westfalen. Bd. 24. Schuljahr 1993/94 (S. 27-31). Oberhausen: Allbro-Druck.
KÜPPER, D. (1995). Die Richtlinien und Lehrpläne für den Sport an den Schulen im Land Nordrhein-Westfalen im Spiegel ausgewählter Leitideen schulformspezifischer Richtlinien und Lehrpläne. In H.-J. SCHALLER & D. PACHE (Hrsg.), Sport als Bildungschance und Lebensform (S. 79-88). Schorndorf: Hofmann.
KÜPPER, D. (1998). Schulsport zwischen Selbstisolation und Integration in ein pädagogisches Konzept von Schule. In G. STIBBE (Hrsg.), Bewegung, Spiel und Sport als Elemente des Schulprogramms. Grundlagen, Ansätze, Beispiele (S. 34-42). Baltmannsweiler: Schneider.
KÜPPER, D. & STIBBE, G. (2004). Grundsätze und Realisierungsmöglichkeiten der reflektierten Koedukation im Sportunterricht. In WUPPERTALER ARBEITSGRUPPE (Hrsg.), Schulsport 5-10 (S. 130-140). Schorndorf: Hofmann.
KURZ, D. (1982). Pädagogische Gesichtspunkte zum Leistungssport im Kindesalter. In H. HOWALD/E. HAHN (Hrsg.), Kinder im Leistungssport (S. 184-197). Basel: Birkhäuser.
KURZ, D. (1988). Pädagogische Grundlagen des Trainings. Schorndorf: Hofmann.
KURZ, D. (1993). Schulsport in einer sich verändernden Welt. sportpädagogik, 17 (6), 6-12.
KURZ, D. (2000). Die pädagogische Grundlegung des Schulsports in Nordrhein-Westfalen. In LANDESINSTITUT FÜR SCHULE UND WEITERBILDUNG (Hrsg.), Erziehender Schulsport. Pädagogische Grundlagen der Curriculumrevision in Nordrhein-Westfalen (S. 9-55). Bönen: Kettler.
KURZ, D. (2002). Qualität im Sportunterricht. In LANDESINSTITUT FÜR SCHULE (Hrsg.), Qualität von Bewegung, Spiel und Sport in der Schule (S. 25-36). Bönen: Kettler.
KURZ, D., SACK, H.-G. & BRINKHOFF, K.-P. (1996). Kindheit, Jugend und Sport in Nordrhein-Westfalen. Der Sportverein und seine Leistung. (Materialien zum Sport in Nordhrein-Westfalen. Band 44. Hrsg. v. Ministerium für Stadtentwicklung, Kultur und Sport des Landes Nordrhein-Westfalen). Düsseldorf: Satz & Druck.
LAGING, R. (1993). Bewegung in der Schule. Die Grundschulzeitschrift, 7 (70), 8-16.
LAGING, R. (1997a). Schulsport als bewegte Schulkultur. sportpädagogik, 21 (1), 62-65.

Laging, R. (1997b). Schulsport und leibliche Bildung in einer bewegten Schulkultur. Körpererziehung, 47 (11), 363-370.
Laging, R. (1997c). Schule als Bewegungsraum – Zur sportpädagogischen Fundierung bewegter Schulkonzepte (Einführung). In W. Brehm u. a. (Red.), Leistung im Sport – Fitness im Leben (S. 154-155). Hamburg: Czwalina.
Laging, R. (1999a). Schulsport in einer bewegten Schulkultur. In Landesinstitut für Schule und Weiterbildung (Hrsg.), Bewegung, Spiel und Sport im Schulprogramm (S. 18-36). Bönen: Kettler.
Laging, R. (1999b). Schule als Bewegungsraum – Bewegte Schule. In W. Günzel & R. Laging (Hrsg.), Neues Taschenbuch des Sportunterrichts. Band 1: Grundlagen und pädagogische Orientierungen (S. 397-419). Baltmannsweiler: Schneider.
Laging, R. (1999c). Bewegung und schulisches Lernen. Eine phänomenologische Beziehung. motorik, 22 (1), 2-11.
Laging, R. (2000a). Theoretische Bezüge und Konzepte der Bewegten Schule – Grundlagen und Überblick. In R. Laging & G. Schillack (Hrsg.), Die Schule kommt in Bewegung (S. 2-38). Baltmannsweiler: Schneider.
Laging, R. (2000b). Die Bausteine einer Bewegten Schule. In R. Laging & G. Schillack (Hrsg.), Die Schule kommt in Bewegung (S. 143-164). Baltmannsweiler: Schneider.
Laging, R. & Klupsch-Sahlmann, R. (2001). Schulen in Bewegung. sportpädagogik, (2), 4-10.
Laging, R. & Schillack. G. (Hrsg.) (2000). Die Schule kommt in Bewegung. Baltmannsweiler: Schneider.
Lambrich, H.-J. & Wendt, W (1999). Schulprogramme in den Bundesländern. SchulVerwaltung spezial. Sonderausgabe, (1), 10-13.
Landmann, H. (1903). Bericht über die Tätigkeit des Seminars. Ostern 1901 bis Ostern 1903. In W. Rein (Hrsg.), Aus dem pädagogischen Universitätsseminar zu Jena. Zehntes Heft (S. 1-62). Langensalza.
Lange, H. (1995). Schulautonomie. Entscheidungsprobleme aus politisch-administrativer Sicht. Zeitschrift für Pädagogik, 41 (1), 21-37.
Lange, J. (1975). Zur gegenwärtigen Situation der Sportdidaktik. Ein Forschungsbericht. Sportwissenschaft, 5 (3-4), 217-250.
Lassahn, R. (1970). Hermann Lietz – Leben und Werk. Schulreform durch Neugründung. In H. Lietz, Schulreform durch Neugründung. Ausgewählte pädagogische Schriften (S. 180-189). Besorgt v. R. Lassahn. Paderborn.
Lassahn, R. & Ofenbach, B. (1986). Die Lietz-Schulen – Lebensgemeinschaft als pädagogische Aufgabe. In H. Röhrs (Hrsg.), Die Schulen der Reformpädagogik heute (S. 67-76). Düsseldorf: Schwann-Bagel.
Lassahn, R. & Stach, R. (1979). Geschichte der Schulversuche. Heidelberg.
Ledig, R. (2001). Die Kinder- und Jugendsportschulen. Bildungseinrichtungen zur Förderung sportlicher Talente in der DDR. Beiträge zur Sportgeschichte, (13), 5-20.
Lenk, H. (1973). „Manipulation" oder „Emanzipation" im Leistungssport? Die Entfremdungsthese und das Selbst des Athleten. Sportwissenschaft, 3 (1), 9-40.
Lietz, H. (1897). Emlohstobba. Roman oder Wirklichkeit? Bilder aus dem Schulleben der Vergangenheit, Gegenwart oder Zukunft? Berlin.

LIETZ, H. (1898/1967). Der Gründungsaufruf von 1898. In T. DIETRICH (Hrsg.), Die Landerziehungsheimbewegung (S. 15-17). Bad Heilbrunn/Obb.: Klinkhardt.
LIETZ, H. (1899). Das erste Jahr im Deutschen Landerziehungsheim bei Ilsenburg im Harz (1898/99). Berlin.
LIETZ, H. (1900). Das zweite Jahr im Deutschen Landerziehungsheim bei Ilsenburg im Harz (1899/1900). Berlin.
LIETZ, H. (1904/1967). Die Organisation der Land-Erziehungs-Heime. In T. DIETRICH (Hrsg.), Die Landerziehungsheimbewegung (S. 18-22). Bad Heilbrunn/Obb.: Klinkhardt.
LIETZ, H. (1906). Land-Erziehungsheime. In W. REIN (Hrsg.), Encyklopädisches Handbuch der Pädagogik. 5. Band (2. Auflage) (S. 290-299). Langensalza.
LIETZ, H. (1910a). Deutsche Land-Erziehungsheime. Grundsätze und Einrichtungen. Leipzig.
LIETZ, H. (1910b). Gedanken und Bilder aus deutschen Land-Erziehungsheimen. Leipzig.
LIETZ, H. (1911/1970). Die deutsche Nationalschule. In H. LIETZ, Schulreform durch Neugründung. Ausgewählte pädagogische Schriften. Besorgt v. R. LASSAHN (S. 83-102). Paderborn.
LIETZ, H. (1913a/1967). Ein Rückblick auf Entstehung, Eigenart und Entwicklung der Deutschen Land-Erziehungsheime nach 15 Jahren ihres Bestehens. In T. DIETRICH (Hrsg.), Die Landerziehungsheimbewegung (S. 41-57). Bad Heilbrunn/Obb.: Klinkhardt.
LIETZ, H. (1913b/1967). Ein pädagogisches Testament. In T. DIETRICH (Hrsg.), Die Landerziehungsheimbewegung (S. 103-112). Bad Heilbrunn/Obb.: Klinkhardt.
LIETZ, H. (1918). Die ersten drei Deutschen Landerziehungsheime. 20 Jahre nach der Begründung. Ein Versuch ernsthafter Durchführung deutscher Schulreform. Veckenstedt/Harz.
LIETZ, H. (1922). Lebenserinnerungen. Von Leben und Arbeit eines deutschen Erziehers. Hrsg. v. E. Meissner (3. Auflage). Veckenstedt/Harz.
LIKET, T. M. (1997). Stellung und Rolle des Schulprogramms für die Entwicklung des Unterrichts auf Schulebene. Pädagogische Führung, (3), 136-138.
LIKET, T. M. (1998). Mehr Freiheit, mehr Verantwortung – Schulprogramme international gesehen. In E. RISSE (Hrsg.), Schulprogramm. Entwicklung und Evaluation (S. 121- 132). Neuwied: Luchterhand.
LSW [Landesinstitut für Schule und Weiterbildung] (Hrsg.) (1996). Selbstevaluation – ein Beitrag zur Qualitätsentwicklung von Einzelschulen? Bönen: Kettler.
LSW [Landesinstitut für Schule und Weiterbildung] (Hrsg.) (1988/1996a). Gemeinsam Schule machen. Arbeitshilfen zur Entwicklung des Schulprogramms (6. Auflage). Soest: Eigendruck.
LSW [Landesinstitut für Schule und Weiterbildung] (Hrsg.) (1998a). Schulentwicklung und Schulprogramm in Gesamtschulen. Werkstattheft zur schulinternen Kooperation. Bönen: Kettler.
LSW [Landesinstitut für Schule und Weiterbildung] (Hrsg.) (1998b). Sportunterricht ohne Grenzen. Beiträge des Faches Sport zum fächerübergreifenden Unterricht im Wahlpflichtbereich der Sekundarstufe I. Bönen: Kettler.

LSW [Landesinstitut für Schule und Weiterbildung] (Hrsg.) (1998c). Mädchen und Jungen im Schulsport. Dokumentation einer Fachtagung. Bönen: Kettler.
LSW [Landesinstitut für Schule und Weiterbildung] (Hrsg.) (1999a). Bewegung, Spiel und Sport im Schulprogramm. Drittes Schulsport-Symposion Nordrhein-Westfalen. Dokumentation. Bönen: Kettler.
LSW [Landesinstitut für Schule und Weiterbildung] (Hrsg.) (1999b). Sport in der Sekundarstufe I. Diskussionspapier. (Werkstattberichte zur Curriculumrevision im Schulsport, Heft 5). Soest: Eigendruck.
LSW [Landesinstitut für Schule und Weiterbildung] (Hrsg.) (2001). Mädchen und Jungen im Sportunterricht. Bönen: Kettler.
LUKAS, G. (1969). Die Körperkultur in Deutschland. Von den Anfängen bis zur Neuzeit. (Geschichte der Körperkultur in Deutschland, Bd. 1). Hrsg. v. W. EICHEL u. a. Berlin (Ost).
LUMER, B. (1996). Sonderpädagogische Förderung im Kontext zukünftiger Schulentwicklung. In LANDESINSTITUT FÜR SCHULE UND WEITERBILDUNG (Hrsg.), Bewegungserziehung und Sport in der sonderpädagogischen Förderung (S. 60-69). Bönen: Kettler.
MACHER-MEYENBURG, R. (1997). Bewegte Schule – Das österreichische Beispiel. In F. DANNENMANN, J. HANNIG-SCHOSSER & R. ULLMANN (Hrsg.), Schule als Bewegungsraum. Konzeptionen – Positionen – Konkretionen (S. 53-59). Stuttgart: Bräuer.
MAMAT, H. (1989). Schulen brauchen ein Programm und jede Schule braucht ihr eigenes Programm. Ein Plädoyer mit einem Beispiel. Heinsberg.
MARITZEN, N. (1996). Sich selbst und anderen Rechenschaft geben. Qualitätssicherung durch Evaluation. Pädagogik, 48 (1), 25-29.
MARITZEN, N. (1998). Autonomie der Schule: Schulentwicklung zwischen Selbst- und Systemsteuerung. In H. ALTRICHTER, W. SCHLEY & M. SCHRATZ (Hrsg.), Handbuch zur Schulentwicklung (S. 609-637). Innsbruck: Studien-Verlag.
MARTIN, D. (1972). Schulsport in Deutschland. Schorndorf: Hofmann.
MARTIN, D. (1995). Die Konzeption von „Schule und Sport" als Komponente der Voraussetzungen für ein nationales Nachwuchstrainingssystem. In SENATSVERWALTUNG BERLIN (Hrsg.), 3. Treffen der Schulleiter sportbetonter Schulen (S. 16-28). Berlin: Institut für Lehrerfort- und -weiterbildung.
MARTIN, D. u. a. (1998). Das nationale Nachwuchstrainingssystem – programmatische Ansätze zur Weiterentwicklung. In D. MARTIN & J. ZIEGLER (Hrsg.), Nationales Nachwuchsleistungssystem. Probleme – Ziele – Lösungsstrategien aus der Sicht von Wissenschaft und Praxis (S. 16-48). Aachen: Meyer & Meyer.
MASSKS [Ministerium für Arbeit, Soziales und Stadtentwicklung, Kultur und Sport des Landes Nordrhein-Westfalen] (Hrsg.) (1999). Schulsport in NRW. Band 30: Schuljahr 1999/2000. Erkrath: Satz & Druck.
MBJS [Ministerium für Bildung, Jugend und Sport des Landes Brandenburg] (Hrsg.) (o. J.). Ständige Konferenz der Sportminister der Länder in der Bundesrepublik Deutschland. Beschlüsse und Empfehlungen 1877-2000. Potsdam.
MBJS [Ministerium für Bildung, Jugend und Sport des Landes Brandenburg] (2002). Rahmenlehrplan Sport – Sekundarstufe I. Berlin: Wissenschaft und Technik.

MBWFK [Ministerium für Bildung, Wissenschaft, Forschung und Kultur des Landes Schleswig-Holstein] (1997). Lehrplan Sport für die Sekundarstufe I der weiterführenden allgemeinbildenden Schulen – Hauptschule, Realschule, Gymnasium, Gesamtschule. Kiel.

MBWFK [Ministerium für Bildung, Wissenschaft, Forschung und Kultur des Landes Schleswig-Holstein] (Hrsg.) (1998). Wege zum Schulprogramm. Kiel: Ehlers.

MBWFK [Ministerium für Bildung, Wissenschaft, Forschung und Kultur des Landes Schleswig-Holstein] (Hrsg.) (o. J.). Schulen entwickeln ihr Programm. 14 Wegbeschreibungen aus der Praxis. Kiel: Ehlers.

MBWW [Ministerium für Bildung, Wissenschaft und Weiterbildung Rheinland-Pfalz] (1998). Lehrplan Sport. Sekundarstufe I (Klassen 5-9/10). Hauptschulen, Realschulen, Gymnasien, Regionale Schulen, Gesamtschulen. O. O.

MEINBERG, E. (1996). Hauptprobleme der Sportpädagogik (3. Auflage). Darmstadt: Wissenschaftliche Buchgesellschaft.

MEISSNER, E. (1965). Asketische Erziehung. Hermann Lietz und seine Pädagogik. Weinheim: Beltz.

MENZE, C. (1959). Die pädagogische Bedeutung von GutsMuths. Die Leibeserziehung 7, 217-225.

MESSNER, R. (1998). Schulprogramme gemeinsam machen. Die eigene Schule gründlich bilanzieren. In W. HEISTERBERG u. a. (Hrsg.), Arbeitsplatz Schule. Ansprüche – Widersprüche – Herausforderungen. Friedrich Jahresheft, (XVI), 116-119.

MESTER, L. (1962). Grundfragen der Leibeserziehung. Braunschweig: Westermann.

METZ, P. (1992). Herbartianismus als Paradigma für Professionalisierung und Schulreform. Bern.

MEUSEL, H. (1976). Einführung in die Sportpädagogik. München: Wilhelm Fink.

MEYER, H. (1987). Unterrichtsmethoden I: Theorieband. Frankfurt/M.: Scriptor.

MEYER, H. (1997). Schulpädagogik. Band II: Für Fortgeschrittene. Berlin: Cornelsen.

MEYER, H. (1998). Was ist eine lernende Schule? Beilage der Zeitschrift „Lernende Schule", 1 (1).

MEYER, H. (1999a). Leitfaden zur Schul(programm)-entwicklung. (Oldenburger Vor-Drucke 390). Oldenburg: Universität Oldenburg.

MEYER, H. (1999b). Unterrichtsentwicklung als Kern der Schulentwicklung. SchulVerwaltung spezial. Sonderheft, (1), 23-27.

MFV [Ministerium für Volksbildung] (1953). Erste staatliche Verordnung über die körperliche Erziehung der Schüler an den allgemeinbildenden Schulen. In H. BERNETT (1994), Körperkultur und Sport in der DDR. Dokumentation eines geschlossenen Systems (S. 205-206). Schorndorf: Hofmann.

MFV [Ministerium für Volksbildung] (1953). Erste Durchführungsbestimmung zur Verordnung über die körperliche Erziehung. In H. BERNETT (1994), Körperkultur und Sport in der DDR. Dokumentation eines geschlossenen Systems (S. 207-208). Schorndorf: Hofmann.

MFV [Ministerium für Volksbildung] (1955). Dritte Durchführungsbestimmung zur Verordnung über die körperliche Erziehung. In H. BERNETT (1994), Körperkultur und Sport in der DDR. Dokumentation eines geschlossenen Systems (S. 208-210). Schorndorf: Hofmann.

MFV [Ministerium für Volksbildung] (1987). Zu Problemen der Weiterentwicklung des Nachwuchsleistungssports im Schulalter in der DDR. Anlage zum Brief von Margot Honecker an Egon Krenz vom 27.3.1987. In H. J. TEICHLER & K. REINARTZ (1999), Das Leistungssportsystem der DDR in den 80er Jahren und im Prozeß der Wende (S. 168-185). Schorndorf: Hofmann.

MOLLBERG, A. (1925). Karl Volkmar Stoy und die Gegenwartspädagogik. Osterwieck/Harz.

MSW [Ministerium für Schule und Weiterbildung des Landes Nordrhein-Westfalen] (Hrsg.) (1995). Handreichung zur Entwicklung der Schulprogramme an Gymnasien. Anregungen und Beispiele. Frechen: Ritterbach.

MSW [Ministerium für Schule und Weiterbildung des Landes Nordrhein-Westfalen] (Hrsg.) (1996a). Projekte und Profile: Schulen sind so frei. Beiträge aus der Schulpraxis. Düsseldorf: Eigendruck.

MSW [Ministerium für Schule und Weiterbildung des Landes Nordrhein-Westfalen] (Hrsg.) (1996b). Zwischenbericht Dialog zur Denkschrift „Zukunft der Bildung – Schule der Zukunft". Düsseldorf: Eigendruck.

MSW [Ministerium für Schule und Weiterbildung des Landes Nordrhein-Westfalen] (Hrsg.) (1997a). Schulprogramm und Schulentwicklung. Dokumentation der landesweiten Fachtagung am 21.-22. Oktober 1996. Frechen: Ritterbach.

MSW [Ministerium für Schule und Weiterbildung des Landes Nordrhein-Westfalen] (Hrsg.) (1997b). „... und sie bewegt sich doch!" Entwicklungskonzept „Stärkung der Schule". Düsseldorf: Eigendruck.

MSW [Ministerium für Schule und Weiterbildung des Landes Nordrhein-Westfalen] (Hrsg.) (1997c). Entwicklung von Schulprogrammen. Runderlaß des Ministeriums für Schule und Weiterbildung vom 25.6.1997. GABL NW I (7), 171.

MSW [Ministerium für Schule und Weiterbildung des Landes Nordrhein-Westfalen] (Hrsg.) (1998). „Zukunft der Bildung – Schule der Zukunft". Zweieinhalb Jahre Dialog um die Denkschrift. 2. Zwischenbericht. Düsseldorf: Eigendruck.

MSWF [Ministerium für Schule, Wissenschaft und Forschung des Landes Nordrhein-Westfalen] (2001a): Richtlinien und Lehrpläne für die Realschule in Nordrhein-Westfalen. Sport. Frechen: Ritterbach.

MSWF [Ministerium für Schule, Wissenschaft und Forschung des Landes Nordrhein-Westfalen] (2001b): Richtlinien und Lehrpläne für die Sekundarstufe I – Gesamtschule in Nordrhein-Westfalen. Sport. Frechen: Ritterbach.

MSWKS [Ministerium für Städtebau und Wohnen, Kultur und Sport des Landes Nordrhein-Westfalen] (Hrsg.) (2001). Schulsport in Nordrhein-Westfalen. Bd. 32. Schuljahr 2001/2002. Düsseldorf: Rotaform.

MSWWF [Ministerium für Schule und Weiterbildung, Wissenschaft und Forschung des Landes Nordrhein-Westfalen] (Hrsg.) (1998a). Schulprogramm – eine Handreichung. Frechen: Ritterbach.

MSWWF [Ministerium für Schule und Weiterbildung, Wissenschaft und Forschung des Landes Nordrhein-Westfalen] (Hrsg.) (1998b). „Qualität als gemeinsame Aufgaben." Rahmenkonzept „Qualitätsentwicklung und Qualitätssicherung von Schule". Frechen: Ritterbach.

MSWWF [Ministerium für Schule und Weiterbildung, Wissenschaft und Forschung des Landes Nordrhein-Westfalen] (Hrsg.) (1999a). Richtlinien und Lehrpläne für die Sekundarstufe II – Gymnasium/Gesamtschule in Nordrhein-Westfalen. Sport. Frechen: Ritterbach.

MSWWF [Ministerium für Schule und Weiterbildung, Wissenschaft und Forschung des Landes Nordrhein-Westfalen] (Hrsg.) (1999b). Richtlinien und Lehrpläne für die Grundschule in Nordrhein-Westalen. Sport. Frechen: Ritterbach.

MSWWF [Ministerium für Schule und Weiterbildung, Wissenschaft und Forschung des Landes Nordrhein-Westfalen] (Hrsg.) (1999c). Bereinigte amtliche Sammlung der Schulvorschriften des Landes Nordrhein-Westfalen – BASS 1999/2000 – 14. Ausgabe. Stichtag: 1. Juli 1999. Düsseldorf/Frechen.

MSWWF [Ministerium für Schule und Weiterbildung, Wissenschaft und Forschung des Landes Nordrhein-Westfalen] (Hrsg.) (2000). Berichterstattung der Schulen an die Schulaufsicht über ihre Schulprogrammarbeit. Runderlaß des Ministeriums für Schule und Weiterbildung, Wissenschaft und Forschung vom 12.5.2000. ABL NRW I (6), 159.

MÜLLER, C. (1998). Fragen und Antworten zu dem Projekt Bewegte Grundschule in Sachsen. In U. ILLI, D. BREITHECKER & J. MUNDIGLER (Hrsg.), Bewegte Schule – Gesunde Schule. Aufsätze zur Theorie (S. 87-93). Zürich/Wiesbaden/Graz: Eigenverlag.

MÜLLER, C. (1999). Bewegte Grundschule. St. Augustin: Academia.

MÜLLER, H. (1902). Fort mit den Schulprogrammen! Berlin: Verlag Otto Gerhardt.

NAUL. R. (1985). Sport in der Schule. In W. TWELLMANN (Hrsg.), Handbuch Schule und Unterricht. Bd. 7.2 (S. 751-776). Düsseldorf: Schwann-Bagel.

NAUL, R. (1988). Von Potsdam nach Weimar – Schulsportwirklichkeit zwischen pädagogischer Reform und politischer Indienstnahme. In H.-G. John & R. Naul (Red.), Jugendsport im ersten Drittel des 20. Jahrhunderts (S. 84-130). Clausthal-Zellerfeld: dvs.

NAUL, R. (1989). Turnen, Spiel und Sport der Schuljugend im ersten Drittel unseres Jahrhunderts. In W.-D. BRETTSCHNEIDER, J. BAUR & M. BRÄUTIGAM (Red.), Bewegungswelt von Kindern und Jugendlichen (S. 338-349). Schorndorf: Hofmann.

NAUL, R. (1991). Aufgaben präventiver Sportpädagogik: Sozial-ökologische Karriereforschung im Leistungssport. In M. BÜHRLE & M. SCHURR (Red.), Leistungssport: Herausforderung für die Sportwissenschaft (S. 238-240). Schorndorf: Hofmann.

NEUENDORFF, E. (1904). Das Turnen im System der Herbartianer. Monatsschrift für das Turnwesen, 23 (2), 33-44.

NEUENDORFF, E. (o. J.). Geschichte der neueren deutschen Leibesübung vom Beginn des 18. Jahrhunderts bis zur Gegenwart. Bd. 1: Geschichte der deutschen Leibesübung vom Beginn des 18. Jahrhunderts bis zu Jahn. Dresden: Limpert.

NEUMANN, P. (1999). Chance oder Chimäre? Rezension von Günter Stibbe (Hrsg.). Bewegung, Spiel und Sport als Elemente des Schulprogramms. sportpädagogik, 23 (6), 11-12.

NEUMANN, P. (2004). Erziehender Sportunterricht. Grundlagen und Perspektiven. Baltmannsweiler: Schneider.

NEUMES, G. (1993). Die Werner-Seelenbinder-Schule in Berlin-Hohenschönhausen – ein Schulporträt. sportunterricht, 42 (9), 390-396.

NEUMES, G. (2002). Realität und Wünsche an den Eliteschulen des Sports am Beispiel einer sportbetonten Schule in Berlin. In SEKRETARIAT DER STÄNDIGEN KONFERENZ DER KULTUSMINISTER DER LÄNDER IN DER BUNDESREPUBLIK DEUTSCHLAND (Hrsg.), Dokumentation Fachtagung „Perspektiven des Schulsports" 10./11.12.2001 Karlsruhe (S. 115-119). Berlin: Sekretariat des Sportausschusses des Deutschen Bundestags.

NIEDERSÄCHSISCHES KM (NIEDERSÄCHSISCHES KULTUSMINISTERIUM) (Hrsg.) (1998). Schulprogrammentwicklung und Evaluation. Stand, Perspektiven und Empfehlungen. Hannover: Hahn-Druckerei.

OELKERS, J. (1992). Vorwort des Herausgebers. In P. METZ, Herbartianismus als Paradigma für Professionalisierung und Schulreform (S. 5-6). Bern.

OELKERS, J. (1999). Leitbilder, Profile, Programme – Ein Zwischenruf zur Schulprogrammdebatte. SchulVerwaltung spezial, (1), 8-9.

OMSELS, H.-J. (1999). ... auf dem Weg zum bewegungsfreudigen Schulprogramm 2000 an weiterführenden Schulen – und nicht nur dort! Lehrhilfen für den Sportunterricht, 48 (5), 74-76 (Teil 5).

OSTERMANN, D., SCHOLZ, G. & ZACHRAU, T. (1999). Präsentation – Kurt-Tucholski-Gesamtschule in Krefeld. In LANDESINSTITUT FÜR SCHULE UND WEITERBILDUNG (Hrsg.), Bewegung, Spiel und Sport im Schulprogramm. Drittes Schulsport-Symposion Nordrhein-Westfalen. Dokumentation (S. 120-132). Bönen: Kettler.

OTTO, G. (1998). Ästhetische Erfahrung und Sport. In J. THIELE & M. SCHIERZ (Hrsg.), Standortbestimmung der Sportpädagogik – Zehn Jahre danach (S. 15-23). Hamburg: Czwalina.

PACK, R.-P. (1998). Bewegungsfreudige Schulen in Nordrhein-Westfalen – Ein Pilotprojekt macht Schule. In G. STIBBE (Hrsg.), Bewegung, Spiel und Sport als Elemente des Schulprogramms. Grundlagen, Ansätze, Beispiele (S. 64-75). Baltmannsweiler: Schneider.

PEIFFER, L. (1987). Die sozial- und gesundheitspolitische Funktion des Spielnachmittags im System des Weimarer Schulturnens – Anspruch und schulische Realität. In R. GESSMANN (Hrsg.), Schulische Leibesübungen zur Zeit der Weimarer Republik (S. 70-96). Köln: Sport und Buch Strauß.

PETERSEN, P. (1926). Die Stellung des Landerziehungsheims im deutschen Erziehungswesen des 20. Jahrhundert. Ein typologischer Versuch. In E. HUGUENIN, Die Odenwaldschule (S. V-XLIX). Weimar.

PFISTER, G. (1987). Der Turnunterricht an den höheren Mädchenschulen Berlins am Ende der Weimarer Republik – Eine Analyse der Schuljahresberichte. In R. GESSMANN (Hrsg.), Schulische Leibesübungen zur Zeit der Weimarer Republik (S. 97-118). Köln: Sport und Buch Strauß.

PFISTER, G. (1998). Historische Entwicklung des Schulsports und der Koedukation. In LANDESINSTITUT FÜR SCHULE UND WEITERBILDUNG (Hrsg.), Mädchen und Jungen im Schulsport (S. 59-82). Bönen: Kettler.

PHILIPP, E. (1995). Gute Schule verwirklichen (3. Auflage). Weinheim: Beltz.

PHILIPP, E. & ROLFF, H.-G. (1999). Schulprogramme und Leitbilder entwickeln. Ein Arbeitsbuch (2. Auflage). Weinheim: Beltz.

PILGRAM, D. K. (1998). „Seit meiner Kindheit träume ich davon, den Nordpol zu erreichen, nun stehe ich am Südpol." Ein Schulprogramm entsteht beim Gehen. Pädagogik, 50 (2), 24-26.

PINLOCHE, A. (1914). Geschichte des Philanthropinismus (2. Auflage). Leipzig.

POHL, H.-E. (1972). Die Pädagogik Wilhelm Reins. Bad Heilbrunn.

PRIEBE, B. (1999a). Das Schulprogramm. Vom Stand und vom Lauf der Dinge. Lernende Schule, 2 (6), 4-9.
PRIEBE, B. (1999b). Schule mit Programm oder Programmierte Schule? (Editorial). Lernende Schule, 2 (6), 1.
PROHL, R. (1996). „... daß es im eigentlichen Sinn gar nicht um uns ging". Die Kinder und Jugendsportschule aus der Sicht ihrer Absolventen – exemplarische Retrospektiven. sportunterricht, 45 (2), 60-68.
PROHL, R./ELFLEIN, P. (1996). „... und heute ist das nicht mehr so". Pädagogische Fallstudien zur Talentförderung an der Nachfolgeeinrichtung einer Kinder- und Jugendsportschule in Thüringen. (Berichte und Materialien des Bundesinstituts für Sportwissenschaft, Bd. 10). Köln: Sport und Buch Strauß.
PROHL, R./ELFLEIN, P. (1997). „... man muß da schon ein bißchen Eigeninitiative ergreifen": pädagogische Fallstudien zur Talentförderung an der Nachfolge-Einrichtung einer Kinder- und Jugendsportschule in Thüringen. Sportwissenschaft, 27 (3), 280-293.
PROHL, R. (1999). Grundriß der Sportpädagogik. Wiebelsheim: Limpert.
PÜHSE, U. (1995). Bewegte Schule – eine bewegungspädagogische Perspektive. sportunterricht, 44 (10), 416-426.
PÜHSE, U. (2003). Bewegte Schule. In G. KÖPPE & J. SCHWIER (Hrsg.), Handbuch Grundschulsport (S. 149-170). Baltmannsweiler: Schneider.
REBLE, A. (Red.) (1965). Anmerkungen. In JOHANN BERNARD BASEDOW, Ausgewählte Schriften. Hrsg. v. A. Reble (S. 245-252). Paderborn: Schöningh.
REBLE, A. (1971/1989). Geschichte der Pädagogik (11./15. Auflage). Stuttgart: Klett-Cotta.
REGENSBURGER PROJEKTGRUPPE (1999). Die bewegte Schule – Anspruch und Wirklichkeit. sportpädagogik, 23 (1), 3-10.
REGENSBURGER PROJEKTGRUPPE (2001). Bewegte Schule – Anspruch und Wirklichkeit. Grundlagen, Untersuchungen, Empfehlungen. Schorndorf: Hofmann.
REHFUS, W. D. (1995). Bildungsnot. Hat die Pädagogik versagt? Stuttgart: Klett-Cotta.
REICHSMINISTERIUM DES INNERN (Hrsg.) (1921). Die Reichsschulkonferenz 1920. Ihre Vorgeschichte und Vorbereitung und ihre Verhandlungen. Amtlicher Bericht. Leipzig.
REIN, W. (Hrsg.). Aus dem pädagogischen Universitätsseminar zu Jena. Hefte 1-16 (1888-1918). Langensalza: Beyer & Söhne.
REIN, W. (Hrsg.) (1903). Aus dem Pädagogischen Universitäts-Seminar zu Jena. Zehntes Heft. Langensalza: Beyer & Söhne.
REIN, W. (1908). Pädagogisches Universitätsseminar. In W. REIN (Hrsg.), Encyclopädisches Handbuch der Pädagogik. 6. Band (S. 531-546). Langensalza: Beyer & Söhne.
REIN, W. (1912). Pädagogik in systematischer Darstellung. Dritter Band. C. Methodologie. Die Lehre von den Mitteln der Erziehung (2. Auflage). Langensalza: Beyer & Söhne.
REIN, W. (1926a). Zur Pädagogik an der Universität Jena von 1843-1923. Vierteljahresschrift für philosophische Pädagogik. 56. Jahrbuch des Vereins für wissenschaftliche Pädagogik, 7 (1), 29-33.
REIN, W. (1926b). Herr Professor Petersen in Jena und sein Angriff auf die Übungsschule des pädag. Universitätsseminars (1886-1923). Viertel-

jahresschrift für philosophische Pädagogik, 56. Jahrbuch des Vereins für wissenschaftliche Pädagogik, 7 (2), 48-60.

REIN, W., PICKEL, A. & SCHELLER, A. (1898/1903/1908). Theorie und Praxis des Volksschulunterrichts nach Herbartischen Grundsätzen: Das erste Schuljahr (6./7./8. Auflage). Leipzig: Heinrich Bredt.

REIN, W., PICKEL, A. & SCHELLER, A. (1907). Theorie und Praxis des Volksschulunterrichts nach Herbartischen Grundsätzen: Das zweite Schuljahr (5. Auflage). Leipzig: Heinrich Bredt.

REIN, W., PICKEL, A. & SCHELLER, A. (1901). Theorie und Praxis des Volksschulunterrichts nach Herbartischen Grundsätzen: Das dritte Schuljahr (4. Auflage). Leipzig: Heinrich Bredt.

REIN, W., PICKEL, A. & SCHELLER, A. (1911). Theorie und Praxis des Volksschulunterrichts nach Herbartischen Grundsätzen: Das vierte Schuljahr (4. Auflage). Leipzig: Heinrich Bredt.

REIN, W., PICKEL, A. & SCHELLER, A. (1906). Theorie und Praxis des Volksschulunterrichts nach Herbartischen Grundsätzen: Das siebente Schuljahr (3. Auflage). Leipzig: Heinrich Bredt.

REIN, W., PICKEL, A. & SCHELLER, A. (1910). Theorie und Praxis des Volksschulunterrichts nach Herbartischen Grundsätzen: Das achte Schuljahr (3. Auflage). Leipzig: Heinrich Bredt.

REISCHKE, R. (1905). Herbartianismus und Turnunterricht. Langensalza.

RICHARTZ, A. & BRETTSCHNEIDER, W.-D. (1996). Weltmeister werden und die Schule schaffen. Schorndorf: Hofmann.

RICHTER, M. (1957). Kinder- und Jugendsportschulen im Osten Deutschlands. Die Leibeserziehung, 301-305.

RIEGEL, E. (1995). Schule gestalten. Das Beispiel der Helene-Lange-Schule in Wiesbaden. In J. BASTIAN & G. OTTO (Hrsg.), Schule gestalten. Dialog zwischen Unterrichtsreform, Schulreform und Bildungsreform (S. 67-79). Hamburg: Bergmann & Helbig.

RISSE, E. (1993). Profilbildung. Ein Weg zur Selbstmotivierung von Schulen. Pädagogische Führung, 4 (1), 18-20.

RISSE, E. (Hrsg.) (1998). Schulprogramm. Entwicklung und Evaluation. Neuwied: Luchterhand.

RISSE, E. (1998a). Schulprogramm – worum es in der Praxis geht. In E. RISSE (Hrsg.), Schulprogramm. Entwicklung und Evaluation (S. 151-167). Neuwied: Luchterhand.

RISSE, E. (1998b). Auf dem Weg zum Schulprogramm. Einleitung. In E. RISSE (Hrsg.), Schulprogramm. Entwicklung und Evaluation (S. 147-149). Neuwied: Luchterhand.

ROEDER, P. M. (1997). Der föderalisierte Bildungsrat. Reformprogramme aus den Bundesländern. Zeitschrift für Pädagogik, (1), 131-148.

ROLFF, H.-G. (1995a). Autonomie als Gestaltungs-Aufgabe. Organisationspädagogische Perspektiven. In P. DASCHNER, H.-G. ROLFF & T. STRYCK (Hrsg.), Schulautonomie – Chancen und Grenzen. Impulse für die Schulentwicklung (S. 31-54). Weinheim/München: Juventa.

ROLFF, H.-G. (1995b). Wandel durch Selbstorganisation. Theoretische Grundlagen und praktische Hinweise für eine bessere Schule (2. Auflage). Weinheim/München: Juventa.

ROLFF, H.-G. (1996). Evaluation – ein Ansatz zur Qualitätsentwicklung von Schulen? In LANDESINSTITUT FÜR SCHULE UND WEITERBILDUNG (Hrsg.), Evaluation und Schulentwicklung. Ansätze, Beispiele und Perspektiven aus der Fortbildungsmaßnahme Schulentwicklung und Schulaufsicht (2. Auflage) (S. 293-310). Bönen: Kettler.

ROLFF, H.-G. (1997). Schulprogramm und externe Evaluation oder Qualitätssicherung durch externe Evaluation. Pädagogische Führung, (3), 124-127.

ROLFF, H.-G. (1998a). Schulprogramm und externe Evaluation. In E. RISSE (Hrsg.), Schulprogramm. Entwicklung und Evaluation (S. 254-266). Neuwied: Luchterhand.

ROLFF, H.-G. (1998b). Evaluation des Schulprogramms. In MINISTERIUM FÜR BILDUNG, WISSENSCHAFT, FORSCHUNG UND KULTUR DES LANDES SCHLESWIG-HOLSTEIN (Hrsg.), Wege zum Schulprogramm (S. 51-73). Kiel: Ehlers.

ROLFF, H.-G. (1998c). Entwicklung von Einzelschulen: Viel Praxis, wenig Theorie und kaum Forschung – Ein Versuch, Schulentwicklung zu systematisieren. In H.-G. ROLFF u. a. (Hrsg.), Jahrbuch der Schulentwicklung. Band 10. Daten, Beispiele und Perspektiven (S. 295-326). Weinheim/München: Juventa.

ROLFF, H.-G. (1999). Schulentwicklung in der Auseinandersetzung. Pädagogik, 51 (4), 37-40.

ROLFF, H.-G. u. a. (1998). Manual Schulentwicklung. Handlungskonzept zur pädagogischen Schulentwicklungsberatung (SchuB). Weinheim/Basel: Beltz.

ROSSOW, C. (1910). Schulprogramme und Schulschriften über Leibesübungen. Inhaltsangaben und systematische Zusammenstellung. (Königliches Wilhelms-Gymnasium). Berlin.

RUMPF, H. (1981). Die übergangene Sinnlichkeit. Drei Kapitel über die Schule. München.

RUMPF, H. (1988). Schulen wie Finanzämter? Vom Nutzen der Arbeit an einem Schulprofil für Schüler und Lehrer. Pädagogik, 41 (11), 8-10.

RUTTER, M. u. a. (1980). Fünfzehntausend Stunden – Schulen und ihre Wirkung auf die Kinder. Weinheim.

SÄCHSISCHES STAATSMINISTERIUM FÜR KULTUS (2000). Jahr des Schulsports. sportunterricht, 49 (4), 128.

SALZMANN, C. G. (1784/1891). Noch etwas über die Erziehung nebst Ankündigung einer Erziehungsanstalt. In Ausgewählte Schriften. Bd. 2 (S. 5-74). Hrsg. v. E. ACKERMANN. Langensalza.

SALZMANN, C. G. (1786). Reisen der Salzmannischen Zöglinge. Bände 1 und 2. Leipzig.

SALZMANN, C. G. (1799/1895). Der Himmel auf Erden. Nachdruck von 1799 mit Einleitung und Anmerkungen v. E. SCHRECK. Leipzig.

SANDER, F. (1889). Lexikon der Pädagogik (2. Auflage). Breslau.

SASS, I. & VOGT, M. (1997). Sportunterricht und Schulsportgemeinschaften. In J. HINSCHING & A. HUMMEL (Hrsg.), Schulsport und Schulsportforschung in Ostdeutschland 1945-1990 (S. 85-97). Aachen: Meyer & Meyer.

SCHALLER, H.-J. (1992). Instrumentelle Tendenzen in der Sportpädagogik. Sportwissenschaft, 22 (1), 9-31.

SCHEFFEL, H. (2003). Schulprofil: Erleben und Lernen. sportpädagogik, 27 (1), 34-37.

SCHEFFLER, H. (1977). Zillers Formalstufentheorie und der Vorwurf des unterrichtsmethodischen Schematismus. Kastellaun: Henn.

SCHEIBERT, C. G. (1848). Das Wesen und die Stellung der höhern Bürgerschule. Berlin.
SCHERLER, K. (1995). Sport in der Schule. In J. RODE & H. PHILIPP (Hrsg.), Sport in Schule, Verein und Betrieb (S. 43-58). St. Augustin: Academia.
SCHERLER, K. (1997). Die Instrumentalisierungsdebatte in der Sportpädagogik. sportpädagogik, 21 (2), 5-11.
SCHERLER, K. (2000). Noch mehr desselben? Im Kampf um die 3. Sportstunde ist ein Umdenken notwendig. sportunterricht, 49 (8), 250-255.
SCHERLER, K. (2000a). Sport als Schulfach. In P. WOLTERS u. a. (Hrsg.), Didaktik des Schulsports (S. 36-60). Schorndorf: Hofmann.
SCHEUERL, H. (1966). Einleitung. In H. SCHEUERL (Red.), Beiträge zur Theorie des Spiels (S. 5-23). Weinheim: Beltz.
SCHIERZ, M. (1993). Schule: Eigenwelt, Doppelwelt, Mitwelt. In W.-D. BRETTSCHNEIDER & M. SCHIERZ (Hrsg.), Kindheit und Jugend im Wandel (S. 161-176). St. Augustin: Academia.
SCHIERZ, M. (1995). Das schulpädagogische Prinzip der Lebensnähe und seine Bedeutung für den Schulsport. In F. BORKENHAGEN & K. SCHERLER (Hrsg.), Inhalte und Themen des Schulsports (S. 13-33). St. Augustin: Academia.
SCHIERZ, M. (1996). Didaktik als Magd? Skeptische Anmerkungen zur Notwendigkeit multidisziplinärer Schulsportforschung. Spectrum der Sportwissenschaften, (2), 79-92.
SCHIERZ, M. (1997a). Pädagogische Schulreform – Hoffnungsträger oder Schreckensvision des Schulsports? Körpererziehung, 47, 163-167.
SCHIERZ, M. (1997b). Narrative Didaktik. Von den großen Entwürfen zu den kleinen Geschichten im Sportunterricht. Weinheim/Basel: Beltz.
SCHIERZ, M. (1997c). Erkenntnis-, Gestaltungs- oder Beratungsinteressen von Wissenschaften am Schulsport? Nachgängige Bemerkungen zum Arbeitskreis. In SCHMIDTBLEICHER, BÖS & MÜLLER (Hrsg.), Sport im Lebenslauf (S. 186-188). Hamburg: Czwalina.
SCHIERZ, M. & THIELE, J. (1998). Standortbestimmung der Sportpädagogik – Zehn Jahre danach. In J. THIELE & M. SCHIERZ (Hrsg.), Standortbestimmung der Sportpädagogik – Zehn Jahre danach (S. 7-13). St. Augustin: Academia.
SCHIERZ, M. & THIELE, J. (2003). Qualitätsentwicklung im Schulsport. Hintergründe, Tendenzen, Probleme. sportunterricht, 52 (8), 229-234.
SCHIRP, H. (1997). Einführung in das Tagungsthema. In MINISTERIUM FÜR SCHULE UND WEITERBILDUNG DES LANDES NORDRHEIN-WESTFALEN (Hrsg.), Schulprogramm und Schulentwicklung. Dokumentation der landesweiten Fachtagung am 21.-22. Oktober 1996 (S. 9-12). Frechen: Ritterbach.
SCHIRP, H. (1998). Das Schulprogramm als Innovationsinstrument von Schulentwicklung. In E. RISSE (Hrsg.), Schulprogramm. Entwicklung und Evaluation (S. 5-26). Neuwied: Luchterhand.
SCHLEIERMACHER, F. E. D. (1808/1967). Gelegentliche Gedanken über Universitäten in deutschen Sinn. In Schleiermachers Werke. Vierter Band. Hrsg. v. D. BRAUN/J. BAUER. (Neudruck der 2. Auflage Leipzig 1927-28). Aalen.
SCHLÖMERKEMPER, J. (1997). Die Schulentwicklung hat viele Ebenen! Die Deutsche Schule, 89 (3), 262-265.
SCHLÖMERKEMPER, J. (1999). Schulprogramm: Wünsche und Wirkungen. Ergebnisse einer Befragung. Pädagogik, 51 (11), 28-30.

SCHMERBITZ, H. & SEIDENSTICKER, W. (1998). Reflexive Koedukation im Sportunterricht als Bestandteil des Schulprogramms. In G. STIBBE (Hrsg.), Bewegung, Spiel und Sport als Elemente des Schulprogramms. Grundlagen, Ansätze, Beispiele (S. 100-112). Baltmannsweiler: Schneider.

SCHMIDT, K. A. (Hrsg.) (1885). Encyclopädie des gesamten Erziehungs- und Unterrichtswesens. Band 6 (2. Auflage). Leipzig.

SCHMIDT-MILLARD, T. (1993). Schulsport zwischen Qualifikation und Erziehungsauftrag. Brennpunkte der Sportwissenschaft, 7 (2), 118-132.

SCHMITZ, J. N. (1965). Die Leibesübungen im Erziehungsdenken Johann Friedrich Herbarts. Schorndorf: Hofmann.

SCHMITZ, J. N. (1967). Studien zur Didaktik der Leibeserziehung. I: Voraussetzungen – Analysen – Problemstellung (2. Auflage). Schorndorf: Hofmann.

SCHÖNIG, W. (2002). Organisationskultur der Schule als Schlüsselkonzept der Schulentwicklung. Zeitschrift für Pädagogik, 48 (6), 815-834.

SCHRATZ, M. (1996). Gemeinsam Schule lebendig gestalten. Anregungen zu Schulentwicklung und didaktischer Erneuerung. Weinheim/Basel: Beltz.

SCHRATZ, M. (1997). Vom Schulprofil zum Schulprogramm. Markierungen am Weg zur autonomen Schule. schul-management, 28 (2), 14-20.

SCHRATZ, M. (1998). Mit dem Schulprogramm zu einer neuen Lernkultur. In E. RISSE (Hrsg.), Schulprogramm. Entwicklung und Evaluation (S. 168-194). Neuwied: Luchterhand.

SCHRATZ, M. & STEINER-LÖFFLER, U. (1998). Die Lernende Schule. Arbeitsbuch pädagogische Schulentwicklung. Weinheim/Basel: Beltz.

SCHRATZ, M., IBY, M. & RADNITZKY, E. (2000). Qualitätsentwicklung. Verfahren, Methoden, Instrumente. Weinheim/Basel: Beltz.

SCHUBRING, G. (1986). Bibliographie der Schulprogramme in Mathematik und Naturwissenschaften (wissenschaftliche Abhandlungen) 1800-1875. Bad Salzdetfurth.

SCHULZ, N. (1994). Mit der Zeit gehen – zur Aktualisierung von Schulsportinhalten. sportunterricht, 43 (12), 492-503.

SCHULZ, N. (1995). Inhalte des Schulsports – Ansätze für eine notwendige Revision. In H.-J. SCHALLER & D. PACHE (Hrsg.), Sport als Bildungschance und Lebensform (S. 68-78). Schorndorf: Hofmann.

SCHUMMEL, J. G. (1776/1965). Fritzens Reise nach Dessau. In J. B. BASEDOW, Ausgewählte pädagogische Schriften. Hrsg. v. A. REBLE (S. 228-238). Paderborn: Schöningh.

SCHWANER-HEITMANN, B. (1995). Schulreform konkret oder: Auf dem Weg zu einer gesunden Schule. Baltmannsweiler: Schneider.

SCHWARZ, H. (1993). Pädagogische Chancen autonomer Schulen. In H.-P. DE LORENT & G. ZIMDAHL (Hrsg.), Autonomie der Schulen (S. 36-46). Hamburg: Bergmann & Helbig.

SEIFFERT, H. (1975). Einführung in die Wissenschaftstheorie. Zweiter Band (6. Auflage). München: Verlag C. H. Beck.

SENATOR BREMEN [Der Senator für Bildung und Wissenschaft der freien Hansestadt Bremen] (Hrsg.) (1995). Bremer Schulgesetze. Die neuen Gremien. Norden: Druck und Verlag GmbH & Co.

SENATOR BREMEN [Der Senator für Bildung und Wissenschaft der freien Hansestadt Bremen] (Hrsg.) (1996). Schule entwickeln mit Programm. Eine

Information der Schulinspektion zum Thema Schulprogramm. Bremen: Eigendruck.
SENATOR BREMEN [Der Senator für Bildung und Wissenschaft der freien Hansestadt Bremen] (Hrsg.) (o. J.). Schule entwickeln mit Programm. Eine Information der Schulinspektion zum Thema Interne Evaluation. Bremen: Eigendruck.
SENATSVERWALTUNG BERLIN [Senatsverwaltung für Schule, Berufsbildung und Sport des Landes Berlin] (Hrsg.) (1994). 2. Treffen der Schulleiter sportbetonter Schulen. Dokumentation. Berlin: Institut für Lehrerfort- und -weiterbildung.
SENATSVERWALTUNG BERLIN [Senatsverwaltung für Schule, Berufsbildung und Sport des Landes Berlin] (Hrsg.) (1995). 3. Treffen der Schulleiter sportbetonter Schulen. Dokumentation. Berlin: Institut für Lehrerfort- und -weiterbildung.
SENF, H. (1994). Das nordrhein-westfälische Modell „Partnerschule des Leistungssports" am Beispiel der Zusammenarbeit zwischen dem Olympiastützpunkt (OSP) Westfalen, Standort Bochum und der Märkischen Schule (Städt. Gymnasium) sowie der Städtischen Pestalozzi-Realschule. In SENATSVERWALTUNG BERLIN (Hrsg.), 2. Treffen der Schulleiter sportbetonter Schulen. Dokumentation (S. 10-15). Berlin: Institut für Lehrerfort- und -weiterbildung.
SEYBOLD-BRUNNHUBER, A. (1959). Die Prinzipien der modernen Pädagogik in der Leibeserziehung. Schorndorf: Hofmann.
SINGLER, A. & TREUTLEIN, G. (2001). Doping – von der Analyse zur Prävention. Vorbeugung gegen abweichendes Verhalten in soziologischem und pädagogischem Zugang (Teil 2). Aachen: Meyer & Meyer.
SOBCZYK, B. (1995). Die Essener Bewegungsbaustelle. sportpädagogik, 19 (6), 47-49.
SOLDT, J. (1935). Karl Volkmar Stoy und die Johann Friedrichs-Schule zu Jena. Ein Beitrag zur Geschichte der Pädagogik und Lehrerbildung in Deutschland. Weimar: Verlag Hermann Böhlaus.
SÖLL, W. (1973). Schulsport – Sportunterricht. Die Leibeserziehung, 22, 278-279.
SPIRI, A., SCHMALING, E. & SCHUMANN, A. (1998). Reflexive Koedukation im Schulsport als Element der Schulprogrammentwicklung. In LANDESINSTITUT FÜR SCHULE UND WEITERBILDUNG (Hrsg.), Mädchen und Jungen im Schulsport (S. 199-207). Bönen: Kettler.
SPITZER, G. (1997). Gläserne Sportler. Nachwuchsleistungssport als „Sicherheitsrisiko". In G. HARTMANN, Goldkinder. Die DDR im Spiegel ihres Spitzensports (S. 127-131). Leipzig.
SPITZER, G. (1998). Doping in der DDR. Ein historischer Überblick zu einer konspirativen Praxis. Genese – Verantwortung – Gefahren. Köln: Sport & Buch Strauß.
SPITZER, G., TEICHLER, H. J. & REINARTZ, K. (Hrsg.) (1998). Schlüsseldokumente zum DDR-Sport. Ein sporthistorischer Überblick in Originalquellen. Aachen: Meyer & Meyer.
STACH, R. (1985). Schule und Unterricht im Zeitalter der Aufklärung. In W. TWELLMANN (Hrsg.), Handbuch Schule und Unterricht. Bd. 7.2 (S. 682-699). Düsseldorf: Schwann-Bagel.
STARKEBAUM, K. (1997). Schulprofil = Schulprestige? Begriffsklärung und Beispiel. schul-management, 28 (5), 9-17.

STEFFENS, U. (1987). Gestaltbarkeit und Qualitätsmerkmale von Schule aus Sicht der empirischen Schulforschung. In U. STEFFENS & T. BARGEL (Hrsg.), Erkundungen zur Wirksamkeit und Qualität von Schule. (Beiträge aus dem Arbeitskreis „Qualität von Schule", Heft 1) (S. 21-39). Wiesbaden: Hessisches Institut für Bildungsplanung und Schulentwicklung.
STEFFENS, U. (1995). Schulqualität und Schulkultur – Bilanz und Perspektiven der Verbesserung von Schule. In H. G. HOLTAPPELS (Hrsg.), Entwicklung von Schulkultur. Ansätze und Wege schulischer Erneuerung (S. 37-50). Neuwied/Kriftel/Berlin: Luchterhand.
STEINDORF, G. (1976). Einführung in die Schulpädagogik (3. Auflage). Bad Heilbrunn: Klinkhardt.
STIBBE, G. (1992). Brauchen wir eine Neuorientierung des Schulsports? Auf der Suche nach einer zeitgemäßen fachdidaktischen Konzeption. sportunterricht, 41 (11), 454-462.
STIBBE, G. (1993). Zur Tradition von Theorie im schulischen Sportunterricht. Ahrensburg: Czwalina.
STIBBE, G. (Hrsg.) (1998a). Bewegung, Spiel und Sport als Elemente des Schulprogramms. Grundlagen, Ansätze, Beispiele. Baltmannsweiler: Schneider.
STIBBE, G. (1998b). Schulprogrammentwicklung als Aufgabe und Chance für den Schulsport. STIBBE, G. (Hrsg.), Bewegung, Spiel und Sport als Elemente des Schulprogramms. Grundlagen, Ansätze, Beispiele (S. 6-22). Baltmannsweiler: Schneider.
STIBBE, G. (1998c). Schulsport und Schulprogrammentwicklung. Ein Plädoyer für die Einbindung des Schulsports in das Bildungs- und Erziehungskonzept der Schule. sportunterricht, 47 (10), 389-398.
STIBBE, G. (1999). Schule auf neuen Wegen – Herausforderungen für den Schulsport. In L. KOTTMANN, H.-G. SCHALLER & G. STIBBE (Hrsg.), Sportpädagogik zwischen Kontinuität und Innovation (S. 60-76). Schorndorf: Hofmann.
STIBBE, G. (2000a). Bewegungsfreudige Schule: Ein Thema für die Schulprogrammarbeit. Das Beispiel Nordrhein-Westfalen. In R. LAGING & G. SCHILLACK (Hrsg.), Die Schule kommt in Bewegung (S. 67-76). Baltmannsweiler: Schneider.
STIBBE, G. (2000b). Bewegung, Spiel und Sport im Schulprogramm – Chancen und Probleme. In LANDESINSTITUT FÜR SCHULE UND WEITERBILDUNG (Hrsg.), Erziehender Schulsport. Pädagogische Grundlagen der Curriculumrevision in Nordrhein-Westfalen (S. 98-113). Bönen: Kettler.
STIBBE, G. (2002). Leibesübungen im Erziehungsdenken der Herbartianer. Sportwissenschaft, 32 (2), 191-200.
STIBBE, G. (2004). Bewegte Schule im Schulprogramm und im Schulleben. In WUPPERTALER ARBEITSGRUPPE (Hrsg.), Schulsport 5-10 (S. 99-113). Schorndorf: Hofmann.
STOY, K. V. (1861). Encyclopädie der Pädagogik. Leipzig.
STOY, K. V. (1851/1898a). Pädagogische Anlagen in Jena. In H. STOY (Hrsg.), Karl Volkmar Stoy's kleinere Schriften und Aufsätze (S. 69-94). Leipzig.
STOY, K. V. (1863/1898b). 7. und 8. Zwei Jahresernten oder Vierzehn Sätze über Schule und Haus (1863). In H. STOY (Hrsg.), Karl Volkmar Stoy's kleinere Schriften und Aufsätze (S. 121-142). Leipzig: Wilhelm Engelmann.

STRITTMATTER, A. (1997a). An gemeinsamen Leitideen arbeiten. Erfahrungen aus der Schulprogramm-Küche. Journal für Schulentwicklung, 1 (2), 90-103.
STRITTMATTER, A. (1997b). „Eine knüppelharte Sache". Schulen erproben Selbstevaluation. Pädagogik, 49 (5), 16-20.
STRUCK, P. (1994). Neue Lehrer braucht das Land. Ein Plädoyer für eine zeitgemäße Schule. Darmstadt: Wissenschaftliche Buchgesellschaft.
STRUCK, P. (1995). Schulreport. Zwischen Rotstift und Reform oder Brauchen wir eine andere Schule? Reinbek: Rowohlt.
STRUCK, P. (1996a). Die Schule der Zukunft. Von der Belehrungsanstalt zur Lernwerkstatt. Darmstadt: Wissenschaftliche Buchgesellschaft.
STRUCK, P. (1996b). Die Kunst der Erziehung. Ein Plädoyer für ein zeitgemäßes Zusammenleben mit Kindern und Jugendlichen. Darmstadt: Wissenschaftliche Buchgesellschaft.
STRUCK, P. (1997). Erziehung von gestern. Schüler von heute. Schule von morgen. München/Wien: Hanser.
STRYCK, T. (1998). Komplexität und Steuerung – Zu welchem Ende studiert man Schulautonomie? In H. AVENARIUS u. a. (Hrsg.), Schule in erweiterter Verantwortung. Positionsbestimmungen aus erziehungswissenschaftlicher, bildungspolitischer und verfassungsrechtlicher Sicht (S. 37-49). Neuwied/Kriftel: Luchterhand.
TEICHLER, H. J. & REINARTZ, K. (1999). Das Leistungssportsystem der DDR in den 80er Jahren und im Prozeß der Wende. Schorndorf: Hofmann.
TENORTH. H.-E. (1992). Geschichte der Erziehung. Einführung in die Grundzüge ihrer neuzeitlichen Entwicklung (2. Auflage). Weinheim/München: Juventa.
TERHART, E. (2000). Qualität und Qualitätssicherung im Schulsystem. Hintergründe – Konzepte – Probleme. Zeitschrift für Pädagogik, 46 (6), 809-830.
Themaheft „Akrobatik" (1992). sportpädagogik, 16 (6).
Themaheft „Auf dem Weg zum Schulprogramm" (1998). Pädagogik, 50 (2).
Themaheft „Autonomie konkret" (1995). Hamburg macht Schule, (1).
Themaheft „Bewegen und Wahrnehmen" (1993). sportpädagogik, 17 (6).
Themaheft „Bewegungstheater" (1995). sportpädagogik, 19 (2).
Themaheft „Bundesjugendspiele" (1992). sportunterricht 45 (4).
Themaheft „Die Schule gestalten – Konzepte und Beispiele" (1992). Die Deutsche Schule, 2. Beiheft.
Themaheft „Gerätturnen in der Schule" (1993). sportunterricht, 42 (3).
Themaheft „Hand-Ballspiele" (1992). sportpädagogik, 16 (6).
Themaheft „Klettern" (1993). sportpädagogik, 17 (4).
Themaheft „Kraft prüfen und trainieren im Schulsport" (1990). sportunterricht, 39 (9).
Themaheft „Leichtathletik neu entdecken" (1995). sportpädagogik, 19 (3).
Themaheft „Miteinander spielen" (1992). sportpädagogik, 16 (1).
Themaheft „Neue Sportarten" (1994). sportpädagogik, 18 (2).
Themaheft „Praxishilfen Schulprogramm" (1999). Pädagogik, 51 (11).
Themaheft „Programmierte Schule? Schule mit Programm" (1999). Lernende Schule, 2 (6).
Themaheft „Schule der Zukunft – Zukunft des Schulsports" (1998). sportunterricht, 47 (6).
Themaheft „Schule selbst gestalten" (1995). Pädagogik, 47 (1).

Themaheft „Schulprogramme" (1997). Journal für Schulentwicklung, 1 (2).
Themaheft „Schulprogramme in Beispielen" (2000). Pädagogik, 52 (10).
Themaheft „Schulsportinhalte aktualisieren" (1994). sportunterricht, 43 (12).
Themaheft „Schulsportkonzepte" (1992). sportpädagogik, 16 (2).
Themaheft „Schwimmen heute" (1990). sportpädagogik, 14 (3).
Themaheft „Skilauf heute" (1995). sportunterricht, 44 (12).
Themaheft „Spaß als Leitidee für den Sportunterricht" (1994). sportunterricht, 43 (6).
Themaheft „Sportartübergreifende Ansätze" (1991). sportunterricht, 40 (11).
Themaheft „Sport im Freien" (1991). sportpädagogik, 15 (3).
Thema „Sport in der Schule – Wege aus fachlicher Isolation" (1998). sportunterricht, 47 (10).
Themaheft „Themenorientierung im Sportunterricht" (1994). sportunterricht, 43 (8).
Themaheft „Volleyball" (1990). sportpädagogik, 14 (2).
Themaheft „Wassersport und Umwelterziehung" (1991). sportunterricht, 40 (7).
Themaheft zur Auseinandersetzung mit Dieter Lenzen (2000). sportunterricht 49 (3).
THIEL, A., TEUBERT, H. & KLEINDIENST-CACHAY, C. (2002a). Die „Bewegte Schule" auf dem Weg in die Praxis. Theoretische und empirische Analysen einer pädagogischen Innovation. Baltmannsweiler: Schneider.
THIEL, A., TEUBERT, H. & KLEINDIENST-CACHAY, C. (2000b). Was erwarten Grundschullehrerinnen und -lehrer von einer „Bewegten Schule"? sportunterricht, 51 (3), 68-72.
THÜRINGER KM [Thüringer Kultusministerium] (1999). Lehrplan für die Regelschule und für die Förderschule mit dem Bildungsgang der Regelschule. Sport. Saalfeld: Satz und Druck Centrum.
THÜRINGER KULTUSMINISTERIUM (1998). Jahr des Schulsports 1999. sportunterricht, 47 (12), 500.
TILLMANN, K.-J. (1995a). Autonomie der Schule – Illusion oder realistische Entwicklungsperspektive? In J. BASTIAN & G. OTTO (Hrsg.), Schule gestalten. Dialog zwischen Unterrichtsreform, Schulreform und Bildungsreform (S. 47-64). Hamburg: Bergmann & Helbig.
TILLMANN, K.-J. (1995b). Schulentwicklung und Lehrerarbeit. Nicht auf bessere Zeiten warten. Hamburg: Bergmann & Helbig.
TILLMANN, K.-J. (1996). Lehrpläne – (K)Ein Thema für den Schulalltag? Pädagogik, 48 (5), 6-8.
TILLMANN, K.-J. (2002). Zum Spektrum der Qualität schulischer Arbeit. In LANDESINSTITUT FÜR SCHULE (Hrsg.), Qualität von Bewegung, Spiel und Sport in der Schule (S. 11-23). Bönen: Kettler.
VARNHAGEN, H. (1877). Abriß der Geschichte des Programms und der Dissertation. In B. SCHMITZ, Encyclopädie des philologischen Studiums der neueren Sprachen (S. II-IX; Anhang). Leipzig.
VETTER, K. F. (1998). Schulentwicklung: Vom Schulkonzept zum Schulprofil. Behindertenpädagogik, 37 (1), 58-66.
VIETH, G. U. A. (1795/o. J.). Versuch einer Encyklopädie der Leibesübungen. In Quellenbücher der Leibesübungen. Hrsg. v. M. SCHWARZE/W. LIMPERT. Bd. 2, 2. Teil. Dresden: Limpert.
VILLAUME, P. (1787/o. J.). Von der Bildung des Körpers in Rücksicht auf die Vollkommenheit und Glückseligkeit der Menschen oder über die physische Erziehung insonderheit. In Quellenbücher der Leibesübungen.

Hrsg. v. M. SCHWARZE/W. LIMPERT. Bd. 2, 1. Teil (S. 1-290). Dresden: Limpert.
WAGNER, E. (1890). Die Praxis der Herbartianer. Der Ausbau und gegenwärtige Stand der Herbartschen Pädagogik (5. Auflage). Langensalza.
WARNKEN, G. (1997). Das Schulprogramm. Ein Kommentar aus organisationstheoretischer Sicht. schul-management, 28 (5), 18-28.
WARWITZ, S. (1974). Interdisziplinäre Sporterziehung. Schorndorf: Hofmann.
WASSMANNSDORFF, K. (1870). Die Turnübungen in den Philanthropinen zu Dessau, Marschlins, Heidesheim und Schnepfenthal. Ein Beitrag zur Geschichte des neueren Turnwesens. Sonderdruck. Heidelberg.
WIDMER, K. (1982). Schule und Leistungssport. In H. HOWALD & E. HAHN (Hrsg.), Kinder im Leistungssport (S. 218-221). Basel: Birkhäuser.
WIESE, L. (1869). Das höhere Schulwesen in Preußen. Historisch-statistische Darstellung (II). Berlin: Wiegand und Grieben.
WIESE, R. (2001). Vom Milchtrinker zum Spitzensportler. Die Entwicklung der Kinder- und Jugendsportschulen der DDR in den 50er Jahren. In BUNDESINSTITUT FÜR SPORTWISSENSCHAFT, Wettbewerb zur Förderung von Nachwuchswissenschaftlern 1999. Ergebnisband der prämierten sportwissenschaftlichen Arbeiten (S. 1-185). Köln: Sport & Buch Strauß.
WILHELM, T. (1960). Pädagogik der Gegenwart. Stuttgart: Alfred Kröner.
WILHELM, T. (1969). Theorie der Schule. Hauptschule und Gymnasium im Zeitalter der Wissenschaften (2. Auflage). Stuttgart: Metzler.
WILHELM, T. (1982). Pflegefall Staatsschule. Nachtrag zur „Theorie der Schule". Stuttgart: Metzler.
WINIEWSKI, F. (1844). Systematisches Verzeichnis der in den Programmen der preußischen Gymnasien und Progymnasien, welche in Jahren 1825-1841 erschienen sind, enthaltenen Abhandlungen, Reden und Gedichte. Münster: Regensberg.
WINKEL, R. (1997). Theorie und Praxis der Schule. Oder: Schulreform konkret – im Haus des Lebens und Lernens. Baltmannsweiler: Schneider.
WITTENBRUCH, W. (1972). Die Pädagogik Wilhelm Reins. Eine Untersuchung zum Spätherbartianismus. Ratingen: Henn.
WITTENBRUCH, W. (1980). In der Schule leben. Stuttgart: Kohlhammer.
WITTENBRUCH, W. (1989/1995). Das pädagogische Profil der Grundschule. Impulse für die Weiterentwicklung (2./3. Auflage). Heinsberg: Agentur Dieck.
WUPPERTALER ARBEITSGRUPPE (2004). Projekt „Bewegung, Spiel und Sport im Schulprogramm und im Schulleben". Überlegungen und Ergebnisse zur Analyse von Schulprogrammen. dvs-Informationen 18 (4), 28-34.
ZECH, P. (1998). Wege, Umwege, Irrwege. Innere Schulentwicklung aus externer Sicht. Pädagogik, 50 (2), 28-31.
ZILLER, T. (1865). Grundlegung zur Lehre vom erziehenden Unterricht. Nach ihrer wissenschaftlichen und praktisch-reformatorischen Seite entwickelt. Leipzig: Pernitzsch.
ZILLER, T. (1892). Allgemeine Pädagogik. Dritte Auflage der Vorlesungen über allgemeine Pädagogik. Hrsg. v. K. JUST. Leipzig: Matthes.
ZILLER, T. (1901). Einleitung in die allgemeine Pädagogik. Hrsg. v. O. ZILLER (2. Auflage). Langensalza: Beyer.
ZK DER SED (1951). Die Aufgaben auf dem Gebiet der Körperkultur und des Sports. Entschließung des Zentralkomitees der Sozialistischen Einheitspartei Deutschland auf der Tagung vom 15. bis 17. März 1951. In P. KÜHNST (1982), Der mißbrauchte Sport. Die politische Instrumentalisie-

rung des Sports in der SBZ und DDR 1945-1957 (S. 136-142). Köln: Verlag Wissenschaft und Politik.

Betrifft SPORT

ZEITSCHRIFT FÜR DEN SCHULSPORT

Der Wandel der Zeit macht auch vor dem Schulsport und dem Sportunterricht nicht halt. Die Lehrpläne und Richtlinien für das Fach Sport werden deshalb ständig weiterentwickelt.

Betrifft Sport möchte diese Entwicklungen aufgreifen und Sie über aktuelle Themen zum Sportunterricht informieren. In dieser Zeitschrift werden sowohl schulpraktische als auch sportwisssenschaftliche und sportpolitische Beiträge veröffentlicht.

Anhand von Unterrichtsbeispielen und Schulprojekten werden Hilfen zu einem „guten" Sportunterricht gegeben.

Nähere Informationen bezüglich eines Abonnements sowie zu unseren weiteren Fachzeitschriften finden Sie auf unserer Internetseite **www.m-m-sports.com**.

MEYER & MEYER VERLAG

MEYER & MEYER Verlag | Von-Coels-Straße 390 | D-52080 Aachen | www.m-m-sports.com

Edition Schulsport, Band 1
Klaus Bruckmann &
Heinz-Dieter Recktenwald

Schulbuch Sport

Dieses Buch begleitet Schüler während ihrer gesamten Schullaufbahn. Es unterstützt einen bewegungsintensiven Unterricht, der pädagogischen Perspektiven verpflichtet ist.

Ausgangspunkt und Ziel ist dabei die bewusste und aktive Teilhabe der Schüler in der Vielfalt von Bewegung, Spiel und Sport im Unterricht wie auch darüber hinaus.

., unveränderte Auflage
180 Seiten, zweifarbig
9 Fotos, 48 Abbildungen
1 Tabellen
Paperback mit Fadenheftung
14,8 x 21 cm
ISBN 3-89124-939-X
€ 16,90 / SFr 29,00

Edition Schulsport, Band 2
Landesinstitut für Schule (Hrsg.)

Leisten und Leistung
im Sportunterricht der Sekundarstufe I

Wenn er auch oft als Schulfach wenig ernst genommen wird – in der Schule hat der Sport einen ganz spezifischen Erziehungs- und Bildungsauftrag.

In diesem Band wird ein auf den Schulsport bezogener Leistungsbegriff entfaltet und es werden vielfältige Anregungen und Hilfen für einen pädagogisch verantwortungsvollen Umgang mit leistungsthematischen Situationen gegeben.

96 Seiten, in Farbe
33 Fotos, 10 Abbildungen
Paperback mit Fadenheftung
14,8 x 21 cm
ISBN 3-89899-044-3
€ 14,95 / SFr 25,80

Edition Schulsport, Band 3
Eckart Balz (Hrsg.)

Schulsport verstehen und gestalten

Der vorliegende Band führt maßgebliche Betrachtungen des Schulsports und anerkannte Vertreter der Fachdidaktik zusammen.

Eine derartige Bestandsaufnahme liegt damit erstmalig vor und soll konstruktive Diskussionen über den Schulsport in Deutschland fundieren wie forcieren.

120 Seiten, zweifarbig
Paperback mit Fadenheftung
14,8 x 21 cm
ISBN 3-89899-065-6
€ 16,95 / SFr 29,00

MEYER & MEYER VERLAG

MEYER & MEYER Verlag | Von-Coels-Straße 390 | D-52080 Aachen | www.m-m-sports.com